网络时代的市场营销

主　编：刘丹萍

副主编：牟绍波　陈　锐　段素元　范小华　孟　阳

中国财经出版传媒集团
中国财政经济出版社
·北京·

图书在版编目（CIP）数据

网络时代的市场营销 / 刘丹萍主编. -- 北京：中国财政经济出版社，2025. 1. -- ISBN 978 - 7 - 5223 - 3644 - 2

Ⅰ. F713. 365. 2

中国国家版本馆 CIP 数据核字第 2025X9K102 号

责任编辑：董小烨　陆宗祥　　　　责任校对：胡永立

封面设计：南博文化　　　　　　　责任印制：张　健

网络时代的市场营销

WANGLUO SHIDAI DE SHICHANG YINGXIAO

中国财政经济出版社 出版

URL：http：//www. cfeph. cn

E - mail：cfeph@ cfeph. cn

社址：北京市海淀区阜成路甲 28 号　邮政编码：100142

营销中心电话：010 - 88191522

天猫网店：中国财政经济出版社旗舰店

网址：https：//zgczjjcbs. tmall. com

北京厚诚则铭印刷科技有限公司印刷　各地新华书店经销

成品尺寸：185mm × 260mm　16 开　27 印张　607 000 字

2025 年 1 月第 1 版　2025 年 1 月北京第 1 次印刷

定价：62. 00 元

ISBN 978 - 7 - 5223 - 3644 - 2

（图书出现印装问题，本社负责调换，电话：010 - 88190548）

本社图书质量投诉电话：010 - 88190744

打击盗版举报热线：010 - 88191661　QQ：2242791300

前　言

大数据、人工智能、社交媒体等技术的迅猛发展和普遍应用，极大地改变了市场营销的手段和策略，网络时代已经成为企业营销的重要管理情境。企业可以通过全面、精准的数据更好地分析消费者需求，实现个性营销和实时互动。此外，品牌建设和客户体验管理也成为市场营销的核心关注点。企业通过打造品牌形象和提升客户体验来获得市场竞争优势。未来，随着人工智能、物联网和区块链等新兴技术的进一步应用，市场营销也将在技术驱动和创新引领下强劲发展，进入智能化和自动化的新时代。

本教材面对新的教学需求，通过实践探索，与时俱进地进行编写，以突出“数字化、实践性、前沿性”为主要特点，以契合中国企业营销管理的网络时代为管理情境，系统地介绍了市场营销的理论与实践，为学生提供一套完整的营销知识体系和实用工具，帮助学生建立营销思维，也为企业管理者、营销从业者以及相关领域的研究者提供参考。

本教材以“为顾客创造价值”为管理宗旨，以“超越竞争”为管理逻辑，以营销管理实务的五大模块十步流程为逻辑框架，按照营销人员如何将理论运用于实践的逻辑进行编写。本教材注重新兴技术对于市场营销的影响，选取紧跟时事热点的案例，并将数字营销的理念贯穿全书。

本教材共包含了十三个章节。

第一章“树立正确的营销理念”，树立正确的营销理念是企业开展一切营销活动的基础，本章主要介绍了市场营销的核心在于为客户创造价值，满足客户需求，同时实现企业目标。第二章“企业战略规划和市场营销管理”，市场营销管理是企业整体战略管理的重要组成部分。企业战略规划决定了企业的发展方向和资源配置，而市场营销管理则是实现这些战略目标的重要手段。第三章“市场营销环境分析与市场调研”，介绍了市场营销环境的分析方法、市场营销调研的步骤和市场需求预测的方法。第四章“消费者及组织市场分析”，主要介绍了消费者的购买行为和决策过程，研究消费者市场旨在把握消费者真实潜在的需求，制定适合消费者群体的营销策略，取得营销活动的成功。第五章“市场竞争战略”，通过从竞争者角度分析，帮助企业制定适合企业环境和条件的竞争战略。第六章“STP营销战略”，介绍了如何制定详尽的STP营销战略，通过市场细分、目标市场的选择以及市场定位来获取更为清晰、准确的营销战略进取方向。第七章“产品策略”，主要介绍产品、产品组合策略和新产品策略，以及如何在产品不同生命周期制定合适的营销策略。第八章“服务营销管理”，服务营销是企业创新的源泉，是企业竞争的关键点，是市场拓展的发动机，本章主要介绍了如何通过服务营销形成竞争力。第九章“品牌策略”，介绍了如何打造品牌、品牌组合和品牌延伸。第十章“价格策略”，主要介绍了定价方法和定价策略，以及价格变动策略。第十一章“价值网络与营销渠道”，企业最终目的是实现盈利，这就意味着企业必须通过快速有效的渠道将商品的所有权传递给消费者，如何建立适合企业发展的营销渠道和关系，本章能找到答案。第十二章“整合传播沟通策略”，主要介绍了如何借助网络，整合传播促进沟通，以进行营销活动。第十三章“数字营销”，紧跟市场营销发展前沿，主要介绍了社交媒体营销、内容营销、元宇宙营销。

本教材由西华大学管理学院刘丹萍主编，牟绍波、陈锐、段素元、范小华、孟阳副主编，具体分工如下：刘丹萍进行总体设计。第一章由孟阳、谭鑫、易思佳、叶芮江撰写；第二章由刘丹萍、牟绍波、雷星宇、邓诗萍撰写；第三章由范小华、刘宇佳、王一杰、吴淼璇撰写；第四章由孟阳、黄荣艳、张朵、冉涵嘉撰写；第五章由陈锐、段素元、余梦洁、谢雨润撰写；第六章由段素元、陈锐、吴红、李金荣撰写；第七章由刘丹萍、牟绍波、万新坤、番俣撰写；第八章由刘丹萍、牟绍波、刘静、王珍撰写；第九章由范小华、张苗、曹旭、李汶蔚撰写；第十章由范小华、吕涵、聂芮娟、唐瑭撰写；第十一章由刘丹萍、牟绍波、陈琪美、罗佳撰写；第十二章由孟阳、黎冬梅、雷育川、胥宇轩撰写；第十三章由段素元、陈锐、杨毅栋、王茜撰写。最后由段素元、刘丹萍进行全文统稿。实业界王琳颖女士为本书的编著工作提供了大量实践方面的资料与建议。

本教材所参阅的资料除了在参考文献中列出的一部分外，还有大量的出版物、文献、报刊、网上资料等无法一一列出，在此，谨向所有作者表示由衷感谢！另外，本教材在编写过程中，得到了西华大学工商管理国家级一流本科专业建设项目的支持。

由于市场营销理论和实践处于不断发展之中，加之我们水平有限、时间仓促，虽然我们力求写出特色，但肯定还有很多不尽如人意的地方，在此诚恳期待各位专家、同行和读者批评指正。我们会不断更新教材内容和案例，以满足全面、系统、实用和前沿的教学要求。

刘丹萍
2024年11月

目　录

第一章　树立正确的营销理念

开篇案例

神州租车三大智能 App 引领租车行业“数智化”变革

近年来，在政策、科技、出行观念等因素的影响下，租车行业发展进入加速期。据前瞻产业研究院数据统计，租车行业过去五年内仍保持着 20% 的年复合增长率，预计未来或将呈现持续增长的发展趋势。消费创新，离不开新平台、新模式、新手段、新场景与新伙伴。在当下商业环境下，谁能够读懂消费者、读懂市场的潮流趋势，谁就有可能抢占先机。现在的消费者对于交通工具的卫生情况、消毒情况、安全性、独立性、舒适性等方面的关注度持续提升，这也进一步催生了租车市场的飞速发展，租车业务需求量正在持续猛增。

神州租车的三大智能化 App（神州租车 App、运营助手 App 及神州二手车 App）是神州租车自建的全方位管理系统。通过这一系统神州租车完成了客户、员工及各合作伙伴之间的连接，实现了公司内外运营的全面智能化和电子化。具体来说，在门店及车辆管理上，神州租车启用智能化运营管理平台，贯穿车辆检查、取还车等服务全环节，流程更加标准化、智能化，同时借助车辆调度系统，精准、高效实现车辆调配与用户需求的对接，全面提升运营效率；在用户体验层面，神州租车也积极深化无人化运营模式，推出自助取还无接触服务，实现了创新产品从研发到规模化应用的发展。

与同行相比，神州租车的智能化最大程度减少人员接触，提升出行安全系数的优势更加明显；在二手车管理上，神州租车率先开发独立的 App，不仅实现租车运营体系与二手车运营体系的无缝衔接，同时还实现了全面的线上展示服务，为消费者打造一个在全产业内车况信息全面和真实的平台。

数据显示，在神州租车平台中选择自助取还车的用户高达 90%。神州租车的自助服务不仅兼顾了用户方便快捷与疫后安全出行的用车需求，而且有效提升公司的运营效率并实现成本优化。神州租车在 2021 年第三季度的车辆出租率达到了历史新高，引领了租车行业的运营模式变革。

基于三大 App 智能化的有机联动，神州租车的“数智化”升级全面提升了租车平台的运营效率和安全指数，足以体现租车龙头企业对于环境变化的敏锐判断和快速反应，并通过率先进行数字化转型给整个行业带来了升级变革。在行业内看来，自 2020

年12月迎来新股东安博凯之后，神州租车就更加专注于在千亿级租车市场中寻求业务增长，凭借强韧的商业模式抓住增长机遇，以行业领军企业的姿态示范如何应对市场环境的不确定性。

资料来源：https：//baijiahao. baidu. com/s? id = 1720227754124299001&wfr = spider&for = pc.

任何企业都不能忽视顾客、市场和市场竞争。现在，越来越多的企业注重研究如何以市场需求为导向，指导企业的生产和经营，组织系统化的市场营销活动。基于客户中心的市场营销理念，很多企业先后对经营战略和策略进行了调整，创造出一整套营销理念、策略和技术。从众多优秀企业的营销实践来看，市场营销理念在企业取得竞争优势的过程中起着关键性的作用。

第一节　市场与市场营销

在现代市场经济条件下，企业必须按照市场需求组织生产。市场，是由一组具有买卖关系的经济实体构成的，这种买卖关系的性质通过买主和卖主的数量规模和双方的交易规则反映出来。从营销角度来看，市场可以理解为具有特定需要和欲望，愿意并能够通过交换来满足这种需要或欲望的全部潜在顾客。因此，市场的大小，取决于那些有某种需要，并拥有使别人感兴趣的资源，同时愿意以这种资源来换取其所需要的东西的人数。

一、市场的涵义

（一）市场的界定

市场是什么？第一种界定是：市场是买卖的场所，如农贸市场、超市、批发市场等。市场是随着社会分工发展、便于剩余产品交换而出现的一种相对固定的交易场所。随着生产力的进一步发展与货币的出现，社会交换的产品种类与数量增加，地理空间的不断扩大，交易的形式日益多样复杂，市场已不仅是指交换的场所，更是反映交换双方之间的各种关系的总和。如政府对金融市场的监管、对房地产市场的调控，并非指对交易场所的管理，而是运用宏观经济政策对供求关系进行监管。因此，市场的第二种界定是：市场是商品买卖双方交换关系的总和。市场通过交换反映人与人之间的关系。

对于企业而言，市场是什么呢？在“大众创业、万众创新”的时代，如某个女生善于文创，用绍兴珍珠设计出很多精美饰品，准备自己创业。在她的创业项目中，市场则是指珍珠饰品的所有现实购买者和潜在购买者所组成的群体。这是市场的第三种界定，也是市场营销学普遍采用的由“现代营销之父”菲利普·科特勒提出的定义：市场是由一切具有特定欲望和需求，并且愿意和能够以交换来满足这些需求的潜在顾客构成的。

营销学界通常认为市场由三个要素构成：人口、购买力与购买欲望，可用公式表述为：市场 = 人口 × 购买力 × 购买欲望。可以从以下三个方面更为深入地理解企业角度的市场基本概念。

1. 人口是构成市场的基本条件。一个企业要向某地区销售产品，该地区必须有一定数量的人口，这些人口是企业的潜在顾客，即企业产品的可能购买者，因此人口数量关系着市场规模和市场容量。

2. 购买力是构成现实市场的物质基础。一个区域人口虽多，但收入水平低，购买力有限，则不能构成大容量的市场。一个地区人口稀少，尽管购买力很强，同样也不能构成大容量的市场。只有人口数量多且购买力强的市场，才可能成为一个有潜力的大市场。

3. 购买欲望是现实市场的必要条件。购买欲望支配着人们的购买行为，是购买力得以实现的必要条件。某产品不适合某消费者群的需要，不能引起其购买欲望，这一消费群体的人数再多，购买力再高，对于该产品的销售者来说，也不能成为现实的市场。

综上所述，从企业的角度来看，市场是某商品需求的总和，是人口、购买力、购买欲望三个要素的统一。人口是市场的基本要素，人口的数量决定了市场容量可能的上限。人口数量与购买力水平结合决定了市场实际容量的大小。购买欲望是将购买力转化为购买行为的催化剂。

（二）市场的分类

1. 按购买者及其购买行为的特性分类。根据购买者及其购买行为的特性，市场可分为消费者市场和组织市场。

（1）消费者市场是指为满足生活需要而购买产品或服务的个人和家庭的总和。在这个市场上，购买者人数多而分散，购买量小而频繁，产品最终都用于个人或家庭消费。消费者市场是社会生产的最终市场，所以，它是所有市场的基础，也是起决定性作用的市场。

（2）组织市场是指工商企业为从事生产、销售等业务活动，以及政府部门和非营利组织为履行职责而购买产品和服务所构成的市场。简而言之，组织市场是以某种正规组织为购买者所构成的市场。组织市场包括生产者市场、中间商市场、机构市场和政府市场。在组织市场上，购买者比较少，较为集中，购买规模大，产品最终用于组织再加工或转售，或者向其他社会组织或社会提供服务。

2. 按竞争程度分类。按竞争程度可以将市场划分为不完全竞争市场、完全竞争市场、完全垄断市场和寡头垄断市场。

（1）不完全竞争市场，又称“垄断竞争市场”，这样的市场上有着较多彼此竞争的卖者，每个卖者的产品均具有自己的特色和优势，对价格产生影响，这时的价值规律起着较大作用。

（2）完全竞争市场，是指市场价格由众多卖者和买者共同决定，任何单个的卖方和买方都只能是价格承受者的市场。

（3）完全垄断市场，是指只有一个买者或卖者，因而唯一的买者或卖者能完全控制价格的市场，因此这个垄断者又被称为“价格制定者”。

（4）寡头垄断市场，是指由为数不多却占有相当大份额的卖者所构成的市场。这些卖者对市场价格具有很大的影响力。

3. 按商品形态分类。按构成市场交易对象的商品形态分类可以将市场分为商品、资金、技术、信息、房地产、服务、文化、旅游等市场。

传统意义上的商品市场，通常是指生活消费品、生产资料等有形的物质产品市场。资金市场，是指由货币资金的借贷、有价证券的发行和交易，以及外汇和黄金等买卖活动所形成的市场。技术市场，是指将技术成果作为商品进行交换的场所。它是技术流通的领域，也是反映商品化的技术经济关系的总和。信息市场，是指进行信息商品交换的场所。它是促进信息产品在信息生产者、经营者和信息用户之间有偿交流的市场领域。房地产市场，是指进行房地产交易的场所。它由房产市场和土地市场两部分组成。服务市场，是指利用一定的场所、设备和工具，为消费者提供“在服务形式上存在的消费品”的一种特殊的商品市场。

二、市场营销的涵义

（一）市场营销的定义

“市场营销”和“市场营销学”这两个概念都是从英文“Marketing”意译而来，有动词和名词两种涵义，前者是指一种经济活动，后者是指研究市场营销活动及其规律性的学科。国外对市场营销的定义多达50多种，有代表性的主要有以下五种：

1. 美国市场营销协会（AMA）的定义。AMA对市场营销的定义经历了一个由浅入深的认识过程。该协会认为，“市场营销是引导产品与劳务从生产者流向消费者或使用者的企业活动”（1960年）；市场营销是“对创意、商品和服务的概念、定价、促销和分销进行策划和执行的过程，以便推动和促进能够实现个人和组织目标的交易”（1985年）；“市场营销是在创造、沟通、传播和交换产品中，为顾客、客户、合作伙伴以及整个社会带来价值的一系列活动、过程和体系”（2013 年）。

2. 麦卡锡的定义。其认为“市场营销是引导货物及劳务从生产者至消费者或使用者的企业活动，以满足顾客需求并实现企业的目标”。

3. 菲利普·科特勒的定义。在《市场营销管理》中，科特勒认为“市场营销是个人或集团通过创造、提供和他人交换产品和价值，以获得其满足需要和欲望的社会和管理过程”。同时，科特勒在《市场营销原理》（亚洲版·第 3 版）中提出，营销是公司创造价值，建立牢固的客户关系来从客户身上获得价值的过程。总之，科特勒的定义强调了“营销的价值导向”，创造价值、传播价值，满足顾客价值需求成为一条主线。

4. 郭国庆的定义。其认为：“市场营销学是一门以经济科学、行为科学、管理理论和现代科学技术为基础，研究以满足消费者需求为中心的企业市场营销活动及其计划、组织、执行、控制的应用科学。”

5. 王永贵的定义。其认为：“市场营销是组织活动的综合体系，用来计划、定价、促销以及向目标顾客分销能够满足其需求的产品，以克服交换障碍并实现组织目标的过程。”

综上所述，本书认为“市场营销”较为完整的定义可表述为：市场营销是指通过市场交易满足顾客现实或潜在需要的综合性的价值创造、价值沟通和传递客户价值的活动过程。

依据这一定义，市场营销的目的是满足消费者现实和潜在需求；市场营销的核心是促成价值交易活动的实现，实现交易的手段是开展综合性的整体营销战略和策略活动。企业的现代市场营销活动，既包括流通领域活动，还包括“产前活动”（市场调研、产品开发等）和“售后活动”（售后服务、信息反馈等），顾客是企业营销活动的终点和起点。

（二）市场营销的相关概念

1. 需要、欲望和需求。人类需要（Need）是市场营销的基石。所谓“需要”，是指人们与生俱来的基本要求。如为了生存与发展，人们会有吃、穿、住、安全、归属、受人尊重和自我实现等需要。这些需要存在于人类自身生理和社会之中，市场营销者可用不同方式去满足消费者，但不能凭空创造。

欲望（Want）是指想得到上述需要的具体满足品的愿望，是个人受不同文化及社会环境影响表现出来的对需要的特定追求。欲望是文化和个性塑造的特定的人类需要的形式。一个美国人需要食物的时候，他的欲望是得到大汉堡、炸鸡和软饮料，一个日本人需要食物的时候，他的欲望是得到米饭、寿司和绿茶。欲望是由一个人所处的社会塑造的，并以满足需要的客观物体来描述。

当有购买力作为支撑时，需要就变成了需求（Demand）。在欲望和给定的资源限制下，人们需要的是能给予其最大价值和满意度的产品。如为满足“解渴”生理需要，人们可能选择（追求）喝开水、茶、汽水、果汁或者矿泉水。市场营销者无法创造需要，但可以影响欲望，并通过创造、开发及销售特定的产品和服务来满足欲望。

需求（Demand）是指人们有支付能力并愿意购买某个特定产品及服务的市场需求品的欲望。在营销者看来，需求就是对某个特定产品及服务的市场需求。优秀的企业总是通过各种方式深入地了解顾客的需要、欲望和需求，并据以制定自己的营销策略。他们认真研究顾客行为和偏好，分析有关用户调查、产品保证与服务等方面的数据，观察对比本公司产品及竞争产品的顾客，以了解他们的喜好，培训销售人员以使他们能发现尚未满足的欲望。卓越的营销企业通过市场调研来了解顾客需要、欲望和需求。例如，哈雷戴维森的董事长经常和顾客一起驾驶哈雷机车，便于及时得到反馈和意见。

2. 产品和服务。顾客的需要和欲望通过市场供给（Market Offering）来满足。它是提供给市场以满足顾客需要或欲望的产品、服务、信息或体验的结合体。产品（Product）是指任何提供给市场并能满足人们某种需要和欲望的一切东西。人们通过使用和消费产品使需求得到满足。一种产品可以满足多种需求，一种需求也可以通过多种产品的使用和消费得到实现。从营销的角度来看，产品并不限于实物，任何能够满足需要的东西都可以被称为“产品”，包括有形产品和无形服务。服务（Service）是指一方能够向另一方提供的任何一项活动或利益，它本质上是无形的，并且不产生对任何东西的所有权问题，它的生产可能与实际产品有关，也可能无关。

除了实体产品和服务外，产品还包括人员、地点、体验、信息、观念等。例如，迪士尼世界是一种体验，香格里拉饭店也是一种体验。顾客购买自己所需要的产品往往是为了其所产生的服务和利益。例如，购买电视机，目的是更好地得到信息和娱乐。因此，产品是获得某种服务和利益的载体，是解决顾客问题的工具。聪明的营销人员超越了其所卖产品和服务的具体属性，通过策划一些产品和服务，更好地满足了顾客真正的需要，这样才能真正把握市场营销的本质。很多销售者更关注具体的产品，而不是这些产品所带给顾客的利益和体验，他们犯有“营销近视症”。由于太过关注自己的产品，这些人只关注已存在的需求，而忽略了潜在的顾客需求。他们忘记了产品只是解决顾客问题的一个工具。钻头的制造商可能认为顾客需要一个钻头，但顾客真正需要的是一个钻孔。当更好或以更低的成本满足顾客需求的产品出现时，这些企业就会陷入困境。顾客可能有同样的需要，但他们通常更想要新产品。因此市场营销者必须清醒地认识到，其创造的产品不管形态如何，一旦不能满足人们的需要和欲望，就必然会失败。

【案例 1－1】

有多少人因为烘干机逃不出亚朵?

现如今，洗衣机每家酒店都会配，但烘干机还不是，渗透率还很低，大概只有10%，很多人是在亚朵酒店里第一次体验烘干机。这种新鲜体验是效果很好的广告。每次想到烘干机的时候，自动就能联想到第一次用烘干服务的那个酒店。

目前亚朵几乎所有的店都配了烘干机，但是烘干机只是基础，亚朵还开发了另一项服务。衣服如果要放到洗衣机去洗，就要考虑要收衣服。你放在洗衣机太长时间，耽误其他住客用，更会耽误你衣服晾干的时间。哪怕是快洗，也至少得15分钟。所以过去很多时候，哪怕酒店配了自助洗衣房，也很少人去用，因为太麻烦。

亚朵怎么做的呢？你把衣服放进洗衣机里，填个单子（不用写，打对勾就行）贴在洗衣机外，上面标注你的需求。客房保洁会每隔一段时间就去洗衣房看看，如果看到你衣服洗完了，又有烘干的需求，就直接把衣服转到烘干机里。你晚上快睡觉前放进去，第二天起来一看，衣服干了。这个感觉，不要太好。

这个服务，对于亚朵的各个加盟店来说也并不难，只是多加了一项让保洁巡视洗衣房的流程，执行起来也容易，但效果极好。甚至很多人，专门为了烘干机去亚朵。

如果你把五星酒店洗衣服的成本也算进去，亚朵的性价比已经逆天了。但实际上，也没多少成本。从这个角度来说，服务业很难，因为要把每一个点照顾到，需要巨量的成本。服务业又很简单，抓住一个痛点，就能有所突破。

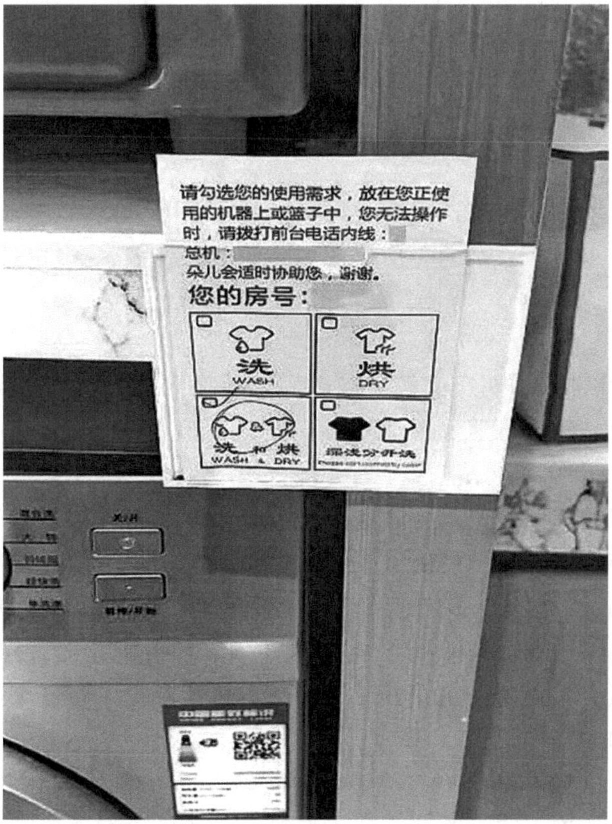

资料来源：https：//mp. weixin. qq. com/s/ZZOe3sRABEXhCGB5TsP－yg.

3. 交换、交易。交换（Exchange）是指通过提供某物作为回报，从别人那里取得所需物的行为。人们对满足需求或欲望的东西的取得，可以通过各种方式，如自产自用、强取豪夺、乞讨和交换等方式。其中，只有交换方式才存在于市场营销。交换的发生，必须符合以下条件：第一，至少要有两方；第二，每一方都有对方需要的有价值的东西；第三，每一方都有沟通和运送货物的能力；第四，每一方都可以自由接受或拒绝对方；第五，每一方都认为与对方交易是合适和满意的。

广义上看，营销人员试图为市场供给创造一种响应，这种响应需要人们购买或者交换产品和服务。例如，一位政治候选人需要选票，一个网站需要点击量，一支交响乐队需要观众，一个社会组织需要其观念被人接受。

交易（Transaction）是交换的基本组成单位，一旦交换达成协议，交易也就产生了。如果双方正在协商并逐步达成一项协议，则称双方将要进行交换。如果达成了一项协议，就称为发生了交易。交易是双方之间的价值交换，若要发生交易，必须能够说“A把X给B同时获取了Y”。一次交易包括三个可度量的内容：第一，至少有两个有价值的事物；第二，买卖双方都同意的条件；第三，协议时间和地点。交易通常有两种方式：货币交易和非货币交易。

三、市场营销学的演进历程

市场营销学是研究企业市场营销活动，揭示其规律的学科。作为一门应用型学科，市场营销学的成长经历了形成、发展、革命和扩展创新四个阶段。

（一）形成阶段

市场营销学于20世纪初期产生于美国，后来传播到欧洲和日本等地。现代市场营销学，是在资本主义商品经济迅速发展和市场问题日益尖锐化的过程中形成和发展起来的，形成时间在1900—1930年。

这一时期由于工业革命和资本主义世界经济的迅速发展，市场处于卖方市场状态。当时各种产业用品和消费品都不愁销路，企业的工作重点在于增加产量和降低成本。随着劳动生产率的迅速提高，一些企业的产品销路出现了问题，于是，在发展生产的同时，必须把销售提到一个很重要的高度来对待。经济学界开始着手研究销售问题，美国加州大学、伊利诺斯大学和密执安大学相继正式开设了市场营销学课程。在这个阶段，市场营销学的研究对象侧重于推销和广告。

1929—1933年的经济危机，对整个资本主义经济打击很大，资本主义世界的工业生产总值和贸易总额都大幅度下降。为适应这一形势，企业纷纷把主要精力从生产领域转移到流通领域，注重市场调查预测，运用推销术和广告术，刺激顾客需求。这些实践活动为市场营销的研究与理论发展积累了大量资料，促进了市场营销理论和实践研究活动的大规模开展。1926年，美国建立了“全美市场营销广告学协会”。这个阶段，市场营销理论研究开始被企业重视，其研究重点是推销术、广告术以及有利于企业推销的组织机构设置。这一时期的市场营销学，其内容局限于流通领域，真正的市场营销观念尚未形成，然而，将市场营销从企业生产活动中分离出来做专门研究，无疑是一个创举。

（二）发展阶段

从20世纪30年代开始，主要西方国家市场明显呈现出供过于求的态势。这时，企业界广泛关心的首要问题已经不是扩大生产和降低成本，而是如何把产品销售出去。为了争夺市场、解决产品销售问题，企业家开始重视市场调查，提出了“创造需求”的口号，致力于扩大销路，并在实践中积累了丰富的资料和经验。与此同时，市场营销学科研究大规模展开。一些著名大学的教授将市场营销研究深入各个行业，运用了大量实际资料，形成了许多新的原理。如弗莱德·克拉克和韦尔法在1932年出版的《农产品市场营销》中，将农产品市场营销系统划分为集中（收购）、平衡（协调供求）和分散（化整为零销售）三个相互关联的过程，详细研究了营销者在其中执行的七种市场营销职能：集中、储存、融资、承担风险、标准化、销售和运输。拉尔夫·亚历山大等学者在1940年出版的《市场营销》一书中强调，市场营销的商品化职能包含适应顾客需要的过程，销售是“帮助或说服潜在顾客购买商品或服务的过程”。1937年，美国全国市场营销学、广告学教师协会及美国市场营销学会合并组成美国市场营销协会（AMA）。该协会在美国设立几十个分会，从事市场营销研究和营销人才的培训工作，出版市场营销专刊和市场营销调研专刊，对市场营销学的发展起了重要作用。到第二次世界大战结束，市场营销学得到了长足发展，并在企业经营实践中获得了广泛应用。但在这一阶段，营销研究主要集中在销售推广方面，应用范围基本上仍局限于商品流通领域。

（三）革命阶段

第二次世界大战后，随着现代科学技术的广泛应用，社会劳动生产率大幅提高，产品极大丰富，企业竞争也随之加剧，西方国家普遍推行的高工资、高福利、高消费政策提高了顾客的消费水平，进一步加大了企业的销售压力，市场营销实践的变革呼唤新的营销理论。在这一时期，市场营销学研究空前活跃，理论体系也日渐成熟。

第二次世界大战结束后的十年里，市场营销理论研究在围绕营销职能展开的同时，侧重于对营销研究方法的探究。市场营销学的研究已从单纯的商品流通领域向外扩展，市场营销活动在企业经营活动中受到广泛重视。20世纪五六十年代是市场营销理论快速发展的时期，产生了该学科的一些重要的基础理论。

这一时期市场营销理论的一个亮点是营销管理思想的提出与发展。奥德逊在其著作《营销活动与经理活动》中首次论述了经理人员在营销活动中的作用，指出经理人员应该充分认识供求关系的多样性并利用企业优势促成交换活动。霍华德首次将市场营销与管理相结合，并指出营销管理的实质是“对动态环境的创造性适应”。麦卡锡提出了“目标市场”这一概念，指出营销管理就是在充分考虑企业内部资源与外部环境的基础上制定营销组合策略，并通过策略的实施满足目标市场需要，实现企业目标。同时，麦卡锡还指出：是“营销”而不是“生产”决定了企业应该生产什么产品、制定什么价格、在什么地方以及如何出售产品或做广告。这一论述明确了市场营销活动在企业中的地位。进入 20 世纪 70 年代后，以美国为代表的西方国家的产业结构发生了较大变化，新技术革命使企业的生产方式和居民的消费方式都发生了极大的改变，为市场营销理论的发展提供了良好的环境，市场营销学逐步从经济学中分离出来，并广泛吸收行为科学、社会学、心理学、管理学等学科的精华，使自身的理论架构进一步完善。菲利普·科特勒继承了以往的研究成果，全面发展了现代市场营销管理理论，界定了营销管理的基本内涵，提出企业营销管理的重要活动包括分析营销机会、确定营销战略、制定营销策略、组织执行并控制营销活动。至此，现代市场营销学的理论体系基本形成，它不仅对企业的营销管理实践起到不可替代的指导作用，而且将市场营销逐渐从营利性组织扩展到非营利的政府事业组织，从微观企业组织扩展到宏观社会组织。可以说，市场营销已深入社会经济生活的每一个角落。

（四）扩展创新阶段

到了 20 世纪 80 年代，市场营销理论无论是在理论研究的深度上，还是在学科体系的完善上都取得了长足的发展。在此期间，市场营销领域又出现了大量丰富的新概念，如 1981 年，瑞典经济学院的克里斯蒂·格鲁诺斯发表了论述“内部市场营销”的论文；科特勒也提出要在企业内部创造一种市场营销文化，促使企业市场营销化的观点。1983 年，西奥多·莱维特对“全球市场营销”问题进行了研究，提出过于强调对各个当地市场的适应性，将导致生产、分销和广告方面规模经济的损失，从而使成本增加。因此，他呼吁多国公司向全世界提供一种统一的产品，并采用统一的沟通手段。1985 年，巴巴拉·本德·杰克逊提出了“关系市场营销”“协商推销”等新观点。1986 年，最具代表性的是菲利普·科特勒基于原来的 4P 理论提出的“大市场营销”的概念，即在原来 4P 的基础上增加两个 P：政治力量（Political Power）、公共关系（Public Relations）。这一时期是市场营销学理论化、系统化的大发展时期，也是市场营销学在国际范围内迅速扩散和广为采纳的时期。

20 世纪 90 年代以后，市场营销学界日益重视科学技术、文化对市场营销的影响、渗透。关系营销、整合营销、网络营销、绿色营销、定制营销、体验营销等新的理论与实践问题不断引起学术界和企业界的关注。学者们纷纷运用现代科学技术开展市场营销教学与研究、分析科学技术给市场营销带来的机会与挑战，寻求科学技术与市场营销的结合。

科特勒在其著作中曾指出，进入 21 世纪，市场营销所面临的挑战有：非营利性营销的增长、信息技术的迅猛发展、迅速的全球化、不断变化中的世界经济以及更多的道德和社会责任的呼唤。正如科特勒所预料的那样，全球市场营销环境正发生着巨大的变化，其中主要受到以下两个方面的影响：

第一，经济全球化浪潮的影响。自 20 世纪 80 年代末起，全球经济、全球化、全球政治、全球文化和经济全球化等概念在西方开始得到经济学家的广泛认同，并成为人们研究的热门课题。伴随全球范围内新的市场体制的构建与形成和跨国公司的大量出现与发展，促进了经济全球化步伐的进一步加快。

第二，新经济时代到来的影响。自20世纪90年代中期美国提出“新经济”概念以来，这一概念已经在世界范围内引起了广泛的关注和争论，并得到世界大多数国家的认同和重视。伴随着以计算机信息技术为代表的新经济时代的到来，全球社会生产力水平将大大提高。

在此背景下，国与国之间、地区与地区之间、企业与企业之间的市场竞争日趋激烈，且企业的竞争优势已不仅体现在企业生产的产品本身或营销推广手段的策划与运用，还体现在机器人、增强现实、虚拟现实、物联网以及区块链等所有这些新技术方面。不可否认，这将是一个数字化的新世界。市场营销工作的重点将主要转向以客户为导向，企业的一切营销活动必须建立在信息化基础上，大量引入包括电子商务、物流管理等在内的最新理论、方法和手段。可以预料，我们将迎来又一次以新经济为主要背景、以电子商务应用为主要特征的“新营销革命”。

▶▶知识拓展 1－1

市场营销在中国的传播与发展

20世纪三四十年代，市场营销学在中国曾有一轮传播。现存最早的教材是丁馨伯编译的《市场学》，由复旦大学于1933年出版。当时，一些大学的商学院开设了市场学课程。党的十一届三中全会后，中国确定实施以经济建设为中心，对外开放、对内搞活的方针。社会经济学界努力为商品生产恢复名誉，改革与开放的实践则不断冲击着旧体制，逐步明晰了以市场为导向，建立社会主义市场经济体制的改革目标，为我国重新引进和研究市场营销学创造了良好条件。

1978—1983年是市场营销学再次被引进中国的启蒙阶段。其间，北京、上海和广州等地的学者率先从国外引进市场营销学，并为这一学科的宣传、研究、应用和人才培养做了大量工作。1980年，外经贸部与设在日内瓦的国际贸易中心（ITC）合作，在北京举办了市场营销培训班。一些大学也组织编写出版了市场学教材，开设市场学课程的高校逐渐增多。

1984—1994年是市场营销在中国的迅速传播时期。为适应国内深化改革、经济快速增长和市场竞争加剧的环境，企业界营销管理意识开始形成。市场营销理论与方法学习和运用的热潮从外贸企业、商业企业、乡镇企业逐步扩展到国有工业企业；从消费品市场扩展到工业品市场。能源、材料、交通、通信企业也开始接受市场营销概念。市场营销热点也开始从沿海向内地推进。全社会对市场营销管理人才出现了旺盛的需求。

1984年1月，为加强学术交流和教学研究，推进市场营销学的普及与发展，全国高等财经院校、综合性大学市场学教学研究会在湖南长沙成立（1987年改名为中国高等院校市场学研究会)。该研究会汇集了全国100多所高等学校的市场营销学者，每年定期交流研讨，公开出版论文集，对市场营销学的传播、深化和创新运用作出了积极贡献。1991年3月，中国市场学会在北京成立。该学会成员包括高等院校、科研机构的学者，国家经济管理部门官员和企业经理人员。此后，中国高等院校市场学研究会、中国市场学会作为中国营销的主要学术团体，开展了一系列活动，用以促进学术界和企业界、理论与实践的结合，为企业提供营销管理咨询服务和培训服务以及建立对外交流渠道。他们为此做了大量卓有成效的工作。

1995年以后，是市场营销理论研究与应用的深入拓展时期。邓小平南方谈话奠定了建立社会主义市场经济体制的改革基调。此后几年，改革全方位展开，广大国有企业加快改革步伐，民营企业茁壮成长，外资企业大举进入中国市场，使中国在迅速成为“世界工厂”的同时，买方市场特征逐步明显，市场竞争进一步加剧。在这种形势下，强化营销和营销创新成为企业的重要课题。

1995年，北京召开“第五届市场营销与社会发展国际会议”，标志着市场营销在中国的传播、研究与应用进入了一个新的阶段。中国营销学界一方面全方位加强国际学术交流，举办了一系列市场营销国际、国内学术会议；另一方面，抓住中国高层领导日益关注、重视市场营销的机遇，展开了以中国企业实现“两个转变”（从计划经济向市场经济转变，从粗放经营向集约化经营转变）为主题的营销创新研究以及以“跨世纪的中国市场营销”“中国市场的特点与企业营销战略”“新经济与中国营销创新”等为专题的营销学术研究。在这一阶段，理论与实践结合更为紧密，出现了一批颇有价值的研究成果。不少学者在市场营销学的中国化方面也做了有益的探讨。

到21世纪初，中国已形成庞大的营销教育与人才培养网络。全国有数千所高、中职专科学校、普通高校设立了市场营销专业，培养从专科、本科到研究生层次的数以万计的营销专门人才。

第二节　市场营销理念的演进

市场营销理念是指企业的营销活动及管理的基本指导思想。它是一种观念，一种态度或一种企业思维方式。任何企业的营销管理都是在特定的指导思想或观念的指导下进行的。确立正确的市场营销理念，对企业经营成败具有决定性意义。

一、生产观念

从工业革命到20世纪20年代，西方经济处于一种卖方市场的形势。市场产品供不应求，选择甚少，只要价格合理，消费者就会购买。市场营销的重心在于大量生产以解决供不应求的问题，消费者的需求和欲望并不受重视。于是在这种市场环境下产生了生产观念，这是指导销售者行为的最古老的观念之一。

生产观念就是认为消费者与用户喜欢那些用得上、随处可以买得到和价格低廉的产品。生产观念的口号是“我们生产什么，就销售什么”。在这种思想的指导下，企业必须改进和增加生产、降低成本，集中精力去提高生产效率和扩大销售范围。这是一种重生产、轻营销的企业经营思想。中国香港 HNH 国际公司营销它的耐克斯标签，则提供了一个典型生产观念的例子。耐克斯标签是在当地市场用低成本销售经典音乐磁带的供应品，但它迅速走向了世界。耐克斯的价格比它的竞争者（宝丽金和 EMI）便宜 1/3，因为它的管理费只有 3%（大音乐制作公司为 20%）。耐克斯相信，若它比其他公司的价格低 40% 的话就有利润。它希望用低价与削价政策来扩大市场。

生产观念的存在必须满足两个条件：首先，产品供应满足不了市场的需求。对于顾客而言，他们看重的不是产品自身的优点而是能否取得产品；对于企业来说，致力于提高产品的产量显得尤为重要。其次，那些具有良好市场前景的产品，由于技术含量和生产成本较高，必须通过提高劳动生产率来降低成本，才能使顾客买得起。在卖方市场中，由于上述条件的存在，企业没有必要考虑深入开展市场调研和销售等营销工作，企业只要能大批量、低成本地生产产品，便可以获得丰厚的利润。但是，生产观念的致命之处在于轻视顾客的需求。在物资紧缺的年代可以取得短暂的辉煌，但是随着生产的不断发展，供求状态开始发生变化，奉行生产观念的企业便会逐渐陷入困境。

【案例 1－2】

福特汽车的生产观念

20 世纪初，美国福特汽车公司制造的汽车供不应求，亨利·福特曾傲慢地宣称：“不管顾客需要什么颜色的汽车，我只有一种黑色的。”福特公司 1914 年开始生产的 T 型车，就是在“生产导向”经营哲学的指导下创造出奇迹的。福特 T 型车以其低廉的价格使汽车作为一种实用工具走入了寻常百姓家，该车的巨大成功来自亨利·福特的数项革新，包括以流水装配线大规模作业等，使 T 型车生产效率趋于完善，降低成本，使更多人买得起。从第一辆 T 型车面世到它停产，共计销售 1500 多万辆，美国自此成为了“车轮上的国度”。到 1921 年，福特 T 型车在美国汽车市场上的占有率达到 56%。

资料来源：根据网络资料整理。

二、产品观念

产品观念也称“产品导向”，指以产品为中心的营销观念。随着供不应求的市场现象在西方社会得到缓和，产品观念应运而生。产品观念认为，消费者喜欢质量最优、性能最好并且具有某些特色的产品。因此，采用这种观念的企业认为，只要提高产品质量、提供物美价廉且有特色的产品，顾客便会主动上门，无须大力推销。在产品观念的指导下，企业将精力集中在创造最优产品上，并精益求精。

与生产观念强调“以量取胜”不同，产品观念更注重“以产品的特色取胜”，表现为重产品生产而轻产品销售、重产品质量而轻顾客需求。“酒香不怕巷子深”“皇帝的女儿不愁嫁”“祖传秘方”等思想就是产品观念的反映。但产品观念与生产观念二者都坚持“我能生产什么就卖什么”的经营思想，遵循“以产定销”的观念。由于两者都忽视了顾客的需求，必然导致患上“营销近视症”。例如，下一代电脑（Next），在 1993 年投资花费了 2 亿美元，出厂 1 万台后便停产了。它的特征是高保真音响和带 CD－ROM，甚至包含桌面系统。然而，谁是感兴趣的顾客呢？显然，定位很不清楚。因此，产品观念把市场看作是生产过程的终点，而不是生产过程的起点；其忽视了市场需求的多样性和动态性，过分重视产品而忽视顾客需求。当某些产品出现供过于求或不适销对路而产生积压时，却不知产品为什么销不出去。最终导致“营销近视症”。例如，柯达曾经是影像的代名词。它创建于 1880 年，业务曾遍布全世界，全球员工超过 8 万人。柯达的市值最高达到 310 亿美元。最辉煌的时候，中国市场只有一种胶卷，就是柯达。但是，由于柯达公司一味信仰技术主义，忽视了市场需求的变化，在消费者需求逐步向数码相机转变的过程中，仍然坚持认为数码技术是胶卷销售的附加业务，虽然创造了世界上第一台数码相机，但是却没能摆脱破产的命运。

这种观念在商品经济不甚发达的时代或许有用，但在市场经济高度发达的条件下则不适应。相对于生产观念来说，产品观念有一定进步，在只抓产量而不抓质量、大批劣质产品充斥市场的情况下，产品观念在提高产品的质量、改善企业的形象方面有积极作用。然而，不顾市场的实际需要，一味地提高产品质量、增强产品功能，无论是对于消费者、对于企业，还是对于整个社会，都是不利的。在 20 世纪 30 年代以前，不少企业奉行产品观念，因为当时商品供不应求。随着商品供给逐渐增多、消费者需求日渐呈现出多样化，使企业不得不放弃产品观念。

【案例 1－3】

爱尔琴钟表公司的产品观念

美国爱尔琴钟表公司自 1869 年创立，20 世纪 50 年代之前，一直被公认为是美国最好的钟表制造商之一。该公司在市场营销管理中强调生产优质产品，并通过由著名珠宝商店，大百货公司等构成的市场营销网络分销产品。1958 年之前，公司销售额始终呈上升趋势，但此后其销售额和市场占有率开始下降。造成这种状况的主要原因是市场形势发生了变化：这一时期的许多消费者对名贵手表已经不感兴趣，而趋于购买那些经济、方便、新颖的手表；而且，许多制造商迎合消费者需要，已经开始生产低档产品，并通过廉价商店，超级市场等大众分销渠道积极推销，从而夺得了爱尔琴钟表公司的大部分市场份额。爱尔琴钟表公司竟没有注意到市场形势的变化，依然迷恋于生产精美的传统样式手表，仍旧借助传统渠道销售，认为自己的产品质量好，顾客必然会找上门。结果，致使企业经营遭受重大挫折。

资料来源：https：//ishare. iask. sina. com. cn/f/j45aa5vewz. html？utm_source = sgsc.

三、推销观念

自 20 世纪 30 年代以来，由于科学技术的进步，加之科学管理和在生产观念驱动下形成的大规模生产，商品产量迅速增加，产品质量不断提高，买方市场开始在西方国家逐渐形成。1929 年的世界经济危机，迫使货物堆积如山，过去享有垄断地位的企业也必须去推销他们的产品。在激烈的市场竞争中，许多企业的管理思想开始从生产观念或产品观念转移到了推销观念。这些企业认为要想在竞争中取胜，就必须卖掉自己生产的每一件产品；要想卖掉自己的产品，就必须促使消费者产生购买自己产品的兴趣和欲望；要想引起这种兴趣和欲望，企业就必须进行大量的推销活动。企业家认为企业产品的销售量总是和企业所做的促销努力成正比的，于是，企业的注意力开始纷纷由生产领域转到流通领域，由“以产定销”转向“以销促产”，推销观念开始在当时的企业中大量流行。

推销观念认为，消费者通常会有购买惰性和抗拒购买的心理，如果听其自然，那么消费者不会主动对本企业的产品进行足量购买。因此，企业只有开展积极的推销和大力促销，才能刺激消费者产生购买行为。这种观念认为消费者的购买行为既受其自身主观因素制约，也受外界客观因素的影响。因此，企业必须采取适当的措施，聘请推销专家致力于推销术的研究，并进行大量的广告宣传，千方百计地使广大消费者对本企业的产品发生兴趣，从而扩大销售，取得竞争优势。

【案例 1－4】

网易云年度歌单刷屏，从“推销”到“大数据推销”

近年来，流行的年度账单和年度歌曲列表可以在年底为用户生成专属的个人报表，显示一年内该用户在应用程序上的各种使用行为。而这种精细化的个人报表实际上也使用了大数据技术。利用大数据技术收集用户的个人行为数据，并通过分类和计算获得。近年来，网易云歌一直吸引着用户的眼球，让用户积极参与其中。网易云的年度歌曲清单是使用大量数据来收集用户的收听信息和数据。每个用户听到最多的歌曲，发送的评论，收听时间，收听习惯等都将显示在这个专属的歌曲清单中。它非常清楚地列出每个用户的收听喜好并分析用户的心情、个性等，形成一个大概的标签，增加更多的个人情感内容，并让用户体验定制化。播放列表细致周到，令人印象深刻，并被进一步转发和共享以实现散布和刷新屏幕的最终效果。

其中，大数据起着非常基础也非常重要的技术作用。正是由于大数据，网易云与用户才能形成深度的创意互动，并实时生成独家歌曲列表，然后借助情感视角，走心的内容所引起的情感和共鸣，可以与每个用户建立情感联系，从而增强用户对网易云音乐的信任和依赖性。从网易云年度歌曲列表刷屏的案例中不难发现，最受欢迎和最受公众关注的是年度歌曲列表的独特性，在使用年度歌曲的同时给用户带来独特的优越感。歌曲列表回顾过去一年的心情也触动了许多用户的情感点。简而言之，在大数据的影响下，可以实现诸如年度个人播放列表之类的交互形式，为每个用户提供定制化服务来实现精细化推销的目的。

资料来源：https：//mp.weixin.qq.com/s/oQGvUOCpBAjoFqIiGJWiVg.

推销观念已经开始注意到了消费者的需求，但这种观念仅是从现有产品的角度来开展市场营销活动，企业的口号仍然是“我能生产什么就卖什么”。推销观念依然以企业为中心，而不是满足消费者的真正需要。但这一观念的出现，使企业开始更多地了解市场和消费者的需求，为市场营销观念的到来奠定了基础。

四、营销观念

营销观念是以消费者为中心的观念，它的口号是“顾客需要什么，我就生产和经营什么”，其特点是以市场作为企业经营的出发点，以顾客为中心，通过各种市场营销手段来满足顾客的需求而获得利益。这种观念认为，企业要想实现诸多目标，必须以消费者为中心制订计划和制定策略，精准确定目标市场的欲望和需求，并且能比竞争者更有效地将产品传递到消费者手中。市场营销观念的出现标志着市场营销学开始进入成熟发展的阶段。

营销观念产生于20世纪50年代中期。第二次世界大战以后，各国开始注重科学技术的发展，社会生产力随之得到了迅速提高，产品日渐丰富，不但产量增加，而且花色品种也日新月异，市场出现了空前的繁荣。同时，欧美各国的军用工业很快地转向民用工业，工业品和消费品的生产总量剧增，造成了生产相对过剩，随后导致了市场上的激烈竞争；另外，这一时期资本主义国家开始实行高工资、高福利、高消费的“三高”政策，使人们的收入水平和物质文化生活水平不断提高，消费者的购买能力增强，消费需求也日趋多样化。面对迅速增加的产品品种和产品数量，消费者的选择性空前增强，企业之间的竞争也随之加剧，市场形态开始由卖方市场向买方市场转变。在新的市场环境下，传统的营销观念已经不能适应新形势的需要，无法引导企业在竞争中取胜，市场营销观念应运而生。它在充分分析消费者现实需求和潜在需求的基础上，指导企业生产什么，并如何将生产的产品推向市场，从而使企业在竞争中走向成功。这一观念上的转变是市场营销学理论上的一次重大变革，企业开始从以生产者为重心转向以消费者为重心，从此结束了以产定销的局面。例如，华为公司追求以客户为中心的价值创造。以客户为中心，就是要全力为客户创造价值，真正地成就客户。为客户创造了价值，企业才会有绩效和利润。营销观念与推销观念相比有了极大的进步：市场营销观念以买方需求为中心，利用整体性的营销方案，通过帮助消费者满足其需要而获得相应的报酬；推销观念以卖方需求为中心，从现有产品出发，以利用推销与促销等手段去扩大销售和取得利润为目标，如表1-1所示。

表1-1　　推销观念与营销观念的对比

观念差异点	出发点	中心	手段和方法	目的
推销观念	工厂	现有产品	推销、促销	通过销售获得利润
营销观念	目标市场	顾客需求	整合营销	通过顾客满意度获得利润

【案例 1 –5】

丝芙兰中国：以消费者为中心的“本真零售”

丝芙兰从 2009 年提出本真零售以及全渠道转型，坚持以人为本，深耕互动消费者。截至 2009 年 11 月底，全国已开设逾 324 家门店，线上丝芙兰更在整体数智化进程中快步增长，仅 2022 年“双 11”大促的成绩单，已实现同比两位数的销量增长。

“会员体系应该是一体的，即消费者无论在门店还是通过电商渠道，都可以享受同样的会员服务，这才是本真零售及全渠道转型的真谛。”这一点在 2022 年的“双 11”大促上，得到了充分的体现，也因此让品牌获得了超两位数的增长。酩悦 · 轩尼诗 – 路易 · 威登集团（LVMH）– 丝芙兰中国电子商务及社交电商部副总裁沈天宏为此总结了三点：第一线上线下齐参与，统一八折，让消费者和商家都避免烦琐的价格计算；第二，奖励金卡、黑卡高端会员，提前四小时和三小时入场选购，满 3000 更享受 75 折；第三，无须等待，消费者从 10 月 20 日享受第一波大促，11 月 10 日至 11 月 13 日，享受第二波大促，可以从容择机下单。

这些都归功于把握消费者的心智和他们的行为洞察，而这些洞察则源于做好私域的运营。沈天宏表示，通过充分利用线下的门店招募新客以及创新线上的技术，多角度触达，维护消费者关系。从 2018 年开始，丝芙兰陆续建立了微信小程序商城、微信视频号、抖音号、门店社群，多生态触达消费者，联动沟通。比如通过 SMART BA 工具，数字赋能每一位美容顾问，不间断地以他们的专业素养及美学视野，在私域社群中为消费者持续地提供一对一远程个性化服务及线上延展业务。BA 导购们（美容顾问）可以在企业微信上和顾客保持沟通，为其提供定制化服务，如提醒“昨日下单，未付款”的消费者完成下单功能等。

自 2005 年进入中国，丝芙兰便对国内数字化电商进行了不懈创新。早在 5 年前，丝芙兰就开始在全国门店以微信招募新会员。此后，在数字化的“微信之路”上，丝芙兰一路狂奔——2018 年，上线微信小程序商城；2019 年，先后推出小程序裂变、小程序直播等功能；2020 年，推出 SMART BA 项目……借助微信生态圈庞大的私域流量、巨大的社交黏性、开放性生态以及友善的接入方式，丝芙兰由此构建了触达消费者的最短链路。

2023 年 6 月 6 日，在上海南京东路步行街的世茂广场，丝芙兰中国首家未来概念店正式开幕。这也是继新加坡之后，丝芙兰亚洲的第二家未来概念店，它集中体现了丝芙兰最为前沿的数智化科技服务，在这里也可以一窥未来线下美妆零售的发展趋势。总体来看，丝芙兰一共进行了七大触点升级，打通了从前端选品、门店导览体验，到会员服务、快捷下单的全链路消费者运营闭环。通过这些数智化服务，更好地给到消费者个性化的定制方案，也让消费者有空间去做更多的自我探索。在这个过程中，美容顾问也会根据自己的经验与趋势，给消费者更精准的建议，进一步提升到店购物体验。

同时，丝芙兰借助云计算，打造了业界领先的全渠道数字化能力，包括与埃森哲、阿里云进行合作，布局数字化2.0，通过向云端转化，持续优化企业优势，实现消费者的洞察。

资料来源：https：//mp. weixin. qq. com/s/ – m7QXKbjlUaiDd__a – SVuw.

五、全面营销观念

（一）整合营销

整合营销是指企业以社会整体利益为中心，以顾客为基础，为创造最大顾客价值而整合所有营销要素的一种营销方式。它是营销组合的进一步发展，整合营销比营销组合更强调各个营销要素之间的相互关联，并使其成为有机的整体。麦卡锡将这些工具分为四类并称之为“4P”：产品、价格、地点和促销。“4P”以企业为导向，所以营销就是在适当的地点，以适当的价格，运用适当的促销方式，将适当的产品传递给适当的消费者。“4P”代表了营销者的观点，即营销工具可以用于影响买方。

罗伯特·劳特朋于1990年提出了与之相对应的“4C”理论。“4C”是指需求与欲望、成本、便利和沟通。从关注“4P”转变到注重“4C”，体现了许多大企业全面调整市场营销战略的发展趋势。与产品导向的“4P”理论相比，“4C”理论有了很大的进步和发展，它以顾客为导向，以追求顾客满意为目标，这实际上是当今消费者在营销中越来越居主导地位的态势对企业的必然要求。

“4R”理论是由美国学者唐·舒尔茨在“4C”理论的基础上提出的新营销理论。“4R”分别指关联、反应、关系和回报，该理论认为，随着市场的发展，企业需要从更高层次上以更有效的方式在企业与顾客之间建立起有别于传统的新型关系。

随着高科技产业的迅速崛起，高科技企业、高技术产品与服务不断涌现，营销观念、方式也在不断丰富与发展，并形成了独具风格的新型营销理念，在此基础上，国内学者提出了“4V”理论。“4V”即差异化、功能化、附加价值和共鸣。“4V”理论是典型的系统和社会营销理论，既兼顾社会和消费者的利益，又兼顾资本方、企业与员工的利益，而且更为重要的是，通过“4V”理论的运用，可以培养和构建企业的核心竞争力。详情如表1－2所示。

表1－2　营销组合的演进

4P	Product（产品）	Price（价格）	Place（地点）	Promotion（促销）
4C	Customer Solution（顾客问题解决）	Customer Cost（顾客成本）	Convenience（便利）	Communication（沟通）
4R	Relevance（关联）	Reaction（反应）	Relationship（关系）	Reward（回报）
4V	Variation（差异化）	Versatility（功能化）	Value（附加价值）	Vibration（共鸣）

（二）社会营销

社会营销观念认为，企业和组织的任务是要确定各个目标市场的需要、欲望与利益，并保护或提高消费者和社会福利，能够比竞争者更有效、更有力地向目标市场输入满足消费者需求的产品与服务。这是一种兼顾消费者利益和企业利润，更注重社会长远利益的经营理念。社会营销观念是对市场营销观念的修改和补充，它产生于20世纪70年代西方资本主义国家出现能源短缺、通货膨胀、失业增加、环境污染严重、消费者保护运动盛行的新形势下。1971年，杰拉尔德·蔡尔曼和菲利普·科特勒共同提出了“社会营销”的概念。这一概念缓解了市场营销活动与可持续发展之间的矛盾，兼顾了社会、消费者、企业三方的利益，得到世界各国和有关组织的高度重视，并率先在一些发达和发展中国家的企业中得到应用。例如，贝因美经过认真地分析和研究，发现种族不同，其民族饮食文化也不同，只有生产出真正符合中国婴儿特质的产品，指导家长正确地养育孩子，才能真正获得社会的认同，实现社会利益的同时也能有效地实现企业利益。

市场营销观念的应用提高了广大消费者对需求被满足的期望值和敏感性，而消费者欲望的满足与消费者的根本利益和社会的长远利益之间存在的矛盾被忽视，从而导致了损害健康、破坏资源等现象产生。社会营销观念在满足消费者需求与愿望、实现企业利润目标的同时，还注重将社会公众的长期福利作为企业的责任与经营的根本目的。在社会营销观念的指导下，企业在决策程序上发生了改变，要先考虑消费者与社会的利益，寻求有效满足与增进消费者利益的最佳途径，然后才能考虑企业的预期利润目标和投资回报。因此，社会营销观念的出现极大刺激了企业或组织在市场营销活动和管理中不断地改变自己的思维模式和行为方式，以兼顾社会、国家、企业或组织、个人多方利益为前提，以在追求企业利润的同时还要考虑承担一定的社会责任为目标，以实现市场营销活动和管理的现实目标与企业可持续发展的终极目标。

【案例 1 -6】

“破产式捐款”，鸿星尔克再度刷屏

支援河南防汛救灾 5000 万元的捐款，让鸿星尔克一夜之间登顶热搜，重归大众视野。不得不说网友们的力量永远不能小瞧，这件事情一上热搜，鸿星尔克的直播间直接被挤爆，围观人数最多达 4.9 万人，销售额上千万元。直播间也一夜之间沸腾，老板说：“大家要理性消费。”网友却说：“不！我们要野性消费！”面对后续的“野性消费”，鸿星尔克初心依旧，借势市场高关注度，开始了后续围绕产品、品牌等一系列升级。

因《乘风破浪的姐姐》火爆的“甜心教主”王心凌在微博上晒出自己训练的照片，被眼尖的网友发现她从头到脚穿的都是国产品牌鸿星尔克，身上一件 T 恤仅价值 59 元，裤子和鞋子也只有几百元。照片发布后，其同款鸿星尔克鞋服立马成了爆款单品。不少网友喊话鸿星尔克总裁吴荣照快点付广告费，请王心凌代言。吴荣照则对此回应道：“正在凑铜板。”这无意间的“强强联合”，再次引发“野性消费”。

从当初差点被消费者遗忘到如今与消费者“侃侃而谈”，这是鸿星尔克的成功，更是更多如鸿星尔克般积极转型，积极与年轻人对话的“老国货”的成功。

资料来源：https：//mp. weixin. qq. com/s/I_XFfAnrjaHWhavQUewrbQ.

（三）关系营销

关系营销是把营销活动看成是一个企业与消费者、供应商、分销商、竞争者、内部员工、政府机构及其他公众发生互动作用的过程，其核心是建立和发展与这些公众的良好关系。关系营销的关键是，有利于企业摆脱“一次性交易”的被动局面，重视重复性交易与实现顾客承诺，鼓励企业与顾客之间构建起长久合作关系。通过构建这种双赢关系，充分利用现有资源、维系顾客关系，实现协调有序发展。

关系营销的本质，是在开展市场营销活动的过程中，与各关系方建立长期、稳定、相互依存的合作关系，实现协同发展，需要遵守三个原则：主动沟通、承诺信任和互惠互利。

关系营销的本质特征可以概括为以下五个方面：

1. 双向沟通。在关系营销中，沟通应该是双向而非单向的。只有广泛的信息交流和信息共享，才可能使企业赢得各个利益相关者的支持与合作。

2. 合作。一般而言，关系有两种基本状态，即对立和合作。只有通过合作才能实现协同，因此合作是“双赢”的基础。

3. 双赢。即关系营销旨在通过合作增加关系各方的利益，而不是通过损害其中一方或多方的利益来增加其他各方的利益。

4. 亲密。关系能否得到稳定和发展，情感因素也起着重要作用。因此关系营销不只要实现物质利益的互惠，还必须让参与各方能从关系中获得情感的需求满足。

5. 控制。关系营销要求建立专门的部门，用以跟踪顾客、分销商、供应商及营销系统中其他参与者的态度，由此了解关系的动态变化，及时采取措施消除关系中的不稳定因素和不利于关系各方利益的共同影响因素。

此外，通过有效的信息反馈，也有利于企业及时改进产品和服务，更好地满足市场的需求。

【案例 1 -7】

“这里 · 树山”精品民宿的关系营销

“这里 · 树山”是选址在苏州树山村的一间精品民宿。投资 320 万元，将村民老屋改造为一栋有 7 间客房的民宿。房间按照五星级宾馆的硬件标准打造，装饰上遵从环保、自然、包容的理念，既有西洋欧式浪漫，又有东方温润古朴的气息。多种元素和谐有趣地共存在这里的空间内。它是主人的一个小小乌托邦。

树山村优美的自然风光和丰富的物产为这里 · 树山的发展奠定了坚实的基础，也为老板娘吴非的关系营销提供了丰富的素材。树山村，是隐匿在苏州高新区的一个自然村落，坐落在大阳山之麓，太湖之畔，有四山三坞。300 余户人家，悠然生活在这个离尘不离城小村庄。小村吴文化蕴藏深厚，名人遗留古迹甚多。元代高僧觉明大师也在此选址建成名寺云泉寺。村落里物产丰富：茶叶、杨梅、翠冠梨是树山三宝。除此之外，枇杷、水蜜桃、醉李、黄桃、蓝莓、小枣等水果都无时无刻不在提醒着村民四季的更迭。

1. 影响者关系营销。这里·树山老板娘是复旦大学的研究生，她与复旦大学苏州校友会建立了密切的联系，积极参与到复旦大学苏州校友会的活动中，通过校友会赞助民宿券、帮助校友会策划联谊活动等方式高频率地出现在校友前面，帮助这里·树山打开了在苏州目标客户群体中的口碑和影响力。

2. 供应商关系营销。这里·树山不光是提供住宿交流的场所，它还给很多客户推荐优质的农副土特产。这里·树山的老板娘吴非充分认识到了供应商关系营销的重要性，她跟附近的枇杷园主、水蜜桃主、杨梅园主等都建立了良好的合作关系。这保证了这里·树山推荐的农副产品都是当地最高的品质，也为这里·树山带来了源源不断的收入。

3. 客户关系营销。这里·树山主要通过开展丰富多彩的活动来维护客户的关系。比如这里·树山会组织举办读书会沙龙、书法鉴赏、亲子团建、红酒品鉴、少儿昆曲、纪录片拍摄和西餐教学等一系列活动。通过活动这里·树山获得了很多忠实的客户，老板娘跟很多客户成为了朋友，这也是这里·树山客户关系管理最精彩的部分。

4. 分销商关系营销。这里·树山跟苏州高兴区文体旅居官方微信公众号、苏州万科公众号、Feekr 旅行公众号等自媒体保持了很好的互动和联系，为这里·树山带来了源源不断的流量和新客户。

5. 竞争者关系营销。这里·树山跟周边的民宿主都保持了友好的关系，老板娘吴非经常邀请周边民宿主一起聚会吃饭，也会在自己民宿入住满房的时候推荐客人入住邻居的民宿，这无形间弥补了这里·树山的有限接待能力，也有利于将来这里·树山品牌的输出。

这里·树山是树山村民宿经营的佼佼者，近三年业绩每年都保持良好的增长势头，即便在新冠疫情期间也保持了 20% 以上的年营业额增长。这里·树山也获得了“苏州最美民宿”，老板娘吴非获得“最美劳动者”称号等一系列荣誉。

资料来源：https：//mp. weixin. qq. com/s/8Y－lkkC_LRV8_FikhSPJIA.

第三节　科学营销理念：为顾客创造价值

在全球经济一体化的环境中，激烈的国内外市场竞争要求企业以顾客需求为导向来组织产品开发、生产和销售等活动。谁能超越竞争对手，为顾客创造更多的价值，让更多的顾客对企业满意和忠诚，谁就能在激烈的角逐中获胜。

一、顾客价值

（一）顾客认知价值

顾客认知价值，也称顾客感知价值或顾客让渡价值，是指企业让渡给顾客，且能让顾客感受到的实际价值，一般表现为顾客购买总价值与顾客购买总成本之间的差额。顾客购买总价值是指顾客购买某一产品与服务所期望获得的一组利益，它包括产品价值、服务价值、人员价值和形象价值等。顾客购买总成本是指顾客为购买某一产品所耗费的货币成本、时间成本、精神成本和体力成本等。

（二）顾客终身价值

顾客终身价值又称顾客生涯价值，指的是每个购买者在未来可能为企业带来的收益总和。研究表明，如同某种产品一样，顾客对于企业利润的贡献也可以分为导入期、快速增长期、成熟期和衰退期。

顾客终生价值的复杂性和变化性，使采用何种方法准确地测量和计算成为了企业面临的最大挑战之一。

（三）顾客价值的形成

消费者进行购买行为是为了获取顾客价值，即通过该行为使其期望利益得以实现。消费者最终是否会进行购买行为，主要取决于顾客价值，即总顾客价值与总顾客成本之差。顾客总价值与总成本之差为正时，消费者有可能进行购买行为；反之，购买行为难以发生。

如家住郊区的甲准备添置最新款的大尺寸液晶电视，他面临的选择是去市区的大型商场或在郊区小商场购买。市区大型商场价格稍便宜、款式多，但因为离家较远，送货安装要另外收费。而在郊区的小商场购买，价格稍高、款式少、送货安装及时快捷。再三衡量，甲作出在郊区小商场购买的决策。可以通过顾客价值理论对这一行为进行解释：两地购买的价格差距只有3%左右，甲会认为其获得的顾客总价值差异不大，而在郊区购买，方便快捷的送货安装服务使甲的顾客总成本降低，顾客价值增大，所以甲作出在郊区商场购买的决策就不难理解了。考虑另一种情况，如两地的价格差距足够大（例如超过30%），甲所面临的总价值差距大于总成本差距，那么，甲就可能作出去市区商场购买的决定。

【案例 1 – 8】

奔驰汽车顾客价值的形成

顾客在奔驰汽车购买行为中得到的利益和付出的成本如下：

产品收益：一辆奔驰汽车。其易用性、操控性、耐用性都直接影响这一价值的实现。

服务收益：该车辆后续的保养与维护。保养与维护的及时性、便利性、准确性都直接影响这一价值的实现。

人员收益：参与此次购买行为的全部服务人员的响应。奔驰 4S 店人员的可靠性、积极性等都直接影响这一价值的实现。

形象收益：企业及其产品在社会公众中形成的总体形象。奔驰车的产品定位、服务品质、社会群体的认同等都直接影响这一价值的实现。

货币成本：顾客为购买奔驰汽车需向销售公司支付的全部货币。

时间成本：顾客为寻找合适的车型及销售者所花的时间。这些时间本来可以被顾客用来创造其他价值，而购买行为使这些价值的实现变得不可能。

精力成本：顾客为购买行为所承受的心理压力。不适用的车型或者是不合适的销售者都会增加顾客的心理负担。这会直接导致顾客产生焦虑、烦躁等负面情绪，这些都是购买行为的精神成本。如果销售者能够事先通过广告等行为作出承诺与保证，则可能降低顾客的这一成本。

体力成本：顾客为购买行为所耗费的体力。互联网购物的兴起正在逐渐降低顾客的这一成本。

顾客通常会在权衡收益与成本之后作出购买决策。当顾客感知到的综合收益大于综合成本时，顾客作出购买决策的概率就非常大，反之则不太可能作出购买决策。

资料来源：根据网络资源整理。

（四）为顾客创造价值的途径

1. 顾客赢利能力分析。对顾客赢利能力进行分析是十分必要的，对非赢利顾客要利用一些方法使其转变为赢利顾客。如表 1 – 3 所示，顾客 C1 买了三个盈利产品，是高利润顾客；顾客 C2 购买了一个盈利产品和一个亏损产品，是混合型的无盈利顾客；顾客 C3 购买了一个盈利产品和两个非盈利产品，是亏损顾客。对于无盈利顾客 C2 和亏损顾客 C3 企业应该采取的方法包括：第一，提高无盈利产品价格或者取消这种产品；第二，尽力向盈利顾客推销其他盈利产品；第三，鼓励无利可图的顾客转向竞争企业。

表 1-3 顾客认知价值决定因素

\	C1	C2	C3	\
P1	+	+	+	高
P2	+			盈
P3		-	-	亏
P4	+		-	无
\	高	无	亏	\

注：P 表示产品；C 表示顾客。

2. 衡量顾客终身价值。顾客终身价值指的是每个购买者在未来可能为企业带来的收益总和，描述了基于顾客终身价值预期的未来利润产生的价值，通过预期收入减去用来吸引和服务顾客以及销售所花费的预期成本来计算。主要步骤包括：第一，收集顾客资料和数据；第二，定义和计算终身价值；第三，顾客投资与利润分析；第四，顾客分组；第五，开发相应的营销战略。

（五）价值共创

1. 价值共创的涵义。价值共创是 21 世纪初管理大师普拉哈拉德提出的以个体为中心，由消费者与企业共同创造价值的理论。传统的价值创造观点认为，价值是由企业创造，通过交换传递给大众消费者，消费者不是价值的创造者，而是价值的使用者或消费者。随着环境的变化，消费者的角色发生了很大转变，消费者不再是消极的购买者，而已经转变为积极的参与者。消费者积极参与企业的研发、设计和生产，以及在消费领域贡献自己的知识技能，创造更好的消费体验，这些都说明价值不仅来源于生产者，而是建立在消费者参与的基础上，即来源于消费者与企业或其他相关利益者的共同创造，且价值最终是由消费者来决定的。

价值共创对企业和消费者都具有重要的意义。通过让顾客参与价值共创，帮助企业提高服务质量、降低成本、提高效率、发现市场机会、发明新产品、改进现有产品、提高品牌知名度、提升品牌价值等，这些构建了企业区别于其他竞争对手的竞争优势。消费者通过参与价值共创，可以获得自己满意的产品，获得成就感、荣誉感或奖励，通过整个价值共创的交互，获得独特的体验。消费者的这些收获又进一步对企业产生影响，如提高顾客的满意度、忠诚度、购买意愿等。

2. 价值共创的分类。主要可以分为生产领域的价值共创和消费领域的价值共创。

（1）生产领域的价值共创。生产领域的价值共创既可以体现在制造业上，也可以体现在服务业上，且其研究主要集中在顾客参与理论的研究中，消费者作为生产者参与生产过程。

顾客参与制造业的生产，实现与企业价值共创，该方面的研究主要集中在顾客参与新产品开发等方面。通过让顾客参与企业的设计和研发活动，不但会降低成本、提高效率，而且能够开发出合适的产品，制造出让顾客满意的产品。

服务共同创造是顾客与服务提供商的互动和适应过程，在服务业中，顾客可以被视为兼职员工，实现企业和消费者的共赢。服务业价值共创的研究主要集中在顾客参与新服务开发、顾客参与服务创新、顾客参与自助服务技术等方面。

例如，无印良品的生活杂货部门想改进一款浴室用的洗漱小包。在历时 7 个多月的改进项目中，商品部把项目拆分为 5 步，对问卷答题者和试用者提出了苛刻的应征条件，最终收获了 1760 份问卷和 13 名试用应征者。进度和最终报告都在研究所网站项目页面全程公开，无印良品最终根据顾客意见进行了 4 个重要改进。看起来只是一次对商品的改良，但对 1773 名项目参与者来说，也意味着自己也参与了研发。

（2）消费领域的价值共创。消费领域的价值共创作为一种新的价值创造形式，共同创造的是体验价值，是真正的价值共创，价值的创造由消费者主导和决定。该领域价值共创主要体现在以下三个方面。

①消费者单独创造价值。消费者单独创造价值指消费者在自己消费过程中使用企业提供的产品或服务而创造价值，价值由消费者单独创造，企业不参与消费者的消费过程。根据企业是否参与顾客的日常消费过程，将服务逻辑分为全面服务逻辑和自我服务逻辑。全面服务是指企业通过为消费者提供信息、技术、技能等方面的支持来主动参与消费者的消费过程，进而试图影响消费者的偏好。自我服务是指企业只是为消费者提供其价值主张，并不参与消费者的消费过程，消费者在消费过程中使用企业提供的产品或服务这种价值主张来创造自己的价值，即消费者单独创造价值。从消费者单独创造价值及自我服务的概念中，感觉价值创造是消费者的单边行为，企业并没有在价值创造中有所贡献，但是消费者创造价值是要通过在消费过程中使用企业提供的产品或服务才能获得价值，也就是说这种价值的获取是建立在企业提供的产品或服务之上，因此，实质上，价值还是由企业和消费者共同创造的。例如，小米公司会选择了让用户自己来动手组装路由器。它符合小米公测招募的极客用户群的精神属性，也是最为直接让用户感知品质的方式。这种强烈的极客趣味和精致感震撼了很多用户，也引发了他们在微信、微博中晒出组装过程，与朋友比拼组装速度。他们分享的不是小米路由器，而是他们参与其中的那种成就感。

②消费者与企业互动共同创造价值。消费者与企业互动创造价值是共创价值理论的主要观点，企业的目标不是为顾客创造价值，而是动员顾客从企业提供的产品或服务中创造自己的价值。与消费者接触比较多的重要人员（如上门服务员、推销员以及维修员等），不但可以提供满足消费者需要的产品或服务，而且通过他们与消费者之间真诚和信任的互动可以给顾客带来更好的体验。

③消费者与消费者之间互动共创价值。消费者之间的互动是消费者的重要服务体验，这种体验会影响消费者对企业的满意和忠诚。社区中创建价值的四类方式，即社会网络的构建、印象管理、社群义工和品牌使用，他们直接来源于消费者的贡献，并完全发生在消费领域。

例如，随着互联网的不断普及，微博和社交网站等非交易类虚拟社区吸引了众多的用户。在这些平台中，用户并不进行直接的经济交易，而是通过用户间的资源投入和互动满足自身需要。平台提供交友和分享等功能，并创造了良好的体验环境，依靠用户间互动交流形成资源的传递和整合；并通过互动交流激发用户的情感分享、交友等体验。

互联网的迅猛发展深刻地改变着人们的生活方式，其中尤为显著的就是对消费者行为的影响。在众多的消费场景中，互联网都在影响着人们的选择与判断。越来越多的人习惯借助各种在线平台寻找合适的餐厅和菜品、攻略与建议。尤其是在陌生城市和不熟悉环境，消费者往往会依赖于手机屏幕上的评分和推荐，来作出决策。由此，互联网的评价体系成为了一种新的、具有广泛影响力的消费指南。这种现象背后，所反映出的是互联网上的信息对消费者决策过程的巨大影响。消费者不再仅依赖于个人经验和店家的介绍作出选择，而是通过互联网平台获取大量的第三方评价和信息。一家店的好评与否，往往不是取决于店家的自我宣传，而是来自于消费者的真实反馈。

【案例 1－9】

“三顿半”咖啡数字化时代下的用户价值共创

三顿半成立于2015年9月，仅用四年时间夺得天猫“双11”咖啡类的榜首。三顿半的成功与跟用户之间长期以来的价值共创有不可分割的联系。

1. 领航计划——实现产品共创

三顿半的冷启动始于下厨房 App，在这里收获了第一批种子用户。下厨房作为美食类 App，积累了相当大一部分热爱食物的用户，这与三顿半想要吸引的客群是高度重合的。因此在成立之初，三顿半就经常会在下厨房发布新产品，与用户交流食用后体验，并给下厨房的重度用户和达人寄送样品，收集他们以及粉丝的反馈意见。

创始人吴骏从开箱感受、产品操作、说明指导、风味口感、包装规格等多个方面，设计了大量非常细节的用户调研问题，例如，不同风味的产品更喜欢哪种？哪种包装的形式更好？你会送礼还是自己喝？收集到的反馈会为后续产品迭代提供方向上的参考。三顿半与下厨房的用户保持紧密的交流，这也是为什么三顿半在下厨房上的成图率要比其他产品高出一个数量级。

除了从通过平台获取到的用户获得反馈，三顿半还设立了 IP 项目——“领航员”计划。“领航员”是三顿半团队从各渠道精心选出的、能够产出优质 UGC（Customer Generated Content）内容的消费者个体。他们来自各行各业，通常都自带一种文艺属性，有非常强的内容输出能力，虽不是有强大流量基础的 KOL（Key Opinion Leader），但在各自圈层也算得上是意见领袖。领航员会为产品迭代提供更具稳定性的反馈，只要几十个领航员提出同一个建议，那三顿半一定会对产品做出改变。

2. DIY 包装＋口味——实现内容共创

对于 Z 时代群体，颜值经济正当道，好看的外包装是吸引年轻用户群体的第一步，他们愿意为了包装为溢价买单。三顿半的创始团队中有几位都有设计背景，为了让罐子形状、颜色搭配、罐身的数字都达到最完美契合，花费了相当长时间进行调整，最后三顿半荣获红点品牌与传播设计大奖中的包装设计奖。三顿半的包装除了高记忆点，还有高延展性的特点，用户能轻松对其进行再利用与再设计。小罐被改装成摆件、小花瓶、钥匙扣等，甚至闲鱼上还会有人专门回收空罐再创作。包装盒成为三顿半与用户互动最好的触点。

三顿半罐身不同的数字与颜色代表不同的烘焙程度，数字越大则烘焙程度越深，不同烘焙程度可以创作出不同风味的咖啡。三顿半积极鼓励用户 DIY 适合自己口味的咖啡特饮，并将配方分享在社交媒体。大量 UGC 内容吸引了更多用户参与喝法的共创。领航员在引导用户自发进行内容传播中，也扮演了重要角色。他们对三顿半的产品和理念有更深的理解，因此产出的内容更加真诚与打动人心，加深了三顿半的品牌美学理念。

资料来源：https：//mp. weixin. qq. com/s/R - oT602N_NRybcTE6Kc2Pw.

二、顾客忠诚

顾客忠诚是指顾客对企业的产品或服务的依恋或爱慕的感情，它主要通过顾客的情感忠诚、行为忠诚和意识忠诚表现出来。其中情感忠诚表现为顾客对企业的理念、行为和视觉形象的高度认同和满意；行为忠诚表现为顾客再次消费时对企业的产品和服务的重复购买行为；意识忠诚则表现为顾客做出的对企业的产品和服务的未来消费意向。高度顾客满意是顾客忠诚的重要条件。虽然在不同行业、不同竞争环境下，顾客满意和顾客忠诚之间的关系会有差异，但是所有市场的共同点是：随着满意度的提高，忠诚度也在提高。

（一）顾客忠诚的层次

通常可以将顾客忠诚划分成四个层次。

第一层是顾客对企业没有丝毫忠诚度。他们对企业漠不关心，仅凭价格、便利性等因素购买。

第二层是顾客对企业的产品或服务感到满意或者习惯。他们的购买行为受到习惯的驱使。一方面，他们没有时间和精力去选择其他企业的产品或服务。另一方面，转换企业可能会使他们付出转移成本。

第三层是顾客对某一企业产生了偏好，这种偏好是建立在与其他竞争企业相比较的基础之上的。这种偏好的产生与企业形象、企业产品和服务体现的高质量以及顾客的消费经验等因素相关，从而使顾客与企业之间有了感情联系。

第四层是顾客忠诚的最高阶段。顾客对企业的产品或服务忠贞不二，并持有强烈的偏好与情感寄托。顾客对企业的这种高度忠诚，成为企业利润的真正源泉。

（二）顾客忠诚的战略意义

随着市场竞争的日益加剧，顾客忠诚已成为影响企业长期利润的决定性因素。以顾客忠诚为标志的市场份额，比以顾客多少来衡量的市场份额更有意义，管理学大师彼得·德鲁克曾经说过："当今企业之间的竞争，不是产品之间的竞争而是商业模式之间的竞争。"在互联网思维被赋予多重涵义的时代，现代商业模式和传统商业模式最大的区别在于，现代商业模式不再是关于成本和规模的讨论，而是关于重新定义顾客价值和顾客忠诚的讨论。由此可见，顾客价值以及顾客忠诚的重要性非同一般。

1. 顾客忠诚使企业获得更高的长期盈利能力。顾客忠诚有利于企业巩固现有市场和降低营销成本，从而获得更高的长期盈利能力。

（1）顾客忠诚有利于企业巩固现有市场。高顾客忠诚对竞争对手来说意味着较高的进入壁垒，同时要吸引原有顾客，竞争对手必须投入大量的资金，这种努力通常要经历一个延续阶段，并且伴有特殊风险。这往往会使竞争对手望而却步，从而有效地保护了现有市场。

（2）顾客忠诚有利于降低营销成本。对待忠诚顾客，企业只需经常关心老顾客的利益与需求，在售后服务等环节上做得更加出色，既无须投入巨大的初始成本，又可节约大量的交易成本和沟通成本，同时忠诚顾客的口碑效应带来高效的、低成本的营销效果。

2. 顾客忠诚使企业获得更多竞争优势。顾客满意可以使顾客更忠诚，忠诚的顾客是企业最为宝贵的资产。因为忠诚的顾客往往倾向于重复购买，交易成本低，企业可以从中获取最高的边际利润，尽管忠诚的顾客不一定就是满意的顾客，但是满意的顾客却极有可能成为忠诚的顾客。顾客之所以忠诚于一个企业，不仅因为该企业能提供顾客所需要的产品，更重要的是企业能通过优质服务为顾客提供更多的附加价值。同样地，他们不大可能仅因为低价格的诱惑而转向新的企业。不过，当价格相差很大时，顾客也不会永远保持对企业的忠诚。不管是在哪一个环节令顾客感到不满意而失去了信心，那么顾客的忠诚就难以维系。只有各方面合力提高顾客满意度，才能驱动顾客在主观上形成对企业或品牌的忠诚，才能留住顾客的心，留住购买力。

顾客忠诚有利于企业和顾客之间维系更为亲密的关系，这样有利于企业挖掘更深层次的真实的顾客需要，从而根据顾客的需要组织生产，企业对市场的把握可以使其在竞争中处于非常有利的地位。同时，顾客忠诚还能够提高企业的声誉，树立良好的品牌形象，提高企业抵御市场风险和参与竞争的能力。

三、顾客满意

顾客满意是指顾客对一件产品满足其需要的效果与期望进行比较所形成的感觉状态。顾客购买后是否满意，取决于其实际感受到的效果与期望的差距。

顾客是否满意有以下三种状况：一是可感知效果低于期望，则感到不满意，即使有更好的产品，顾客依然会很容易地更换供应商。二是可感知效果与期望匹配，则感到满意，从而口头传颂，顾客一般不会更换供应商。三是可感知效果超越期望，则感到满意或欣喜，创造了一种对品牌的情感上的共鸣，而不仅是一种理性偏好，正是这种共鸣创造了顾客的高度忠诚。

研究表明，吸引新顾客要比维系老顾客花费更高的成本。而要有效地保持老顾客，仅使其满意还不够，只有使其高度满意，才能有效地培养顾客对企业和品牌的忠诚度。现代营销中，常常以顾客认知价值来衡量顾客满意程度。

需要明确一点，企业在激烈的竞争中竭力让顾客满意，而这种满意未必是最大化的顾客满意。因为如果通过降低价格或者增加服务来提高顾客满意度，那么企业可能会降低利润，而将用于其他利益相关者方面的支出转移到提高顾客满意度方面，这样则可能在一定程度上带来不利影响。所以，企业就必须遵循这样一个理念：在总资源有限的前提下，在保证其他利益相关者至少能接受的满意水平下，尽可能提供一个更高水平的顾客满意度。

【案例 1－10】

迪士尼自建数据采集源 MyMagic，提升顾客满意度

迪士尼投资 30 亿美元打造大数据追踪系统 MyMagic，这套系统能追踪迪士尼乐园游客的分布、轨迹、如何进行消费、什么时候用餐以及最后购买了什么。所有消费者在迪士尼内的行为最后都发生了“比特化”。MyMagic 的核心产品是腕带 MagicBand。MagicBand 中嵌入了无线射频识别芯片，并能与遍布迪士尼乐园的无线射频扫描设备保持信息连接。每当游客戴上 MagicBand 后，其游览信息可以被遍布游乐园的数据读取器接收到。目前，MyMagic 的大数据被迪士尼规划为未来的核心增长产品之一。对游客而言，MagicBand 帮助他们更方便地完成园内体验，帮助他们打开园内酒店房间房门，进入主题乐园，完成吃饭、游玩、交通的所有支付，因而游客非常乐意使用这一便利的设备。从迪士尼的角度看，这就是一个自建大数据采集源的典型案例。企业建立自己的数据源，它们可以一方面把自身的数据整理好，和外部的数据进行对接，另一方面利用物联网、传感器等多种技术构建自己新的数据维度。

资料来源：曹虎．数字时代的营销战略［M］．北京：机械工业出版社，2017.

小结与思考练习

【本章关键词】

市场 市场营销　需求　产品　服务　交换　生产观念　产品观念　推销观念　市场营销观念　社会营销观念　整合营销　顾客价值　顾客认知价值　顾客满意　顾客忠诚

【本章小结】

1. 从企业的角度来看，市场是某商品需求的总和，是人口、购买力、购买欲望三个要素的统一。

2. 市场营销是指通过市场交易满足顾客现实或潜在需要的综合性的价值创造、价值沟通和传递客户价值的活动过程。市场营销的目的是满足消费者现实和潜在需求；市场营销的核心是促成价值交易活动的实现，实现交易的手段是开展综合性的整体营销战略和策略。

3. 市场营销观念的演进过程是从生产观念、产品观念、推销观念、营销观念到全面营销观念。

4. 整合营销是指企业以社会整体利益为中心，以顾客为基础，为创造最大顾客价值而整合所有营销要素的一种营销方式。它是营销组合的进一步发展，整合营销比营销组合更强调各个营销要素之间的相互关联，并使其成为有机的整体。

5. 顾客认知价值，也称顾客感知价值或顾客让渡价值，是指企业让渡给顾客，且能让顾客感受到的实际价值，一般表现为顾客购买总价值与顾客购买总成本之间的差额。

6. 顾客终身价值指的是每个购买者在未来可能为企业带来的收益总和，描述了基于顾客终身价值预期的未来利润产生的价值，通过预期收入减去用来吸引和服务顾客以及销售所花费的预期成本来计算。

7. 谁能超越竞争对手，为顾客创造更多的价值，让更多的顾客对企业满意和忠诚，谁就能在激烈的角逐中获胜。顾客满意，是指顾客对一件产品满足其需要的绩效与期望进行比较所形成的感觉状态。顾客购买后是否满意，取决于其实际感受到的绩效与期望的差异。高度顾客满意是顾客忠诚的重要条件。

【本章思考题】

1. 简述市场营销学的演进历程。
2. 简述市场营销理念的发展过程。
3. 简述整合营销的涵义和构成。
4. 什么是顾客满意？企业要从哪些方面做出努力去达到顾客满意？
5. 如果你是一家日化企业的营销经理，你将从哪些方面构建关系营销网络？

【本章案例作业】

为什么蔚来汽车有那么多死忠粉

根据中国汽车协会数据，2019 年中国汽车销量总数为 2576.9 万辆，其中，新能源汽车销量为 120.6 万辆，占比仅 4.7%。新能源汽车仍有很大的发展空间。而在一众造车新势力中，蔚来汽车以其独特的“用户中心”理念形成了差异化的品牌形象，也塑造了其不同的商业模式。

（一）以用户体验为核心

蔚来汽车创始人李斌将蔚来定位为一家“用户企业”“蔚来的商业模式是建立在极致的用户体验上”。为了达到这一目标，蔚来汽车在用户体验的投入上可谓不惜血本。

1. 与用户互动，关注用户反馈。线上用户社区蔚来 App 是蔚来汽车进行线上用户推广、产品销售、社区建设和车主服务的重要入口。通过蔚来 App，用户可以发布消息、预约试驾、发表对产品的意见。蔚来官方也会在上面发布活动信息。针对用户在 debug（除虫）系统上提的意见，蔚来会在 24 小时内给予回应，甚至会把用户建议直接发到体验经理群里，然后@相关负责人。李斌等高管也会经常在社区和用户互动。

2. 关注用户体验，塑造品牌形象。蔚来汽车根据用户体验旅程的不同触点，营造了极致的用户体验。当然，这一不惜成本的用户运营模式在后期也遭遇了严峻的经济考验。

用户试驾活动——2018 年 5 月，蔚来交付 ES8 之前在上海举行试驾活动。用户只要交了 5000 元意向金（随时可退），就可以申请参加试驾，蔚来不仅报销往返机票（可选任意时间），而且提供的住宿标准是外滩茂悦酒店的江景房（五星级）。

用户互动活动——2017 年 12 月 16 日，蔚来举行了第一届 NIO Day。蔚来包下用户往返飞机、高铁以及住宿的五星级酒店费用，并且请来国外顶级乐队 Imagine Dragons 助阵，据说仅此次发布会就耗资 8000 万元。

用户线下体验——蔚来汽车开设的 NIO House（蔚来中心）通常位于一、二线城市核心商圈，面积达上千平方米，除了产品展示之外，兼具共享办公、图书馆、讲座、亲子乐园、咖啡馆等休闲娱乐功能，是蔚来建立品牌认知的窗口以及社区运营的空间。加上 2019 年新设的 NIO Space（蔚来空间），至 2020 年 12 月 22 日，蔚来汽车在中国市场共有 200 个服务网点，其中包括 23 个 NIO House。

（二）深耕会员体系

蔚来首任车主自动享有终身免费质保、终身免费道路救援和终身免费车联网服务这三项终身免费权益。除此以外，2018 年 2 月，蔚来汽车推出了会员服务套餐——“能量无忧” NIO Power 和“服务无忧” NIO Service。

“能量无忧”服务费用为 10.8 万元/年或 980 元/月，购买后每月可享受 15 次的上门充换电服务，提供“免费”的 1000 度电/月，来抵扣蔚来 ES8 充电产生的电费，并有机会免费升级新的容量电池。

“服务无忧”服务费用为1.48万元/年，购买后享受有效期内的“免费维修”、六万公里内车辆全部保养、太平保险公司提供的交强险+100万三者险+70万乘员险的三项保险、24小时内免费代步车、每月流量升级15GB以及不限次数的专人上门取送车保养服务。目前，蔚来汽车已推出阶梯式定价的“服务无忧”2.0版本，根据不同车型、购买频次和出险频次综合定价。

除了“能量无忧”和“服务无忧”，蔚来汽车后期还推出了“保险无忧”服务，由自选保险和蔚来专属服务两部分组成。套餐价格为保险费用+1680元/年的蔚来专属服务，适用在售全系车型的新购与续购。

（三）平衡用户体验与成本

线下超豪华的NIO House和NIO Day，线上以用户为中心的蔚来App，虽然有效增强了蔚来与用户之间的黏性，但是也导致销售管理费用的持续增加。2016—2018年，蔚来在这方面总计投入了88.31亿元。

随着资金链的日益紧张，蔚来终于尝试改变这种“唯用户体验”的运营方式。蔚来汽车在用户体验和用户成本之间正在寻求平衡，逐步降低在粉丝运营上的预算，提高在转化方面的力度。

首先，降低成本。2019年，ES6的试驾场地从外滩搬到了专业赛车场；NIO House新增数量减少，而是通过更多更小的NIO Space开拓市场。NIO Space规模更小，成本更低。

其次，调整用户服务支出。蔚来在与用户沟通后，上线了“服务无忧”2.0版本，根据不同车型、购买频次和出险频次进行阶梯式定价，并根据定价提供对应服务，使服务亏损由每年每单用户4000多元控制到1000元左右。蔚来在2020年2月公布的关于用户服务上的“降本规划”显示，蔚来将“最大化满足95%用户的日常需求，而不像以往追求100%的用户满意。通过管理优化，在两三年时间内，不考虑蔚来自己员工成本，用户服务做到盈亏平衡”。

讨论题：

1. 从案例来看，如何理解用户满意度和顾客忠诚之间的关系？
2. 结合案例谈谈，企业可以从哪些方面努力，提升顾客忠诚度？

【本章参考文献】

[1] 杨洪涛. 市场营销——网络时代的超越竞争［M］. 北京：机械工业出版社，2019.

[2] 曹虎. 数字时代的营销战略［M］. 北京：机械工业出版社，2017.

[3] 吴建安. 市场营销学［M］. 北京：清华大学出版社，2022.

[4] 彭代武. 市场营销［M］. 北京：高等教育出版社，2016.

[5] 柳欣. 市场营销学［M］. 北京：中国金融出版社，2020.

[6] 吴言忠，张岩，周辉. 市场营销学［M］. 北京：中国铁道出版社，2020.

[7] 陈玲. 市场营销基础［M］. 重庆：重庆大学出版社，2022.

[8] 朱捷，陈晓健. 市场营销［M］. 北京：电子科技出版社，2020.

第二章 企业战略规划和市场营销管理

开篇案例

世茂集团布局“反哺”城市未来发展

世茂集团自1989年进入房地产行业，后将总部迁至上海，秉持企业社会责任担当和助力人民美好生活的理念，公司经过三十多年的发展，在实现高质量发展的道路上潜心布局，已成功布局全国100多个核心发展城市。

多元化发展是世茂集团的一大特色，紧跟国家战略，世茂通过战略平台激发产业效应，深挖用户消费趋势，积极布局居住、生活、消费、商务、旅游等多个领域，是一家立足国内，未来布局全球的房地产集团，一直致力于以先进的技术、优质的服务、可持续的发展理念来满足人们对美好生活的需求。

世茂集团擅长建造城市地标，如广州世茂汇金中心、深圳前海世茂大厦、长沙世茂环球金融中心、上海世茂广场等，这些地标建筑大幅提升了世茂的品牌知名度与影响力。

2009年，世茂酒店及度假村成立，在非房业务上，世茂集团布局越来越广；2016年，世茂入股香港茂宸集团，进军金融与大健康产业领域；2017年，世茂自收购澳洲两大畜牧公司之后，入股澳洲最大肉类加工及出口公司，一举成为澳洲农牧业市场领导者。

经过多年布局，世茂集团的多元化布局已经从战略规划期逐步进入落地见效期。2020年，世茂服务在香港联合交易所成功挂牌上市。在未来的城市建设中，世茂集团提出了城市生态圈战略，致力于全方位打造城市舒适度，创造更宜居、更舒适的城市生活，也以前瞻战略规划“反哺”城市未来发展。同时也开启了“大飞机战略”，以房地产开发为核心“主体”，以商业运营、酒店经营、物业管理为“双翼”，以高科技、医疗、教育、养老、文化等投资为平衡发展“尾翼”，实现多产业协同发展。

2023年初，世茂集团投资策略曝光，集团表示将在未来五年加大多元化投资布局，进一步拓展海内外市场。世茂集团的多元化投资，将涵盖各种类型的投资和市场。未来，多元化投资将成为企业发展的重要趋势，世茂集团正是较早意识到这一点，并将其纳入公司的发展战略之中。整个行业正在经历着一场市场洗牌，但世茂集团凭借其雄厚的实力和强大的运营能力，必将在未来市场竞争中脱颖而出。此外，作为中国城镇化进程的深度参与者，世茂集团积极探索和应用绿色建筑，持续投入绿色建筑领域，不断提升旗下物业和项目的环境效益，严格奉行国家和地方绿色建筑标准，并逐步对标国际认证体系。

在数字化安全管理方面，世茂集团上线了施工安全的智慧云管理平台，可实现施工现场安全精细化管理，保护劳务人员的生命及财产安全，对基坑支护、塔吊、施工电梯等实施智能化监测，对超标数据进行实时预警，有效助力现场施工安全管控。

资料来源：https：//xueqiu. com/3075122481/242713953.

企业战略是对一个企业未来发展所作出的整体性部署和安排，对企业各项工作发挥着统领作用。企业战略分为总体战略、业务战略和职能战略三个层次。企业总体战略决定企业使命、业务领域、基本组织架构和商业模式等；业务战略决定企业在既定市场上取得竞争优势的方式；职能战略是站在企业整体发展立场上对企业各职能领域所做的整体部署和安排。市场营销管理活动是企业经营管理活动的重要组成部分，市场营销战略属于企业职能层次的战略之一，需要在企业总体战略和经营战略前提下拟定和实施。

第一节 企业战略规划制定和实施

企业的最高管理层通过确定企业使命，制定相关政策、规划战略等一系列活动，为企业的各个部门和业务单位奠定行动的基础。企业战略的制定，往往代表企业长远的发展方向，战略计划一旦出现方向性错误，哪怕配套的营销战略、营销管理都非常出色地完成了，企业经营也会受到严重影响。企业战略一经制定，并不意味着不会改变，尤其是在互联网经济时代，很多大型企业也不得不根据瞬息万变的经济形势调整整个企业的战略。管理者规划本企业的战略遵循着一系列的步骤，通过一系列情况的分析，最终建立自己的战略体系。

一、企业战略的涵义与类型

（一）企业战略的涵义

企业战略是对一个企业未来发展所作出的整体性的部署和安排。从时间维度上看，企业战略一般跨度在五年以上。从内容维度看，企业战略包括企业使命（基本价值观和愿景）、阶段性目标、重点领域、发展路径（商业模式）、资源的分配等。企业战略由六个要素组成，即经营范围、战略目标、战略行动、资源配置、竞争优势和协同作用。战略对企业发展作用巨大，战略决策失误无异于企业在错误的道路上飞奔。

（二）企业战略的类型

一般来讲，在大中型企业中，企业的战略可以划分为三个层次，即企业总体战略、企业业务战略和企业职能战略，如图 2－1 所示。

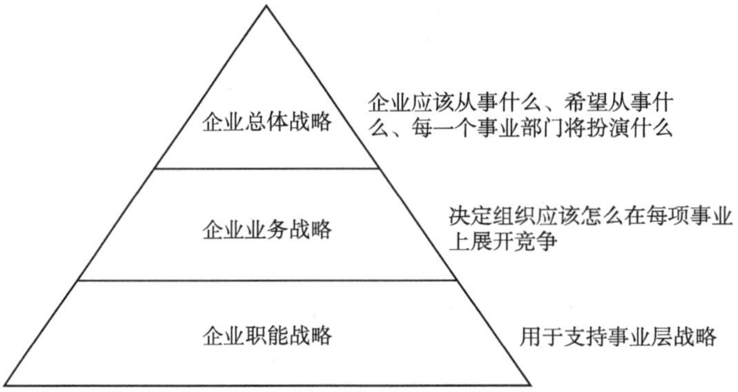

图 2－1　企业战略的类型结构图

1. 企业总体战略。在大中型企业，企业总体战略是企业最高层次的战略。它需要根据企业的使命和目标，选择企业参与竞争的业务领域，合理配置企业经营所需的资源，使多项经营业务相互支持、相互协调。企业总体战略的任务，主要是决定企业应在哪些业务领域进行生产经营活动。经营范围和资源配置是企业总体战略中主要的构成要素。

2. 企业业务战略。业务战略，又称业务单位战略或竞争战略、经营战略。大型企业特别是企业集团，往往从组织形态上把一些具有共同战略因素的若干事业部、子公司或其中的某些部分组合成一个“战略业务单位”。每个战略业务单位一般有着自己单独的业务或一组相关的业务、细分市场和竞争者等。在一般的企业内，如果多个事业部的产品和市场具有特殊性，也可以视为独立的战略业务单位。因此，业务战略是各个战略业务单位或者有关的事业部、子公司的战略业务，主要是针对不断变化的外部环境在各自的业务领域里有效地竞争。从战略构成要素来看，资源配置和竞争优势通常是业务战略中最重要的组成部分。

【案例 2－1】

杉杉股份的华丽转身

2020 年 2 月，曾经的“服装第一股”杉杉股份，将其所持有的杉杉品牌运营股份有限公司48.1%的股份，作价1.68亿元转让。在失去控股权的同时，杉杉品牌也退出了服装行业。这家以服装为起点，曾经做到中国男装市场龙头老大位置的企业，转身投向了锂电产业。在新的产业中，杉杉股份是目前锂电产业中产品技术实力、生产制造实力最强的一家企业。杉杉股份从中国第一家服装上市企业转型成为横跨正负极材料、电解液的锂离子电池材料巨头，再到并购LG化学偏光片事业部进入光电材料行业，实现锂电材料、偏光片双轮驱动的新发展格局，完成了从劳动密集型的服装贸易企业向技术密集型高新技术企业的华丽转身。

资料来源：根据网络资料整理。

3. 企业职能战略。职能战略，又称职能部门战略或职能层战略。它是企业内各个职能部门的短期性战略。职能战略旨在使职能部门的管理人员更加清楚地认识到本部门在实施企业战略、业务战略过程中的任务、责任和要求，有效地运用有关的管理职能，保证实现企业目标。职能战略通常包括研究与发展管理、生产管理、营销管理、财务管理和人力资源管理等。每一种职能战略，都要服从和服务于所在战略业务单位的业务战略以及企业的总体战略。从战略构成要素来看，协同作用和资源配置是职能战略的关键要素。

【案例2-2】

三星的“设计革命”

2006年12月，市场研究机构Display Search公布了三星电子的液晶显示器年销售额已达14.1亿美元，这一数字使三星连续五年蝉联了世界第一。2007年在与索尼、摩托罗拉和LG电子的竞争中，三星在Interbrand和《商业周刊》共同评选的全球百强品牌中排名第20位，而1996年的三星在韩国之外几乎无人知晓，从设计上看，其产品无非是对强势品牌的模仿，除了价格优势，几乎无可圈可点之处，在这样短的时期内三星的成功很大程度上归功于设计在商业环境中的战略性应用。

20 世纪 90 年代初，三星开始涉足通信产品，而 1995 年，由于生产的手机次品太多，李健熙亲自下工厂树牌“以质量为荣”，带领工人砸毁价值 5000 万美元的次品，以表决心。

1996 年元旦，李健熙在新年致辞中宣布把当年定为三星的“设计革命年”，启动多项设计项目来推动三星的增长。确立了新战略之后，将设计视作与生产和营销同等重要的环节，集合各方力量共同研制融外观、质感和功能于一体的产品，将全球性的文化、生活方式和设计偏好融入自身的创意中。创办了自己的设计学院“创新设计实验室”，将核心设计原则定义为“理智与情感的平衡”。在几年之后发展成为一套完整的设计指导和评价体系。

2022 年，三星凭借折叠屏产品的开创性与稳定性，在国内折叠屏手机份额占比达到 38.5%，位居第一。同时受益于折叠屏市场，三星对从产品到消费者体验与渠道进行优化，在智能手机行业，三星一直保持着产品的更稳定的“创新力”。

三星设计原则的核心在于它打破了设计师的思维定式，启发他们的创造性思维，将不同类别的产品、不同地域的品位要求都统一在三星独有的视觉风格之中。

资料来源：根据网络资料整理。

二、制定和实施企业战略规划的步骤与方法

菲利普·科特勒认为，市场导向的战略规划是一种管理程序，其任务是发展和保护企

业的资源、目标与千变万化的市场机会之间切实可行的适应。战略规划的目标就是形成和重新开拓企业的业务和产品，以期获得目标利润和增长。

企业总体战略规划包括四项规划活动，即确定企业使命、确立战略业务单位、制定现有业务投资组合和规划新业务。

（一）确定企业使命

企业使命是一个企业进行战略规划的逻辑起点，也是一个组织安身立命的根本。许多组织通过制定使命说明书来让其经理、员工和特殊场合下的顾客共同负有使命感，引导广大而又分散的员工各自却又一致地朝着同一个组织目标展开工作。一份有效的使命说明书至少应该向企业的每个成员明确地阐明以下几个方面的内容：企业产品或者服务的内容，市场在哪里，用户是谁。更加完整的使命说明书还应该包括企业对技术持有的信念、经营宗旨、自我形象、对员工的态度以及对社会的态度。表 2－1 罗列了多家企业的企业使命，这些企业使命表述，对于企业凝聚力的形成具有举足轻重的作用。

表 2－1　　多家企业的使命表述

海尔集团	敬业报国，追求卓越
蒙牛乳业	强乳兴农，愿每一个中国人身心健康
迪士尼	制造欢乐，销售欢乐
惠普	为人类的幸福和发展作出技术贡献
沃尔沃集团	通过运输解决方案促进社会繁荣发展
良品铺子	提供高品质食品，传递快乐，为提高全球华人健康幸福生活而努力奋斗
完美日记	专注于对美的探索、重塑和表达，提供触手可及且超越期待的美妆体验
三顿半	致力于精品咖啡大众化

（二）确立战略业务单位

大多数企业，包括规模较小的企业，都有可能同时或准备经营若干项业务。每项业务都会有自身的特点，面对的市场、环境也未必完全一样。尽管在确定企业任务时已对企业的业务领域做了界定，但范围较大。为了便于从战略上进行管理，有必要对组成企业业务领域的各项业务，按照一定的标准从性质上区别开来，划分为若干个战略业务单位。战略业务单位就是企业值得专门制定一种业务战略的最小业务单位。一个战略业务单位可能是企业的一个事业部或子公司，或一个事业部中的某类产品，甚至某种产品；它也可能包括几个事业部或子公司，或几类产品。

企业为了从战略上管理业务，就必须明确其业务范围。一般认为，用市场来界定业务范围要优于用产品来界定。一项业务应被视作一种满足顾客需求的过程，而不是制造产品的过程。产品是可能转变和替代的，但是基本需求和顾客群体却是永恒的。企业在给业务范围下定义时，要以市场需求为依据，而不是以产品为依据。

在明确了业务范围如何界定之后，就可以确定战略业务单位。一个战略业务单位通常具有三个特征：

第一，它是一项业务，或者是一些相联系但又可分别规划的业务，并同企业其他业务相区分；第二，它有自己的一组竞争者；第三，它有一个经理制订战略规划，谋取利润，并且控制着大多数影响利润的因素。

（三）制定现有业务投资组合

确定企业战略业务单位的目的，就是要赋予这些单位战略规划的目标和相应的人力、物力和财力资源。企业高层必须对各个战略业务单位及其业务的发展前景进行评估和分类，对不同的战略业务单位及其业务分别作出发展、扶持、保留、收缩或放弃等不同的决策。有两种最著名的业务组合评估模式，即波士顿矩阵分析法和通用电气公司模式。

1. 波士顿矩阵分析法。通过使用经典的波士顿矩阵分析法，企业根据市场增长率—相对市场份额矩阵，将其所有战略业务单位进行分类（见图 2－2）。在纵轴上，用市场增长率度量市场的吸引力；在横轴上，用相对市场份额度量企业在市场中的实力和地位。市场增长率—相对市场份额矩阵定义了四种类型的战略业务单位。

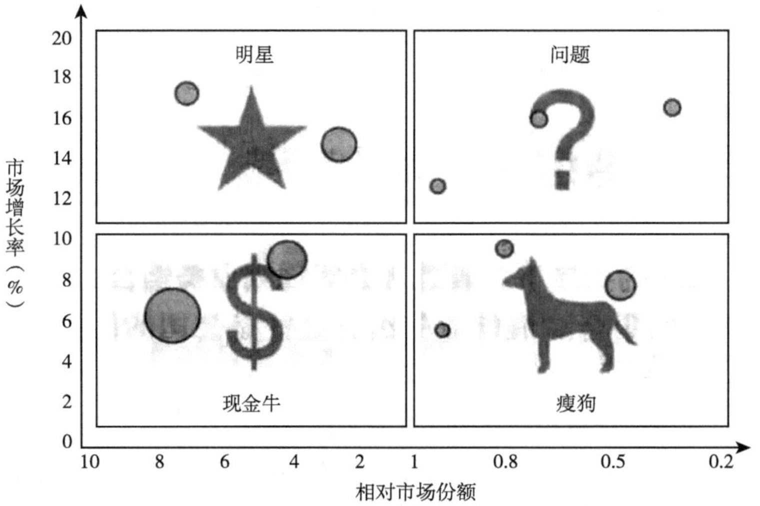

图 2－2　波士顿咨询公司市场增长率—相对市场份额矩阵

（1）明星类。明星类是高市场增长率、高市场份额的业务或产品。它们常常需要大量投资以支持其快速发展。最终它们的增长会放慢，转变成现金牛类业务或产品。

（2）现金牛类。现金牛类是低市场增长率、高市场份额的业务或产品。这些已经成功的战略业务单位需要较少的资金投入来维持其市场份额。因此，现金牛类业务和产品为企业贡献大量现金，用于支付各种费用和贡献其他战略业务单位所需的投资。

（3）问题类。问题类是高市场增长率中低市场份额的业务。要维持或提高市场份额需要投入大量资金。管理者必须考虑哪些问题类业务应该尽力支持，使之转化为明星类，而哪些应该淘汰。

(4) 瘦狗类。瘦狗类是低市场增长率、低市场份额的业务和产品。他们也许可以产生足够的现金自给自足，但不可能为企业贡献大量现金。

如图 2-2 所示，市场增长率—相对市场份额矩阵中标识的十个圆圈代表企业当前的十项业务。该企业有两项明星类业务、两项现金牛类业务、三项问题类业务和三项瘦狗类业务。圆圈的大小与该战略业务单位的销售额成正比。该企业目前的状态不是很好，只能说勉强过得去。它希望向较有潜力的问题类业务投资，使之成长为明星类；维持明星类业务，以使其在市场成熟时转化为现金牛类。幸运的是，它有两项规模较大的现金牛类业务，可以从财务上给予问题类、明星类和瘦狗类业务以支持。该企业应该对瘦狗类和问题类业务采取果断措施。

一旦已经将自己的战略业务单位分好类，企业就必须确定每个战略业务单位在未来将发挥什么作用。企业可以向某业务单位大量注资以提高其市场份额，或者少量投资，只求维持其现有的市场份额。企业还可以采用收获战略，榨取短期的现金流而不考虑长期效果。企业还可以通过出售或淘汰，放弃某项业务，将资源挪作他用。

随着时间的推移，战略业务单位在增长——份额矩阵中的位置会发生改变。许多战略业务单位从问题类起步，如果取得成功会转化为明星类。随着市场增长速度放慢，再转变为现金牛类，最后衰亡或沦落为瘦狗类，走向生命周期的终点。企业需要持续增加新产品和业务，促使其中一些成长为明星类，最终变成能够为其他战略业务单位提供财务支持的现金牛类。

2. 通用电气公司法。通用电气公司模式也叫多因素业务经营矩阵法或 GE 矩阵法。它是用两个由多种因素综合评价得出的指标——市场吸引力和竞争能力指标，来建立矩阵对企业目前业务组合进行分析的一种方法。这种方法是对波士顿矩阵法的一种改进，使分析因素从两种因素变为多种因素。

因此，问题的实质就是如何衡量这两个指标。战略规划者必须识别构成每个指标的各种因素，寻找测量方法，把这些因素合并成一个指数。通常，对市场吸引力而言，考虑的因素主要有市场规模、市场增长率、竞争程度、历史盈利率、技术壁垒、环境影响等；对竞争能力而言，考虑的因素主要有市场占有率、产品质量、品牌信誉、生产能力及效率、产品成本、分销与促销能力、管理水平等。值得说明的是，对不同企业，评价市场吸引力和竞争能力考虑的因素是不同的。在确定了两种指标各自应考虑的因素后，还应根据各个因素的重要程度分配权数，并确定各个因素的评分等级，一般取 1—5 分，分值越大越好。当评价一项业务时，先给出这项业务在竞争能力指标中所包含的各因素评分值（1—5 分），再将这些评分值分别与各对应因素的权重相乘，然后对各因素的积求和（即加权平均），得出这项业务的竞争能力的综合评价值。同理，给出这项业务在市场吸引力指标中各因素评分值，结合各因素的权重，加权平均，求得该业务在市场吸引力方面的综合评价值。然后，根据该项业务的竞争能力和市场吸引力的综合评价值将该种业务标于 GE 矩阵图中，如图 2-3 所示。

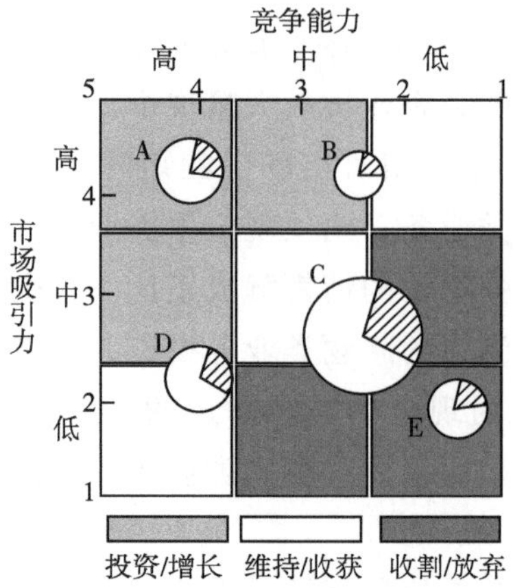

图 2-3 GE 矩阵（多因素业务经营矩阵）

纵轴表示市场吸引力，横轴表示竞争能力。如果以 5 分分别表示市场吸引力和竞争能力的最大值，市场吸引力和竞争能力为 1 分以下不考虑，同时将 1—5 分范围内的市场吸引力和竞争能力的大小分为三等份，可以建立一个由九部分表示的矩阵。将企业不同业务的市场吸引力和竞争能力的综合评价指标标注在图中，就可以得到一个企业的 GE 矩阵图。图中的圆圈大小表示该种业务的市场规模，圆圈中的阴影部分表示企业该种业务的市场占有率大小。

根据企业不同业务单位的综合评分，结合该业务市场规模及企业的市场占有率，就可以反映一个企业目前经营业务组合状况。根据企业不同业务单位在 GE 矩阵图中的不同位置，可以为企业的不同战略业务单位制定不同的对策。对于处在左上方三个区的业务单位，如图中的 A、B 两个业务单位，市场吸引力和竞争能力均较高，企业应加强投资，以促进其发展；对于处于左下角到右上角对角线上三个区的业务单位，如图中的 D 业务单位，其市场吸引力和竞争能力总体上居中，企业应有选择地投资，以促进其发展，使其一部分能转向竞争能力较强的区域，或者继续为企业多赚利润；对于处于右下方三个区域的业务单位，如图中的 C、E 业务单位，其市场吸引力和竞争能力均较低，在正常情况下应逐步缩减其投资，或采取放弃策略。

（四）规划新业务

企业在分析竞争环境和评价自身竞争力的资源时，往往会发现，在激烈的竞争环境中他们完全依靠自有资源和能力取得的战略业绩与其战略目标之间存在着一定的差距——战略计划缺口，如图 2-4 所示。战略计划缺口的存在一定程度上限制了企业自我发展的道路，因此规划新业务成为了企业补全战略计划缺口的重要手段。

企业为保持长期的稳定发展，一方面要对现有的业务进行分析评价，逐步淘汰不能为企业创造价值的业务；另一方面必须补充新的业务，实现业务组合的更新，以达到企业的发展目标。企业在规划新业务时，根据企业自身的条件和市场机会与企业现有业务之间的关系，可以将企业的新业务发展战略分为三类，即：密集型发展战略、一体化发展战略和多样化发展战略。

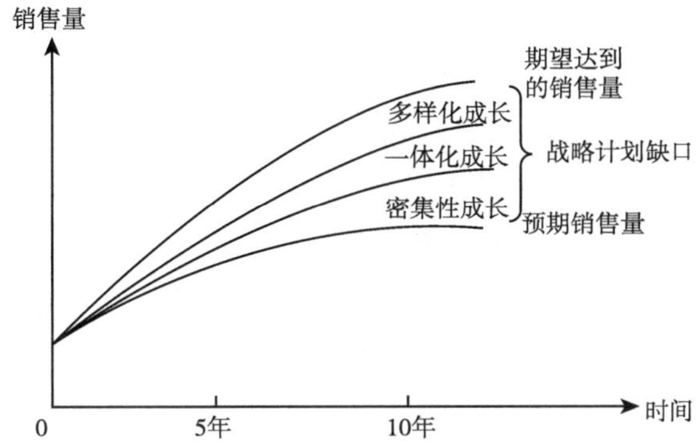

图 2-4　企业战略计划缺口

1. 密集型发展战略。密集型发展战略是指企业利用现有业务内的市场机会发展的一种战略。密集型发展战略可以进一步划分为市场渗透、产品开发和市场开发三种类型，如表 2-2 所示。

表 2-2　产品—市场矩阵

		产品	
		现有产品	新产品
市场	现有市场	市场渗透：在单一市场，经营单一产品，目的在于大幅度增加市场占有率	产品开发：在现有市场上推出新产品；延长产品寿命周期
	新市场	市场开发：将现有产品推销到新地区；在现有实力、技能和能力基础上发展，改变销售和广告方法	多元化：以新技术或市场而言的相关多元化；与现有产品或市场无关的非相关多元化

（1）市场渗透型战略。该战略致力于挖掘现有产品在现有市场的潜力，可以通过降低产品售价、密织分销网络、提高分销效率、改进服务质量、加大促销力度等手段提高现有产品在现有市场上的占有率。

【案例 2-3】

安踏集团全球化渗透战略

2022 年上半年，安踏集团已经形成了双轮驱动的全球化布局，收入再创半年度新高，已超越耐克中国、李宁公司和阿迪达斯中国，问鼎中国运动用品市场。由安踏、斐乐、迪桑特、可隆四大品牌深耕中国市场，亚玛芬体育覆盖亚太、北美、欧洲。

安踏集团深化“专业为本、品牌向上”的核心策略，稳步推进“赢领计划”。大力拓展一、二线城市的主流渠道，“安踏冠军店”落户多个一线城市核心商圈，同时继续深入推进线上+线下业务，提升了全渠道消费者洞察，加快市场反应速度，优化同店增长、消费者体验，提升了零售价值。加大数字化投入，确立“以门店为核心”的数字化战略。从消费者体验出发，在私域建设、会员价值、精准人群运营上加速布局。

“多品牌”作为安踏集团的核心战略，随着消费分层和场景细化的发展，正在越来越显现出安踏对于日益多元化市场的适应力。为渗透不同的市场区块，安踏集团策略性地对旗下三大品牌群进行针对性的布局。就广度而言，横跨休闲、户外与室内运动的品牌矩阵，有效地对不同运动相关场景实现全覆盖；就深度而言，通过从高性价比到轻奢的差异化品牌定位，满足消费降级与消费升级并存的两极化需求。

安踏集团全球化渗透战略成果逐步显现。登顶半年收入冠军背后，“中国安踏”正在成为“世界安踏”。亚玛芬体育全球业务表现也远超预期，三大主力品牌（始祖鸟、萨洛蒙、威尔胜）业务收入创同比新高，正在成为集团新的增长动力引擎，这充分验证了安踏集团多品牌孵化能力和提前布局小众市场细分赛道战略的成功。

安踏坚持长期主义不断创新，其核心就是以“扩宽产品的覆盖广度，挖掘产品的市场深度”的全球化渗透布局模式来开拓市场，增大产品的占有率，执行的就是市场渗透策略。

资料来源：https：//baijiahao. baidu. com/s？ id = 1741958103401985902&wfr = spider&for = pc.

（2）产品开发型战略。该战略是指企业在不改变产品基本性能、形态的前提下，通过对原有产品的更新迭代，或增加产品品种，改变产品的特色、外观等方法来更好地满足现有市场的顾客需求。

（3）市场开发型战略。该战略是指将现有的产品推向新市场从而扩大企业产品销售量。市场开发可以通过扩大或转移市场区域，或找到产品新的使用领域等形式实现。

【案例2－4】

抖音的开疆拓土之路

抖音作为近几年的大热门，其核心就是让内容黏住用户，人们上班路上刷、回家刷，无时无刻，百看不厌。2023年的抖音用户已经达到8亿，靠着对市场的前瞻性探索，根据用户反馈、市场状况进行战略调整，为自己开疆拓土。

2016年9月，抖音正式上线。从专注于年轻人的音乐短视频细分方向切入，吸引了第一批来自一线、二线城市的，关注时尚潮流、爱新鲜、敢尝试的年轻人。发展初期，抖音专注功能开发，逐步进入大众视野。有了一定的流量后，开始专注传播运营，依靠头条强大的资金支持，找准市场果断砸钱，通过大量赞助国内主流综艺、引入明星等方式使其用户量剧增。在音乐短视频领域站稳脚跟后，抖音开始加强监管，除了抓热点，让产品好玩外，抖音也慢慢地不再是只属于年轻人的时尚社区了。它共建了青少年模式内容池、面向“银发族”开放长辈模式、上线直播功能并成立了“直播”部门、打通直播购物车……迅速扩大了自己的容量池。

2018年，抖音开始布局电商。与苏宁易购达成深度合作，陆续上线直达淘宝、商品橱窗、抖音小店等，链入抖音覆盖淘宝、京东、考拉、唯品会等第三方电商平台的巨大商品链接库。

2021年，抖音将头条、西瓜、搜索、百科以及国内垂直服务业务并入，前后与中国唱片集团有限公司、搜狐、爱奇艺、腾讯和芒果TV达成合作，高度丰富了平台创作版权。

2023年，为进军外卖板块，抖音与饿了么、达达快送达成战略合作，在全国上线外卖也进入试点。抖音超市已在App内正式上线，并支持通过App内的“扫一扫”实现跳转至支付宝付款。

从短视频到直播，从电商到同城团购，抖音在与用户进行价值共创的同时，也在一步步扩大市场，打造一个优质的全民短视频平台。

资料来源：根据网络资料整理。

2. 一体化成长战略。一体化成长战略是指企业利用与现有业务有直接联系的市场机会以求发展的一种战略。与企业现有业务直接联系的有三个方面，包括供应者、中间商、竞争者。因此，一体化成长战略也可以分为前向一体化、后向一体化和水平一体化三种，如图 2－5 所示。

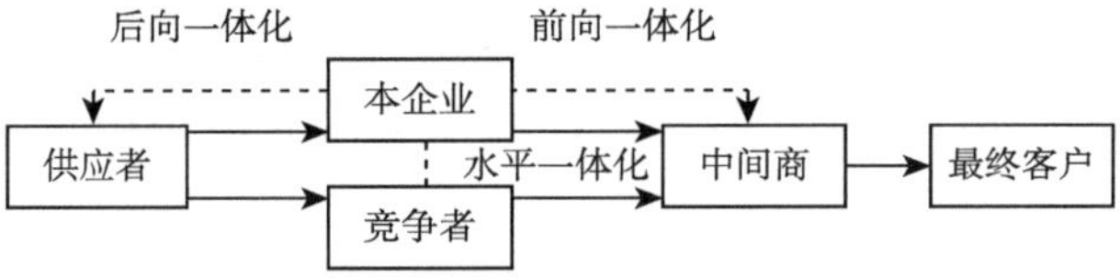

图 2－5　企业一体化成长战略图

（1）前向一体化，是指企业向其销售系统发展，实现产销一体化的一种战略。如果在企业的销售系统具有企业可以利用的市场机会，或销售系统对企业的发展构成制约，企业就可以向其销售系统发展，实行前向一体化战略。

（2）后向一体化，是指企业向其供应系统发展，实现供产一体化的一种战略。企业使用这种发展战略，一方面是利用在其供应系统出现的市场机会，另一方面是要避免供应系统对企业经营造成的制约，以达到实现企业发展目标的目的。

（3）水平一体化，是指企业向其竞争者的方向发展，以实现对竞争控制的一种战略。企业实行水平一体化，可以通过兼并一个或几个竞争者，或新建、扩建同类企业，达到提高企业竞争地位，实现企业发展目标的目的。

3. 多样化发展战略。多样化发展战略是指企业利用与现有业务无关的方面出现的市场机会发展的一种战略。多样化发展战略根据企业现有资源的利用情况，可以分为同心多样化、水平多样化、集团多样化三种。

（1）同心多样化，是指企业利用现有的技术条件和营销资源，开发新的业务的一种战略。这种战略是以现有技术条件和营销资源为中心，可以发挥现有的资源优势。

（2）水平多样化，是指企业使用新的技术，在现有的市场上开发新的业务的一种战略。这种战略主要着眼于利用与现有市场有关的机会。

（3）集团多样化，是指企业向与现有技术、产品、市场无关的方向拓展业务的一种战略。

【案例2-5】

雀巢多元化产品开发型战略

作为世界上知名的食品饮料制造商的雀巢，在产品创新上极力打造多元化系列产品。2023年8月第25届亚洲宠物展览会，雀巢普瑞纳展现了其在宠物食品四大主赛道的多维布局和对中国消费者更理性、科学、绿色的消费趋势以及更深度的洞察。瞄准科学营养赛道的冠能、发力高端猫食主粮赛道的珍致、营养均衡且追求更高质价比的喜悦和跨境进口的高品质天然食品 Merrick 麻利……

在科学营养的主赛道，雀巢普瑞纳旗下超高端宠物食品旗舰品牌——冠能基于全新品牌理念“科学营养，一生免疫”，构建起了更完善的宠物科学营养解决方案。冠能处方粮系列和冠能畅抚系列猫粮更是展示了雀巢普瑞纳突破性的营养研究成果。

雀巢不仅在饮料行业拥有丰富的产品种类及更宽的多元化战线，也在探索新产品线来满足消费者的不同需求，执行的就是产品开发型战略。

资料来源：林华．珍致营养主食罐上市，雀巢普瑞纳重塑“猫湿主粮”市场格局［J］．中国食品，2023（09）：157.

第二节 市场营销战略规划

企业的最高层管理者制定好企业总体战略和确定经营战略之后，就需要营销经理的努力了，他们需要在企业总体战略的基础上制订市场营销战略规划，然后根据营销战略来管理企业的营销活动。在以人为本的技术营销5.0时代，营销经理在整个企业战略体系中扮演着更加重要的角色，也面临着更多的挑战。

一、市场营销战略的涵义

市场营销战略是企业市场营销部门根据战略规划，在综合考虑外部市场环境及内部资源状况等因素基础上，确定目标市场，选择相应的市场营销策略组合，并予以有效实施和控制的过程。市场营销策略组合主要包括产品策略、价格策略、渠道策略、促销策略等。

【案例2-6】

五谷磨房从经典食补到新食养消费

渠道变化的背后是消费者行为以及与消费者的沟通方式在变化。基于消费者行为和消费者触媒的变化，五谷磨房面对营销策略的进阶也在发生着变化。

疫情期间，超市进入亏损时代，五谷磨房面临线下危机，综观上市超市发布的2021年年报，12家上市超市就有9家出现亏损，平均亏损金额超过5亿元，作为行业标杆的永辉超市和高鑫零售更是出现上市以来的首次亏损。当便利店和网购能满足绝大部分购物需求后，整个超市消费面临着老龄化危机。

在低谷时期，五谷磨房便开始规划和启动线下渠道铺设。面临外部不确定的环境因素影响时，五谷磨房转型线上，将品牌数据收集到专属服务器里，帮助品牌与粉丝更好地互动；把顾客和微信公众号相连接；利用大数据，总结顾客的高关注点……五谷磨房还将目光投到了线上电商，自2019年以来，五谷磨房的线上渠道销售持续增长，2021年线上渠道收入达到5.87亿元，同比增长42.1%，线上营收占比达到整体营收的近四成。线上销售利好的原因就在于五谷磨房品牌知名度最高、转型线上最早、对明星产品核桃芝麻黑豆粉最早进行品牌化运营。

未来私域最大的价值不是商品交易总额的贡献，而是与用户的紧密关联。大健康时代，健康食品赛道无疑会更加火热。五谷磨房走“三分治，七分养”的路线。在下一波食品健康化浪潮中，五谷磨房选择继续坚持“天然”这个诉求，尽可能保留原生食物的营养。

从经典食补到新食养消费，五谷磨房接收了环境变化，结合消费者健康养生需求，为消费者打造了一个优选品牌，也为自己开辟了一条顺应时代大趋势的发展道路。

资料来源：张欣茹．经典品牌如何长青？五谷磨房的“年轻化”之路［J］．国际品牌观察，2021（2）：53－55.

二、市场营销战略规划的制定

（一）确立营销价值观：在企业内部贯彻营销观念

每家企业都需要决定如何实现它的目标，大部分企业会通过提前制订详尽的计划来指导自身活动，这些针对具体目标制订的计划各不相同，但是其遵循的原则是一样的。在时刻变化的市场环境中，只有全面遵循营销理念的企业才能取得最后的成功。

那些没有树立营销观念的企业，首先会决定生产什么产品或者提供什么服务，其次才决定怎样将这些产品与服务销售出去。一直到产品将要出售的时候，企业很少考虑顾客是谁或者他们到底需要什么。营销规划也只在产品被设计好后，往往由企业里专门的营销专家独立完成。这些企业认为大多数人是产品的潜在购买者，企业只需通过独立的营销活动便可说服其购买本企业的产品。在营销观念的指引下，企业管理者相信如果能对顾客的需求做出正确的反应，将会更加成功。同时，他们也认识到不同的消费者群体之间的需求不尽相同，并且这些需求会随着时间的推移而改变。

企业在贯彻营销观念后，其营销战略规划的出发点是识别潜在消费者并研究其需求。这项工作主要由企业的营销专家来完成，然后利用其研究的结果决定企业应该开发什么样的产品或服务才能回应消费者的需求。企业所有的人员将被调动起来围绕着一个目标而努力，那就是满足消费者的需求。

简而言之，在营销观念的指引下，企业的营销活动始终围绕怎样满足已被识别的消费者需求而展开，而不是考虑用怎样的方式才能说服消费者购买他们或许不需要的企业产品。

【案例 2 -7】

红星美凯龙的“家文化”

“居是景，家是情，以家为本”，这是红星美凯龙董事长车建新对“家居”两字的诠释，而在“以家为本”核心企业文化理念的指引下，红星美凯龙已成为中国最具“爱家情愫”的企业，把“家文化”演绎得有声有色。

2010 年，红星美凯龙首次倡导将每年的 12 月 3 日作为“爱家日”，并以“爱家，马上行动”为主题，通过爱家感受分享，重新激发中国人的爱家意识，呼唤人们心灵对家的回归。

2011 年爱家日则提出了“用爱行动，刻不容缓”的主题，通过开发可以计算出与家人相聚时长的 App、名人爱家微访谈等活动，将“家文化”这一理念直观、直白地植入人们内心。

为呼吁社会大众“爱家”并引发其对“爱家时间”的思考，红星美凯龙动员一个负责任品牌的全部力量，拍摄爱家日微电影《时间门》《“狠”爱你》，大受好评。每到爱家日，红星美凯龙都会拿出企业的一部分利润来补贴消费者，希望通过企业的单方面让利，让普通家庭也能以平民价格买到时尚优质的家居产品，实现从低端家居到品质家居的升级。随着爱家文化逐渐深入人心，“爱家日”大促的聚客效应也在逐步凸显。

2023 年 7 月 9 日，红星美凯龙 2023 “818FUN 肆嗨购节”启动大会在广州隆重举行。红星美凯龙家居集团高管团队、各事业部、各省研发中心负责人、近 50 家合作品牌方代表齐聚现场。共同研判新政策下行业发展新契机，宣布 818 营销及家文化品牌政策，开启 2023 年 818 大促大幕，全面擂响提振家居行业消费信心“战斗鼓”，红星美凯龙将其视为全面提振家居行业消费的引爆点。

家文化是红星美凯龙的核心竞争力，通过爱家日与消费者探讨爱家之道，共建“爱家文化”，能够形成一种良性互动，促进中国家庭的幸福和谐。

资料来源：根据网络资料整理。

（二）明确目标：了解消费者需求，选择细分市场

在商品多样的今天，消费者有了更多选择的空间，且消费理念也变得越来越成熟。大多数消费者对产品和服务有很好的了解，其在做决定前会熟练地收集关于不同商品的信息并进行比较。成功的企业往往是那些充分了解消费者并能生产出满足消费者需要的产品的企业。通常来说，企业处理的消费者需求一般有两种：一种消费者十分相似并且能被影响，从而购买企业生产的产品；另一种消费者是不同的，他们只会选择能满足他们独特需要的商品。

拥有营销观念的企业很关心消费者的需要，企业行动的出发点是消费者，其相信如果自己能比竞争对手更好地满足消费者的需要，便有更多的可能获得成功。企业仔细地研究市场来区别还有哪些消费者群体的需要未被满足，然后决定针对这些未被满足的需要展开活动。通过广泛的市场研究，企业收集了许多消费者信息并通过分析这些信息将具有相似特性、需要和消费行为的消费者归为一类。在一个大的市场中将不同的由一群相似消费者组成的群体区分开来就是市场细分。尤其是在大数据时代，通过对消费者数据的采集以及数据挖掘与建模，企业可以形成更好和更精确的消费者画像，给消费者贴上各种各样的标签，市场细分的维度也变得更加多元和细致。

在进行市场细分之后，企业将进一步分析各个细分市场来决定应该提供什么样的产品才是最有效的，以及哪个市场的需求是最旺盛的，并且拥有最丰富的资源，而竞争又不激烈，或者其他一些能使企业有机会获得成功的特性。研究并按优先顺序列出各个细分市场，基于需求与竞争最终确定最有发展潜力的细分市场便是市场机会分析。一旦细分市场被确定并进行了排序，企业便要选择哪个细分市场是它将要关注的市场。然后通过研究从该市场所获得的所有信息以及消费者画像的特征，协助制订生产和营销计划，实现营销活动和消费者的精准匹配。

（三）超越竞争：定位和差异化战略

在进行市场细分后，企业便需要选择目标市场，在现今竞争如此激烈的市场中，企业要想比竞争者对消费者更具有吸引力，就必须确定本企业提供的产品和服务中的哪些因素是与其竞争者不同但却是消费者需要的。

营销经理通常用两个词语来表述企业的这一决策：定位、差异化。定位是指与竞争对手相比，在消费者心里我们的位置有什么优势和劣势；差异化则是指企业将要为消费者提供的产品或服务具有哪些独特的差别利益。

【案例 2－8】

高端创新：美好自有力量

奈雪的茶，新茶饮赛道开创者，创立于2015年，总部位于广东省深圳市，隶属于

深圳市品道餐饮管理有限公司的茶饮品牌。

奈雪的茶聚焦以茶为核心的现代生活方式，秉承“美好自有力量”的理念，以成为“受顾客喜爱的全球性茶饮品牌”为使命，致力于成为茶文化走向世界的创新者和推动者。以20—35岁年轻女性为主要客群，坚持茶底4小时一换，软欧包不过夜，奈雪已形成“现制茶饮”“奈雪茗茶”及“RTD瓶装茶”三大业务板块，成功打造“霸气玉油柑”“鸭屎香宝藏茶”等多款行业爆品，领创推出“茶饮＋软欧包”双品类模式，创新打造“茶＋软欧包”的形式。

2019年7月2日，奈雪的茶入选“中国茶饮十大品牌”。2021年6月30日，深圳市品道餐饮管理有限公司的关联公司奈雪的茶控股有限公司正式在港交所挂牌上市。截至2023年5月，奈雪的茶全国门店数达到了1158家。已覆盖全国近100个主要城市。

奈雪的茶的出现，打破了过去对茶饮市场局限于低中端品牌的固有认知，通过专注提供优质食材现制的创意茶饮、选址城市高端商业中心核心位置以及提供富有设计感的体验空间，奈雪的茶走出了一条高端现制茶饮的发展路线，这既是品牌定位与品牌创新的成功，也是茶饮品牌高端化的成功。

奈雪の茶 NAYUKI

资料来源：刘琼．奈雪的茶创始人彭心：从茶饮到文化使者，奈雪要做“世界的奈雪”［N］．深圳商报，2023-08-25.

（四）界定产品：产品生命周期

在进行差异化定位之后，企业还需要对目前产品的生命周期进行识别，以针对其所处的不同时期采取不同的战略。对于企业来说，其所生产的每个产品都有一段有限的生命，在这段生命周期里，产品销售将经历不同的阶段，在不同的阶段里，产品的利润有高有低，这种可以预见的产品销售增长模式便是产品生命周期。典型的产品生命周期分为四个阶段：

1. 市场开发期，也叫产品导入期。在这一阶段，产品销售量增长缓慢，而且由于需要支付一大笔的市场开发费用，所以几乎没有利润或者利润很少。

2. 成长期。此时期的产品被市场迅速接受，产品销售量增长迅速，利润大量增加。

3. 饱和成熟期。这个时期由于大多数的潜在购买者已经接受了企业生产的产品，销售量逐渐减少，并且由于竞争逐渐激烈，因此企业所获利润逐渐趋于稳定甚至下降。

4. 衰退期。这一时期企业的销售额不断下降，利润也随之呈不断减少的趋势。

产品生命周期使企业明白销售永远不会一直保持增长的态势，从而可以更好地预测营销资源的分配，并根据产品处在不同生命周期的特征制定不同的营销战略，它还能帮助企业更好地理解竞争者何时可能进入市场，以及他们在每个阶段可能采取的行动，从而有针对性地作出决策以赢得竞争。产品生命周期还有助于企业对市场进入和退出时机等战略问题作出正确决策。

（五）分析市场：市场进入与退出决策

对于企业营销经理来讲，他们有时候还要与产品经理以及其他企业管理人员一起作出关于何时进入或者退出某一市场的决策。决定这一问题的变量主要有三个：某一细分市场的吸引力、该市场的风险以及相对竞争者企业的优势。企业通常使用市场进入和退出模型来做决策。企业优势体现相对明显、具有高吸引力以及风险较小的细分市场是企业可以选择进入的市场。相反，对于那些具有高风险的企业优势又不明显的细分市场，企业则可以选择退出以规避风险。

【案例2-9】

bosie伯喜：无性别纪元

bosie伯喜诞生于2018年5月9日，由来自中央圣马丁艺术与设计学院、伦敦时装学院、帕森斯设计学院、马兰欧尼时装学院的新锐设计师联合创立。

作为崇尚时尚平权的设计师品牌，bosie是“无性别服饰”的先行者，是近年国内成功从线上走到线下的新消费服饰品牌标杆。首支品牌概念片——“The Era of bosie”，开启了无性别纪元。将bosie品牌人格化，诠释bosie无别无界的世界观角度的多元星际。

bosie的品牌覆盖国内全域线上销售渠道，同时在华东、华北、华南、华中、西南等地区均有开设线下门店，覆盖上海淮海中路、上海环球港、北京合生汇、北京龙湖长楹天街、杭州嘉里中心、成都万象城、南宁万象城、青岛万象城等国内热点商圈。

带着“为亿万人创造美好时尚体验”的品牌使命，bosie 不断探索适合不同性别、年龄、地域的人们的时装风格，希望通过风格多元、设计独特的产品，打破束缚和界限，让更多人拥有追求时尚和美的平等权利。本着追求自由、理想、快乐、热爱、坦诚的目的，容纳着身份各异的时空旅客，感受他们自在表达的人生故事，在彼此间传递力量，一起喊出“无别无界”的口号，实现“致力于让更多美都被看到”的品牌愿景。

资料来源：根据网络资料整理。

第三节 市场营销管理过程

市场营销管理是企业围绕着市场营销活动进行的计划、组织、实施和控制工作，具体包括分析市场机会、明确总体规划和经营战略、制定目标市场营销战略、确定市场营销组合、资源分配和营销计划的制订六个环节。

一、分析市场机会

在竞争激烈的买方市场，有利可图的营销机会并不多。企业必须对市场结构、消费者、竞争者行为进行调查研究，识别、评价和选择市场机会。企业应该善于通过发现消费者现实和潜在的需求，寻找各种“环境机会”，即市场机会。而且应当通过对各种“环境机会”的评估，确定本企业最适当的“企业机会”能力。

对企业市场机会的分析、评估，首先是通过有关营销部门对市场结构的分析、消费者行为的认识和对市场营销环境的研究。其次，还需要对企业自身能力、市场竞争地位、企业优势与弱点等进行全面、客观的评价。此外，还要检查市场机会与企业的宗旨、目标与任务的一致性。

二、明确企业总体规划和经营战略

对市场机会进行评估后，要研究和选择企业目标市场。目标市场的选择是市场营销研究的重要内容。企业应该对进入的市场进行细分，分析每个细分市场的特点、需求趋势和竞争状况，并根据本企业优势，选择自己的目标市场。

三、制定企业目标市场营销战略

营销战略是企业为实现特定的营销目标而制定的行动纲领或方案。制定有效的市场营销战略是在竞争激烈的市场中保证企业资源与环境变化的平衡，是实现企业发展的重要手段。它包括市场细分、目标市场确定和市场定位三个环节。

（一）市场细分

从企业营销的角度看，某产品的销售对象是该产品的全体买主，任何企业都会面对成千上万个买主，但是不同买主受自身条件的影响，对产品的具体需求往往并不相同，甚至差异极大。比如，购买音响的顾客的购买目的可能是作为家庭摆设、"发烧级"音乐欣赏、娱乐、显示主人的品位和地位等。

虽然购买的物品相同，但是购买行为背后的购买目的有很大区别，相应地，对产品的要求也就不同。以娱乐为目的的顾客要求音响价格适中，质量稳定；以"发烧级"音乐欣赏为目的的顾客需要品质优越的产品；以显示自己的品位和地位为目的的顾客要求产品有突出的品牌形象，价格不是问题。

可以看出，市场上的需求形形色色，企业凭借有限的资源要满足所有的需求是不切实际的。最佳的选择是为部分市场服务。只要这部分市场的需求有相似性，企业就可以提供有针对性、有特色的产品和服务以满足需求。

（二）目标市场确定

目标市场是企业决定投入资源并为之服务的市场。市场细分活动将市场划分为不同的具有相似性需求的子市场，企业必须结合自身的优势、特点选择适当的子市场作为目标市场。企业的一切经营活动都是围绕着目标市场进行的。目标市场可以是一个子市场，也可以是多个子市场，还可以是所有的子市场。

（三）市场定位

企业一旦选定了目标市场，就要在目标市场上进行产品的市场定位。所谓市场定位，就是根据竞争者现有产品在市场上所处的位置，针对顾客对产品特征或属性的重视程度，塑造本企业产品与众不同的、形象鲜明的个性或特征，并把这种个性或特征生动地传递给顾客。市场定位也就是使企业产品在消费者心目中占有独特的位置。

【案例 2－10】

蕉下轻量化科技的温暖

蕉下是一个专业防晒伞品牌，致力于研发可有效阻挡超过 95% UVA/UVB 射线的 UPF50＋的面料及产品，为人们提供强劲的防晒保护。

蕉下的产品包括服装、伞具、配饰、鞋履、用品等核心品类，主要生产并销售太阳伞、雨伞等伞具产品。蕉下是中国制造防晒伞名列前茅的品牌，而且蕉下防晒伞是没有按键开关的，伞的开关是根据不同伞的伞架匹配不同的制作，非常独特。为了满足大众面对不同的轻量化户外场景的产品需求，蕉下搭建起 Anti 防护科技、轻量化科技、轻量化设计及轻量化套组四大品牌优势。

于蕉下而言，选在中国传统节日二十四节气之“惊蛰”推出全地形户外鞋“惊蛰”，发布“惊蛰令”视频，是在传达“天下无路不可走”的品牌精神，也代表着蕉下布局轻量化户外的蓝图。“惊蛰令”一出，蕉下将“轻量化户外”的概念抛至大众眼前，从画面、音乐中能感受到“天下无路不可走”的精神和进入户外的决心与力量。此时的品牌表达强悍有力，不容拒绝，大有开疆拓土的意味。

接着，蕉下又推出了“所有的太阳”品牌视频，提出更加具体的内容，在品牌表达上，也更加亲近、缓和、细腻，讲述了一段拥抱关系、拥抱自然的爱情。短片将两位年轻人不期而遇靠近彼此的过程，巧妙比喻为防晒衣与太阳的拥抱，打出“穿上防晒衣，不是因为害怕太阳，而是为了拥抱太阳”的创新理念，从而倡导人与人、人与户外进行连接，感受真实的社交温度，体会户外自然的美好，缓解智能时代下“人人孤岛、低欲望”的社会困境，树立起了温暖美好的品牌形象。

蕉下
Beneunder

资料来源：根据网络资料整理。

四、确定市场营销组合

企业选定了目标市场后，就需要制订一个市场营销方案。市场营销方案由市场营销的各要素及他们之间的相互关系组成。所谓市场营销要素，就是企业能够利用的营销手段，是企业可以控制的内部变量。营销手段通常归纳为四组变量，分别是产品（Product）、价格（Price）、渠道（Place）、促销（Promotion），简称4P。4P中的每一个P还包含若干特定的次级要素，从而在4P组合下形成每个P的次级组合。

第一，产品——包括产品核心使用价值、功能、定位、组合、外观、式样、规格、体积、花色、品牌、质量、包装、商标等，构成了企业的产品组合策略。

第二，价格——包括基本价格，制造商、批发商和零售商的售价，以及折扣、津贴、付款时间、信用条件等，构成了价格组合策略。

第三，渠道——包括直接渠道、间接渠道、渠道长度、渠道宽度、连锁、特许经营、渠道成员的协调与控制等，构成了渠道组合策略。

第四，促销——包括人员推销、广告、公共关系、营业推广、售后服务等，构成了促销组合策略。

五、资源分配

资源分配是保证市场营销活动开展的前提之一，主要是为企业市场营销活动提供人力资源、资金、物资、技术等保障条件。这需要企业高层统筹协调各部门和各环节，以保证各项所需资源按需到位。

六、市场营销计划的制订

企业制订营销计划可以使决策者认识到企业的优势和缺点，发现机会和挑战，帮助管理者确定企业的发展方向，优先考虑某些行动。战略与行动计划是指要实施的营销战略和为了实施这些战略、实现每个目标所必需的具体行动。一个好的营销计划可帮助企业将日常所想到的大量想法和主意组织起来。一般来讲，当企业完成了一些市场调查，就已经开始了制订营销计划的过程。营销计划的制订具体包括以下三点：

（一）现状分析

现状分析主要研究企业目前所处的营销环境。影响企业经营的因素很多，现状分析的目的是帮助企业明确并注意那些影响企业经营的关键因素。经营开始就使用这些环境信息将帮助企业决策者成功地驾驭企业预定的目标。

（二）确定企业营销目标

营销目标是企业通过制定营销战略和营销计划来实现的目标。每种战略和计划都是由一系列的步骤组成，尽量使营销目标保持在产品、服务和市场上。通过向现有市场和新的市场去销售和创造更多的价值，以实现企业的财务目标。制定出一个好的营销目标应该做到以下四个方面：

第一，营销目标必须是明确的而不是模糊的。不要使用最好的、最大的、最小的等术语；不要使用模糊不清的术语，如：更多或更少，最小化或最大化等。如果企业的目标是最佳销售额，那么也应该制订出一个利润计划，以保证企业不是以牺牲利润的方法来增加销售额。如果企业的目标是得到新顾客，那么也应该制定出一个维持老顾客的目标，这样就不会以牺牲现有顾客为代价来赢得新的顾客。

第二，营销目标必须是一种在执行中可以测量的行动。避免使用难以或不可能测量的“特点”“优势”等词语。

第三，营销目标必须是可以行动的方案，不要把目标定在处理那些企业难以影响的因素方面。

第四，营销目标必须考虑到时间因素，也就是必须考虑开始时间和结束时间。

（三）制订营销战略和行动计划

营销战略应该从广义的角度来考虑，可以通过一系列的行动来实现目标，在实施营销方案之前，应编写好营销计划书，内容主要包括以下九个方面：

第一，封面、摘要、目录和前言。

第二，策划目标。含营销职能目标和财务目标等。

第三，营销环境分析。含企业内外部环境分析：宏观环境分析、微观环境分析、内部环境分析。

第四，营销战略。含市场细分、目标市场和市场定位。

第五，营销组合策略。含 4P 策略的产品策略、价格策略、渠道策略和促销策略。

第六，行动方案。包括活动项目、活动方式、人员分工、时间、地点等的具体安排，策划活动项目及其实施的起止时间。

第七，财务预测。包含营销过程中的总费用、阶段费用、项目费用等。

第八，营销风险评估与风险控制。为了保证该营销计划书可操作性，应对营销市场存在的不确定因素，企业需要通过提前评估，及早做出防范应对措施，有利于未雨绸缪积极面对风险，化解风险。

第九，结语、封底和附录。附录应附上备用方案、市调问卷、市调报告、参考文献等数据资料。

对于企业的每一个目标，至少应该有一个营销战略。将实施这个营销战略的所有步骤列出来，再从最后一个步骤开始返回检查，任命负责的人员并确定起止时间，计算出完成这个步骤所需的成本。通过制订营销行动计划，可以保证企业的营销努力集中在对企业成功经营非常重要的营销战略上，以实现企业的营销目标。

企业的市场营销管理可以被看作市场营销计划的拟订、实施和控制过程。企业应充分利用大数据技术实时动态监控企业的各项营销计划的实施进展和效果，及时跟进措施调整营销计划偏差，或者对已完全脱离市场的计划作出必要的调整。

【案例 2－11】

兴盛优选的“成功”密码

兴盛优选经过多轮探索、不断迭代，首创“微电商平台＋社区便利店”的发展模式，用数据平台和供应链体系为社区门店赋能，开设“预售＋自提”模式，颠覆传统零售运营思维，变“货等人”为“人等货”，变“以产定销”为“以销定产”，借助平台优化产业链，让终端获利，同时赋能上游。消费力在哪，企业的发力点就在哪里，兴盛优选花了五年时间，顺利解锁“成功”密码。

兴盛优选的前身是连锁便利店品牌——芙蓉兴盛。曾经，他们的O2O项目几近失败。2018年，依托芙蓉兴盛孵化的兴盛优选全新上线，凭借自身沉淀多年的强大供应链和庞大的线下门店网络，使其“线上预售＋线下自提”模式运行起来十分便捷，迅速成为业内的一匹黑马。

2020年，湖南新阶段新发展的航向已定，提出全面落实“三高四新”战略定位和使命任务，想要驱动城市高质量发展阔步向前，广大民营企业的崛起不可或缺。而兴盛优选就抓住了这一重要发展窗口，成为湖南实际利用外资最大的项目。成立了优选达运，引进大笔合同外资用于软硬件建设，打通了“工业品下乡”和“农产品进城”的最后一公里。从消费者视角，兴盛优选依托门店打通了最后500米购物，保证每一份商品能够“及时”“准确”“保质”到达消费者的手上，同样是抓准大众消费心理，兴盛优选让消费者买得好、买得省、买得到、买得快，提升了购物幸福指数与提供消费温度。

通过自主研发、自主建设，兴盛优选自主运营了“中心仓—网格站—门店”的全新物流体系，实现当晚11点前下单，次日上午11点前到货的“211服务”。公司在全国建有19个大型仓储中心，不仅深度串联供需两端，还强化溯源能力，通过空间折叠，打掉了传统零售各种流通环节，实现“多快好省”，减少了厂家的生产成本、营销成本、仓储物流成本、商品损耗等一系列费用。

“一路走来，风雨兼程，得到了各级政府和商务部门大力扶持。”岳立华在全省打造内陆地区改革开放高地推进大会上公开表示，湖南良好的营商环境，是公司成长兴盛的沃土，企业持续看好湖南创新发展机遇与环境，所以将义无反顾将总部落户湖南长沙。

看准风口的优秀企业，总能在时代潮流中异军突起！

资料来源：https：//life. rednet. cn/content/2022/09/18/11841048. html.

小结与思考练习

【本章关键词】

企业战略　市场营销管理　规划新业务　市场细分　目标市场　超越竞争　营销组合　资源分配　市场营销计划

【本章小结】

1. 企业战略的内涵：企业战略是对一个企业未来发展所作出的整体性的部署和安排。

2. 企业战略六要素：经营范围、战略目标、战略行动、资源配置、竞争优势和协同作用。

3. 企业战略类型包括：企业总体战略、企业业务战略、企业职能战略。经营范围和资源配置是企业总体战略中主要的构成要素；资源配置和竞争优势通常是业务战略中最重要的组成部分；协同作用和资源配置是职能战略的关键要素。

4. 制定和实施企业战略规划的步骤与方法：①确定企业使命；②确立战略业务单位；③制定现有业务投资组合；④规划新业务。

5. 现有业务投资组合评估模式有：波士顿矩阵分析法，设明星类、现金牛类、问题类和瘦狗类业务；通用电气公司法，以多种因素综合测评得出指标。

6. 规划新业务包括三个方面：密集发展战略、一体化成长战略和多样化成长战略。其中，密集型增长战略又分为市场渗透战略、产品开发战略和市场开发战略；一体化增长战略分为前向一体化、后向一体化和水平一体化；多样化增长战略分为同心多样化战略、水平多样化战略和集团多样化战略。

7. 市场营销策略主要包括：产品策略、价格策略、营销渠道策略、促销策略等。

8. 市场营销战略规划的制定：①确立营销价值观：在企业内部贯彻营销观念；②明确目标：了解消费者需求，选择细分市场；③超越竞争：定位和差异化战略；④界定产品：产品生命周期；⑤分析市场：市场进入与退出决策。

9. 市场营销管理过程：①分析市场机会；②明确企业总体规划和经营战略；③制定企业目标市场营销战略；④发展市场营销组合；⑤资源分配和保障；⑥市场营销计划的实施和控制。

10. 资源分配和保障包括：人力资源、资金、物资、技术等保障条件。

【本章思考题】

1. 简述制订和实施企业战略规划的步骤与方法。
2. 简述营销战略规划的过程。
3. 简述营销计划的内容。
4. 简述市场营销管理的全过程。
5. 如果你是一名企业经理，面对一家新能源科技公司，你会如何制定该企业的战略目标和实施路径。

【本章案例作业】

我是江小白，生活很简单

江小白坚守“简单包装，精制佳酿”的反奢侈主义产品理念，坚持“简单纯粹，特立独行”的品牌精神，以持续打造“我是江小白”品牌 IP，与用户进行互相沟通，持续推动中国传统美酒佳酿品牌的时尚化和市场国际化。

在市场定位上，江小白专注开发年轻人的蓝海市场，定位为青春小酒，以年轻、时尚的姿态问世。江小白勇敢地进行了创新性的尝试，打破传统白酒过于死板的特点，实现了白酒市场上时尚与传统的碰撞。代表青春而简单的个性，顺应年轻人的消费需求，瞄准年轻人小聚、小饮、小时刻、小心情等饮用场景，根据年轻人简单纯粹的饮酒需求，在酒体上也进行了创新，口感偏向于轻口味，还创造了很多混饮的喝法；在包装上采用磨砂瓶，主打蓝白色调的简单包装，契合年轻一代追求简约的生活理念和审美偏好。

在品牌定位上，江小白走简单、时尚的青春路线，主要针对向往简单生活，不过度消费但喜欢精致时尚的“80 后”“90 后”群体及内心依然青春的“70 后”“60 后”群体，以企业向用户承诺的更多品牌价值为导向和目标，从企业经营的整个业务链入手，梳理和改善每一个环节，属于中高档次的小瓶白酒。

在宣传方式上，江小白改变传统白酒的宣传方式，在线下主要通过开展大量集体的创造性活动来吸引消费人群的眼球。江小白青春小酒的传播和打造主要在于用线上宣传、网络传播与网络互动的模式来迎合年轻人消费模式与消费观念。

在产品特点定位上，口味方面，白酒主要有浓香、酱香、米香、清香等多种口感存在。为了进一步迎合年轻人的需求，江小白重点打造纯净清香口感，江小白的定位是“青春小酒”，采用单一高粱小曲酒酿造工艺，工艺标准化，品质稳定，入口绵甜，后味较长，略带有苦味，江小白的香型为小曲清香型白酒。江小白打造了108种口感，可以加红茶、绿茶、冰块等，而且加完之后不会变浑浊，这种全新的多种混饮喝法也满足了不同人群的消费需求，给年轻人带来了不一样的喝酒乐趣体验，让江小白轻松赢得年轻消费者，大大满足了消费群体的口感需求。外形方面：江小白采用简装，并直接让普通用户来当主演。在包装上采用了洋溢青春、富有时尚的设计，勾画了一个“80后”男孩的卡通人物形象，一副黑框眼镜、一身休闲西装、一条简单的围巾，既青春时尚又充满朝气，这一人物形象能够与消费者产生强烈的心理共鸣，配上短小幽默的文字，包装创意新颖，让江小白赢得了年轻消费者的喜爱与青睐。

在价格定位上，与其他酒类相比，江小白价格定位主要的不同点在于江小白只有一级渠道，稍微偏远的地方有二级，顶多有个分销商，另外，江小白更倾向于微博营销等互联网营销模式，费用低且效率高，江小白的渠道费用可以节省15%左右，层层节约和压缩，使江小白的定价更为合理。将价格目标定位在中低档白酒，既不昂贵又不失档次，符合江小白对物有所值和自身合理定位的特点。

资料来源：https：//www. jiuaihao. com/t202303042322103c95sg. html.

讨论题：

1. 请结合本章所学知识对江小白的战略规划进行简要分析。
2. 列举江小白成功营销的独特之处，并加以说明。
3. 假设你是江小白的营销经理，请对江小白进行一个营销活动策划。

【本章参考文献】

[1]（美）菲利普·科特勒，（美）凯文·凯恩凯勒，卢泰宏．营销管理［M］．北京：中国人民大学出版社，2009.

[2] 曹旭平，黄湘萌，汪浩等．市场营销学［M］．北京：人民邮电出版社，2017.

[3] 吴泗宗．市场营销学［M］．北京：清华大学出版社，2008.

[4] 李东进．消费者行为学［M］．北京：机械工业出版社，2007.

[5] 杨洪涛．市场营销学：网络时代的超越竞争［M］．北京：机械工业出版社，2021.

[6] 谭文曦，张敏，梁红静等．市场营销学［M］．北京：人民邮电出版社，2015.

[7] 于亢亢，钱程．市场营销［M］．北京：中国人民大学出版社，2018.

[8] 王纪忠．市场营销［M］．北京：北京大学出版社，2016.

[9] 孙福东．市场营销［M］．北京：电子工业出版社，2021.

[10]（美）菲利普·科特勒，（印度尼西亚）陈就学，（印度尼西亚）伊万·塞蒂亚万．营销革命5.0：以人为本的技术［M］．曹虎，吴光权等，译．北京：机械工业出版社，2022.

第三章　市场营销环境分析与市场调研

开篇案例

把握市场发展趋势，国货新锐美妆获成功

近年来，随着我国化妆品行业的快速发展，越来越多的国货品牌出现在消费者的视野中，如完美日记、花西子、橘朵等。但由于我国化妆品行业起步较晚，较国外知名品牌研发力量相对薄弱，因此产品质量良莠不齐，被消费者广泛诟病，甚至国货一度被认为是质量差的代名词。“Colorkey 珂拉琪”就是在这样的质疑声中横空出世。2019 年初，Colorkey 正式在天猫上线，同年 3 月便跻身天猫国货彩妆排行 TOP5，截至 9 月销售额突破 2 亿元；在 2019 年“双 11”当天，Colorkey 空气唇釉销量超过 70 万支，摘得天猫唇釉类销量第一。随后 Colorkey 一路高歌，2020 年“双 11”期间全渠道销售额突破 1.6 亿元，成为入驻天猫不到三年、“双 11”破亿元仅有的三家国货彩妆品牌之一。这不禁让人产生疑问，Colorkey 作为一个国货新锐彩妆品牌，为何能在短短几个月内获得如此高的销售业绩？它的背后又隐藏着怎样的背景和市场环境？

李琴娅作为 Colorkey 品牌所属公司——美尚的创始人，她对于市场趋势的精确解读和准确判断，是美尚企业取得成功的重要前提。价值观念、消费者收入水平及互联网作为宏观营销环境中的因素，以顾客为媒介，对美尚的创立及营销活动产生影响。

价值观念：在过去的几十年里，欧美、日韩等国外大牌化妆品企业相继进驻中国市场，在国外先进护肤理念的影响下，国内消费者对于化妆品的认知也在不断提升，进而影响他们对于化妆品的需求和购买行为。因此，美尚将自己定位于一家化妆品集团，在中国起步，逐渐走向国际市场。

消费者收入水平：近年来，随着我国经济的不断发展和居民收入水平的不断提升，国内消费者的化妆品消费理念逐步增强，在此背景之下，我国化妆品市场规模也在不断扩张。2011—2019 年，我国化妆品市场规模从 2302 亿元增长至 4677 亿元。2019 年，我国化妆品消费市场份额仅次于美国，位列全球第二，并且我国化妆品行业销售额增长率高于全球化妆品增速。这说明大众对于化妆品消费的意愿和能力逐渐增强，化妆

品已成为人们日常生活的必需品。美尚根据消费者收入水平的差异，布局了三个化妆品品牌，大众美妆品牌“Colorkey 珂拉琪”、中高端美妆品牌“Superface 秀芭斐”、中高端护肤品品牌“Lab101 瑞沛”。

互联网：在互联网的背景下，电商逐渐兴起，各大化妆品企业纷纷开启线上销售渠道。互联网作为跨时空传输的“超导体”媒体，能够克服营销过程中时空的限制，为化妆品市场中所有顾客提供及时的服务，同时通过互联网的交互性也可以了解顾客的特定需求，并有针对性地为之提供服务。美尚开通线上销售渠道，并将其作为主要的销售方式。

金融公众：金融公众能够为企业的发展提供资金，对于企业而言，金融公众是重要的利益相关者之一。在 2018 年“美尚股份”创立之初，便获得红杉资本等近亿元天使轮投资；2019 年 Colorkey 上线后惊人的表现，使美尚股份获得了投资方的青睐。2020 年 4 月，再获红星美凯龙、创新工场、微光创投和易凯资本等投资方 2 亿元 A 轮融资；2021 年 1 月进行了第三轮融资，由金镒资本领投，高盛、君川等三大资本共同参与跟投，获得 4 亿元的最新融资。

Colorkey 案例的实践说明：企业营销活动需要重视环境的变化。只有随时关注各种环境的变化，根据环境的变化制订和调整企业的营销计划，企业才能得以生存和发展，乃至取得成功。

COLORKEY
珂拉琪

资料来源：于建朝，袁龙芬．美尚：如何打造国产化妆品品牌［J］．中国管理案例共享中心，2022.

任何企业都是在不断变化的环境中运营，企业的生存与发展很大程度上取决于它对环境的适应和应变能力。营销人员必须对营销环境进行监测和分析，调整经营策略，以应对新的市场挑战和机会。

第一节 市场营销环境分析

一、市场营销环境的涵义

（一）市场营销环境的概念

市场营销环境是指与企业有潜在关系的所有外部力量与相关因素共同构成的有机体系。根据营销环境中各种力量对企业市场营销的影响，可分为宏观营销环境和微观营销环境。宏观环境是指环境中间接影响企业营销活动的不可控的较大的社会力量，如人口、政治法律、经济、技术、自然资源及社会文化等；微观环境是指直接影响企业服务顾客能力的参与者。如顾客、竞争者、供应商、分销商、社会公众等。宏观环境与微观环境是市场环境系统中的不同层次，所有的微观环境都受宏观环境的制约，而微观环境因素对宏观环境也有影响。企业的营销活动就是在这种外界环境相互联系和作用的基础上进行的。详见图 3－1。

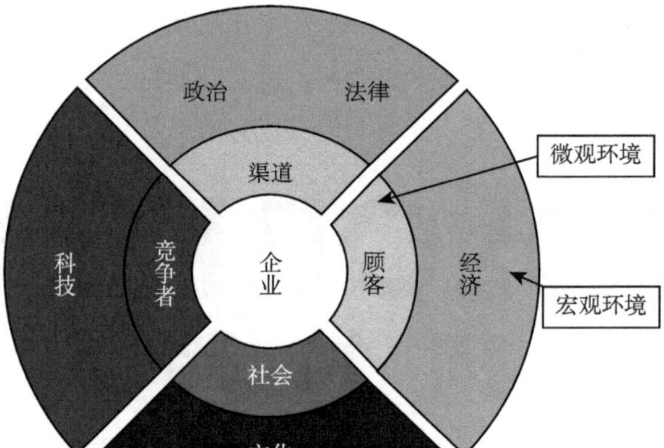

图 3－1 企业营销环境

（二）市场机会与环境威胁

营销环境对企业有两方面的影响：提供市场机会和产生环境威胁。市场机会是指市场上出现的对企业营销富有吸引力的动向和领域。环境威胁是指环境中不利于企业发展的现实的或潜在的特征和变化所形成的挑战，如果不采取果断的战略行为，这种不利的趋势将导致企业的竞争地位被削弱。

二、宏观营销环境

分析研究宏观环境是企业开展营销工作的基础。这些宏观环境主要包括人口环境、经济环境、政治和法律环境、自然资源环境、技术环境和社会文化环境。

（一）人口环境

营销学上对市场的定义就是“市场 = 人口 + 购买力 + 购买欲望”。人口是构成市场的基本要素。人口因素的人口总量、人口结构、地理分布及人口密度、婚姻及家庭结构等决定了市场的容量和未来的发展趋势。

【案例 3 –1】

单身人群促进单身经济的发展

单身经济是指由单身人群非常注重生活质量，崇尚高消费生活而带来的商机。在中国，单身经济正蓬勃发展，超两亿单身人士聚合成庞大消费新势力，催生出新的消费观和消费业态。单身族群往往具有“高学历、高收入、高压力；工作忙、有情趣、有期待”的特征，他们热衷消费，自我意识较强，对单身生活感觉良好。

随着单身人群的不断增加，诸多行业发生了变化，一人食餐厅兴起，迷你家电应运而生，房地产企业推出小面积住房，单身经济逐步形成了一条完整的产业链。

单身经济的兴起，不仅是市场经济发展的必然，也是社会转型的必然。当出生率特别高时就有婴儿经济，当老龄化严重就会出现老龄经济，单身人口增多就会形成“单身经济”。单身经济的发展，既反映了现代社会中人们的生活方式和价值观的变化，也推动了相关产业的发展和创新。未来，单身经济的生命力要想继续延续，需要单身队伍的扩大，同时也需要生产者和销售者紧抓市场的变化，以满足消费者的需要。随着单身人群的逐年壮大，无形中使市场形成了一部分相对固定的、有相同特征的消费群体，这必然会促进相关服务行业的发展，会产生更多的服务类别，出现更多新的岗位，是对消费的一种促进。

资料来源：https：//baijiahao. baidu. com/s？ id = 1817065279829494668&wfr = spider&for = pc2024 – 11 – 29.

（二）经济环境

经济环境是企业开展市场营销活动的外部经济条件，主要涉及宏观经济环境、收入、支出以及储蓄与信贷等。

1. 宏观经济环境。宏观经济环境包括经济体制、结构、经济形势以及发展水平等方面。我国确立了社会主义市场经济体制，企业可以自主开展营销活动。我国地区间经济发展水平差异显著，城乡消费水平差异明显。自改革开放以来，中国经济高速增长，经济总量跃居世界第二。但近几年受疫情影响，中国经济社会受到巨大冲击，需求、消费、投资、出口均有所下降，经济滞缓。随着政府稳增长政策频出，带动市场预期好转，并对国内投资、消费起到积极的作用。2023 年国家统计局发布的数据显示，第三季度国内生产总值（GDP）同比增长 4.9%，超出市场普遍预期。

近几年，我国数字经济规模不断发展壮大，占 GDP 的比重日益增加，2023 年，我国数字经济规模达到 53.9 万亿元，较上年增长 3.7 万亿元，占 GDP 的比重达到 42.8%。数字技术带来的数字产品发展和服务创新大大提高了市场活力，在健康、教育、文化等领域开展数字营销实践带来了新机会。

2. 消费者收入。消费者的购买能力来自消费者的收入，考察市场的购买力应该考虑市场消费者的收入情况。但消费者并不是将全部收入都用来购买产品和服务，消费者的购买力只是其收入的一部分。因此，在研究消费者收入时，需区分以下三点：

（1）国民生产总值和人均国民生产总值。它是一定时期内一个国家物质生产部门的劳动者所创造的价值总量与国外获取的净要素收入的总和。它反映的是一个国家经济规模的大小、市场规模和市场需求的大小。人均国民生产总值反映一个国家或地区人民生活水平的高低和居民的购买力水平。

（2）人均可支配个人收入。它是指扣除消费者个人缴纳的各种税款和交给政府的非商业性开支后可用于个人消费和储蓄的那部分收入，它构成实际的购买力。

（3）个人可任意支配收入。这是个人可支配收入再减去用于维持个人与家庭生存不可缺少的费用（如房租、水电等开支）后剩余的部分。这部分收入是消费者收入中最活跃的因素，也是企业开展营销活动时所要考虑的主要对象。

3. 消费者支出模式。随着消费者收入的变化，消费者支出模式会发生相应的变化，继而使一个国家或地区的消费结构也发生相应的变化。消费支出模式指的是消费者个人或家庭的总消费支出中各类消费支出的比例关系。学者们常用恩格尔系数来反映居民的消费结构的变化。改革开放 40 多年来，随着家庭收入的增加，我国消费者的支出结构发生了很大变化。居民对服装、食品等生存型消费的比例不断下降，而对医疗保健、交通通信及文教娱乐等发展型消费不断增加。

4. 消费者储蓄与信贷情况。居民收入的用途一般分为三个部分，一部分用于消费，一部分用于投资，还有一部分用于储蓄。因此，社会购买力、消费者支出也会受到储蓄和信贷的影响。

当收入一定时，储蓄量越大，现实消费就越小，潜在购买力越强；储蓄量越小，现实购买力越强，现实消费就越大，给企业提供的机会就越多。信贷允许消费者购买超过自己现时购买力的商品，它创造了更多的就业机会及更多的需求。

（三）政治和法律环境

政治环境指企业营销活动的外部政治形势及国家方针政策的变化。一个国家的政局政策是否稳定、政府是否管制都会直接影响企业的生产和营销。政府制定的人口政策、能源政策、物价政策、财政政策、货币政策、数字经济政策等，都会对企业经营活动产生影响。例如，国家通过降低利率来刺激消费增长，通过征收个人收入所得税调节顾客收入差异从而影响购买力。国家的数字经济支持政策为企业开展数字营销提供良好的制度环境和新的机遇。

法律环境指国家或地方政府颁布的各项法规、法令和条例，是企业经营活动的行为准则。企业经营管理者必须熟悉有关的法律条文，保证企业经营的合法性，运用法律武器来保护与消费者的合法权益。

政府环境引导着企业经营活动的方向，法律环境为企业规定经营活动的行为准则，政治和法律互相联系，共同对企业的市场经营活动产生影响和发挥作用。

【案例 3 -2】

反不正当竞争“守护”行动，珠宝店违规开展有奖销售受罚

北京鎏钰臧合珠宝店当事人自 2023 年 1 月 1 日起在某商场从事翡翠、和田玉等商品经营活动。为吸引消费者来店购物，自 2023 年 2 月 1 日至 2 月 22 日，当事人自制刮奖卡并开展了有奖销售活动。刮奖卡宣称普通会员首日开卡可享受 7 折及 1—7 星权益等内容；活动规则称“礼品券可随机产生等级会员，每 1000 张为一组，其中七星会员 1 张，五星会员 10 张，三星会员 50 张，一星会员 100 张，普通会员卡 200 张，其他为空”“公司全国门店共投放 100 组”“会员卡在我品牌全国门店均有效”等内容。

经查，当事人通过《加盟合作经营合同书》取得品牌授权，与品牌方是互相独立的经营主体且无相关会员卡互用协议，且当事人目前全国仅有涉案的一个店铺，不存在“公司全国门店”，无法保障“会员卡在我品牌全国门店均有效”。2023 年 2 月 1 日前，当事人就已经以标签价格的 7 折销售商品；有奖促销活动中，当事人只印制了 5 万张刮奖卡，而非活动说明中的 10 万张，现场未发现普通会员、七星会员刮奖卡。当事人在开展即时有奖销售活动中存在顾客兑奖享受优惠超过 500 元的行为，但从未公示顾客兑奖情况，未建立档案，未如实、准确、完整地记录设奖规则、公示信息、兑奖结果、获奖人员等内容，无保存档案两年的行为。

当事人上述行为违反《中华人民共和国反不正当竞争法》第十条第二款的规定，违反了《规范促销行为暂行规定》第十三条第二款、第十五条第一款、第十九条、第二十七条和第二十八条的规定，依据以上法律的规定，责令当事人改正违法行为，罚款 52 万元。

2023 年以来，北京市市场监督管理局在全市范围内组织开展反不正当竞争“守护”专项行动，聚焦民生领域重拳出击，严厉打击在直播带货、互联网及线下营销、医疗美容、保健品领域中的虚假宣传，开展违规有奖销售等不正当竞争的违法行为，截至当年 8 月 25 日，2023 年反不正当竞争“守护”专项执法行动共结案 428 件，罚没款 2483 万余元。

资料来源：https：//baijiahao. baidu. com/s? id = 1775550198908769777&wfr = spider&for = pc，北京日报客户端，2023 – 08 – 29.

（四）自然资源环境

市场营销活动离不开物质资源与自然条件的支撑，自然环境主要包括自然资源、气候条件、生态环境等方面，自然资源是从事经济活动的基础，与企业的生产经营活动紧密相关。如果自然资源短缺，就会使企业的生产难以维系，生产成本大幅上升。自然资源问题已经成为一个世界性问题，企业的营销活动越来越受到环境和自然的约束，正是在这种背景下，绿色营销理念悄然兴起。

【案例 3 – 3】

“守护一平米清风林”的绿色探索之旅活动

2023 年，“清风”正式官宣品牌升级计划，提出“细腻好纸似清风”的全新品牌口号，以 100% 原生木浆生产的细腻产品力诠释了品牌的绿色基因。近日，“国民级好纸品牌”以“守护一平米清风林”为主题的快闪活动陆续席卷了武汉、上海，带来一场不一样的“绿色行动”。

据了解，“守护一平米清风林”快闪活动将持续到 2023 年 9 月，在武汉、上海、北京等全国 20 个城市，上海交通大学、西北政法大学、武汉大学等 10 所重点高校进行全面巡展，让消费者低门槛、零距离探索绿色，感受绿色低碳的魅力。通过跟不同渠道建立深度联动，清风将“绿色理念”渗透到消费者的生活场景当中，与日常的消费行为结合，将起到更好的科普和号召的作用。

“清风”通过挖掘消费者喜闻乐见的营销互动方式，成功跟消费者建立起极具“清风”特色的绿色环保共鸣点，传递“清风”秉承的绿色环保理念。

资料来源：http：//finance. ynet. com/2023/07/25/3648467t632. html.

（五）技术环境

科技是第一生产力，科技水平是经济发展水平的集中体现，它决定着一个国家经济建设的未来。新技术创造新的市场和机会。科技环境不仅改变消费者的消费行为习惯，还直接影响企业内部生产经营，如加快了企业技术革新的步伐，使产品更新换代的速度不断加快，提高企业的营销效率。科技的飞速发展对营销产生如下影响：

1. 数字营销的兴起：大数据、物联网、人工智能等数字技术的创新与应用促使企业开启数字营销时代。数字技术的飞速发展推动营销方式的变革。社交媒体已成为数字营销的重要渠道之一，通过社交媒体，企业可以与消费者进行实时互动，并及时了解社交媒体的效果，优化策略，提高投资回报率。

2. 个性化营销的趋势：随着消费者对个性化产品和服务需求的增加，企业需根据消费者的独特需求和偏好提供定制化解决方案。例如，推荐系统根据用户的喜好和行为，为其推荐个性化的商品信息。

3. 数据驱动的决策：大数据技术的应用使企业能够更精准地把握目标用户的需求和偏好，实现精准定位，从而找到最合适的营销策略，提高营销效果。

4. 对企业履行社会责任起推动作用：科技创新不仅提高企业的经济利益，对社会和环境产生了积极影响。

随着产品和技术变得越来越复杂，公众需要知道这些产品或技术是否安全。因此，政府部门需要调查并禁止潜在的危险产品。营销人员在应用新技术和开发新产品时，要了解这些规定。

▶▶知识拓展 3 - 1

数字技术推动数字营销

数字技术是在信息技术的基础上演变而来，是信息、计算、沟通、连接等技术的组合，物联网、云计算、人工智能、区块链等技术是数字技术的常见表达形式。数字技术推动数字营销领域的创新发展。据悉，在亚马逊每分钟卖出的4000件商品中，有一半是通过个性化推荐技术呈现给用户的。在消费者浏览亚马逊网站时，其算法会预测消费者此刻的购物需求，进而从约3.53亿件商品里选出一组推送给消费者。由此可见，数字技术能够改变企业向消费者提供产品和服务的方式。

数字技术正在对营销实践产生深远的影响，表现在：第一，聊天机器人等数字技术提供新的营销沟通工具，推动服务营销的创新；第二，数字虚拟人等数字技术催生了新的营销代言人策略；第三，利用计算机视觉方法分析销售人员的面部表情在直播营销中的有效性，优化产品发布与淘汰的决策等新技术的应用；第四，增强现实、面部识别、计算机视觉等新互动形式的数字技术，支持消费者与企业之间以各种形式进行互动。

【案例 3 -4】

老板电器：新技术浪潮下 AI 破局家电营销痛点

随着 AI 新技术涌现，用户洞察、内容创意、交互形式、传播增效、效果评估等各营销环节正在呈现连续性创新变革，AI 营销正成为品牌主实现有效增长的出口。

作为厨电行业龙头企业，老板电器的智能新品呈现智能化、科技含量较高的特点。无论是 AI 烹饪助理 ROKI 先生智能推荐菜品甚至教用户做菜，或是最新发布的 ROKI 数字厨电创造者 i7 实现更多维度的人机交互，再或 CQ928 蒸烤炸一体机的智识食材功能，一系列产品巧思深得外界称道。特别是老板电器创造者 i7，在第一代数字厨电基础上实现多项升级，例如，加强“明火自动烹饪”功能、在用户交互上提供更多选择、大幅提升各个产品的自动化体验，同时扩充了品类，提供了贯穿整个烹饪全链路的数字化产品解决方案，打造进一步闭环的数字烹饪生态。

老板电器对智能技术的理解，远不止于产品层面，也渗透至生产、研发、管理以及营销环节。老板电器高级副总裁何亚东认为，科技的进步带来了与用户沟通的全新方式，哪家企业善用新的科技，便能够顺应时代发展。

资料来源：《21世纪经济报道》，2023-04-30.

（六）社会文化环境

社会文化是指一个社会的民族特征、价值观念、生活方式、风俗习惯、伦理道德、教育水平、语言文字、社会结构等的总和。不同国家、不同地区的人们，对同一产品可能会持有不同的态度，这会直接或间接影响产品的设计、包装、信息的传递方式以及分销和推广措施等。社会文化因素通过影响消费者的思想和行为来影响企业的市场营销活动。因此，企业在从事市场营销活动时，应重视对社会文化的研究，并作出适宜的营销决策。

【案例3-5】

名创优品破浪出海

名创优品集团董事会主席兼首席执行官叶国富介绍，在成立初期，公司就明确海外是重要的业务发展引擎，投入重要的资源做海外市场的扎根和品牌的建设，聚焦海外高质量发展。

兼具全球化和本土化是新消费零售品牌出海最大的挑战。由于之前对海外各个国家本土化了解不足，名创优品在出海之初，也交了不少“学费”。“有些产品在中国卖得好，但海外的人不一定喜欢。不同国家、地区的消费者需求与爱好不一样，这就要求我们在全球化的同时一定要重视当地的文化。”名创优品集团董事会主席兼首席执行官叶国富介绍。此后，名创优品深入洞察海外消费市场，基于“全球化提案，本地化定制”深耕兴趣消费，结合当地消费者喜好定制开发产品。例如，针对东南亚地区的防水彩妆，针对中东地区推出小口袋湿巾，针对欧洲和北美市场推出大尺寸公仔等。

“我们以产品、运营、营销为着力点，跨越全球化与本土化实现差异化发展，同时也注重全球化的人才构建。”名创优品集团副总裁兼首席营销官刘晓彬介绍，在运营上，名创优品深入本地市场进行洞察，在门店经营上突显当地特色；营销方面，通过内容中台赋能海外社媒营销，激发用户共创海量内容，同时拓展与本地KOL的合作，提高品牌相关话题的曝光度，吸引海外用户对于品牌的关注。

不久前，名创优品集团发布2023财年第四财季财务报告及全年未经审计财务报告。财报数据显示，名创优品2023财年总营收114.7亿元，同比增长13.8%；净利润18.4亿，同比增长155%。Q4海外营收同比增长42%，全球化发展增速显著。

资料来源：http：//www. banyuetan. org.

三、微观营销环境

企业可以在一定程度上对微观环境进行控制或施加影响，图3－2给出了微观环境中的主要参与者。

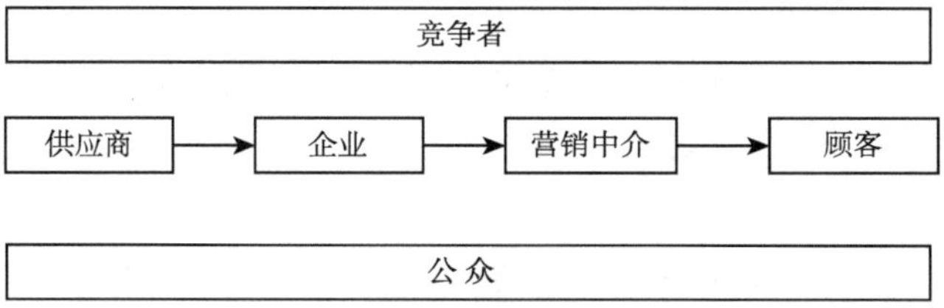

图3－2 企业微观营销环境

（一）企业内部

企业内部环境是企业营销工作得以顺利开展的重要条件，企业的内部环境由企业高层管理和企业内部各种组织构成。企业为开展营销活动，必须设立某种形式的营销部门，企业的营销部门不是孤立存在的，它还与采购、制造、研究与开发、财务等一系列职能部门相互联系。而这些部门、各管理层次之间的分工是否科学，目标是否一致，配合是否默契，都会影响到企业的营销决策和营销方案的实施，企业目标的实现需要企业内部各部门力量的相互配合。因此，企业在制订营销计划和决策时，需要考虑与企业内部其他力量的协调。

（二）供应商

供应商是为企业生产经营活动提供资源和服务的企业或个人。供应商与企业的关系是一种生产协作关系，二者之间的配合程度，对企业营销管理的绩效将会产生很大的影响。如供应商供应的原材料数量和质量会直接影响成品的数量和质量，所供资源的价格高低会直接影响产品成本、价格和利润。所以，企业要做好市场销售就必须慎重选择供应商，尽可能多渠道供应，以确保企业生产经营活动顺利进行以及企业业务的稳定性。

（三）营销中介

营销中介是指协助企业促销、销售和分配商品给最终消费者的一切企业和个人，包括中间商、营销实销实体分配机构、营销服务机构和金融中介。这些都是市场营销中不可缺少的中间环节，大多数企业的营销活动都需要他们的协助才能顺利进行。商品经济越发达、社会分工越细，中介机构的作用越大。营销中介所提供的服务使企业产品能够顺利到达顾客手中，成为连接企业和目标顾客的桥梁，企业必须与其建立良好的关系。

（四）顾客

顾客是企业产品或服务的购买者，也是企业服务的对象。顾客是企业最重要的微观环境因素。企业的营销者通常把顾客群称为目标市场，并按照不同的身份和购买动机划分为以下五类市场：

1. 消费者市场：购买产品或服务以供自身消费的个人和家庭。

2. 生产者市场：购买商品和劳务为生产其他产品及劳务所用，以达到盈利的企业和组织，一般是由众多的厂商或个体劳动者组成。

3. 中间商市场：购买商品或劳务用以转售并从中获利的企业或组织。主要是由分销渠道中的批发商和零售商组成。

4. 非营利组织市场：购买商品和劳务以供公共服务或转赠需要者的政府机构、事业团体、民间团体等非营利组织。

5. 国际市场：买者所构成的市场，包括国外消费者、生产者、中间商及非营利组织。

（五）竞争者

竞争者是指与本组织存在利益争夺的其他经济主体。企业的竞争对手包括现在生产和销售与本企业相同产品或服务的企业、潜在的进入者以及替代生产者、供应商等。一般地，企业面临着四种不同层次的竞争者：

1. 愿望竞争者：指提供不同产品以满足不同需求的替代竞争力量。在一定的时间内，消费者的购买能力是有限的，不同行业不同产品的生产者都需要争取消费者有限的消费支出。

2. 平行竞争者：指提供不同产品满足相同需求的竞争力量。例如，飞机、高铁、火车、汽车、自行车等都可以满足消费者出行的需要，但他们提供样式不同的产品，所以他们之间的竞争就属于平行竞争者。

3. 产品形式竞争者：满足购买者某种愿望的不同产品提供者。例如，手机、笔记本电脑、平板等都能满足网络沟通的需要，但他们是可以互相替代的，所以他们就属于产品形式竞争者。

4. 品牌竞争者：即能满足购买者某种愿望的同种形式产品的各种品牌之间的竞争者。如手机中的苹果、华为、小米、三星等各种品牌手机竞争者；移动、联通、电信之间的竞争就属于品牌竞争者。

详情如表 3－1 所示。

表 3－1　　竞争者分类

分类	定义	举例
愿望竞争者	提供不同产品以满足不同需求的竞争者	电视机制造商、空调制造商和洗衣机制造商是愿望竞争者
平行竞争者	提供不同产品满足相同需求的竞争力量	飞机、高铁、火车、汽车等之间是平行竞争者
产品形式竞争者	生产同种产品，但提供不同规格、型号、款式的竞争者	服装制造商之间是产品形式竞争者，都生产服装，但款式、型号不同
品牌竞争者	产品、规格、型号相同，但品牌不同的竞争者	苹果、华为、小米、三星等是品牌竞争者

（六）社会公众

社会公众是指对企业实现其营销目标构成实际或潜在影响的群体。其中包括：

1. 金融公众：影响企业取得资金能力的集团或组织，如银行、投资公司等。

2. 媒体公众：报纸、杂志、广播、电视等具有广泛影响的大众传播媒体。他们掌握传媒工具，有广泛的社会影响，能直接影响社会舆论对企业的认识和评价。

3. 政府公众：对企业生产经营活动具有服务、监督等职能的有关政府机构。如市场监督管理、税务等部门。

4. 民间组织公众：各种消费者权益保护组织、环境保护组织、少数民族组织等。企业的营销活动涉及社会各方面的利益，这些民间组织的意见和建议对企业营销决策产生重要影响。

5. 地方公众：是指企业所在地附近的居民和社区团体。

6. 一般公众：是指上述各类公众以外关注企业的组织和个人。

7. 企业内部公众：是指公司的员工，包括各层次管理者和一般员工。

企业应积极认真处理好与公众的关系，树立良好的企业形象，为自己营造和谐良好的经营环境。

四、分析市场营销环境的方法

对企业营销环境的分析和评价，始终是营销者制定营销战略、策略和计划的依据。高明的营销者总是严密地监视和及时预测相关环境的变化发展，善于分析、评价由于环境变化造成的机会与威胁，以便采取相应的措施。营销环境分析主要采用机会—威胁分析法。

当营销人员找出影响企业经营的主要环境因素后，还必须对其进行分析。因为不是所有的机会都对企业有同样的吸引力，也不是所有的威胁对企业的威胁程度都一样。企业可以使用市场机会矩阵图和环境威胁矩阵图来加以分析和评价。

1. 市场机会矩阵。市场机会矩阵图的横轴代表成功的可能性，纵轴代表潜在的吸引力，如图 3－3 所示。

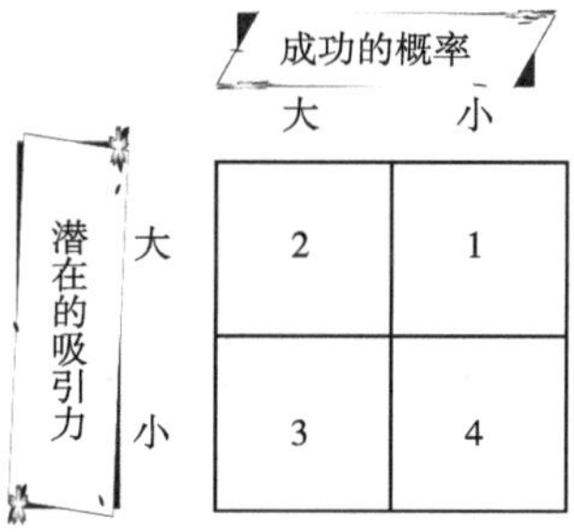

图 3－3 市场机会矩阵

注：

区域 1：营销机会潜在的吸引力大，但成功的可能性小，环境机遇一般，说明企业暂时还不具备利用这些机会的条件。

区域 2：营销机会潜在的吸引力和成功的可能性都很大，环境机遇大，表明机会对企业的发展有利，应采取积极的态度，分析把握这些机会。

区域 3：营销机会潜在的吸引力小，而成功的可能性大，环境机遇一般。

区域 4：营销机会潜在的吸引力和成功的可能性都很小，环境机遇较小。

面对市场机会，企业有两种战略选择：一是扩张。如果企业主要产品的营销环境处于区域 2，便可选择进行扩张来把握企业所面临的发展机会。二是进入。如果企业的主要产品的市场营销环境处于区域 3，企业便可考虑研制新的相关产品进行多样化经营。

2. 环境威胁矩阵。环境威胁矩阵图的横轴代表出现威胁的概率，纵轴代表潜在的严重性，如图 3－4 所示。

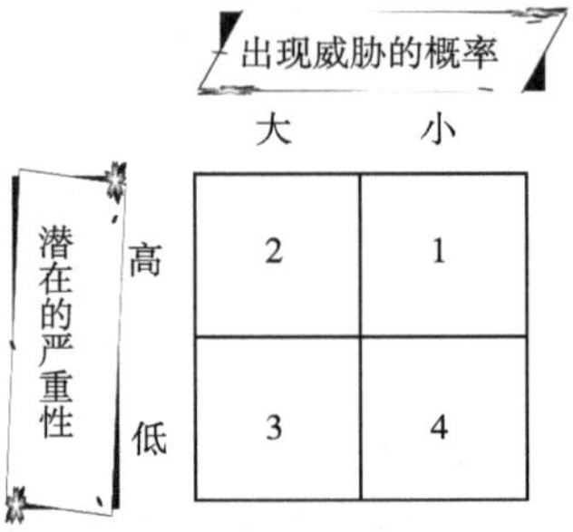

图 3－4 环境威胁矩阵

注：

区域 1：环境威胁的严重性高，但出现的概率小，企业不可忽视，要密切注意其发展方向，制定相应的措施进行应对，避免威胁的危害。

区域 2：环境威胁的严重性高，且出现的概率大，表明企业面临严重的环境危机，企业应处于高度戒备状态，积极采取相应的对策，避免损失。

区域 3：环境威胁的严重性低，但出现的概率大，虽然企业面临的威胁不大，但出现的可能性大，因此企业必须充分重视。

区域 4：环境威胁的严重性低，出现的概率小，在这种情况下，企业不必太过担心，但应注意其发展动向。

面对环境威胁，企业有三种战略选择：一是减轻。企业在环境威胁已经出现的情况下，通过调整营销策略提高企业对环境的适应能力，以减轻环境威胁，降低风险。二是转移。企业在环境威胁面前感到无能为力或者代价很高时，将企业资源转移到风险较低的市场领域。三是反抗。企业采取各种可能的措施来阻止环境中潜在威胁的出现。

3. 环境机会——威胁矩阵综合分析。营销环境带给企业机会和威胁是并存的，威胁中有机会，机会中也有挑战，在特定的条件下，两者可以相互转化，这就增加了环境分析的复杂性。企业可以运用机会——威胁矩阵来进行综合分析和评价。如图 3－5 所示。

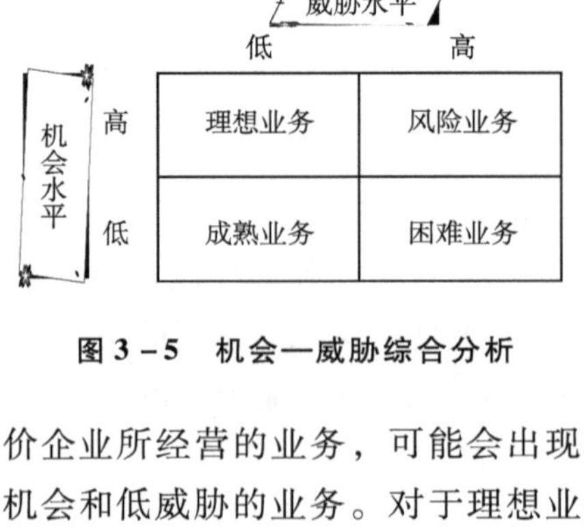

图 3－5 机会—威胁综合分析

用上述方法来分析和评价企业所经营的业务，可能会出现四种不同的结果：

第一，理想业务，即高机会和低威胁的业务。对于理想业务，要及时抓住机遇，迅速行动。

第二，风险业务，即高风险和高威胁的业务。对于风险业务，应全面分析自身的优势和劣势，扬长避短，创造条件。

第三，成熟业务，即低机会和低风险的业务。对于成熟业务可作为企业的常规业务，用于维持企业正常运转。

第四，困难业务，即低机会和高风险的业务。对于困难业务，可以选择改变环境，走出困境，也可以选择立即转移，摆脱困境。

第二节　市场营销调研

市场营销调研就是企业为达到特定的经营目标，运用科学的方法，系统、客观地设计、收集、整理和分析市场营销方面的情报资料的一种活动。市场营销调研的主要任务是为管理和决策部门提供准确、可靠、有效的信息，供决策者进行决策时参考。市场营销调研是从市场环境、市场消费、市场竞争等多方面分析市场现状及其发展趋势，不论是宏观市场环境还是微观市场环境，都是市场调研的研究对象和内容。

一、市场营销调研的步骤

营销人员可以按照五个步骤展开市场营销调研，如图 3 – 6 所示。

图 3 – 6　市场营销调研步骤

（一）确定问题和调研目标

确定问题和调研目标就是根据企业的战略方针和意图，并结合企业实际运行中存在的问题，明确界定调研的目标。这是市场调研的第一步，也是关键的一步。确定调研问题与目标时，要防止两类错误：将调研问题定义过宽或者过窄。将问题定义得太宽则难以操作；而定义过窄又可能限制了研究者的视角。为了避免这两类错误的出现，可以先将调研问题用比较宽泛的、一般的术语来表述，然后具体规定问题的各个组成部分，为进一步的操作提供清楚的路线。

（二）制订调研计划

在确定问题和调研目标后，要根据调研目标来制订专门的调研计划，包括确定调查对象、调查方法、资料收集的方法、研究工具、抽样方式以及确定费用预算和组织安排等事宜。制订调研计划是确保市场调研事半功倍、有序开展的重要一步。调研计划主要包括以下内容：

1. 确定调研的问题和目的。
2. 确定调研的内容。
3. 确定调研的对象和调研范围。
4. 确定调查的方式和方法。
5. 确定资料处理和分析方法。
6. 安排调研进度和时间规划。
7. 预算调研经费。
8. 确定调研的组织计划。
9. 确定提交报告的方式。

（三）收集信息

制订的调研计划经过审批后，就进入了收集调查资料和信息的环节。在这一阶段，营销调研人员需要进行数据的实地调查、收集工作，其采取的调查方法和所具备的个人素质将直接影响到搜集的调查资料的真实性和可靠性。因而，这是成本最高、耗时最长，也是最容易出错的阶段。

（四）分析信息

在深入调查、信息收集结束后，就开始进入对调查资料的整理、分析阶段。整理资料是对已经取得的原始数据资料进行汇总、鉴别与整理，从原始数据中提炼出与调查目标有关的信息，并对收集的资料进行分类统计，核查是否还有需要补充的内容或有无遗漏的地方。分析资料就是对整理的资料进行汇总分析，包括编码、分类、制表、交叉分析及其他统计分析的过程。这一过程除需要借助先进的统计分析工具外，还要求调查研究人员有耐心细致的工作态度以及善于归纳总结的能力。

（五）提出调研结论

提出调研结论是在市场调研报告中体现，这是市场调查的最后一项工作。这一阶段的工作是从大量数据中抽象出具体的、完整的调研结论，这是企业制定市场营销策略的依据。调研报告是整个调研项目至关重要的部分，因为它是调研工作的最终成果。调研报告一般包括以下四个部分：

1. 报告的摘要，包括主要发现、主要结论。
2. 报告的详细目录。
3. 报告正文，包括调研的基本情况、主要发现、小结与建议。
4. 报告附录，包括调研问卷、数据、图表等。

【案例 3－6】

尚普咨询公司的市场调研流程

尚普咨询公司是一家专业从事企业管理咨询服务的公司，其主要业务包括战略规划、组织变革、人力资源管理、营销策略等。尚普咨询公司在为客户提供咨询服务时，会根据客户的需求和问题，进行针对性的市场调研，以获取有关客户所处行业、市场环境、竞争对手、目标用户等方面的信息，并根据市场调研的结果，为客户提供合适和有效的解决方案。以下是尚普咨询公司在为某家餐饮连锁企业进行市场调研时所采用的方法和流程。

（一）确定调研目标

尚普咨询公司在与客户沟通后，了解到客户的主要需求是提升品牌知名度和吸引更多的消费者。因此，尚普咨询公司确定了以下四个调研目标：

1. 分析餐饮行业的发展趋势和竞争格局；
2. 评估客户品牌在市场上的形象和声誉；
3. 识别客户品牌的目标用户群体和消费特征；
4. 发现客户品牌的优势和不足，以及潜在的改进空间。

（二）设计调研方案

尚普咨询公司根据调研目标和市场情况，选择了以下五种调研方法和工具：

1. 问卷调查。尚普咨询公司设计了一份包含多种问题类型（例如单选题、多选题、量表题、开放题等）的问卷，旨在收集消费者对客户品牌的认知、态度、满意度、忠诚度等方面的数据。尚普咨询公司通过线上和线下的方式，向不同地区、年龄、性别、收入等特征的消费者发放问卷，并设置一定的激励机制，以提高回收率和有效率。

2. 深度访谈。尚普咨询公司通过电话或视频的方式，对部分填写问卷的消费者进行深度访谈，以获取更多的细节和背景信息，以及消费者的想法、感受、动机等方面的数据。尚普咨询公司根据问卷调查的结果，选择了具有代表性和多样性的消费者作为访谈对象，并设计了一份半结构化的访谈指南，以保证访谈的质量和效率。

3. 小组座谈。尚普咨询公司通过线下或线上的方式，组织了几场小组座谈，邀请了不同特征和偏好的消费者参与，以促进消费者之间的交流和讨论，以获取更多的观点和想法，以及消费者对客户品牌的期待和建议等方面的数据。尚普咨询公司根据深度访谈的结果，选择了具有活跃性和创造性的消费者作为座谈参与者，并安排了一位经验丰富的主持人，以保证座谈的氛围和效果。

4. 实地观察。尚普咨询公司通过暗访或陪同的方式，对客户品牌在不同地区和时间段的门店进行实地观察，以获取消费者在门店内的行为和反应，以及门店的环境和服务等方面的数据。尚普咨询公司根据小组座谈的结果，选择了具有典型性和差异性的门店作为观察对象，并设计了一份详细的观察清单，以保证观察的全面和准确。

5. 神秘顾客。尚普咨询公司通过受过专门培训的购物者对客户品牌在不同地区和时间段的门店进行神秘顾客评估，以获取客户品牌在服务质量、业务流程、员工素质、产品质量等方面的表现和水平。尚普咨询公司根据实地观察的结果，选择了具有重要性和敏感性的门店作为评估对象，并设计了一份标准化的评估表格，以保证评估的客观和有效。

（三）实施调研活动

尚普咨询公司按照调研方案进行操作，分别进行了问卷调查、深度访谈、小组座谈、实地观察和神秘顾客等调研活动，并及时收集并整理了相关数据。尚普咨询公司在实施调研活动时，注意控制质量和进度，及时处理可能出现的问题和困难。

（四）分析调研数据

尚普咨询公司根据调研目标和方法，选择了以下四种数据分析技术：

1. 描述性统计。尚普咨询公司对问卷调查和神秘顾客的数据进行了描述性统计，例如计算平均值、标准差、频数、百分比等，以了解消费者对客户品牌的总体评价和分布情况。

2. 推断性统计。尚普咨询公司对问卷调查和神秘顾客的数据进行了推断性统计，例如进行假设检验、相关分析、回归分析等，以探究消费者对客户品牌的评价和消费者的特征、行为等因素之间的关系和影响。

3. 内容分析。尚普咨询公司对深度访谈和小组座谈的数据进行了内容分析，例如进行编码、分类、归纳等，以提取消费者的主要观点、想法、感受、动机等，并发现其中的模式和主题。

4. 主题分析。尚普咨询公司对实地观察的数据进行了主题分析，例如进行标记、排序、比较等，以识别消费者在门店内的主要行为和反应，并发现其中的规律和趋势。

（五）撰写调研报告

尚普咨询公司根据数据分析的结果，撰写了一份详细的调研报告，包括以下内容：

1. 标题：餐饮连锁企业品牌提升市场调研报告。

2. 摘要：简要介绍调研的目的、方法、过程和结果。

3. 目录：列出报告的主要章节和页码。

4. 正文：详细描述调研的目标、方案、活动、数据和分析，并使用图表、图像等辅助工具。

5. 结论：总结调研的主要发现和结论，并指出调研的局限和不足。

6. 建议：根据调研的结果，为客户提供针对性的产品创新和优化建议，并给出实施步骤和预期效果。

7. 参考文献：列出报告中引用或参考的文献或资料。

8. 附录：附上报告中使用或涉及的问卷、访谈指南、观察清单、评估表格等材料。

尚普咨询公司在完成市场调研后，将调研报告提交给了客户，并与客户进行了深入的沟通和讨论，以帮助客户理解市场调研的结果，并根据市场调研的建议，进行产品创新和优化。

资料来源：知乎．市场调研的实战案例：他们是怎么做到的，2023－06－14.

二、市场营销调研的方法

市场调研的方法很多，各有优缺点，选用的方法是否得当，对调研结果影响极大。定性研究法和定量研究法是市场营销调研中两种常用的方法。

（一）营销调研定性研究法

定性研究是收集、分析和解释那些不能被数量化的数据资料，其具有探索性、诊断性和预测性等特点，它并不追求精确的结论，而只是了解问题之所在，认识现状，得出感性认识。定性研究的主要方法包括焦点小组法、深度访谈法、投射法、观察法。

1. 焦点小组法。焦点小组法又称小组座谈会，具体是指在一名经过训练的小组主持人的组织下，以一种自然的方式与一组经过挑选具有代表性的被调查者（8—12 人）就某个专题进行讨论，目的是通过听取参与小组座谈的成员针对调查问题所表达的见解和意见，了解或理解人们关于这一调查问题的看法以及影响这种看法背后形成的原因。它不同于传统的一问一答式的简单访谈，它的特点在于：同时访问多个被调查者，即通过与多个被调查者的集体访谈来了解市场信息。小组中的成员来自不同职业和不同文化背景，他们会表达出更全面、更深入的看法。

2. 深度访谈法。深度访谈也称一对一访谈，即调查人员和一名被调查者在一个轻松的气氛中，围绕某一问题进行深入的探讨，目的是让被调查者自由发言，充分表达自己的观点和情感，逐步深入被调查者的想法，从而发现其对特定问题的真正动机、态度和感受。一对一访谈又分为结构式访谈和非结构式访谈两种类型。结构式访谈通常采用开放式问卷，调查者可以根据自己对问题的理解作答，不受答案限制；非结构式访谈则是调查人员没有一个事先设计好的调查问卷，只是备有一个大致的访问提纲。

3. 投射法。投射法全称投射技术法，它来源于心理学，是设法让调查者真正的情感与态度浮现出来的一种方法。投射法采用一种非结构的、非直接的询问方式，用以激励被调查者将他们所关心的话题的潜在动机、态度和情感反映出来。通常情况下，调查人员给被调查者提供一种无限制的、模糊的场景，要求其作出反应。由于情景是模糊且没有现实意义的，被调查者就必须根据自己的偏好作出回答。在此时，由于被调查者并不是在直接讨论自己，而是在讨论其他的事情或是其他的人，心理防备会下降，这样会间接地表达出被调查者自己内心真正的看法和深层动机。在市场调研中，常用的投射法主要有词语联想法、完成技法、第三人称法、主题领悟测试法和漫画测试法等。

4. 观察法。观察法是指市场调查人员运用感官或借助一定的仪器设备进行有目的、有计划地观察和记录被研究对象的行为和情境，从中获取研究数据和资料的方法。所谓“百闻不如一见”，观察法可以为企业决策提供较为准确、及时的第一手资料。观察法根据不同的观察角度可以分成以下类型：直接观察与间接观察；结构化观察与非结构化观察；人工观察与机械观察。

在使用观察法时，应遵循一定的程序，按照既定的步骤完成观察任务，观察的步骤一般可分为以下三个步骤：

第一步，制订观察计划。制订观察计划是实施观察的第一步，要明确观察的目的和要求，选择合适的观察对象，确定具体的观察手段；选择观察时间、地点和观察的大致范围；落实观察所需要的设备和观察经费。

第二步，实施观察。观察的正式实施包括进入现场、观察预定内容、记录及退出现场等方面。

第三步，整理记录资料。整理记录资料也是观察的重要内容，现场记录往往是破碎和不连贯的，需要事后进行整理，发现内在联系。

▶▶知识拓展 3-2

深度访谈调研方法的应用

深度访谈是市场调研中一种非常重要的方法，它可以深入了解消费者的动机、感受和态度，为企业提供有价值的信息，从而更好地开展业务。下面是一个关于深度访谈的案例。

假设某公司生产和销售饮料，希望了解目标消费群体对其产品的需求和想法，以便制定更好的营销策略和找准产品定位。公司聘请了一家专业的市场调研公司，采用深度访谈的方式来收集数据。

深度访谈的对象是30名年龄在18—35岁的消费者，这些消费者属于中高收入阶层，经常购买各种类型的饮料。深度访谈的时间为45分钟，访谈的主题包括以下三个方面：一是饮料的品牌和种类：消费者喜欢哪些品牌和种类的饮料？为什么？二是饮料的口味和营养价值：消费者更喜欢哪种口味的饮料？他们对饮料的营养价值有什么看法？三是饮料的包装和价格：消费者对饮料的包装和价格有何看法？他们愿意为高品质和有吸引力的包装付出更多吗?

通过深度访谈，调研公司获得了以下有价值的信息:

第一，消费者更喜欢知名品牌的饮料，他们认为这些品牌的产品质量更好，口味更佳。此外，一些消费者更注重饮料的健康营养价值，因此更喜欢一些以健康为主题的品牌。

第二，消费者更喜欢口感清爽、味道浓郁的饮料，这些饮料可以让他们感觉到满足和放松。此外，一些消费者还希望饮料具有一定的营养价值，例如含有维生素C和纤维素等成分。

第三，消费者对饮料的包装和价格也有很高的关注度。他们喜欢具有吸引力和创新性的包装，可以让他们更愿意购买这些产品。此外，一些消费者认为高品质的饮料应该有相应的价格，他们愿意为这些产品付出更多的钱。

基于这些数据，该公司可以采取以下措施:

第一，加强品牌建设和制定营销策略。该公司可以根据消费者的偏好，加强品牌建设和制定营销策略。例如，该公司可以开发更多健康风格的饮料，增加维生素C和纤维素等成分，以满足消费者的健康需求。此外，该公司可以加强品牌宣传，提高品牌知名度和美誉度，吸引更多消费者购买其产品。

第二，优化口感和营养配方。该公司可以优化饮料的口感和营养配方，以更好地满足消费者的需求。例如，该公司可以尝试推出更多口感清爽、味道浓郁的饮料，并增加营养价值成分，以提高产品的质量和满足消费者的期望。

第三，提升包装和价格。该公司可以提升饮料的包装和价格，以提高产品的吸引力和品质。例如，该公司可以开发具有创新性和吸引力的包装，如可重复使用的杯子、环保袋等，以吸引更多消费者购买。此外，该公司可以适当提高产品价格，以反映高品质和营销策略的投入。

总之，通过深度访谈的方式，该公司获得了消费者的真实反馈和需求，为其制定更好的营销策略和找准产品定位提供了有力的支持。深度访谈是一种非常有效的市场调研方法，可以深入了解消费者的需求和想法，为企业提供有价值的信息，提高产品的质量和市场竞争力。

资料来源：根据网络资料整理。

（二）营销调研定量研究法

定量研究是采用结构式问卷并选择较大数量的样本按照标准化的程序来搜集数据资料的调查方法。定量调查的特点在于收集资料时采用了更加结构化、大规模和更具有代表性的被调查者样本。在营销调研中，必须高度重视定量研究，以便收集到的信息和调研得出的结论能够充分反映市场需求和营销环境的客观现实。定量研究法主要有问卷调查法、固定样本小组调查、实验法、客观的销售数据调查。

1. 问卷调查法。问卷调查法指通过发放结构性调查问卷、收集信息和分析数据，得到客观、可量化结果的研究方法。该方法适用于了解市场、客户、竞争对手、产品或服务的基本情况以及市场变化趋势等问题的调查场景，用来客观描述市场现状和发展趋势，应用非常广泛。问卷调查法具有以下5方面的优点：

- 调查范围广（可以覆盖不同的地域、行业和人群）；
- 成本低（可以利用邮寄、电话、网络等多种方式进行）；
- 速度快（可以在短时间内收集和处理数据）；
- 调查结果可靠（通过样本抽样等统计方法保证数据的代表性和有效性）；
- 调查数据可以通过统计图表等方法呈现数据的规律和差异。

2. 固定样本小组。固定样本小组全称固定样本小组调查，是用抽样方法从母体中抽出若干样本组成固定的样本小组，在一段时期内通过对样本小组的反复调查，来测定市场的发展趋势的办法。根据不同的分类标准可分为不同的类型。

依据收集资料的技巧不同，可分为：①个别面谈法或问卷调查法，即在一定时间内，定期进行面谈或问卷调查来收集资料；②消费者日记调查法，即通过向消费者分发购物日记本，要求详细填写，定期回收统计；③观察记录调查法，即调查人员定期到调查现场对小组进行观察、记录以收集资料。

根据样本小组的种类不同，可分为：①消费者样本小组调查；②销售商样本小组调查；③专家样本小组调查。

固定样本小组调查方法的优点是：有利于对同一对象进行长期连续的调查，能掌握事态的变化动态；有利于进行趋势分析；调查者与被调查者之间建立了长期联系，具有一定的感情基础，并通过支付一定费用来争取调查对象的合作，使调查表回收率较高；通过抽样、调整来确定样本小组，使样本的代表性强、质量高。

3. 实验法。是指从影响调查问题的许多可变因素中选出一个或两个因素，将他们置于同一条件下进行小规模的实验，然后对实验结果进行分析，确定研究结果是否值得大规模推广，这种方法主要用于因果关系研究。其使用范围较为广泛，例如，在改变某种产品的包装设计、价格、质量后，销售量会发生什么样的变化，都可以先在小规模的市场范围内进行实验，通过观察顾客的反应和市场变化的结果，企业再决定是否推广该产品。实验法主要分为实验室实验法和现场实验法。

4. 客观的销售数据。营销调研部门在进行营销调研时会花费大量的时间和精力在收集数据资料上，因为只有收集到充足的原始数据时，才有可能得出正确的营销调研结果。数据分为一手和二手数据，客观的销售数据就是经过编排、加工处理之后的二手数据。客观的销售数据可以在企业内部的信息系统中获得。通过收集、分析各季各年的销售数据来对销售情况进行整体把握和对特定问题进行分析。

（三）大数据下的营销调研

除了以上的定性和定量调研方法之外，大数据的兴起也为市场营销调研提供了现代化的技术工具和方法，为企业快速、充分地获得市场有关信息提供了巨大的帮助。随着大数据运用的深入，营销调研出现以下三个趋势。

1. 从常规调研到碎片化研究。在大数据时代，由于低廉的调研接入成本、智能化的信息处理技术，低成本、大样本的定量调研成为现实。调研人员可以只通过网络上基于调查对象的评论、看法等信息，推导得出消费者真实的态度，这将使研究消费行为和消费心理变得更加容易和精确，帮助企业制定正确的营销战略。企业可以通过主动投放网络问卷或者在网络上直接采集碎片化回复的方式来收集数据。微博、微信、意见网站等社交软件平台已经成为新生代消费群体不可或缺的社交工具，调查人员可以通过对社交平台信息的挖掘来进行市场调研。

2. 从文本观察到行为追踪。随着技术的进步，智能手机、平板电脑逐渐占据了人们日常生活的大部分时间。企业也正在尝试通过智能手机、平板电脑等移动设备收集用户数据，再通过大数据技术、运用特定的算法系统加以分析，就可以得到结论。现在市场调研不再仅限于分析文本中所包含的用户信息。新的技术和普及的移动设备使企业可以进一步实时跟踪用户的行为数据，这是传统调研无法比拟的。例如，为了明确猫粮市场目标顾客的消费者画像，确定新的消费需求和核心需求点，京东利用历史数据和现实的顾客消费倾向等大数据开展了用户趋势研究，从而帮助玛氏宠物品牌制造商生产出“美士无谷全价成猫猫粮”。而且京东还帮助玛氏进行了消费环境的模拟测试，收集和分析该款产品的消费评价，最终使该款猫粮成为同类的爆款产品。

3. 从“市场研究”到“泛数据分析”。现在的消费者越来越习惯于数字媒体以及电子购物，以往获取信息的方式变得越来越落后，越来越难以跟上信息的更新速度。换句话说，通过传统方式获得的信息在当下这个时代背景下可以说是缺乏时效性的市场信息，可能会使企业错过很多市场。

现在进入大数据时代，可以通过对实时信息或者近乎实时信息的消费者体验信息的采集以及分析来制定相应的市场营销策略和战术。数字技术深刻而久远地影响了目标客户进行决策的方式，改变了企业发现消费者信息的方式。当下，当人们试图了解一个新的产品时，第一反应可能是“百度一下”，或者直接在社交网络上发布问题，阅读其他消费者的用户体验或是下载一款专门的 App。每个人都可以如此简单地在网络上分享自己的用户体验，人们通过网络交换的每一条信息都是一个与信息接触的点。所有的这些回复、动作、反馈，现在都可以被实时监测并及时作出调整，而且可以通过这些信息为消费者服务机构建立预警系统，以防止不必要的风险发生。

随着信息技术的发展，网络调研会越来越被市场调研人员所重视，它在市场调研中将发挥越来越重要的作用。

▶▶知识拓展 3-3

常见的数字营销调研的分析工具

对文本数据、图像数据、音频数据、视频数据等不同类型的非结构化数据进行分析，企业应该运用与之相适应的数据分析工具。

1. 文本分析工具。文本分析是一种计算机辅助技术，能够对文本数据自动进行量化分析，从而提取数据中的潜在价值，以此帮助企业测量、跟踪、理解和解释市场行为的动因和后果。企业可以使用 Word、Count、WordStat 等软件统计在线评论和博客内容，例如通过 10 个不同在线社区论坛中 115000 个用户与用户之间的对话帖子进行文本分析，研究人员发现了在线品牌社区中的顾客情绪，并以此判断出特定的市场营销活动是否取得成功。

2. 图片分析工具。图片分析相较于文本分析，能够更加直接地传达关键的信息和内容。目前，从图片中提取情绪已成为一种热点话题。企业可以通过调查网站中的某些功能对照片进行评价，企业还可以将机器学习应用于基于情绪的照片分类与识别当中。

3. 音频分析工具。现在的语音识别和分析技术可以相对准确地量化人类声音，如量化企业销售人员的语音音调与情绪状态。以色列的语音分析技术公司 Nemesysco 的 QA5 系统被称为“当今最复杂、最灵活、最尖端的语音分析技术系统”，有研究利用音频挖掘技术测量推销人员的不同声调，并将其与顾客资金支付结果联系起来，进而找出最能引起支付行为的语音语调。

4. 视频分析工具。视频分析师利用计算机进行数字图像处理和分析，进而理解视频画面中的内容。例如，销售演示视频可以用 Nvivo 和 VideoEye 进行分析。同时，营销科学家也可以利用人工智能技术或眼动仪软件（如 EyeLink 等）自动检测每一帧销售人员的面部表情，从中提取情感表达，并将其和客户的行为数据联系起来，产生新的顾客洞察。

资料来源：王永贵．项典典，《数字营销——新时代市场营销学》[M]．北京：高等教育出版社，2023.

第三节 市场需求预测

一、市场需求预测及其分类

市场需求预测是运用科学的预测理论和方法，对影响市场需求变化的因素进行调查研究，分析和预见其发展趋势，掌握市场需求变化的规律，为市场营销决策提供可靠的依据。市场需求预测的分类如下：

（一）市场需求预测按性质分为定性预测和定量预测

1. 定性预测。其研究和探讨预测对象在未来市场上将会表现出来的性质。主要通过对历史资料的分析和对未来条件的研究，凭借预测人员的个人素质、主要经验、业务水平等，对未来市场的发展趋势作出推测和判断。定性预测简单易行，对结果的精度要求不高。

2. 定量预测。主要是确定预测对象在未来市场的可能数量。以准确、全面、系统、及时的资料为依据，运用数学或其他的手段，建立科学合理的数学模型，对市场发展趋势进行数量分析。

（二）按照预测时间分类

1. 短期预测：时间在 1 周至半年的预测。

2. 近期预测：时间在半年至 1 年的预测。

3. 中期预测：时间在 2—5 年的预测，帮助企业确定营销战略。

4. 长期预测：时间在 5 年以上的，市场变化及其趋势的预测，为企业制定总体发展规划和重要营销决策提供科学依据。

【案例 3－7】

Airbnb（爱彼迎）利用市场需求预测技术助力营销

Airbnb（爱彼迎）是一家世界领先的在线短租平台，提供各种类型的住宿选择，包括公寓、别墅、民宿、客房等。在 Airbnb 平台上，用户可以选择合适的住宿地点，并预订自己喜欢的住宿方式。随着 Airbnb 平台的不断发展和壮大，市场需求预测成为了一个非常重要的问题。

（一）Airbnb 利用市场需求预测提高房东收入

在 Airbnb 平台上，房东的收入与出租率息息相关。如果房东能够更好地了解市场需求，并根据需求调整房源价格和出租时间，那么就可以提高房东的收入。为此，Airbnb 利用市场需求预测技术，帮助房东实现最优的定价和出租时间。具体来说，Airbnb 通过分析市场数据，确定当前市场需求的趋势，例如旅游旺季和淡季、特定节假日和周末等。接着，Airbnb 利用机器学习模型对市场需求进行预测，并根据预测结果，建议房东调整价格和出租时间，以满足市场需求。

例如，如果机器学习模型预测某个地区在未来的某段时间内有大量游客到访，那么 Airbnb 就会建议房东将价格调高，并在该时间段内提高出租率。相反，如果机器学习模型预测某个地区在未来的某段时间内需求较低，那么 Airbnb 就会建议房东将价格调低，并在该时间段内放松出租率。

通过利用市场需求预测技术，Airbnb 能够帮助房东实现最优的定价和出租时间，从而提高房东的收入。

（二）Airbnb 利用市场需求预测提高用户体验

除了帮助房东提高收入外，Airbnb 还利用市场需求预测技术来提高用户体验。具体来说，Airbnb 分析市场数据，了解用户的需求和偏好，并根据需求和偏好推荐合适的住宿选择。

例如，Airbnb 可以通过分析用户的搜索和浏览历史，了解用户喜欢的住宿类型和地点。接着，Airbnb 利用机器学习模型对用户需求进行预测，并根据预测结果，推荐合适的住宿选择。此外，Airbnb 还可以根据用户的评价和反馈，了解用户的喜好和不满意之处。例如，如果用户在住宿过程中反馈床铺不够舒适，那么 Airbnb 就可以推荐更适合用户的床铺类型和品牌。通过利用市场需求预测技术，Airbnb 能够提高用户体验，提供更加个性化和满意的住宿选择，从而增加用户留存和口碑。

总之，市场需求预测是 Airbnb 成功的关键之一。通过分析市场数据、利用机器学习模型和推荐系统，Airbnb 能够帮助房东提高收入和用户体验，实现平台的可持续发展。未来，随着数据和技术的不断进步，市场需求预测在 Airbnb 平台上的应用将越来越重要，为 Airbnb 的发展提供更大的动力。

资料来源：根据网络资料整理。

二、影响市场需求变化的因素

（一）市场供给和需求的发展变化

市场供给是指一定时期内可以投放市场以供出售的产品，市场供给会影响市场的需求变化，有时会出现供大于求的情况；有时会出现供不应求的情况。市场需求可以通过一定时期内某种产品的销售变化趋势或是销售量进行估计。由于市场的供给和需求是受到多种因素共同影响的，因此它在不停地发展变化。

（二）顾客心理变化趋势

顾客的心理变化趋势一般包括顾客需求倾向与购买行为的变化。从某种意义上来讲，顾客是一个由希望满足他们需求的欲望而驱动的潜在群体构成的。顾客心理是产生或影响顾客行为内在原因，而时代的不断发展使顾客理念正在不断发生变化，从而影响顾客行为以及顾客的消费需求，从而影响市场需求。

（三）产品生命周期发展变化

产品生命周期可分为自然生命周期和经济生命周期。经济生命周期可分为导入期、成长期、成熟期和衰退期四个阶段。产品在不同的生命周期时，需要实行不同的营销策略，这会对产品市场需求产生影响。

（四）竞争发展态势

分析竞争态势时需要同时考虑两方面的情况：一是本企业的竞争能力，其中包括产品的质量、价格、外观，也包括产品售前、售后服务，推销措施所能收到的竞争效果，企业和产品在用户中的信誉等；二是竞争企业的竞争能力，包括竞争数量和产量的变化，主要指产品质量、价格、外观以及服务竞争策略的变化。企业自身和竞争企业竞争态势的变化会对市场需求变化产生影响，因此，需要对竞争发展态势进行预测和分析。

（五）价格变动及其影响

对于企业来说，价格的变动会影响产品的成本、销售量和经济收益等。一般情况下，某产品的价格升高，消费者对其的需求量会降低，其销售量会相应减少，经济收益会下降。价格变动对于价格弹性较大的高档耐用品的需求量影响较为明显，因此企业需要找到价格变动和需求变化之间的平衡点，科学地进行市场决策，以保证企业经济效益最大化。

（六）突发事件的影响

突发事件是指企业在进行市场决策、计划过程中突然性的、不可控制的偶然事件。这些事件的发生会打乱正常的经济秩序，使市场的发展脱离原来的轨道。就比如新冠疫情的出现，导致经济低迷，给市场带来沉重的打击。

三、市场需求预测基本方法

（一）购买者意向调查法

购买者意向调查法是指通过一定的调查方式选择一部分潜在购买者，直接向他们征询未来某一时期购买商品的意向，并以此为基础对市场需求作出预测的方法。市场总是由潜在购买者构成的，预测就是预估在给定条件下潜在购买者的可能行为，即要调查购买者。

（二）头脑风暴法

头脑风暴法又称为智力激励法、自由思考法。这是一种通过集体讨论和创意激发的方法，用于对未来市场进行预测。这种方法是一种面对面的讨论方法，由参加会议的专家在轻松、和谐的气氛中，通过互相启发，不受约束地对某个事项充分发表自己的看法，通过负责人员对专家看法的记录、整理和归纳，从而对市场做出预测。

（三）德尔菲法

德尔菲法也称专家调查法，对所要预测的问题采用匿名发表意见的方式，即各位专家之间不得相互讨论，不产生横向联系，不传递各自的想法与看法，通过多轮次调查专家对问卷所提问题的看法，经过反复征询、归纳、修改最后汇总成专家基本一致的意见，作为此次预测的结果。由此可见，德尔菲法是一种利用函询进行的集体匿名思想交流过程。它有三个明显区别于其他专家预测方法的特点：匿名性、反馈性、统计性。

（四）试销法

试销法全称为市场试销法，是指在小范围内进行产品销售试验，调查消费者对试销产品的反应和购买态度，以此来测试对企业营销计划的反应，收集其购买、重复购买的相关数据，并以此为基础进行市场预测的方法。在预测一种新产品的销售情况和现有产品在新的地区或通过新的分销渠道的销售情况时，利用这种方法效果最好。

（五）定量预测方法

定量预测法是根据比较完备的历史和现状的统计资料，利用数学方法对资料进行科学分析、处理，找出预测目标与其他因素的规律性联系，从而推算出未来的发展变化情况。定量预测法可以分为两类：一类是时间序列预测法，另一类是相关回归预测法。

时间序列预测法就是将过去的历史资料和数据，按时间顺序排列起来，形成一组数字序列的方法，例如按年或按月排列的产品销量。时间序列预测的特点是：假定影响未来市场需求和销售量的各种因素与过去的影响因素大体相似，且产品需求形态有一定规律。那么只要将时间序列的倾向性进行统计分析，加以延伸便可以推测出市场需求的变化趋势，从而作出判断，适合短期预测或中期预测。时间序列预测法主要包括简单平均法、加权平均法、移动平均法、指数平滑法、季节分析预测法。

相关回归预测法，又称计量经济学模型法，是建立在大量实际数据的基础上，寻求随机性后面的统计规律性的一种方法。经济活动中的许多因素是相互联系、相互制约的，他们的变化存在一定的关系。通过对所占有的大量实际数据进行分析，可以发现数据变化的规律性，找出变量之间的关系，利用所得的模型对设计、生产和市场需求进行预测。回归预测法主要包括一元线性回归预测法、多元线性回归预测法、非线性相关预测法等。

小结与思考练习

【本章关键词】

市场营销环境　宏观营销环境　微观营销环境　营销环境分析　市场营销调研步骤　市场营销调研计划　定性研究法　定量研究法　市场需求预测

【本章小结】

1. 市场营销环境是指对企业的市场营销活动及其目标实现产生影响和冲击的各种角色和力量，包括宏观营销环境和微观营销环境。

2. 宏观环境主要包括人口环境、经济环境、政治法律环境、自然资源环境、技术环境和社会文化环境。

3. 微观营销环境包括企业、供应商、营销中介、顾客、竞争者与公众等要素。

4. 机会—威胁矩阵常用来分析和评价市场营销环境。市场机会矩阵是按机会的成功概率以及机会的吸引力进行分类的方法。环境威胁矩阵是按出现威胁的概率以及潜在的严重性进行分类的方法。面对市场机会，企业有两种战略选择：扩张和进入；面对环境威胁，企业有三种战略选择：减轻、转移和反抗。

5. 营销环境带给企业的机会和威胁是并存的，企业可以运用机会—威胁矩阵来进行综合分析和评价，综合分析后，可能会出现四种不同的结果：理想业务、风险业务、成熟业务和困难业务。

6. 营销人员可以按照以下五个步骤展开市场营销调研：确定问题和调研目标、制订调研计划、收集信息、分析信息、提出调研结论。

7. 制订调研计划是确保市场调研事半功倍、有序开展的重要一步。调研计划包括确定调查对象、调查方法、资料收集的方法、研究工具、抽样方式以及确定费用预算和组织安排等事宜。

8. 定性研究法和定量研究法是市场营销调研中两种常用的方法。定性研究的主要方法包括焦点小组法、深度访谈法、观察法以及各种投射技术。定量研究的主要方法包括调查法、固定样本小组、客观销售数据和实验法。

9. 市场需求预测的主要方法有购买者意向调查法、头脑风暴法、德尔菲法、试销法和定量预测方法。

【本章思考题】

1. 什么是市场环境？简述其构成。

2. 企业营销与营销环境的关系如何？

3. 如何分析与评价企业所处的营销环境？

4. 营销调研对营销管理有何作用？

5. 市场营销调研有哪些程序以及有哪些具体方法？

6. 市场需求预测的方法主要有哪些？

7. 制订一份市场营销环境调研计划，针对你所在地区的某一行业的营销环境进行调查。将大家的调研计划放在小组内进行讨论，发现其中的问题。

【本章案例作业】

餐饮老字号柳泉居：新冠疫情下砥砺前行

2020 年的春节较早，一过元旦，人们就开始置办年货、订年夜饭了。平日里按部就班还能维持经营的餐饮老字号们，盼来了业绩冲刺的机会。不少饭店的订餐从除夕排到了元宵。就在老字号们摩拳擦掌，准备大干一场的时候，疫情出现了……几乎一夜之间，餐饮业进入黑暗的时期。此次疫情，对主要依赖线下堂食开展运营的餐饮行业冲击最大。非常时期，北京老字号柳泉居的正餐堂食基本停业。

柳泉居饭庄创建于明隆庆年间（约 1567 年），至今约有 454 年的历史，在数百年的经营和不断完善自我中，柳泉居制作精美、口感佳、营养价值高的菜品，得到就餐顾客的高度评价，在京菜中占据了一席之地。在新冠疫情的冲击下，柳泉居开始了自救之路。

首先，柳泉居从思想上进行转变，不再只是“吃老本”，而是“穿新鞋，走新路”。柳泉居的管理者们探讨在不降低菜品品质和品牌形象的前提下，通过特殊定价方式降低其门槛，让柳泉居成为消费者的“家庭厨房”。其次，应对危机，柳泉居从改造外卖窗口、恢复早餐到入驻外卖平台、进行全员直播、入驻商超，开展了一系列营销活动。

（一）改造外卖窗口

柳泉居走下“神坛”，安装了一个“小喇叭”，循环播放菜品和促销信息，并在外卖窗口的显眼处张贴了新增菜品的宣传海报，吸引来往的顾客。柳泉居外卖窗口的菜品一斤大多在 20—40 元。市民 A 大姐是柳泉居的常客，“一斤溜肝尖才 38 元，以前饭店里一盘得 68 元，份量大概也就 6 两”。听说柳泉居的菜品可以称斤卖，她路过就带点儿回家。顾客们纷至沓来，被柳泉居物美价廉的菜品所吸引。

（二）恢复早餐供应

复工复产初期，好多上班族反映单位附近吃早点不太方便，柳泉居自我加压，恢复了中断 15 年的早餐经营，主要品种有馄饨、豆腐脑、猪肉大葱包子、老北京炒肝、烧饼夹肉等。

（三）外卖业务促销量

柳泉居在窗口外卖基础上，入驻“饿了么”平台，拓展营销渠道。网上外卖上线后，销售收入递增。柳泉居还为点外卖的消费者提供安心就餐卡，上面记着烹制人员、打包人员、配送人员的姓名和体温等信息。随着光盘行动的开展，柳泉居推行小份菜，将节约用餐延伸至外卖菜单，以实际行动拒绝浪费。

（四）迈出“全员直播”第一步

5 月 22 日，柳泉居和腾讯合作开展以“企鹅线上购物节，我为祖国吃喝玩乐”为主题，“去去且寻谋一醉，称西道有柳泉居”为宣传口号的“吃播”大赏活动。直播中不仅有吃播秀和菜品讲解，还有大厨展示手艺。消费者还可以参与福利活动，如免费品尝、霸王餐券、满 100 减 50 的优惠券等促销活动。毕竟柳泉居的大多数菜品更适合去店内品尝，此次直播的主要目的是将一批线上观众吸引到店里就餐，去品尝“梨子的味道”。直播还把线下的消费场景搬到线上，将菜品呈现到消费者面前，激发观众到线下就餐的欲望。

（五）跨界合作，联手商超

餐饮老字号都在积极探索新的营销模式，餐饮老字号与商超的跨界合作已逐渐成为趋势。目前，柳泉居只有豆沙包入驻了超市发。柳泉居正在思索下一步是入驻超市开设新设档口现做现售，还是实施“餐饮 + 食品”策略，将真空包装后的成品、半成品置于商超和零售店铺中。

柳泉居面对新冠疫情的冲击，适应社会和市场大环境的变化，紧跟时代，果断进行转型升级，在市场威胁中砥砺前行，继续传承属于它老字号的荣耀。

资料来源：张景云，程瑜．餐饮老字号柳泉居：新冠疫情下砥砺前行［N］．中国管理案例共享中心（cmcc - dlut. cn），2021（3）.

讨论题：

1. 在企业面对的外部环境中，新冠疫情属于哪种？新冠疫情又是如何影响其他营销环境要素，进而影响餐饮企业经营的？

2. 柳泉居如何通过直播将顾客引流至线下门店？

3. 结合柳泉居在疫情期间的自救措施，讨论市场营销组合中的各要素是如何相互配合发挥协同作用的。

【本章参考文献】

[1] 王永贵，项典典．数字营销——新时代市场营销学［M］．北京：高等教育出版社，2023.

[2] 杨洪涛．市场营销　网络时代的超越竞争［M］．北京：机械工业出版社，2019.

[3] 郭国庆．市场营销学通论［M］．北京：中国人民大学出版社，2020.

[4] 张娟．市场营销学［M］．北京：机械工业出版社，2022.

[5] 苏朝晖．市场学　市场经营战略与策略［M］．北京：机械工业出版社，2021.

[6] 黄浩，钟大辉．市场营销学［M］．成都：西南财经大学出版社，2009.

第四章　消费者及组织市场分析

开篇案例

贰麻酒馆：理解年轻人的消费需求

作为成都夜生活代表名片之一，贰麻酒馆凭借其独创的中式斗酒和正宗的川味下酒菜，一直深受消费者的喜爱。2021 年 8 月 20 日，贰麻酒馆太古里店正式开业，这也是继合江亭店、339 小森林店、鹭洲里店、万科天荟店之后，成都第五家直营店。在全国范围内，贰麻酒馆的加盟门店已接近 200 家，致力于让全国消费者都能感受到地道的成都夜生活。这次太古里店的开业可谓迭代升级，新店迷幻风情与中式场景叠加，解锁了太古里全新街拍胜地。

贰麻在四川话里是微醺的意思。而斗酒在川渝更是一种自在的比酒方式，不必喝醉，意在及时行乐，贰麻贰麻这晕乎乎的酥麻感，不由得让人升起几分欢愉。贰麻酒馆一直以来也向大家传递着微醺不醉酒，尽情享乐生活的品牌观念。

网友对本次开业活动连连赞赏，好评如潮："没想到可以在贰麻看王以太的现场！""贰麻太古里店潮出新高度""喝得贰麻贰麻不得影响我在太古里逛街""白天 IFS 上班，晚上街对面喝酒的都市丽人就是我"……也许是苦于贰麻排队盛况已久，太古里新店开业，为喜爱贰麻的时尚弄潮儿们提供了新的选择，也带来了全新的感官体验。

作为成都夜生活的风向标，年轻人的潮流聚集地，贰麻品牌一直积极与年轻时尚的品牌跨界合作。无论是联手深受年轻人喜爱的百年品牌可口可乐做快闪，还是跟新国潮雪糕品牌钟薛高玩融合，甚至是为草莓音乐节提供灵感燃料以及本次拥抱潮流嘻哈文化，携手新锐 Rapper 王以太共创主题曲，无不显示着贰麻酒馆与年轻血液的超高适配度，这也是贰麻酒馆一直以来深受年轻人喜爱和追捧的原因之一。

真正受欢迎的品牌不仅需要不断迎合年轻人的口味和喜好，更需要理解他们，和他们玩在一起。消费者行为是与产品或服务的交换密切联系在一起的。贰麻酒馆重视目标消费群体的真正需求，抓住中国消费升级契机，推动消费增长，从而赢得了市场。

资料来源：http：//www. ermapub. com/portal/article/index/id/55. html.

市场由许多具有不同消费需求和偏好的消费者群体所构成。随着市场经济不断发展，市场营销的重心渐渐从产品转移到消费者身上，现代市场营销强调先研究顾客需求，再进行产品开发，将实现顾客期望作为目标。按购买目的和身份的不同，市场可分为消费者市场、组织市场等。组织市场是企业面对的重要市场，而消费者市场作为整个经济活动和所有市场都为之服务的最终市场，是市场体系的基础，对企业营销活动起着决定性的作用。消费者市场也经历了“短缺型—温饱型—舒适型—富裕型—数字型”的转变。组织市场是法人市场，消费者市场是个人市场，这两者相互对应，都是现代营销学研究的重要内容。

第一节 消费者市场特征

一、消费者市场的涵义

消费者市场又称最终消费者市场、最终产品市场或生活资料市场，是指个人或家庭为满足生活所需购买商品和服务而构成的市场。消费者市场是市场体系的基础，对企业的营销活动起着决定性的作用。因此对消费者市场的研究是对整体市场研究的基础和核心。

产品价格、消费者收入以及偏好共同决定了产品的消费量。庞大的消费者群体在收入、品味、价格敏感度以及受教育水平等方面有很大的差异，所购买的商品和服务也各不相同，这也就使消费者市场具有多元性和随机性。研究消费者市场旨在把握消费者真实潜在的需求，制定适合消费者群体的营销策略，取得营销活动的成功。

【案例 4 -1】

一汽大众如何脱颖而出

随着 SUV 市场的竞争白热化，消费者的需求也越来越多样，越来越精细，如何挑选最适合自己的 SUV 一直是让消费者头疼的事。在汽车市场受到疫情冲击的几年，一汽大众仍然处在优势地位，2022 年全年销售的 182.3 万辆汽车中，大众品牌就超过 104.1 万辆，其中 SUV 超过了 25.2 万辆，表现优异。这恰恰是因为它不仅在产品力上保持领先，而且车型也十分齐全，满足了消费者全面的需求。

以揽巡和探岳为例。大五座中大型 SUV——揽巡开年即发力，全新探岳乘胜追击，完美揽镜让消费者体验精致生活。在产品竞争力上其有着超越同级车型的硬实力，在内饰上也注重呈现出科技之美和轻奢感觉，揽巡的悬幕连屏设计、星光熠彩透光饰板、高亮黑中控功能舱、大面积软包和浅金色镀铬装饰以及车内 30 色氛围灯等，探岳的吸睛外观设计以及中控部直接采用的 10.25 英寸全液晶仪表和 12 英寸悬浮式中控屏幕、透光饰板、环抱式软质包、可自由切换的 30 色氛围灯、10 扬声器和低音炮的哈曼卡顿音响，揽镜尤为突出的智能化配置等，都是基于消费者偏好，为了能够更好地吸引年轻消费者的关注。在性能方面，依靠一汽大众先进的智能化平台，揽巡搭载的 2.0T 发动机动力强劲，输出平顺，再加上智能四驱系统和精心调校的底盘，行驶性能优异，具有典型的大众高端车的行驶质感，这方面也深得消费者信任。

一汽大众具有完善的产品系列，尤其是SUV产品序列能够满足消费者全面的要求。从小型到紧凑型，从中型到中大型五座以及大型七座等所有SUV细分市场，一汽大众已经实现了全覆盖，全面的产品阵列也满足了消费者的精细化需求，助力一汽大众2023年产品销量的持续增长，同时也为顾客带来更多元化、个性化的驾乘新体验。

资料来源：https：//m. toutiao. com/article/7201014586647462456/？ upstream_biz = toutiao_pc.

二、消费者需求的特点

由于消费者群体的差异性以及人的思维的灵活性，消费者需求时时都处在变化之中。下面详细分析消费者需求的特点。

（一）多样性和差异性

消费者需求的产生取决于消费者的主观偏好与客观物质条件两方面的因素。俗话说“千人千面”，也就是说每位消费者在各方面都存在着主客观条件的差别。消费者消费需求不仅受自身特点影响，还容易受到各种外界因素的影响，自然消费者的消费需求也就千差万别。不同消费者面对同一产品、同一服务时所表现的个人期望不同，消费者需求自然也会不同，即使是同一消费者，在不同的使用场景下，对于产品或服务的个人偏好也会发生细微偏差，消费选择也会呈现一定差异性。而正是这些差异性才造就了市场上多种多样的消费者需求，造就了消费者需求的多样性。

（二）变化性和发展性

消费者需求随着经济文化的发展，呈现从低级到高级、从简单到复杂的不断发展变化的过程。根据马斯洛需求层次理论，当人们生存和安全得到基本保障以后，人们对于产品和服务的要求也有了质的飞跃。对于消费者来说，除去生理满足，情感满足所带来的愉悦也至关重要。因此消费者需求具有一定的变化性和发展性，且永远处于不断提高和变化之中。如一个馒头在以前只是用作果腹，现在不仅要有松软的口感，还要有漂亮可爱的外形，难看的外形极有可能影响观感和口感。

（三）时代性和周期性

消费者需求往往契合时代的背景，在一定时期一定社会条件下，消费者由于受到当时社会因素及环境的影响，往往会对某一种或某些商品表现出普遍的爱好，具有那个时代的特征，通常称之为“潮流”。同时对“需要”的历史考察表明，人们对许多消费品的需要，都具有周期性重复出现的特点，所不同的只是周期的长短。某些消费需要在获得满足后，于一定时期内不再产生，但随着时间的推移还会重新出现。如曾风靡一时的港风复古潮流穿搭，喇叭裤阔腿裤套装仍旧引领时尚。潮流是一个不断轮回的怪圈。

（四）互补性和互替性

互补性即不同商品互相补充共同满足同一种需求，互替性即不同商品之间在某些方面具有相同或相似的使用价值。随着市场丰富发展，市场越来越细分，新产品层出不穷。有些商品具有联系性，消费者对于相关商品的需求则缺一不可。如出售皮鞋时，可能附带购买鞋油、鞋刷等。有些商品有替代性，功能相似或相同，消费者就不会重复购买。如食品中的鸡、鸭、肉、蛋、鱼等，其中某一类购买多了，其他类就会减少。

（五）可诱导性和伸缩性

消费者产生购买欲望容易受诸多外在因素的影响。大多数人的需求是潜在的，可以通过良好的营销策略引导消费者发现需求，诱使消费者需求按照预期的目标发生变化和转移。如通过网络带货直播的方式，一些出色的带货主播创造了一个又一个商品交易传奇。在直播间热烈的氛围下，消费者原本没有准备在近期购买的商品，在氛围和令人心动的价格影响下，就会产生强烈的购买冲动。

消费需求的伸缩性又称需求弹性，是指消费者对某种商品的需要，会因付款能力、产品供应等因素而发生一定限度的变化，使消费需要有限地得到满足，表现在需求数量和程度上可多可少，可强可弱。

三、消费者的“刺激—反应”模式

刺激—反应是最基本的消费者行为模式，它指的是任何消费者的购买决策都是在一定的内在因素的促动和外在因素的刺激之下作出的反应。人类复杂行为可以分解为刺激和反应两部分。人的行为是受到刺激的反应，而反应总是随着刺激呈现的。

按照这一原理，从营销者角度出发，企业的许多市场营销活动都可以视作对消费者行为的刺激。如图 4－1 所示，这些刺激被称为“市场营销刺激”。此外，消费者还会受到来自其他方面的外部刺激，包括消费者所处环境中的重要力量和事件，比如经济、技术、政治和文化等方面。消费者在各种因素的刺激下产生动机，在动机的驱使下作出购买产品的决策，实施购买行为后，还会对购买的商品及其相关渠道和厂家作出评价，这样就完成了一次完整的购买决策过程。市场营销刺激以及其他外部刺激都是可见的，但消费者特征及其决策过程是不可知的。在营销学中称之为“消费者黑箱”，即在消费者作出购买行为之前，商家无法了解消费者的购买行为与购买意愿，它对于企业来说是看不见摸不着的东西。它是介于刺激和最终行为反应之间的个人内部的过程和结构，该过程和结构由感知和思考活动构成。当刺激进入消费者黑箱后，经过一系列心理活动，会产生人们可见的购买者反应：买什么、什么时候买、哪里去买等，这就是消费者行为的刺激—反应模型。

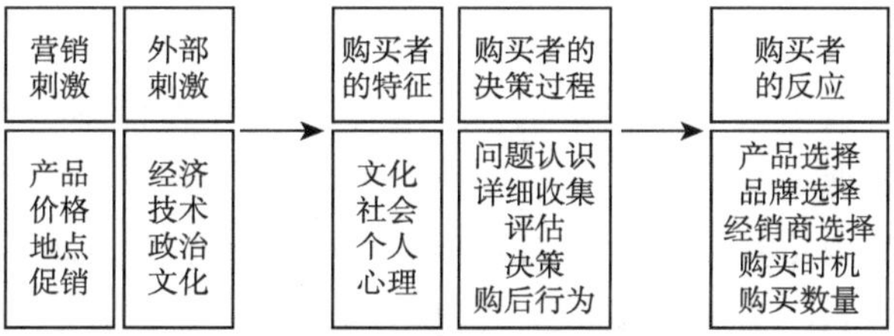

图 4－1　刺激—反应模型

消费者行为分析就是要对这一“黑箱”进行分析，设法了解消费者的特征、购买决策过程以及影响决策过程的各种因素，所以对消费者购买行为的研究主要包括两个部分：一是对影响消费者购买行为的各种因素的分析；二是对消费者购买决策过程的研究。

第二节　消费者购买行为分析

一、消费者购买动机

动机被视为是一种个人内在的驱动力，这种驱动力促使个人采取行动，主要来自因需要未得到满足而产生的紧张感，是引起行为发生、造成行为结果的原因。消费者购买动机指的是由需要引起并推动人们实施购买行为的驱动力。对于消费活动来讲，只有那些强烈的、占主导地位的消费需要才能引发消费者购买动机，促成现实的购买行为。

消费者购买动机由于购买需求的不同，按其购买目的可分为以下十类：

（一）求实动机

消费者在购买商品或劳务时，特别重视商品的实际效用和功能质量，讲求经济实惠，而对商品外观造型、包装等不太重视。在购买时大多仔细挑选，有着极强的价格敏感性，受到广告宣传影响较小。在购买基本生活资料时求实动机较为明显，如每天要吃的大米，消费者愿意选择质量更好的大米，而对大米的包装宣传等不甚关注。

（二）求新动机

消费者以追求商务或服务的时尚、新颖、奇特为主导倾向的购买动机。求新动机多出现在青年群体中，消费者更注重商品的独特性和新颖性，产品质量和价格变成次要考虑因素。如999感冒灵跨界卖秋裤，意想不到的结合给顾客带来无限惊喜。日常生活中，出新品感知最强烈的行业就是手机行业，iPhone4、iPhone5一直到现在的iPhone15，苹果公司周期性地出新品，其实就是在唤醒消费者复购，每一两年换一次手机，因此，iPhone花了数年时间在潜移默化中改变了消费者的认知。

（三）求美动机

求美动机是消费者以追求商品艺术价值、看重商品外在造型为主要倾向的购买动机。在求美动机驱使下，消费者选购商品时最注重颜色搭配、造型、包装等因素，如饮料行业给产品换上精心设计的周年礼盒。在美国有一个奇葩的袜子品牌叫Little Miss Matched，它不成对卖袜子，而是一只一只卖，或是奇数包装地卖，三只或者七只一套。目的就是让年轻人打破条条框框，自己定义自己的时尚，而且还成了亚文化创新的典型案例，形成了一大帮袜子搭配师。如果凑齐一整套134只袜子，就能产生8911种搭配。

（四）求名动机

求名动机是消费者追求名牌、高档商品，借以显示或提高自己的身份、地位而形成的购买动机。顾客购买时几乎不考虑商品的价格和实际使用价值，只是通过购买、使用名牌来得到一种心理上的满足。具有这种购买动机的顾客一般都具有相当的经济实力和一定的社会地位。此外，表现欲和炫耀心理较强的人，即使经济条件一般，也可能具有此种购买动机。在购买大众熟知品牌产品时最为明显。

（五）求廉动机

求廉动机是消费者以追求商品和服务价格实惠低廉为主导倾向的购买动机。消费者在购买一种商品时，对其价格特别重视，希望购买到既实用又价廉的商品，购买商品过程中喜欢对各类商品或同类商品的价格进行反复比较，然后决定自己的购买行为。一个人求廉动机的大小不仅由其收入多寡决定，个人偏好、生活方式、所处环境和从事的职业等也影响一个人求廉动机的大小。

（六）求便动机

求便动机是指消费者以追求商品的购买和使用过程中的省时、便利为主要目的的购买动机。他们希望能够快速、方便地买到中意、合适的商品，讨厌烦琐的购货方式、过长的等候时间和过低的销售效率，对购买的商品要求使用方便，便于携带与维修。这类动机出现也与生活节奏加快有着一定联系。

（七）求储动机

消费者看重商品的保值储藏价值，喜好储藏等待升值的购买动机。这类消费者往往具有很强的社会经济实力，如黄金收藏等。

（八）从众动机

从众动机又称模仿性动机，是消费者在购买商品时自觉不自觉地模仿他人的购买行为而形成的购买动机。这是一种以求得大众认可的购买动机，消费者在购买商品时以大众化为主，跟上潮流即可，人有我有，不求创新，也不要落后。大部分消费者都会受到从众动机的影响。比如，有一家做拉面的叫雷门拉面，只要你一坐到店里，就会看到桌角有一个数字版的排名：店年度统计畅销菜品 Top 榜，前三名分别是原汤拉面销售 80 多万份，西沙沙拉销售 78 万多份，叉烧拉面销售 68 万多份等，消费者通常会选择消费前几名的商品。

（九）攀比动机

消费者刻意将自身所拥有的商品或服务与他人相比较，并寻求优胜感的购买动机。此类消费者不顾自身具体情况和条件，盲目与高标准相比较，不可否认的是，对于消费者而言，此类动机普遍存在，只是影响力有强弱之分。需要注意攀比动机本身不具备太大的正误之分，攀比的对象以及影响力强弱才决定了攀比动机的性质。如作为学生，在学校不仅会“攀比”成绩，有时也会攀比名牌服装和高档手机等，这也是学校统一校服十分重要的原因。

（十）嗜好动机

消费者由于兴趣爱好、生活习惯或职业等原因，成为某类商品的经常性购买者，该类购买行为具有集中性、稳定性和经常性。如社会学家热拉尔梅尔梅在其《从统计上看欧洲人》一书中曾说到，比利时人最爱猫；平均每四家有一只猫；爱尔兰人则是最大的狗迷，40% 的家庭都有；德国人是做香肠的冠军，他们有 1456 种香肠；而法国人喝葡萄酒则是无人可比的，人均每年消费 75 升。

【案例 4－2】

从手机功能关注度洞察用户需求

消费者对于手机功能的关注度，能够直接反映他们对于智能手机不同功能的需求程度，通过对手机功能关注度的观察，可以为厂商提供后续着重发力点的参考方向。

根据调查数据来看，用户对于手机功能关注度排在前三的分别是影像体验、处理器以及续航性能。在影像体验方面，用户更为关注镜头焦段和传感器尺寸。目前在中端市场，搭载长焦镜头的产品并不多，所以对于想要在中端市场打造爆款产品的品牌，推出一款全焦段的中端影像旗舰手机，会是一个不错的选择。与摄影圈流传的“底大一级压死人”一样，在手机的影像传感器上，尺寸越大所带来的影像体验相对也越好。当然这也不是绝对的，一些明星级传感器在丰富的调校经验下，也能够带来相当出色的影像体验。在处理器的选择上，目前的手机市场基本只剩下高通和联发科两家平分天下了。用户关注度位列前三的分别是骁龙 8 +、第二代骁龙 8、天玑 8100。自从高通的骁龙处理器换上了台积电的 4nm 制程工艺后，在能效比上更上一层楼，能够受到用户关注也是意料之中。天玑 8100 能够进入前三，很大程度上源于其在中端市场的普及率以及出色能效比带来的好口碑。

在续航性能上，用户更关注续航与快充的平衡。当快充功率突破百瓦后，用户对于充电速度的感知实际上并不明显。从数据上看，除了 44% 的用户更关注续航与快充的平衡外，其他用户对于快充功率和续航表现的关注度基本持平。因此，在续航性能的下一赛道，更大的电池容量如何与快充功率均衡很可能是新的方向。

值得注意的是，相较 2021 年的数据，2022 年用户在内存/存储的选择、AI 体验、游戏体验上的关注度有所下降，可见当下市场的主流产品在这些方面的表现都还不错，逐渐让用户淡化了这些方面的差异化感知。

资料来源：https：//mp. weixin. qq. com/s/zPsE79pJanw - Thv4OyE_qQ.

二、消费者购买行为模式

消费者购买行为模式是指消费者围绕购买生活资料所发生的一切与消费相关的个人行为方式。消费者购买涉及每一个人和家庭，购买者多而散，也就导致其行为千变万化。

（一）消费者购买行为特点

1. 非营利性。消费者购买和使用产品的目的是满足自身或家庭的生活所需，并不是为了营利，产品一旦被购买，就意味着退出社会再生产的过程，产品价值在产品购买交易完成后就已经得到了实现，因此也被称为最终性的购买。

2. 非专家性。绝大多数消费者购买缺乏相应的专业知识、价格知识和市场知识，尤其是对某些技术性较强、操作比较复杂的商品，更显得知识缺乏。通常情况下，消费者难以以客观标准去衡量产品，因此具备较明显的非专业性。

3. 随机性。消费者购买是以个人和家庭为购买和消费单位的，由于受到消费人数、需求量、购买力、储藏地点、商品保质期等诸多因素的影响，消费者为了保证自身的消费需要，往往购买批量小、批次多，购买频繁。即使是再次购买同一产品，其购买的品牌、地点和方式也可能会发生变化。

4. 冲动性。在多数情况下，消费者购买时往往受感情的影响较大。因此，消费者很容易受广告宣传、商品包装、装潢以及其他促销方式的影响。而且随着社会经济的发展，消费者消费习惯、消费观念、消费心理不断发生变化，从而导致消费者购买差异性大，极易产生购买冲动。

（二）消费者购买行为基本类型

1. 复杂的购买行为。如果消费者属于高度参与，并且了解现有各品牌、品种和规格之间具有的显著差异，则会产生复杂的购买行为。复杂的购买行为指消费者购买决策过程完整，要经历大量的信息收集、全面的产品评估、慎重的购买决策和认真的购后评价等各个阶段。对于复杂的购买行为，营销者应制定策略帮助购买者掌握产品知识，运用各种途径宣传本品牌的优点，影响最终购买决定，简化购买决策过程。

2. 减少失调感的购买行为。消费者并不广泛收集产品信息，并不精心挑选品牌，购买决策过程迅速而简单，但是在购买以后会认为自己所买产品具有某些缺陷或其他同类产品有更多的优点，进而产生失调感，怀疑原先购买决策的正确性。对于这类购买行为，营销者要提供完善的售后服务，通过各种途径经常提供有利于本企业的产品的信息，使顾客相信自己的购买决定是正确的。

3. 寻求多样化的购买行为。消费者购买产品有很大的随意性，并不深入收集信息和评估比较就决定购买某一品牌，在消费时才加以评估，但是在下次购买时又转换其他品牌。转换的原因是厌倦原口味或想试试新口味，是寻求产品的多样性而不一定有不满意之处。

对于寻求多样性的购买行为，市场领导者和挑战者的营销策略是不同的。市场领导者力图通过占有货架、避免脱销和提醒购买的广告来鼓励消费者形成习惯性购买行为。而挑战者则以较低的价格、折扣、赠券、赠送样品和强调试用新品牌的广告来鼓励消费者改变原习惯性购买行为。

4. 习惯性的购买行为。消费者并未深入收集信息和评估品牌，只是习惯于购买自己熟悉的品牌，在购买后可能评价也可能不评价产品。如卤味用锁鲜的气调包装比称重散装干净许多，是进步的换代包装形态，但消费者仍然选择购买称重散装，习惯一旦在消费者行为选择中产生，那么最好不要试图去改变。

对于习惯性的购买行为可以利用价格与销售促进吸引消费者试用；开展大量重复性广告，加深消费者印象；增加购买参与程度和品牌差异。

【案例 4 –3】

稻香村如何拿捏中国人的心

苏州稻香村于1773年（清乾隆三十八年）创立于苏州，以中式糕点、青盐蜜饯、糖果炒货为主要经营产品，至今已经持续经营了近两个半世纪。它是中国糕点行业现存历史最悠久的企业之一，也是经国家认证的“中华老字号”。

（一）关系消费

中国人的社会中，由于历史文化等原因，关系消费、公关消费都是消费领域中不可忽略的。赠礼行为，在中国送礼的行为规范中特别值得注意的是，礼品反映并表达送礼者对受礼者的地位尊重程度，而不反映送礼者的经济能力，往往超能力送礼。北京稻香村食品有限公司前身位于前门外观音寺的“稻香村南货店”，南店北开，前店后厂，是十分具有特色的百年老店。作为首家生产经营南味食品的老店，北京稻香村受到社会各界人士的欢迎及喜爱。据《鲁迅日记》记载，鲁迅先生在京居住期间便经常前往购物。其生产的中国传统食品包括糕点、速冻食品、粽子、月饼等在内的600多个品种。自成立以来，北京稻香村荣获中国名牌、中华老字号、北京市著名商标等多项荣誉。每当过年过节或是商务送礼，许多人都会选择拥有中华老字号之称的稻香村食品来表达对他人的尊敬。

（二）面子消费

林语堂曾说，“面子”是统治中国人的三位女神中最有力量的一个，认为它是“中国人社会交往中最细腻的标准”。而稻香村则把中国人的面子消费心理运用到它的包装上。例如，端午节快要到了，粽子又成为了大家走亲访友的佳品了，而稻香村针对消费者的送礼需求，特意打造了各式稻香村的粽子礼盒，创意无限，让送礼者倍儿有面子。如果觉得带礼盒的走访太过贵重了，那么可以选择稻香村粽子礼盒中的粽子礼袋。粽子礼包的外观更加小巧玲珑，并且更富有现代感和时尚感，特别适合年轻人之间相互走访赠送，而且价格也会更便宜。

资料来源：根据网络资料改编。

（三）“5W1H”研究法

1932 年，美国政治学家拉斯维尔提出“5W 分析法”，后经过人们的不断运用和总结，逐步形成了一套成熟的“5W1H”模式，在企业管理、日常工作生活和学习中得到广泛的应用。

“5W1H”在市场分析中主要指市场需要什么、消费者为何购买、谁参与消费者的购买、消费者如何购买、消费者何时购买和消费者何地购买 6 个方面，如表 4－1 所示。

表 4－1　“5W1H”模式

	涵义	详细解释
What	市场需要什么	有关产品是什么，通过分析消费者希望购买的产品和为什么需要这种产品，从而去研究企业应如何提供适销对路的产品去满足消费者的需求
Why	消费者为何购买	购买目的是什么，通过购买动机的形成，了解消费者的购买目的，投其所好采取相应的市场策略
Who	谁参与消费者的购买	购买组织是什么，分析购买者是个人还是公司，购买的产品供谁使用，根据分析结果，组合相应的产品、渠道、定价和促销等
How	消费者如何购买	购买组织的行为是什么，分析购买者对购买方式的不同要求，有针对性地提供不同的营销服务。在消费者市场分析不同类型的消费者特点，如经济型购买者对性能和廉价的追求，冲动型购买者对情绪和外观的喜好等追求
When	消费者何时购买	购买时机是什么，分析消费者对特定产品的购买时间的要求，把握时机，适时推出产品，如分析自然季节和传统节假日对市场购买的影响程度
Where	消费者何地购买	购买场合是什么，分析购买者对不同产品的购买地点的要求，如日用消耗品，顾客一般要求就近购买，而对于特殊品，往往会要求直接到企业或专业商店购买等

第三节 消费者购买行为主要影响因素

消费者购买行为受到诸多方面的影响，本节主要从外部因素和内部因素两方面详细展开。

一、外部因素

（一）文化因素

文化是影响人的欲望和行为最基础的决定因素。它不仅影响人们的偏好，还会影响人们的决策方式。文化就是特定的生活方式，每个人都在一定的社会文化环境中成长，通过家庭和其他主要机构的教育社会化过程学到和形成基本的文化观念。这里需要注意的是企业在专注现代文化的同时，也不要忘记回顾传统文化，传统文化依旧璀璨，应取其精华去其糟粕，以发掘潜在产品需求。

除主文化之外，还有许多亚文化分支，亚文化是主文化的一部分，尽管其成员具有共同、独特的价值观和行为模式，但实际上其行为信念都打上了主文化的烙印，也可以将亚文化理解为因相同的生活经历和背景而具有共同价值体系的人群。如筷子在中国家庭几乎人手一双，但是在英国购买的人却寥寥无几，这是餐饮文化对我们的影响。中国人买车的时候可能更喜欢宽大的 SUV 或者豪华的商务轿车，而英国人则多选择小巧的代步车。同时中国广袤地域以及多民族的特性，形成了多种亚文化，因此也形成了许多不一样的重要的细分市场，营销者需要根据该细分市场的需求，制订营销计划。

【案例 4 -4】

鸿星尔克——传统文化创新，演绎“中国鸿”

作为“国货之光”的鸿星尔克，品牌大、质量好，但设计却差强人意。还一度被贴上“土”“Low”的标签。难怪要“逼”得网友当众喊话“招设计”！甚至有网友直接在网上发布“设计建议”。于是，老板吴荣照连夜换了设计师，自此，鸿星尔克也开启了品牌升级之路。

2022 年，一场时装大秀，让网友们看到“国货明星”鸿星尔克，除了运动鞋服外的另一高度。简直不要太潮！不到一年的时间，这个老国货直接焕发第二春，原地起飞。“鸿星破晓”“鸿雁传书”“惊鸿而出”“鸿耀中国”，四大篇章表达了鸿星尔克对中国传统文化的挖掘、传承和创新。通过设计与科技双重“加码”，传递文化自信，演绎“中国鸿”。这次，鸿星尔克真的是红遍全国，红到了海内外。就连时装周和经济周刊都忍不住站出来点赞：这次主题大秀，是中国国际时装周上最亮眼的一抹“红”。

网友们惊叹之余，纷纷戏称：“换了设计师的鸿星尔克，格局终于打开了！”“鸿星尔克，终于变成了我买不起的样子！”“这样的中国红，谁能不爱呢！”众多赞誉背后，是鸿星尔克破茧成蝶的蜕变与新生，是鸿星尔克彰显出“To be No. 1”的决心。2023 年，打通时尚任督二脉的鸿星尔克，更是直接凭借材质工艺的创新，一举斩获中国品牌日两项大奖。

资料来源：资料来源：https：//mp. weixin. qq. com/s/yFBTbcyr5aUyC3nyIPNv8w.

（二）价值观因素

文化价值观是社会普遍倡导的理念。企业要想取得成功，企业营销组合的各个方面就应与目标市场的价值观保持一致，需要契合目标顾客的理念。最常用到的有绿色营销、公益营销和基于性别的营销。近来研究越来越关注这样一个现象：人们之所以买一种产品，并不仅是因为产品本身价值有多高，更重要的是产品背后的文化符号价值。也就是说，产品所代表的文化符号影响着消费者的消费行为。产品所代表的文化符号与消费者的文化价值观越吻合，消费者对一个产品的评判就会越高，购买意愿也就越大。如人们对钻戒的消费。钻戒成为当代恋人最喜欢的一种消费品，并不仅是因为钻戒比其他戒指漂亮美观，更重要的是基于钻石独一无二的自然属性（光泽、硬度、稀缺）和文化属性（专一、忠贞的爱情），折射出一种特别的可以代表爱情的文化。当代恋人关于爱情的文化价值观正好在钻戒的文化符号中充分体现出来，这才导致了他们对钻戒的偏爱。消费者行为不仅限于对物的消费这一经济行为，更转化为有关于物品的感性和意象即其所折射出的特有的且有意义的消费这一经济行为。

【案例4-5】

HOG成员的集合——共同的价值观

综观所有哈雷—戴维森摩托车的消费者，我们可以发现一个很有趣的现象，这些消费者虽然来自不同的地方、说着不同的语言，但他们的行为却有许多相同之处，如共同的活动（摩托车聚会）、衣着（牛仔裤、黑皮靴、T恤和黑皮夹克）和身份（Harley Owners Group，HOG成员），因而形成较独特的文化群体，拥有着比较一致的文化价值观。通过与哈雷摩托车拥有者深入接触，可以了解HOG成员的社会结构、文化价值和行为方式，并适应该团体的社会规范、衣着习惯和行为举止。在这个过程中可以发现，哈雷拥有者的座右铭是"生活在于骑车，骑车就是生活"，这句话深刻真实地反映了HOG成员的生活方式，HOG是哈雷摩托车爱好者的理想去处。在那里，他们可以从平淡庸俗的日常生活中暂时解脱出来，从而享受一种不断变化、刺激新鲜的生活。HOG成员非常重视精神方面的体验，真实地贴近大自然，感受摩托车带来的急速动感以及经历风险后的快乐。哈雷摩托车拥有者的核心文化价值观是个人自由。在他们眼里，哈雷这个双轮摩托车成了自由的象征，哈雷的标志中展开双翅翱翔的雄鹰，正好充分体现了这一点。哈雷摩托车的拥有者根据成员们不同的年龄、职业等细分为不同的群体，但是，他们必定拥有共同的文化价值观，这至关重要。

资料来源：根据网络资料整理。

（三）社会因素

消费行为会受到社会因素的影响，包括社会相关群体、社会阶层、家庭和社会角色地位等方面。

1. 相关群体。相关群体是指那些影响人们看法、意见、兴趣和观念的个人或集体。一般把相关群体分为两类：成员群体和非所属群体。成员群体是指消费者置身于其中的群体，包括主要群体和次要群体两类。非所属群体是指消费者置身事外，但对购买有影响作用的群体。群体成员间相互影响和学习，对消费者行为产生了潜移默化的影响。消费行为与群体的相关性越强越容易受到群体的影响。一般来说，消费者购买引人注目的产品如汽车、服装等受相关群体的影响较大，而购买使用时不太引人注意的产品如洗衣粉等则不受相关群体的影响。

2. 社会阶层。社会阶层是指按层次排列的、具有同质性和永久性的群体。任何人类社会都存在社会阶层，每一阶层的成员具有类似的价值观、兴趣爱好和行为方式。菲利普·科特勒认为，来自同一社会阶层的消费者行为要比来自不同社会阶层的更加相似。一个社会的阶层构成将对宏观消费产生影响，改变社会收入的分配状况，改变社会总的消费、储蓄倾向。值得注意的是，较高阶层的消费方式对较低阶层的消费方式具有较强的示范作用。

3. 家庭。家庭作为社会中最重要的消费购买组织，家庭成员对购买者的行为也有很大的影响。据研究，家庭通过影响购买习惯和购买活动两个方面，几乎控制 80% 的消费行为。家庭成员在各种商品和服务的采购中起着不同的作用，同时家庭决策具有个人感情色彩，会对家庭成员彼此之间的关系产生一定影响。家庭成员在家庭生命周期的不同阶段所做的家庭决策也不尽相同。现代家庭在国家的宏观政策、社会现行消费观念、生活方式的影响下，家庭消费结构和消费行为往往产生彼此间的相互影响，并且形成特有的家庭消费模式。

4. 社会角色地位。个体同时归属于家庭、组织等多个群体，个体在不同群体中所扮演的角色和地位也不相同，人们普遍会选择适合自己角色和地位的产品。营销人员必须意识到产品和品牌几乎会成为地位标志。

【案例 4－6】

当代年轻人消费行为大赏：又敢花，又能省！

2022 年，中国社会科学院社会学研究所课题组发布的《2022 国货市场发展报告：新媒体、新消费与新文化》研究报告指出，年轻人追求品质化、个性化和性价比，倾向于购买文化属性更强的产品，追捧本土文化和本土产品成为潮流，国货崛起的势头开始出现。据媒体报道，华为手机 Mate60 Pro 上线 10 秒“已经缺货”。通过对大学生的访谈发现，确有不少网络新生代的同龄人去抢购华为。对比国产品牌华为的热销，苹果 iPhone15 却在中国市场“遇冷”。如今，“国潮消费”已然成为当代网络新生代消费的热点。这一事实固然与产品性价比、与中国技术的快速进步有关，但更是一场包含青年在内的多社会主体参与的集体行动。这一集体面向的消费特点与国家话语、市场意识以及网络新生代接受社会化教育的学习过程息息相关。

网络新生代们不仅在必要的社会化学习中获得了公民消费者的角色，而且更喜欢追求生活中的刺激和个体兴趣，热衷于有主见地体验不同的消费场景。比如，他们爱消费也更愿意小众商品的“破圈”；他们讲究实用、性价比却又注重“颜值”。另有“悦己”的兴趣消费也成年轻人消费趋势。艾媒咨询调研数据显示，2022 年 64.9% 的新青年消费者出于“取悦自己”的原因购买兴趣消费产品。年轻消费者根据个人的偏好，选择能愉悦自身、让自己感觉愉快与放松的消费品。比起以往注重别人的认同，年轻消费者更在意自己是否能在所购之物中获得真实的舒适愉悦。“颜值为王”“悦己为主”之所以能构成网络新生代在消费上的兴趣圈层文化，本质在于网络新生代是能够用便捷的互联网技能去寻找或被激发个体兴趣而聚集起来的新一代青年。

如此，网络新生代为集体又为彰显个性进行的消费行为，其基础在于他们的两类学习过程的同步或重叠。当下网络新生代正是在成功地同时扮演“公民消费者”和“顾客消费者”角色的过程中，愉快践行了他们作为“学习型消费者”的消费行为。

资料来源：根据网络资料整理。

二、内部因素

（一）个人因素

个人因素是消费者购买决策过程中最直接的影响因素，它包括消费者的年龄与生命周期阶段、职业和经济状况、生活方式、个性和自我概念等方面。

1. 年龄与生命周期。年龄段不同的消费者，由于其心境以及身体方面的变化，其需要和欲望也会有所不同。即使相同，其需求量也会有着较大的差别，如小孩对玩具的需求比成年人更大，老年人市场则是保健品最大的市场之一。

【案例 4－7】

蜜雪冰城音乐节，与年轻人同频共振

近年来，音乐节已经成为广受年轻人青睐的一种生活新方式，今年的音乐节不乏有消费品牌的强势开麦。其中，在音乐界颇有成就，凭借一首“魔性、洗脑”神曲在一众茶饮品牌中杀出重围的蜜雪冰城，也主办了一场冰淇淋音乐节活动，不仅邀请了陈楚生、汪苏泷等一众明星引燃音乐节热情，而且以199元/天的“惊人”票价，赢得热度与口碑双丰收。

（一）低价门票嗨玩音乐节，掌握营销主动权

随着音乐节从小众爱好变为大众娱乐项目，其门票也在不断增长，“天价音乐节”成为网络中频频讨论的话题，平均单日票价已超500元。在这样的市场环境中，蜜雪冰城“冰淇淋音乐节”逆行营销，将“低价”策略以跨界延展的姿态继续渗透，票价仅售199元/天。此次冰淇淋音乐节没有常见的早鸟票、预售票和正式票之分，也没有划分VIP区和普通区。一时间，#蜜雪冰城冰淇淋音乐节#话题冲上微博热搜榜，不仅与品牌调性吻合，掌握音乐节营销的主动权，而且以高性价比为品牌带来巨大话题和流量，实现线上线下的全线曝光。

虽然主打低价，但冰淇淋音乐节的阵容并不敷衍单一，既有陈楚生、汪苏泷、许飞、Faye詹雯婷等实力派流行歌手，狠狠带来一波“回忆杀”；也有海龟先生、果味VC等近几年备受欢迎的乐队，贴合年轻消费者的喜好，并传递“年轻、时尚”的品牌形象。

（二）沉浸式植入拓宽消费场景，与年轻人同行

在价格与阵容之外，“蜜雪元素”也蕴藏在音乐节的各个细节中，展现出蜜雪冰城年轻、时尚和多元化的形象风范。

一方面，品牌IP“雪王”以多姿风采出现：八米高的雪王气模、蹦迪的雪王形象、演出中场“你爱我我爱你”的洗脑主题曲，都彰显着品牌的独特风格。而音乐节现场，雪王人偶场下蹦迪、上台打鼓的画面更是频频收获观众们的“可爱呼声”。另一方面，在产品植入上，不仅推出多个新品口味，满足消费者对冰淇淋口感和味道的需求，音乐节现场，冰淇淋展览也映入现实，现场的30多家冰淇淋快闪店，进一步增强年轻人与品牌的互动感、参与度。

从表层来看，“冰淇淋音乐节”是一场蜜雪冰城与热爱生活、喜好音乐的年轻人玩在一起的现场活动，但从更深的层次来看，这是一场贴近年轻人心声、搅动年轻人欢乐情绪的超燃派对，品牌“永远年轻，传递爱和甜”的主张也因现场的成功得以深入人心。

（三）目标人群“适配”，拉动新一轮消费增长

品牌开展音乐节营销，核心出发点在于对现有品牌力的释放和提升，而不是为了“跟风”而“音乐节”，找准二者之间的“适配度”是关键。

数据显示，目前演出市场消费主力为18岁至34岁的年轻人群，该年龄段在购票观众中连续三年占比超过76%，其中又以女性为主，占比超过66%。这与新式茶饮消费人群高度重合，蜜雪冰城打造音乐节能帮助品牌打入年轻人圈层，与年轻人同频共振，树立起年轻化品牌形象。同时，音乐节的高燃氛围也将人的体温推向高潮，在此起彼伏的热浪下，蜜雪冰城提供的冰淇淋和冻奶茶，简直就是你此时最需要的消暑神器，拉动品牌的新一轮消费增长。

与此同时，蜜雪冰城借助“品牌效应+明星效应”来扩大音乐节的声量传播和人群覆盖，再结合打卡、快闪装置，开拓潜在消费对象，建立和年轻人更多元、亲密的沟通渠道，并在曝光量巨大的音乐节现场直线提升品牌品效。找到自己的节奏，才能在音乐节营销中“如鱼得水”。

资料来源：https：//mp. weixin. qq. com/s/sklQpzQwEpH03wB6VNL5QQ.

2. 职业和经济状况。职业对于消费行为的影响是显而易见的，职业从某种程度上也决定消费者日常生活的构成，如短视频博主在拍摄设备以及剪辑课程上的消费付出就会多一点。消费者的经济状况则直接决定消费产品或服务的层次，它既与个人能力有关，也与整个经济形势有关，如疫情期间整个经济下行，多个个体商户经济状况更是不好，只能选择暂停、休业。

3. 生活方式。生活方式反映了消费者如何生活、如何花费。现在人们的消费不仅是为了满足需要，而且是把自己作为一种产品、产出，用消费行为展示整个人的存在方式和生活方式。具有不同生活方式的群体对产品和品牌会有不同的需求，如节俭型消费者很少对奢侈品有需求，营销人员需要深入了解产品与不同生活方式的消费者群体的关系，从而有针对性地开发和推广产品。

【案例4-8】

闲鱼经营图鉴，用年轻人的生活方式造IP

当下年轻人对于生活有了不同以往的仪式感需求。如同现在闲鱼上的高阶玩家们，他们玩转闲置，通过各种方式打开生活的任意门。

据 QuestMobile 数据显示，截至本书出版，闲鱼的月活跃用户规模超 1.15 亿人。其中“90 后”用户占比超过 60%，“95 后”占比超过 35%。当 Z 时代“95 后”为代表的新兴消费力量崛起，并走到舞台中央，他们看待世界的方式变了。“得年轻人者得天下”便成为营销界的圭臬。咸鱼面对爱社交、爱潮流、爱二次元、爱复古的年轻一代，用年轻人的生活方式打造 IP，吸引 Z 世代“95 后”的到来。

在年轻人消费观念的进化下，“二手”似乎被赋予了更多意义，不再是之前刻板中的样子。公开数据显示，闲鱼社区有超过 160 万个鱼塘，涉及美妆穿搭、二次元、美食旅行等多个垂直兴趣领域。并且，每天有超过 400 万的闲鱼用户在鱼塘用自己的行为展开与世界的对话，表达着自己的内心。

为迎合当代年轻人生活方式和消费行为观念的转变，闲鱼跳脱了商业本身的范畴，进入到年轻人更为广阔的生活领地，在深度挖掘年轻人多元个性的生活方式，鲜活生动地打开年轻人生活大门的同时，也为商业赋予了更为温暖的生活价值。

在不断挖掘年轻人多元个性生活方式的过程中，闲鱼扮演了一个连接者的角色，仿若一个生活的任意门，随意穿梭并进入各个圈层年轻人的生活之中，搭建起品牌与各圈层年轻人之间生活、兴趣的链接，赋予了闲鱼平台更广阔的延伸空间，为年轻人提供经验分享，互相讨论生活趣味或者增加一些交易价值。闲鱼已然超过了一般意义上二手物品的交易范畴，更成为年轻人经营生活的集合地，探索着属于自己的“无价之宝”和“应许之地”，用他们自己的方式把生活经营成有趣的样子。

资料来源：据网络资料整理。

4. 个性和自我概念。消费者的个性和自我概念是指消费者区别于他人的显著的心理特质，这些特质会导致消费者对环境刺激作出相对一致而持久不断的反应，消费者经常选择和使用品牌个性与他们自我概念相一致的品牌。如保守的人往往不容易接受新产品，喜爱新鲜事物的人往往不拘泥于同一种产品模式。

（二）心理因素

心理因素是影响消费者行为的重要因素之一，主要包括动机、认知、学习和记忆，其从根本上影响着消费者对外界刺激的反应，对消费者决策有着较大影响。

1. 动机。动机产生于未满足的某种需要，这时心理上会出现一种紧张感，驱使人们采取某种行动，以消除这种紧张感。

2. 认知。认知是人们通过收集、整理并解释信息，形成有意义的世界观的过程。科特勒认为，在产品营销中消费者的认知比真实更重要。认知具有选择性、理解性和恒常性三个特点。

3. 学习。学习是指由经验引起的个人行为的改变，大多数人的行为是通过学习而产生的，学习是通过驱动、刺激、诱因、反应和强化间的相互作用而发生的。如当消费者购买某种品牌的产品时，对其设计、质量以及售后服务都很满意，那么这种经验经过学习后就会被强化，以至于之后再有想购买相同功能产品需要的时候就会联想到该品牌。

4. 记忆。认知心理学家将记忆分为短时记忆和长时记忆，所有在生活中积累的信息和经验都可以成为长时记忆。通过联想网络记忆模型，可以将消费者的品牌知识看作是一个存在诸多关联记忆中的节点，这些关联的强度与结构决定了能够回忆的品牌信息。

第四节　消费者购买决策过程

消费者购买决策过程是指消费者从需求产生到需求满足这一系列决策环节所构成的购买行为流程。购买决策过程一般由五个阶段构成，即五阶段模型，包括：确认需求、搜索信息、评估备选方案、购买决策、购后行为五个方面，如图 4－2 所示。

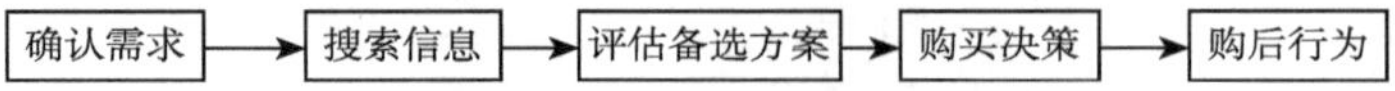

图 4－2　购买决策过程

决策机制是指消费者在这些决策环节中所遵循的规则、方法和标准，反映了消费者面对问题时是以何种衡量标准作出选择的。消费者购买决策过程容易受到多方面的影响，如购买者个人的文化、社会和心理等。加之外部刺激的不同，消费者在问题认识、信息收集和评估等方面存在差异，这些将会导致这一决策过程中，在不同情景下呈现不同的形态和不同的决策机制运用。图 4－3 反映了消费者购买的决策过程以及决策机制。

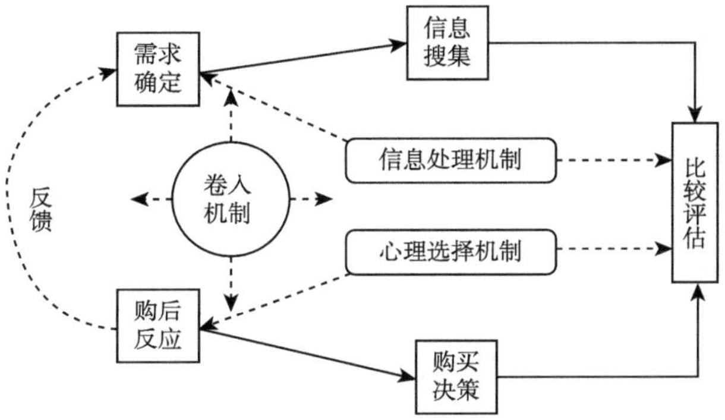

图4-3　消费者决策过程及机制

一、确认需求

消费者的购买决策从某个问题或某种需求开始，消费者会依据自身各种需要满足的需求的迫切性和实际支付能力，确定当下购买需求，进而寻求满足这种需求的产品、方法和途径。比如夏天在逛商场时，天热口渴正好看见冰淇淋广告，由此产生了购买冰淇淋的需求。

二、搜索信息

消费者确定需求后，就开始围绕目标进行相关信息的搜索，寻求满足需求的最佳产品和途径。如果顾客的需求强烈及满足的产品刚好出现，那么就很可能会购买该产品。反之，顾客暂时将这个需求记在心里，然后进行与之有关的信息搜索。消费者信息的主要来源包括个人来源、商业来源、公共来源等，其中商业来源是最主要的来源，个人来源是最为可信的来源（见表4-2）。

表4-2　　消费者信息来源

信息来源	来源详细渠道
个人来源	家庭、朋友、邻居和熟人
商业来源	广告、销售人员、经销商网络、包装和展览
公共来源	大众传媒、消费者评审组织和网络搜索
经验来源	对产品的操作、检查和使用

一般而言信息来源的相对影响，会因产品和购买者而异。即不同渠道的信息对不同产品的影响会不一样，并且不同渠道来源的信息，对于不同的顾客而言，其影响力也不相同。

三、评估备选方案

在收集到足够的需求解决方案的信息后，消费者将按照一定的自身评估标准，对各备选产品进行认真分析与比较，对比各自优缺点，首先淘汰某些不满意或不信任的产品类型或品牌，然后对所确认的品牌进行价格、质量、售后服务的比较，最终挑选出具有购买意向的品牌。值得注意的是，顾客所能列出的决策选项是有限的，并且受到其自身认知模式的影响，在其认知范围内的选项才会被注意到，而认知模式受顾客知识经验、生活环境、价值观等因素影响。

四、购买决策

消费者在确定购买意向后进入实质购买阶段，但此时他人的态度和未预期的情境因素还是会改变消费者的购买决策。当消费者确定购买后，还要进行一些执行上的最终决策，而执行终端的产品展示、销售人员的服务等也依然可能改变消费者的购买决策，致使购买决策不能顺利实现。顾客在进行购买决策时，会依据有限资源内的期望效用最大化原则来进行判断。

【案例 4 -9】

Z 时代消费群体为何独宠 DR?

DR 钻戒作为一家高端珠宝品牌，向来以其精湛的工艺和独特的设计风格备受消费者青睐。在 Z 时代消费群体（即“95 后”“00 后”为代表的年轻消费群体）中，DR 钻戒的影响力也非常突出。

大数据显示，年轻一代消费人群已从追求同质化消费到追求自我化个性表达消费。这意味着，年轻人在购买产品时更注意设计美感和品牌内涵。迪阿股份旗下的 DR 求婚钻戒打造“一生只送一人”的概念。购买求婚钻戒时，男士需要绑定身份证 ID，一生只能定制一枚，送给一生唯一真爱的人。这样看似“严苛”的购买规定，其实正好击中了年轻一代通过产品表达自己个性的诉求。

在 2022 年 9 月 26 日，DR 求婚钻戒全新品牌宣言大片正式上线，对其“男士一生仅能定制一枚 DR 求婚钻戒”“一生只送一人”的品牌定制规则进行了注解补充，申明了 10 种会被拒绝购买的定制对象，简称“十不卖”。

“十不卖”的背后承载着品牌态度——真爱无价、只卖给真爱人士。在信息爆炸、各种负面爱情新闻扑面而来的社交网络环境下，越来越多年轻人逐渐对真爱失去信心。

但年轻人对于真爱的渴求却从未停止。越来越多的年轻用户们在社交媒体上表达自己对于“一生一世一双人”的渴望。DR求婚钻戒及时捕捉到这一情感痛点，通过“男士一生仅能定制一枚”的品牌Slogan和“一生唯一真爱”的真爱文化，与年轻人进行情感链接。

对于年轻人而言，与其他钻戒品牌不同的是，DR钻戒因爱而生，代表了他们的爱情观，是他们期待获得用一生爱一人的浪漫爱情的诉求表达，这是DR钻戒区别于过往所有传统珠宝品牌的内涵，也正是其“引领全球真爱文化”的价值观和当代年轻人价值观的契合，使DR钻戒在年轻人活跃的新媒体领域迅速出圈。

资料来源：https：//baijiahao. baidu. com/s? id = 1700184476284190465.

五、购后行为

消费者完成购买活动后，通过自身使用和他人评价，会对所购买的产品进行满意度评价，验证最终决策正确与否，并表现出不同的行为反应。如果购买后获得需求满足，这将鼓励他重复购买或向别人推荐该产品；如果不满意，消费者会有许多不同的做法，如可能会要求退货、换货，可能弃之不用，也可能四处抱怨，以发泄心中的不满。

总体来说，顾客每次购买都要经过这五个阶段。虽然在习惯性购买或使用行为中，顾客常常跳过或颠倒某些阶段，比如，购买常用牙膏品牌的女士在确认牙膏需求时，会越过信息搜索和选择评估阶段，直接进入购买决策阶段。只有通过研究完整的购买决策过程，才能知道如何促使顾客选择企业的产品。如果顾客因为没有发觉需要而不购买某种新产品，也许可以通过广告信息来激发需求，充分展示该产品能为顾客解决的问题。如果顾客知道这个产品，但因为缺乏好感而不购买，企业就必须改变产品或改变消费者的观念。

第五节 组织市场分析

一、组织市场的涵义

组织市场即购买商品和服务以用于生产性消费以及转卖、出租或用于其他非生活性消费的企业或社会团体购买者构成的市场。组织市场与消费者市场主要区别在于：购买者主要是企业或社会团体，而不是个人，购买的目的是用于生产或转卖以获取利润以及其他非生活性消费，而不是为了满足个人或家庭的生活需要。组织市场与消费者市场相比，具有鲜明的特征。如：购买者少，购买规模大；购买者在地域上相对集中；实行专业购买；需求缺乏弹性；侧重人员推销等。

二、组织市场的类型

组织市场由众多购买者集合在一起，所以有必要对其进行分类。组织市场主要由生产者市场、中间商市场、政府市场、非营利性组织市场构成。

（一）生产者市场

生产者市场由那些购买原材料或劳务，并用来生产成品或半成品等，以出售、出租给其他人的个人或组织构成。这类市场是组织市场的主体，它对于国民经济的发展具有重要的作用，主要具有以下三个特点：

1. 购买者数量少而规模大。生产者市场上的购买者，绝大多数都是企事业单位，购买的目的是满足其一定规模的生产经营活动需要，因而购买者的数量很少，但购买规模很大。由于有生产集中和规模经济，要达到一定的生产批量，一次的购买额必然很大。但是，在生产者市场内部，购买者的规模和购买批量的分布是不均衡的。

2. 生产者市场的需求波动性较大。生产者市场内部的各种需求之间具有很强的连带性和相关性，而且消费品市场需求的结构性变化会引起生产者市场需求的一系列连锁反应。受经济规律的影响，消费品市场需求的少量增加与减少会导致生产者市场需求较大幅度的增加和减少。生产者市场的需求更容易受各种环境因素尤其是宏观环境因素的影响，从而产生较大的波动。

3. 生产者市场的需求一般都缺乏弹性。在生产者市场上，生产资料购买者对价格不敏感，一般不受市场价格波动的影响。生产者市场的需求在短期内尤其缺乏弹性。这首先是因为生产者不能在短期内明显改变其生产工艺。例如，建筑业不能因水泥涨价而减少用量，也不能因钢材涨价而用塑料代替钢材。其次是因为生产者市场需求的派生性，只要最终消费品的需求量不变（或基本不变），引申的生产资料价格变动不会对其销量产生大的影响。最后是因为一种产品通常是由若干零件组成的，如果某种零件的价值很低，这种零件的成本在整个产品的成本中所占比重很小，即使其价格变动，对产品的价格也不会有太大影响，因此这些零件的需求也缺乏弹性。

（二）中间商市场

中间商市场又称再销售市场，是位于生产者和消费者之间的中间买卖场所，由从事转卖或租赁业务的个体和组织构成。中间商市场由批发市场和零售市场组成。批发市场是为零售商、生产企业及其他商业转卖者提供商品交易的场所，它是从生产领域向消费领域转移的起点。零售市场是为个人、家庭消费需要和企业团体非生产性消费需要提供零星商品交易的场所，它是从生产领域向消费领域转移的终点。中间商市场中，批发商和零售商处于生产和消费的中间环节，是媒介商品交换的中间商人。

中间商市场的主要特点是：购买者数目多，供应范围广，网点多；属于引发性需求，要研究消费者动态；要求商品组合配套，多样化；商品花色品种要丰富；购买业务量大，需求缺乏弹性。

【案例 4-10】

中间商市场存在的必要性

麦当劳或星巴克等店内有色彩斑斓的吸管、有大小不同的杯子、有包装不一样的纸袋等物品，餐饮店会有那么多采购去逐个品项寻找工厂吗？无疑这会大大增加成本。

他们会委托一个大型的经销商，去寻找符合他们目标价位的产品。而在这种巨大的订单量下，工厂也会拼命地完成招标任务。经销商通过低价压低工厂利润，再从终端客户那里提高利润。甚至有时候，由于信息、资源能力的不对称，经销商可能找到的也是经销商，经过层层剥削，最后货物到达终端客户手上。

为什么星巴克或者麦当劳自己不去买呢？招那么多员工的成本、管理成本，还有这些一次性消耗品能节省的成本，算下来就一定是自己买划算吗？而且这些餐饮终端的大客户，更多在意的是品牌和自身的口味。你不能拿着完美的塑料吸管，给消费者喝很难喝的饮料。而且他们卖得也不便宜。

这时候，中间商的价值就很大。中间商能够为客户提供风险管控、品类选择、配套打包方案等服务，如果星巴克或者麦当劳这类企业的所有耗材购买都要自己亲力亲为，仅时间成本就是不可承受的。而与中间商合作，一切难题都迎刃而解，提高效率的同时还可能降低企业成本，这就是中间商市场存在的必要性。

资料来源：根据网络资料整理。

（三）政府市场

政府市场是由执行政府职能而采购或租用商品的各级政府单位构成。政府市场为许多企业带来机会，但他们的采购决策受到公众监督，因此他们经常会要求供应商准备大量的书面材料。此外，世界各地的政府采购通常以竞价投标方式进行，并且具有喜欢向国内供应商采购的特点。政府购买和集团购买在许多方面都相似，但想向政府市场出售产品和服务的企业也必须认识其中的许多差别。

（四）非营利性组织市场

非营利性组织市场是由不以营利为目的的组织所构成的市场。主要指学校、公立医院、公共图书馆、监狱和其他为公众提供商品和服务的部门或组织。他们往往以较低预算和受到一定控制为特征，且一般都是非营利性的。

三、组织市场购买行为分析

组织市场购买行为是指各类组织机构确定其对产品和服务的需要，并在可供选择的品牌与供应商之间进行识别、评价和挑选的决策过程。

（一）组织市场购买行为的类型

1. 新购。指生产者首次购买某种产品或服务。由于是第一次购买，买方对新购产品质量、效用等方面都不是很了解，因此在购买决策前，要收集大量信息，这也导致其决策时间的延长。

2. 直接重购。直接重购又称直接再购，指一种在供应者、购买对象、购买方式都不变的情况下购买以前曾经购买过的产品。这种购买类型所购买的多是低值易耗品，花费的人力较少，无须联合采购。面对这种采购类型，原有的供应者不必重复推销，而应努力使产品的质量和服务保持一定的水平，争取稳定的合作关系。

3. 修正重购。修正重购也称变更重购，即生产者市场的顾客为了更好地完成采购任务，修订采购方案，适当改变产品的规格、型号、价格、数量和条款，或寻求更合适的供应者。在这种情况下，采购工作比较复杂，需要进行一些新的调查，收集一些新的信息，做一些新的决策，通常参与购买决策的人数也要增加。原来的供应商为了不失去顾客，必须采取有效措施改进工作。而对新的供应商则有了比较多的竞争机会，应不失良机，扩大销售。

（二）组织市场购买行为的影响因素

影响组织市场购买决策的基础性因素是经济因素，即产品的质量、价格和服务。除此之外，还包括环境因素、组织因素、人际因素和个人因素。

1. 环境因素，指组织顾客无法控制的宏观环境因素，包括市场需求水平、国家的经济前景、资金成本、技术发展、政治法律因素、竞争态势等。组织购买者与个人购买者相比在更大程度上受到当前和预期经济环境的影响。

2. 组织因素，指组织顾客自身的经营战略、组织和制度等因素，包括经营目标和战略、政策、程序、组织结构、制度等。

3. 人际因素，指组织顾客内部参与购买过程的各种角色的职务、地位、态度、利益和相互关系对购买行为的影响。尽管购买者是组织，但作出购买决策的仍然是人，因此情感在组织购买决策过程中仍发挥重要作用。

4. 个人因素，指组织顾客内部参与购买过程的有关人员的年龄、受教育程度、个性、偏好、风险意识等因素对购买行为的影响。

【案例 4－11】

波音飞机的组织销售

对于波音来说，销售单价至少为 1.5 亿美元的高科技飞机只靠温暖的笑容是不够的。与航空公司、政府以及军队这些顾客做的任意一笔交易都可以使波音轻松获得数十亿美元。波音的销售人员组建了一个由企业专业人士组成的全面职能小组，包括销售及服务技术人员、金融分析师、战略策划及工程师。小组成员都致力于寻找让顾客满意度最大化的方法。从顾客的角度来看，购买一批客机的决定需要企业各个层级的几十个或上百个决策者共同参与，其中涉及许多既明显又微妙的关系。销售过程很缓慢——从第一次销售推介到宣布销售达成往往会耗时两三年。拿到订单以后，销售人员必须同顾客保持持续的接触，记录企业顾客的设备需求并确保顾客时刻满意。销售人员面临的最大挑战其实是通过与顾客建立长期且牢固的关系来促使其购买，这一顾客关系基于优秀的产品和紧密的合作。

资料来源：根据网络资料整理。

（三）组织市场购买决策过程

企业采购过程由一系列相互关联的活动构成，由于组织决策比个人或家庭决策涉及更多的人和任务，因此影响这一过程的因素更为复杂。一般而言，组织购买决策过程主要包括问题确认、基本需求描述、产品说明、信息搜寻、征询方案、确定供应商、签约、业绩评价八个步骤。

1. 问题确认。当企业采购人员发觉通过采购某种产品或服务可以解决企业某一项问题或满足企业某种需要时，购买过程就开始了。问题发现并确认既有可能是内部需要引起的，也可能是由外部刺激引起的。

2. 基本需求描述。企业需求一旦确认，接着就会大致明确所需产品的规格、型号、数量、质量、供货方式等，进入下一环节，最终详细的采购需求一般要经供需双方协商后才能确认。

3. 产品说明。在确定了大致需求之后，企业会就产品的技术性能，制定产品说明，具体明确产品规格。

4. 信息搜寻。为了选购满意的产品和品牌，企业采购人员要通过各种途径物色能够满足需求的产品和供应商，如利用工商名录查询供应商，通过其他企业了解供应商的信息。如果需要，企业还可深入供应商内部，了解供应商的生产技术水平、质量管理水平等，在此基础上评估其供应能力和服务水平，选定多家备选供应商。

5. 征询方案。在初步形成供应商备选名单后，采购单位会以电话、传真和竞函等方式通知供应商提供详尽的产品目录资料和报价。对于供应商而言，如果能收到征询报价的信息，就有中选的希望。因此要慎重制定报价，同时，为了使本企业的报价更有竞争力，对采购单位的需要和竞争者的情况要做深入的了解，使报价更有针对性和竞争性。此外，也需要尽可能全面地展示本企业产品的功能、质量、服务等方面的信息。

6. 确定供应商。一般而言，企业不只依靠一家供应商，在收到多个供应商的供应方案后，企业应对供应方案进行仔细比较，判断评分，严格筛选确定几家较为满意的供应商，之后企业分别与这些供应商进行谈判磋商，以获得更优惠的价格和交易条款，最后通过评估最终确定供应商。

7. 签约。企业与最终确定的供应商正式签订供应合同，以合同形式确定双方的权利义务关系，并提供有效的法律保障。合同内容需要列明技术要求、所需数量、交货时间、退货政策和保证等条件。

8. 业绩评价。经过一段时间后，采购单位会对采购绩效进行评估，以决定是修正重购还是直接重购，或是放弃原供应商寻找新的供应商。对供应商来说，正式订购只是业务的开始，只有在采购单位业绩评价满意的前提下，才能得到长期的业务。

【案例 4－12】

华为的供应商选择

华为的采购部是由多个物料专家团简称 CEG 组成，各 CEG 负责采购某一类的物料。华为采购部在向外部供应商采购物品、服务和知识资产时，有责任为华为获取最佳的整体价值。因此在选择供应商时，CEG 有两个主要目标：一是选择最好的供应商；二是评定公平价值。

华为制定了完善的供应商选择和公平价值判断流程，以确保华为选择最符合华为利益的供应商，采购获得最公平的价格，同时保证华为向所有供应商给予平等赢得华为生意的机会。该流程的基本原则是公平、公开和诚信，并由以下机制保证：

1. 采购集中控制——采购是公司内部唯一授权向供应商作出资金承诺，获得物品或服务的组织。除此以外的任何承诺都视为绕过行为，视为对公司政策的违背。

2. 供应商选择团队——供应商选择将由相关专家团主任组建团队来进行，成员包括采购和内部客户的代表。小组的使命是制定询价单和请求提案（RFQ/RFP），确定能够按照华为要求提供所需产品或服务的现有合格供应商名单。这个团队管理供应商选择流程，参与评估供应商的回复以及选择供应商。

3. 供应商反馈办公室——如果供应商在与华为的交往中有任何不满意的地方，有专门的帮助中心负责收集供应商的反馈和投诉。

华为采购部制定了供应商评估流程，定期向供应商提供反馈。该流程包括相关专家团正式的绩效评估。供应商的绩效将从技术、质量、响应、交货、成本和合同条款履行这几个关键方面进行评估。评估流程的目的在于给双方提供开放沟通的渠道，以提升彼此的关系。同时，华为鼓励供应商向华为反馈，站在客户的角度他们如何评价华为，评估信息将用于改善彼此的业务关系和改善华为内部的业务运作。

资料来源：https：//mp. weixin. qq. com/s/R1EHfE - eEDc6JPtEnO0VLA.

小结与思考练习

【本章关键词】

消费者市场　消费者行为　“刺激—反应”模式　复杂的购买行为　减少失调感的购买行为　寻求多样化的购买行为　习惯性购买　相关群体　社会阶层　社会角色地位　文化　亚文化　价值观　认知　学习　记忆　组织市场

【本章小结】

1. 消费者市场又称最终消费者市场、最终产品市场或生活资料市场，是指个人或家庭为满足生活所需购买商品和服务而构成的市场。对消费者市场的研究是对整个市场研究的基础和核心。消费者需求有多样性、差异性、变化性、发展性、时代性、周期性、互补性、可诱导性和伸缩性等特点。

2. 消费者的购买行为是指消费者为满足各自的需要，在寻求、购买、使用及评估产品的过程中表现出来的行为。消费者的购买行为主要包括复杂的购买行为、减少失调感购买行为、寻求多样化的购买行为、习惯性购买行为。

3. 消费者购买行为受多种因素的影响，概括起来主要有文化因素、价值观因素、社会因素、个人因素和心理因素。其中，文化和价值观因素、社会因素属于外在因素，个人因素和心理因素属于内在因素，而在所有因素中，文化因素的影响最为广泛和深远。

4. 购买决策过程是购买动机转化为购买活动的过程。消费者的购买决策过程有一定的规律性。这个过程早在实际购买发生之前就已经开始，而且一直延伸到购买结束之后。购买决策过程一般需经过确认需求、搜索信息、评估备选方案、购买决策、购后行为五个阶段。

5. 组织市场的类型包括生产者市场、中间商市场、政府市场和非营利性组织市场。

6. 组织购买决策过程包括问题确认、基本需求描述、产品说明、信息搜寻、征询方案、确定供应商、签约和业绩评价八个环节。

【本章思考题】

1. 消费者市场的特点？
2. 消费者购买行为的几种类型及其特点？
3. 消费者购买行为受哪些因素影响？
4. 简述消费者购买决策过程的主要阶段。
5. 组织市场购买行为有哪些类型？
6. 假设你是某手机公司的销售经理，当你发现消费者对公司新品手机的部分功能不满意时，你将如何针对这些消费者制订营销计划方案？

【本章案例作业】

茶文化与现代生活方式的融合

"小罐茶、大师作"，这是小罐茶的一句广告语。小罐茶成立仅两年，销售额就破十亿元。小罐茶在短时间内取得如此成就，其背后有着怎样的商业逻辑和秘密？

（一）基于洞察，寻找茶真相

市场调查发现目前行业内没有真正的茶品牌。消费者对品牌的认知仅限于产地+品类的品牌，比如西湖龙井、云南普洱。茶叶市场过于分散，品牌集中度低，对于一个有着3600亿元份额的茶市场，没有一家茶企的销售份额超过1%。最大的茶企天福茗茶年销售额15亿元，不足0.5%，前100家茶企的份额不到茶市场份额的10%。因此，"打造世界级的中国茶品牌"成为小罐茶企业愿景。

产品最终是要面向用户的，了解用户的需求、抓住用户痛点并予以有效解决是关键。经市场调查发现：不是年轻人不爱中国茶，是中国茶真的老了；不是世界人民不爱中国茶，是中国茶没有跟上世界的变化。中国缺的不是好茶，缺的是好茶的认知标准。

（二）科学思维，制定核心策略

如何解决用户的痛点？小罐茶的一个核心观点就是做减法，还原茶叶真相。让用户离真相更近，而不是让用户离真相更远。简单留给用户，复杂交给企业。

茶叶面对的是众多不懂茶的用户，给用户更多的选择就是没有选择。小罐茶认为，茶文化一定要与时俱进，太多传统、复杂的东西要变得现代一些，并要把茶具变得现代一些，把茶文化变得更接地气一些，让它与人们的生活场景、生活方式做一个充分的结合。因此，小罐茶将其品牌定位为现代派中国茶。其核心策略是，物质的茶标准化、文化的茶生活化、商业的茶品牌化。

（三）深入设计，做极致产品

中国茶叶有上千种，主流只有八大名茶。小罐茶对整体份额比较高的品种做了筛选，最终筛选出普洱茶、大红袍、西湖龙井、铁观音、黄山毛峰、茉莉花茶、福鼎白茶、滇红八种具有代表性的茶，并用产地—工艺—包装—体验四大标准，缔造现代用茶。

每一罐茶都来自原产地核心产区，从源头保证茶叶品质。每一罐茶都出自该品类的制茶大师之手，从制作技艺上保证茶叶品质。每一罐茶都充氮保鲜，铝罐包装可以很好地保持茶的形状，便于存放、携带。

一罐一泡，手不再沾茶，喝起来方便卫生，也容易保存，更有颜值，体验感更好。小罐茶非常注重用户体验，不仅是一罐一泡，为了找到罐体与铝膜之间最舒服的撕拉力度，经过上万次的撕膜试验，最终确定每一撕18牛的力量。

终端标准形象打造方面，小罐茶聘请曾为苹果体验店进行设计的著名设计师 Tim Kobe 进行店面设计。在提升店面形象的同时也给消费者带来良好体验，提升品牌形象。

过去，茶企对用户是不了解的，他们只是站在茶的视角、专家的视角来做茶，没有去考虑用户在哪里，用户在选择时会有怎样的困惑。小罐茶的成功主要在于用专业能力替用户思考、做选择，通过洞察茶叶本质，洞悉用户的痛点，以产品 + 品牌 + 体验的方式，让茶文化与现代生活方式充分融合，突出茶的仪式感、现代感、时尚感，打造世界级的中国茶品牌。

资料来源：https：//www. zhihu. com/tardis/sogou/art/42124899.

讨论题：

1. 结合案例谈谈，企业应如何应对新消费人群和消费场景？

2. 茶这样的消费品天然具有文化意蕴，应该如何满足消费者的文化价值表达的品牌需求？可以从哪些方面构建新的文化体验？

【本章参考文献】

[1] 王永贵. 市场营销 [M]. 北京：中国人民大学出版社，2022.

[2] 钱旭潮，王龙. 市场营销管理——需求的创造与传递 [M]. 北京：机械工业出版社，2021.

[3] 曹虎. 数字时代的营销战略 [M]. 北京：机械工业出版社，2017.

[4] 杨洪涛. 市场营销——网络时代的超越竞争 [M]. 北京：机械工业出版社，2019.

[5] 吴建安. 市场营销学 [M]. 北京：清华大学出版社，2022.

[6] 彭代武. 市场营销 [M]. 北京：高等教育出版社，2016.

第五章 市场竞争战略

开篇案例

OPPO 手机的市场竞争战略

OPPO 公司是一家致力于智能手机、高端影像产品制造的互联网产品和服务公司，业务遍及 50 多个国家和地区，2018 年以来连续四年在全球智能手机市场份额中稳居第五，堪称中国手机品牌的佼佼者，更是中国民营企业的出类拔萃者。而这斐然成绩的获得与其正确的市场竞争战略选择与实施分不开。

（一）OPPO 手机的市场竞争战略选择

1. 成本领先战略。该战略曾经帮助 OPPO 手机降低生产经营成本，快速渗透市场，使企业得以飞速成长。但随着销售流程的优化，目前 OPPO 手机的成本压缩空间已经非常有限。此外，该战略已经被竞争对手模仿使用，并给 OPPO 手机带来不利影响。因此 OPPO 手机已不再适用成本领先战略，如果继续深化该战略可能会导致产品质量降低，甚至引起恶性竞争，不利于企业未来的发展。

2. 集中化战略。该战略要求企业集中自身资源于某一特定的细分领域，成为该领域的专家。OPPO 手机的目标市场集中于年轻且时尚的现代消费群体，在年轻人市场已经取得了优势地位。该市场的容量虽大但利润有限，而且扩张的难度较大。随着品牌力的提升，OPPO 迫切想要进入高端市场。因此，继续深化集中化战略，专注于年轻人为主体的中低端市场已经没有太大的增长空间。

3. 差异化战略。该战略的核心是让企业的产品和服务拥有某种差异甚至不可替代性，而顾客又愿意为了这种差异买单。这种战略可以使 OPPO 手机拥有独特的竞争优势。首先，手机市场同质化严重，只有实施产品差异化战略才能具有独特的优势；其次，顾客需求不同，有必要实施差异化战略；最后，售后服务差异化也可以成为一大亮点。综合比较上述三种基本竞争战略，OPPO 手机更适合差异化战略。

（二）OPPO 手机差异化战略的实施

1. 产品差异化。OPPO 手机不断优化 ColorOS 系统，提升用户的体验感。针对用户的不同需求推出了不同款式的手机，如 Find 系列是旗舰产品，体验感和性能都是极佳的，属于高端产品；R 系列是走量的旗舰产品，虽略次于 Find 系列，但能满足消费者的基本需求。K 系列主打互联网渠道，性价比高。A 系列价格低，能满足低层次的需求。目前主要以 Find 系列和 R 系列产品为主，这不仅体现了产品差异化战略，也表明了 OPPO 手机进军高端市场的决心。

2. 营销差异化。首先是口碑营销，OPPO 手机的性价比较高，且同品牌产品能够进行数据互传，为顾客带来极佳的体验感，进而提高顾客忠诚度，形成口碑相传的良性循环；其次是明星代言和综艺节目赞助，在新款手机发布之前会通过明星代言、综艺节目赞助等方式进行宣传，利用明星和综艺节目的正面效应宣传产品，提高市场知名度；最后是饥饿营销，在新品发布时会采用预约订购的模式吸引顾客群体，刺激顾客进行消费，增加销量。与此同时，OPPO 深化了差异化战略，实施了科技跃迁战略，总体上看 OPPO 手机的差异化战略实施是成功的，效果显著。

资料来源：焦建玲，黄铭君．OPPO 竞争战略选择研究［J］．产业创新研究，2023（11）：153－155.

竞争是市场经济的基本特征。正确的市场竞争战略，是企业成功实现其营销目标的关键。在激烈的市场竞争中，企业应当树立正确的竞争观念，制定正确的市场竞争战略，努力取得竞争的主动权。因此，企业需要从竞争者分析出发，深入分析基本的市场竞争战略，然后根据企业在市场中的竞争地位制定适合企业环境和条件的竞争战略。

第一节　竞争者分析

竞争者分析的目的在于准确判定竞争对手的战略定位与发展方向，在此基础上预测竞争对手对本企业市场行为的反应，并据此做好应对预案，有备无患。商场如战场，战场中的用兵策略与商战中的竞争战略形神皆似。正所谓“知己知彼，百战不殆”。为了制定切实可行的市场竞争战略，企业需要尽可能多地了解竞争者的信息，准确、全面、深入地分析竞争者。其基本步骤见图 5－1。

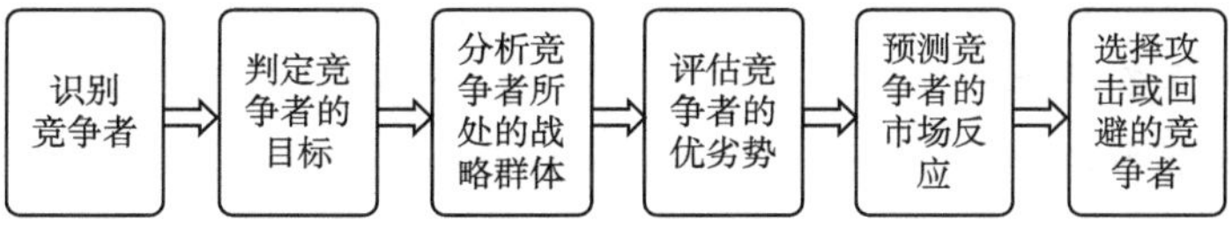

图 5－1　竞争者分析的步骤

一、识别竞争者

竞争者一般是指与本企业提供的产品或服务相类似，并且所服务的目标顾客也相似的其他企业。例如，可口可乐把百事可乐看作主要的竞争者，格力电器把美的视为竞争者。识别竞争者看起来简单易行，其实并不尽然。由于顾客需求的复杂性、层次性、多变性以及信息技术的快速迭代和发展，导致企业面临的竞争形势异常复杂，企业的现实竞争者和潜在竞争者的范围非常宽广。识别竞争者可以从不同角度进行，通常包括产业竞争角度、市场竞争度和近年来涌现的数字化竞争角度。

（一）产业竞争角度

从供给端来看，提供同一类产品或可相互替代产品的企业，构成了一种产业，产业内的从业者即构成竞争关系，如汽车产业、医药产业等。如果一种产品价格上涨，就会引起另一种替代品的需求增加。例如，咖啡、茶叶与其他软饮料属于同一行业，咖啡价格上涨会促使消费者转而购买茶叶等其他产品，因为他们是可以相互替代的产品。所以，企业要想在整个产业中处于有利地位，就必须充分了解和分析同行业内的竞争对手。

（二）市场竞争角度

从需求端来看，竞争者是那些满足市场相同或类似需求的企业，他们服务于同一目标市场。例如，从产业竞争角度来看，客运汽车的生产经营者以其他同行业企业作为竞争者；从市场竞争角度来看，顾客需要的是运载能力，这种需求也可以通过航空、高铁等方式来满足，生产经营航空、高速铁路运输等服务的企业就可能成为客运汽车生产经营者的竞争者。

根据现代市场经济实践经验，一个企业很可能被潜在竞争者打败，而不是被当前的主要竞争者打败。例如，柯达公司建立的胶卷商业帝国，并非被其他胶卷生产商所打败，而是败于新出现的数码相机。从市场竞争角度分析竞争者，可以使企业拓宽眼界，更容易识别现实竞争者和潜在竞争者，从而制订更长远的战略性规划。

▶▶知识拓展 5-1

数字化竞争者的跨界竞争

当前数字经济的兴起与发展使企业之间和行业之间的边界趋于模糊化。互联网、数字化、信息化具备颠覆传统行业的力量，也带来了新商业模式的跨界竞争。对于这种新生力量，麦卡锡将其归纳为去中间化（Disintermediation）、去中心化（Disaggregation）和去实体化（Dematerialization）三种类型。互联网通过数字技术将许多原本需要通过实体交互的环节虚拟化、网络化、自动化，大大降低了交互的成本和限制，降低了生产制造的门槛。例如以蔚小理为代表的造车新势力就在新能源汽车制造领域对传统车企形成巨大的竞争与挑战。在互联网时代，以数字化为基础的跨界竞争已经成为无法避免的现实。所谓跨界是指一家非专业的企业或个人在其他领域构建新的商业模式并从事与之前完全不同的新的商业行为。而跨界竞争则是企业跨越行业的界限与屏障，从一个行业进入另一个行业，与该行业内企业展开的一种新型竞争形式。目前，众多的传统企业都面临着互联网企业的跨界竞争，这种竞争在形式上是惨烈的，在结果上就是优胜劣汰。在跨界竞争的复杂环境中，企业必须通过正确的竞争战略决策，准确识别并建立针对跨界竞争者的竞争优势，才能保证企业的可持续发展。

资料来源：根据网络资料整理。

【案例5-1】

数字化带来的跨界竞争新格局

请想象以下场景：运输服务公司没有一辆车，媒体公司不自己生产内容，零售商没有一分钱的自有库存，视频会议服务商没有自己的硬件设施。这些都是在数字化时代，技术赋能促使商业模式发生巨大变化的真实案例。

拿最容易理解的出租车业务来说。原本经营该业务的门槛是非常高的，购置车辆、配备人员、培训上岗等都是大量的固定成本投资。所以，类似的行业从建立开始就几乎会形成寡头垄断的格局。然而，Uber、滴滴来了。其商业模式是利用优化空闲运能或者提供更有效率的接单方式，使大量营运司机“带着现成的车辆和营运许可”成为其运能的一部分。而其主要的投入，只是在营销和贴补大量客户这两个方面，让其使用自己的服务。

大家一直认为门槛颇高的医药行业现如今随着互联网技术的渗透，也已经变得不再神秘。就拿京东健康来说，依靠其原本过百亿元人民币的药品和保健品销售，俨然已是超过大家熟知的“老百姓大药房”的中国第一医药零售企业。在近年获得10亿美元投资后，京东健康开始利用其数字化技术和医药供应链帮助医院完善在线预约、就诊、检测、看报告、取药等流程。还结合其自身招募的几百位医生以及这些通过各个医院自有的App“收编上线”的“云医生”，开起了真正的“线上医院”，让京东商城的用户可以用手机线上寻医问诊，小病不用出门，或者就近做一些小检测就能在家拿到处方和药品。

如果要和康师傅竞争，传统模式要么发明一种新的、更便捷、经济的快餐食品，要么就得靠成本优势和营销能力来取代其方便面市场的领导地位。但是以数字化、网络化为基础的跨界竞争只要一个外卖 App 就足够了。其业务运营中不需要开一家餐饮门店，不用进入任何一个超市卖场，就能将居住地周边所有的美食经营者协同起来，作为和方便面竞争的经济快餐新选择。

数字化改变了大多数人的生活方式，也带来了企业跨界竞争的新格局。我们不能只着眼于身边那些熟悉的竞争者，更要看到自身以及所处行业的状况，随时准备好迎接和抵御跨界而来的“外来者”们。

资料来源：王焕．“跨界而来”竞争者如何打败传统行业巨头？[J]．华东科技，2020（1）：70－73.

二、判定竞争者的目标

识别出竞争者之后，企业就要进一步研究每个竞争者在市场上追求的目标。竞争者的目标决定着竞争者的行动。追求利润最大化和追求市场占有率，是对竞争者目标的两个最为常见的假设。为了准确判定竞争者的具体目标，企业首先要对竞争者的目标作出合理假设，掌握和了解竞争者的目标组合。每个企业有着侧重点不同的目标组合，如盈利能力、市场占有率、现金流量、成本领先、技术领先和服务领先等。企业要了解每个竞争者的战略目标及其组合，才能针对不同的竞争行为作出适当的反应。例如，一个追求成本领先的竞争者，对其他企业在降低成本方面的生产技术创新的反应，要比对其增加广告预算的反应强烈得多。

三、分析竞争者所处的战略群体

深入分析竞争者的战略，有助于判定竞争者未来的竞争行动方向。竞争者的竞争行为受制于其掌握的资源以及对资源的利用和控制能力。竞争战略对竞争者的行动方向具有导向和限制作用。一般而言，各企业采取的竞争战略越相似，该行业之间的竞争就越激烈。在大多数行业里，可以依据竞争者的主要战略来划分战略群体。一个战略群体就是在某一目标市场上采取相同或相似战略的一组企业，这是最直接的竞争者。不同战略群体之间的差别主要表现在产品档次、技术水平、性能等方面。处于同一战略群体的企业在目标市场、产品类型、质量、功能、价格、分销渠道等方面差别不大，战略群体内部的竞争是最为激烈的竞争之一。例如，在中国空调行业中，格力、美的处于同一战略群体之中；乳品行业中伊利、蒙牛也属于同一战略群体，其竞争就非常激烈。

企业要想进入某一战略群体，首先要考虑其难易程度和成本高低。小型企业适合进入投资和声誉门槛都较低的战略群体。实力强的大型企业则可以考虑进入门槛更高的企业。其次，要明确该战略群体中谁是主要竞争对手，自己与之相比，是否具有战略优势，否则就难以吸引同一市场的目标顾客群体。此外，竞争不仅存在于同一战略群体内部，顾客需求的多样性和复杂性、企业产品定位偏差或者产品线延伸等都可能导致不同的战略群体之间也存在竞争关系。

四、评估竞争者的优劣势

在准确判定竞争者所处的战略群体之后，接下来企业需要充分评估竞争者的优势和劣势，进而有针对性地制定自己的竞争战略，避敌锋芒、出其不意、攻其弱点、挫其锐气，以保证自己在市场竞争中处于优势地位。为此，企业需要收集竞争者最近几年竞争战略执行结果的数据信息，包括销售额、市场份额、利润率、现金流量、投资收益率、新的投资方向等。在营销实践中，这些信息收集通常比较困难，有时只能通过间接方式取得，比如通过二手资料、别人的介绍、顾客口碑等方式分析竞争者的优势和劣势。

对竞争者的优劣势分析应集中在创新能力、生产能力、营销能力、融资能力和管理能力这五种关键能力上。如果发现竞争者的优势，企业要暂避其锋芒，并认真分析竞争对手取得优势的途径和方式，再加以借鉴，以强化自己的竞争优势；如果发现竞争者存在明显的劣势，企业就可以攻其短板，充分打击竞争对手的这一劣势来巩固自己的优势。例如，电商领域的天猫与京东虽然同属一个战略群体，但商业模式的差异带来了两者不同的优势和劣势。针对天猫物流速度比京东慢这一劣势，京东曾针对性地策划了“不光低价，快才痛快”的系列广告，广告创意中以迟到的刮胡刀导致顾客变成胡子拉碴的原始人、迟到的防晒霜导致顾客变成黑人、迟到的指甲刀导致顾客的手指变成鹰爪这三个搞笑的意象，直指天猫物流速度方面的劣势。甚至在北京地铁通道中，京东更是将此广告牌放于天猫广告的对面，以自己的优势凸显对方的劣势，对天猫的品牌形象形成不小的打击。

五、预测竞争者的市场反应

竞争者对降价、促销及推出新产品等市场竞争行为的反应主要取决于竞争者的目标、战略群体、优势和劣势等因素。此外，也可能受到其经营指导思想、企业文化和心理状态的影响。因此，为了准确预估竞争者的反应及可能采取的反击行动，企业必须深入了解竞争者的思想和信念。面对市场竞争行为，不同竞争者的反应通常是不一样的，大体上可以归纳为以下四种类型。

（一）冷漠型

这类竞争者反应不强烈，行动迟缓。其原因可能是：第一，认为他们的顾客高度忠诚，不会转移购买；第二，对自身实力过于自信，认为不必采取行动；第三，对竞争者的行动缺乏足够的注意力，未能及时捕捉到市场变化的信息；第四，受到资金、技术、规模等方面限制，无法作出相应的反应。比如，京东针对天猫的广告策划活动，天猫基本上很少正面回击，属于典型的“你打你的，我打我的”的冷漠型反应。

（二）选择型

这类竞争者对不同的市场竞争行为的反应是有区别的，只会在某些方面反应强烈，而忽视其他的竞争行为。例如，有的企业对竞争者产品价格变动较为敏感，会立即作出反应，而对其他非价格竞争措施则置之不理。了解竞争者会在哪些方面作出何种反应，有利于企业确认最为可行的攻击路线。

（三）强劲型

这类竞争者对所有的竞争行为都会作出迅速而强烈的反应，一旦受到挑战便会激烈反击。强劲型反应的竞争者通常都是市场领导者，他们具有较强的市场竞争优势，具备很强的资源调控能力，市场敏感度很高，针对竞争行为通常会激烈而迅速反应。例如，宝洁公司就是一个强劲型反应的竞争者，一旦受到挑战就会立即发起猛烈的全面反击，因此，许多快消品行业的小企业都避免与其直接交锋。

（四）随机型

这类竞争者对竞争行为的反应具有随机性，难以捉摸。他们在特定场合可能会对市场竞争的变化作出反应，也可能没有任何反应；既可能迅速作出反应，也可能冷漠反应。许多实力较弱的中小企业属于此种类型。企业无法预料这类竞争者的反应，只能依据其以往的市场表现预估其反应行为，做好应对其各种反应行为的准备。

六、选择需要攻击或回避的竞争者

在明确了竞争者并分析了竞争者的优劣势和反应模式之后，企业应当对需要攻击和回避的竞争者作出选择。可依据竞争者的强弱、与自己的相似程度和竞争者表现的好坏三种情况作出决策。

（一）竞争者的强弱

一般企业倾向于回避较强的竞争对手，而选择较弱的竞争者作为进攻对象，认为这样可以节省时间和资源，事半功倍，但实际上这种做法总体收益常常不佳。如果以较强的竞争者作为进攻对象，虽然难度大，但却能使企业得到锻炼从而提高竞争能力，增强企业的整体实力，因而总体收益可能会更大。总而言之，究竟选择弱势竞争者还是强势竞争者，企业应根据自身的实力强弱量力而行。遇弱不弱，遇强更强是一种较为理想的竞争状态。在中国互联网领域，经过多年布局，市场几乎被 BAT（百度、阿里、腾讯）三大巨头瓜分殆尽，但北京字节跳动科技有限公司实施补缺者战略，寻找被忽视的领域，率先进入资讯类短视频领域，为用户提供个性化的内容产品服务。待羽翼丰满之后，实施挑战者战略，在各个领域挑战多个巨头。比如短视频领域直面快手，头条号挑战微信公众号，今日头条硬扛一众资讯类 App，进军搜索领域直指百度，头条悟空问答挑战知乎，一家企业与这么多强势竞争者正面竞争，实属不易，生动展现了字节跳动遇强更强的竞争状态，在竞争中成长，在竞争中变得更为强大，与强势竞争者竞争，最终让字节跳动成功跻身中国互联网头部企业的战略群体，收获颇丰。

（二）竞争者与本企业的相似程度

多数企业会选择与本企业相似的竞争者展开竞争，认为获胜的可能性较大。但同时应避免摧毁相似的竞争者，因为摧毁相似竞争者有可能招来更强大的竞争对手，弊大于利。美国博士伦眼镜公司曾经在与其他隐形眼镜公司的竞争中大获全胜，竞争者完全失败而竞相将企业卖给竞争力更强的公司，结果导致博士伦公司要面对更强大的竞争者。

（三）竞争者表现好坏

每个行业都同时存在良性竞争者和恶性竞争者。表现良好的竞争者遵守行业规则，按照行业基本规则开展经营活动，并以合理的生产经营成本定价，保持合理的市场占有率和利润水平，增加产品或服务的差异性，有利于行业的整体成长。这类竞争者的存在对行业是有积极意义的。而恶性竞争者表现具有破坏性，不遵守行业规则，经常采用不正当竞争手段扰乱市场秩序和行业均衡。对于恶性竞争者竞争行为，企业要坚决予以反击，维护良好的行业发展环境，促使行业的健康可持续发展。

第二节 市场竞争战略

竞争者分析是企业竞争战略选择的基础。在充分进行竞争者分析之后，企业对竞争者已经有了较为完整和全面的认识，接下来就应该有的放矢，有针对性地选择市场竞争战略，与竞争对手展开竞争，获取属于企业的战略利益。

一、基本竞争战略

选择合适的竞争战略，对企业的长远、稳定发展至关重要。很多学者对企业竞争战略进行过深入的研究。被誉为“竞争战略之父”的美国学者迈克尔·波特提出的三大基本竞争战略，即成本领先战略、差异化战略、集中化战略被认为是最完整和最成熟的竞争战略理论，在企业战略管理领域有着相当深远的影响力和广泛的应用。三种竞争战略的关系体现为：成本领先战略和差异化战略是最基本的竞争战略，而集中化战略是前两种竞争战略在较小领域内的运用，如图 5－2 所示。

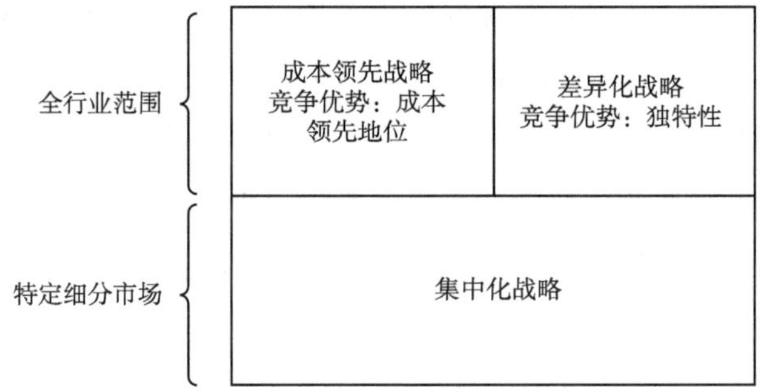

图 5－2 基本竞争战略关系图

（一）成本领先战略

成本领先战略能让企业在成本上形成竞争优势。企业采取一系列有效措施，使企业的总体成本低于竞争对手，甚至成为行业最低。该战略成功的关键在于将低成本贯穿于企业整个经营管理活动之中，要求企业在原材料成本、研发与生产成本、管理运营成本、服务成本、营销成本等方面加强控制。成功实施成本领先战略的企业，其总体成本远低于其他企业，因此在产品定价上具有更大的自主权，在相同的价格水平下，其他企业可能已经难以获得利润，而该企业依然可以获利。

1. 成本领先战略的优越性。成本领先战略在各行业中被广泛应用，原因就在于它不但能够满足消费者对产品低价格的基本需求，还实现了企业的规模经济，其优越性主要体现在以下三个方面：

（1）定价自由度高，利于实现规模经济。这是成本领先战略最直接的优点，它能让企业在制定产品价格时有更多的自由度，对于价格需求弹性较大的产品尤其有效。实施成本领先战略的企业常常用低价格渗透市场，能够迅速提高市场占有率，有助于企业达成较大的生产规模，实现规模经济，既能挤占竞争对手的成长空间，同时又提高了市场进入壁垒，削弱了新进入者的竞争力。此外，在面对强有力的购买商要求降低产品价格时，这类企业在谈判时也拥有更大的回旋空间来抵御购买商讨价还价的压力。

（2）能够灵活应对供应商的威胁。由于企业具备规模效应，原材料采购规模通常较大，在与供应商的讨价还价中就有更多的筹码，因而更加自信，能够从容不迫地应对来自供应商的威胁，在面对供应商的加价行为时，也具备较高的灵活性和自主性。

（3）提高顾客让渡价值，增加用户黏性。企业采取成本领先战略，能够在提供相同顾客总价值的基础上，将顾客成本尤其是占比重较高的货币成本最大限度地降低，使顾客获得更高的让渡价值，这会增加顾客转移成本，增加顾客黏性，削弱替代品对企业的威胁。

【案例 5-2】

沃尔玛的成本领先战略

沃尔玛公司是全球最大的世界性零售连锁企业，是世界上员工最多的企业，并且已连续五年在《财富》杂志世界五百强企业中居首位。沃尔玛获得的市场地位与其成本领先战略的正确运用是密不可分的。

（一）高效率的配送中心

为了提高运输效率和解决各店铺订货以及补货所带来的高额库存成本问题，沃尔玛建立了高效率的配送中心，将供应商的商品在规定的时间内安全准确地运输到各分店。为了提高配送效率，配送中心实行自动化，货物在传送带上运输，效率极高，每个配送中心有车位 135 个，可同时为 30 辆卡车装卸。商品在配送中心的时间一般不超过 48 小时。建立这种配送中心有效地缩短了商品的储存时间，减少了仓库所占的较高成本，同时大大提高了库存周转率，沃尔玛销售的商品中，87% 左右的商品由配送中心配送，库存成本降低约 50%。

（二）节约开支

沃尔玛在发展过程中一直秉承节约开支的企业文化，始终贯彻“天天平价，始终如一”的经营理念，这种经营理念使企业常年都以最低价格销售商品，而且是全时段、全地区都进行低价销售。信息化技术可以随时分析和处理成本管理所需的大量信息。沃尔玛在运营过程中，使用计算机网络技术和信息化管理手段在采购、存货、销售和运输等商品流通环节上想尽办法降低成本。沃尔玛的日常管理费用仅占销售额的 2%，并且在各个环节上都推行勤俭节约的作风。沃尔玛店面装修简洁，商品包装成本低，并鼓励员工为节约开支提供经验和方法。

（三）直接向工厂大量采购

沃尔玛把物流链当作与供应商合作的中介，直接向工厂采购。很多商家都采取代销经营方式来规避经营风险，但沃尔玛却实施买断购货方式，并且绝不拖延货款。虽然沃尔玛采取这种购货方式会面临一定的风险，但却能够有效地保护供货商利益，能够有效地激发供应商和沃尔玛两者之间的合作积极性，二者相互依赖共同发展，从而大大降低了成本。沃尔玛采用统一购货制度，在采购时一般签订一年的采购合同，因此购货数量庞大，所以进价优惠远远高于其他企业，这带来了更多的低成本优势。

资料来源：毕思苇．杜邦分析法下的成本领先战略研究——以沃尔玛为例［J］．财税研究，2020（6）：181－182.

2. 成本领先战略的局限性。成本领先战略有许多优越性，被众多企业所采纳，但也存在着明显的局限性。不顾企业现实条件，盲目实施该战略会给企业带来风险。其局限性主要包括以下三点：

（1）容易被模仿。尤其是内外环境差别不大的企业，通过学习、观摩、总结管理经验或购买新技术以及更先进的设备，就有可能以更低的成本参与市场竞争，这时企业原有的技术投资和经验或许就难有用武之地，进而丧失成本优势。

（2）单品利润率低。成本领先战略虽然具备很强的定价能力，常以低价渗透市场，以量取胜。但当市场环境发生变化，比如经济下行，市场需求不振时，产品销售量就会受到较大影响，规模经济就不易实现。由于单品利润率低，如果销量无法大规模提升，就会导致企业总体收益下降，不利于企业的稳定发展。由于成本领先战略的易模仿性，如果竞争者争相加入价格比拼，整个行业将会面对利润率下滑的风险，也不利于行业的整体可持续发展。

（3）持续降价伤害现有顾客。过度关注如何降低产品成本，可能使其忽视市场需求变化，特别是持续不断地大幅降低产品价格，极易导致现有顾客的不满，增加顾客流失的风险。2023 年伊始，特斯拉率先在中国市场开展“新春大促”，因为大幅降价引发四川成都、浙江杭州、上海、河南郑州、江苏无锡、湖南长沙等多地特斯拉车主前往门店展开维权，对特斯拉的口碑造成负面影响。可见低价就是一把双刃剑，容易造成“杀敌一千，自损八百”的尴尬局面，原来的成本优势也会因之大打折扣。

3. 成本领先战略的实施路径。主要包括以下五个方面：

（1）扩大生产规模，实现规模经济。随着企业产量的逐渐增加，单位产品平均成本不断降低，经济效益将会提升。因此，实施成本领先战略，通常应选择那些同质化程度高、技术成熟、标准化的产品进行规模化生产。扩大生产规模，使固定成本能在更多产品上进行分摊，使单位平均成本降低。

（2）做好供应商营销。供应商营销是指与上游提供原材料、能源、零配件等产品的厂家建立良好的协作关系，以便获得低廉、稳定上游资源的营销理念。通过大规模采购影响甚至控制供应商，有利于竞争者建立起资源性壁垒，增加其竞争优势。成本领先战略要想成功实施，需要企业与供应商建立互惠互利、平等的长期战略合作伙伴关系。

（3）生产技术创新。降低成本最有效的方法是生产技术创新。生产技术创新可以提高生产效率，降低生产成本。前述特斯拉汽车大幅降价，其基础正是生产技术和生产工艺的创新，大幅降低了生产成本。用其对外事务副总裁陶琳的话来讲，就是“特斯拉价格调整的背后，涵盖了无数工程创新，实质上是独一无二的成本控制之极佳定律，包括但不限于整车集成设计、产线设计、供应链管理甚至以毫秒级优化机械臂协同路线……从‘第一性原理出发’，坚持以成本定价”。即便大幅降价，但特斯拉的单车利润仍然远超国内大多数新能源汽车品牌。

▶▶知识拓展 5-2

马斯克的“第一性原理思维”

埃隆·马斯克是特斯拉、SpaceX 和 SolarCity 等多家领先科技公司的创始人。他成功的秘诀之一是他广为人知的“第一性原理思维”。这是一种基于最基本、不可拆解的事实和原理进行思考的方法。马斯克曾多次提到，他的成功很大程度上归功于这种思维方式。

第一性原理是指最基本、不可再分的事实或真理。它不是从别的论据推导出来的，而是自成一体的基本原则。举个例子，对于火箭发动机的设计，传统思维可能是依据已有的火箭技术进行改进。而第一性原理思维则会从物理学的角度出发，分析如何在真空中产生推进力，然后构建一个全新的发动机。这种方法会带来非常不同的结果，因为它创造性地解决了问题。

马斯克常常运用第一性原理思维来解决各种复杂的问题。他曾经说过，要解决问题，你必须要问自己："这是什么"以及"为什么会这样"，通过回答这些问题，他能够深入了解问题的本质，并找到创新的解决方案。他在特斯拉、SpaceX和SolarCity等公司的成功，正是源于他对问题的深刻理解和前瞻性的解决方法。

第一性原理思维不仅帮助马斯克解决技术问题，也影响着他的商业决策。他独立思考，不受传统行业观念的束缚。在创立SpaceX时，传统航天公司的发射成本非常高昂，但马斯克相信通过新的方法和技术，他可以实现更加经济高效的太空发射。通过坚持第一性原理思维，他成功地将航天业务颠覆，为太空探索开辟了新的篇章。

那么，如何运用第一性原理思维来实现自己的成功呢？首先，需要培养独立思考的能力，不被常规思维所局限。其次，应该多学习和积累知识，了解问题的本质。最后，要敢于创新，勇于尝试新的解决方案，即使可能面临失败和困难。

资料来源：https：//baijiahao. baidu. com/s？ id = 1771835215055707615&wfr = spider&for = pc.

（4）建立价格保护机制。实施成本领先战略，要尽量避免短期内连续大幅度降低产品售价，尤其是爆款产品，销量越高，招致的批评声浪可能就越高。这种做法虽然能吸引新顾客，但老顾客会觉得被"割韭菜"，不利于品牌口碑传播。如果出于战略需要，必须经常短期内连续大幅度降价，应该考虑建立价格保护机制，对老顾客进行各种形式的补偿，以避免老顾客的流失。京东的价格保护规则就较好地解决了这一问题。

（5）塑造企业低成本文化。一般来说，成本领先战略的实施涉及企业的方方面面，要求全员参与成本控制，应着力营造一种注重细节、精打细算、讲究节俭、严格管理、以低成本为中心的企业文化。

（二）差异化战略

差异化战略是指企业生产的产品或提供的服务明显区别于竞争对手，以一种独特的定位满足客户的需求，以此获得竞争优势的竞争战略。波特在《竞争战略》中提到："差异化战略，是将产品或企业提供的服务差别化，树立起一些全产业范围内具有独特性的东西。"可见差异化战略的重点就是要创造某种对顾客有价值的独特性。这种产品或品牌的独特性，能使顾客对企业品牌产生忠诚度，甚至愿意支付溢价。所以差异化战略受到很多优秀企业的青睐。

1. 差异化战略的优越性。主要体现在以下三个方面：

（1）产品利润率高。因为产品具有与众不同的差异性，企业就能通过提高产品的价格，避开直接的价格竞争，来获取更高的利润，而且购买者还无法"货比三家"，从而降低购买者对价格的敏感度，削弱购买者的议价能力。

（2）顾客忠诚度高。由于产品或品牌独具一格，会吸引更多的顾客重复购买，使产品的销量也大幅提升。成功实施差异化战略的企业，其产品的销售规模并不一定比实施成本领先战略的企业低。近年来，智能手机在性能、功能和外观等方面日趋同质化，消费者产生了审美疲劳。而在造型上，苹果手机采用早期的经典直线边框设计，以区别于竞争对手的圆润造型，这种差异化的外观设计，硬朗、简洁、独特的造型成为产品的一大亮点。此外，苹果手机的拍照功能也得到用户更多的认同和高度评价，是为苹果手机带来差异化竞争优势的重要因素。虽然苹果手机价格不菲，但 2023 年上半年其销量在国内市场依然名列前茅，其中大量的忠诚顾客是作出了巨大贡献的。

（3）品牌形象独特而鲜明。成功实施差异化战略的企业，能开发出独树一帜的产品或服务，能够拉开与竞争者的差距，与竞争者形成鲜明的对比，从而给顾客留下非常深刻的印象。如酒店行业的汉庭、如家、7 天通过差异化开辟出经济型酒店，从而获得高速增长；元气森林通过品牌差异化成为近五年增长最快的国货饮料；泡泡玛特通过“盲盒 + IP + 会员”的组合模式，开辟出差异化的新潮玩具市场。差异化战略的成功实施，大大提升了其品牌号召力，使其都成为各自行业里的佼佼者。

2. 差异化战略的局限性。其局限性主要包括以下三点：

（1）差异化战略实施难度大，成本高。差异化战略对企业的实力要求很高，企业必须在产品、品质、销售方式、技术、品牌、设计等多方面具备很强的差异化能力。为了提供独特性产品或服务，通常需要投入更多的资源，以更高成本为代价，导致产品价格居高不下。并非所有顾客都愿意且有能力支付因其独特性而提高的价格，不少用户也会为了节省费用，转而选择物美价廉的产品。

（2）在当今全球化及互联网高度普及的时代，企业难以在某个领域保持长期的差异化。竞争对手的模仿会使得企业产品或品牌差异化程度降低，进而削弱其竞争优势。

（3）差异化战略具有排他性。根据波特的竞争战略理论，差异化战略实施与市场份额最大化的目标之间存在矛盾性，二者不可能兼顾。产品或服务的差异化程度越高，其市场份额可能会越低，并且往往需要付出高昂的成本。因此，企业在差异化战略的实施过程中，要慎重考虑过度差异化的风险，控制好差异化的程度，才能保证企业实施差异化战略后的收益最大化。

3. 差异化战略的实施路径。一般来说，企业可从产品、服务、渠道、品牌等方面实施差异化战略。

（1）产品差异化。产品差异化体现为产品在形式、设计、性能、耐用性等方面与竞争对手相比，有明显的独到之处。例如，追求极致的徕卡相机，秉承“手工制造”的生产理念，坚持选用高端材料，由顶尖的技术人员纯手工打造。徕卡的品控十分严苛，甚至能检测到少于万分之一毫米的误差。可谓把产品差异化做到了极致。当然，昂贵的价格也成为徕卡相机一项鲜明的标识，让它与其他品牌的相机形成明显的差异化。

（2）服务差异化。随着竞争的激烈和技术的进步，当产品差异化已不明显时，企业可以通过服务差异化来增加产品价值。在餐饮行业中，海底捞凭借其独特的服务，创造了非常不错的口碑，吸引了众多消费者。究其原因，最重要的一点就是它独一无二的高质量服务。而服务是通过人员来传递的，雇用及培训优秀的员工，实现人员差异化也能为企业带来竞争优势。

（3）渠道差异化。企业可以通过营销渠道的差异化来提高其竞争力，拥有实力雄厚、覆盖面广的分销网络，并且分销商的销售能力、服务能力出众是企业渠道优势的基础和要务。如今，互联网高度普及，社交媒体广泛应用，企业还应该积极探索全新的渠道模式，构建良性循环的多渠道协同、多触点交互的渠道生态圈。例如，某酒业公司为构建新型厂商关系，针对区域市场的经销商结构和盈利模式进行调整，构建的“一商为主、多商配称”渠道模式。所谓一商为主，指的是一个市场必须有一个主商，保障公司产品在当地市场的主导地位，承担市场秩序和价格稳定维护职责；多商配称主要指的是多个优质的团购商和特殊渠道商。公司针对不同类型经销商设置不同的盈利模式，主商靠规模盈利，实现规模经济；多商靠高毛利新品盈利，形成集成和板块效应。该模式对于克服酒业传统渠道压货的弊端，减少渠道窜货，理顺渠道价格体系作用非常明显，为企业渠道优势的形成贡献突出。

（4）品牌差异化。品牌的知名度、美誉度和忠诚度是判定品牌影响力的三个重要因素，他们是企业的品牌资产和市场竞争力的来源。品牌形象要能够反映企业的时代风貌与追求，品牌形象越鲜明、突出就越容易与其他企业形成差异化，就越能为企业的竞争优势赋能。如洋河“中国梦·梦之蓝”的品牌形象就独具特色，以富有视觉冲击力的高饱和蓝色作为视觉传达的主要元素，传达“富有家国情怀的时代梦想”，在酒业中犹如一股清流与其他竞争者区别开来。以此获取了业界的高关注度，奠定了品牌的竞争优势。

（三）集中化战略

集中化战略是指企业集中资源和力量专注于某些细分领域或重点产品，在这些特定的细分市场建立竞争优势的竞争战略。该战略实现的前提是相比那些强大的竞争对手，企业能够更好地服务于这一特殊的细分领域。集中化战略并不谋求整体市场的广度或者产品组合的丰富性，而是要尽可能选择竞争对手最薄弱的环节和最不易被替代的目标。集中化战略体现在产品线集中、顾客集中、地区集中等方面，当企业的资源有限，没有能力选择多个细分市场时，就可以实施集中化战略，避免与实力强劲的企业正面对抗，通过深耕特定领域或产品，充分利用有限资源，获得最大的回报。

1. 集中化战略的优越性。主要包括以下两点：

（1）能够提高企业效率。企业实施集中化战略，会将资源集中在某一特定的客户群体、产品细分领域或特定的区域市场上，在这些领域深耕细作。专注度越高，对这些细分市场的认识研究就越深入，就能更好地理解不断变化的市场需求，也就越可能以更高的效率为顾客提供服务。俗话说，好钢用在刀刃上，实施集中化战略可以减少资源浪费，提高资源利用率和生产效率，为企业创造更高的利润。

（2）市场竞争强度较低。集中化战略的执行需要集中资源于自己最具优势，或竞争对手最薄弱，或竞争对手忽视的特定细分市场。这些市场对于实力雄厚的大企业来说，可能吸引力不足，即便勉强进入，通常也不会投入大量资源参与市场竞争，所以市场竞争强度相对于其他市场会更低，对于实力稍逊一筹的企业来讲，进入这类细分市场，就有可能成功避开与强大的竞争对手的冲突，成功的可能性更大。

2. 集中化战略的局限性。在集中化战略的指导下，企业集中所有力量和资源投入一种产品或一个特定的市场上，而这类市场的通常容量较小，顾客数量少，市场增长潜力不大，如果企业的老客户流失，新客户拓展有可能面临后续乏力的风险。

另外，当企业成长到一定规模后，希望通过多元化扩大企业规模，但是因为客户对企业或产品定位存在惯性思维，可能不太容易接受企业的其他产品。集中化战略实施得越成功，顾客对企业固有“标签”形象的认识就越深刻。比如顾客对美的形成的“小家电”标签、TCL的“电视”帽子、海尔的“家电企业”形象、格力的“空调”符号等。想要摘掉这样的“标签”，往往意味着企业需要付出非常高的顾客沟通成本。

3. 集中化战略的实施路径。集中化战略通常是在较小的市场范围内，通过差异化集中或成本集中的方式实现。因此集中化战略有集中于成本优势或者专注于差异化优势两种实施路径。集中于成本优势的关键在于企业能否找到特定细分领域，并且能取得领先的成本优势；专注于差异化优势的关键是在特定细分领域，企业能否具备独特的差异化优势。由此可见，集中化战略的实施必须基于对市场的精准分析。为此，企业需要做到以下三点：首先，充分挖掘目标顾客的特殊需求，充分认识和深入分析企业在满足这些特殊需求方面的竞争优势，并且选择合适的目标市场进行集中突破。其次，做到优势资源，集中投入。要加大科技研发投入，提高科技水平和创新能力，提升劳动生产率，提高顾客的满意度和忠诚度。最后，向顾客传递清晰的定位信息，占据顾客心智空间，提升企业产品或服务的知名度，强化顾客对企业形成的形象认知。

随着经济与社会的发展，企业间的竞争越来越激烈，完善且适合企业的竞争战略体系能促进企业的健康和快速发展。以上三种基本竞争战略各有其适用条件，企业必须基于所在行业特点、自身的生产经营状况、资源与能力的限制条件和对市场竞争态势的深入分析，才有可能筛选出最适合本企业的竞争战略。

二、蓝海战略

在市场竞争中，多数企业在制定竞争战略时，都选择“成本领先”或“差异化”战略，但成本领先战略会限制企业的利润，差异化战略会增加成本。随着经济的发展，市场竞争趋于白热化，但是市场需求增长缓慢，甚至停滞萎缩。在供远远大于求的市场环境中，企业无论采取成本领先战略还是差异化战略，获利的空间都越来越小。企业界迫切需要一种全新的理论为企业的竞争战略决策指引新的发展方向，于是蓝海战略理论应运而生。

蓝海战略理论将研究重点从供给方转向需求方，将整个市场划分为红海与蓝海两类。红海指已经存在的市场空间，通常意味着血腥的市场竞争。蓝海指还不存在的新市场空间。通过增加和创造现有市场未提供的某些价值元素，并剔除和减少市场原有的某些价值元素，开创没有竞争对手的市场空间，从而重建市场和产业边界，创造并获取巨大的潜在市场需求，实现价值创新，进而摆脱血腥竞争的红海市场，进入风光无限的蓝海空间，走上高获利性的高增长之路。蓝海战略具有以下特点。

（一）重点关注新市场的研究

波特的竞争战略理论所涉及的市场既可以是新市场也可以是现有市场。而蓝海战略主要是研究在现有市场之外，如何从战略角度发掘新市场，至于活动本身是否存在差异，是否成本领先，并不是它考虑的重点。

（二）注重融入其他学科的研究成果

例如，蓝海战略中“注重全局而非数字”原则，主张通过战略视觉化的方式，促使高层经理之间能相互沟通、学习、达成共识。这实质上就是组织学习理论的应用。又如“遵循合理的战略顺序”原则，实际上就是目标成本管理法的应用。其中将买方体验划分为购买、配送、使用、补充、维护和处理六个阶段，就是对顾客价值链的描述。

（三）分析工具简单、可操作性强

蓝海战略理论中的分析工具都是用直观的框架图表示的，涉及的变量较少。这些分析工具都采用非定量性质的概念，没有精确的数学公式模型。因此具有简单、容易操作的特点。其中战略布局图以及对现有战略布局图中的战略变量要素实施“剔除—减少—增加—创造”的四步动作框架尤其能体现这一特点。

【案例 5 -3】

瑞幸咖啡的蓝海战略

在市场竞争日趋白热化的今天，无数企业在红海中激烈搏杀。而瑞幸咖啡另辟蹊径，制定并实施了蓝海战略，促使企业得到迅速发展。

（一）提供高性价比的咖啡

瑞幸咖啡以星巴克为参照对象，优选上等阿拉比卡豆、WBC 冠军团队拼配，新鲜烘焙、新鲜现磨，保证其品质。而相比星巴克的定价，瑞幸咖啡的均价要便宜 8—18 元，而且还有买赠活动。相对于星巴克而言，瑞幸咖啡保持了高品质、低价格和性价比突出的优势。

（二）构建大数据平台

在大数据时代，用户信息的价值是十分可观的。瑞幸通过自己开发的 App，构建了大数据平台。该平台除了承载点单和买单的功能之外，还打通了技术和整个运营体系，只要客户下单，全部信息都会在后台显示，然后根据这些数据进行分析，可以决定开店地址、选品和配货。整个供应链依靠这一平台去精准分析判断，后期还可以对用户进行画像，精准推送信息。

（三）开设高效率的 Pickup 门店

瑞幸的核心渠道是 Pickup 门店，不同于星巴克一直倡导的“第三空间”。此类型门店直接设立在写字楼内，不设立座位及休息区域，即买即走。相比传统咖啡门店，Pickup 门店租金较低，与线上外卖平台配合，提高配送效率。

（四）明确以白领、上班族为目标客户群体

星巴克营造的场景是个人对个人的商务会谈。而瑞幸主要针对的是工作场景，目标客户很明确，包括企业客户、白领、上班族等。并且瑞幸知道自己的目标客户群体在哪里，所以瑞幸的门店选址都在每个城市的 CBD 商业办公集中区、写字楼等地方，可以直接接触到目标客户群体。

（五）另辟蹊径的营销策略

瑞幸首先成功“碰瓷”星巴克，实现碰瓷式营销。强行将自己与星巴克捆绑在一起，蹭了星巴克积累多年的品牌名气，通过这种“碰瓷”在短时间内提升了自己的知名度。瑞幸继而采用裂变式营销，裂变玩法其实很简单，就是赠一得一，下载瑞幸咖啡 App，注册会员后会送你一杯咖啡，把 App 分享给朋友，在朋友注册并购买后，你和他都能得到一杯咖啡，这可以无限裂变循环。从蓝海战略的实施来看，瑞幸咖啡的“剔除—减少—增加—创造”四步动作框架如图所示：

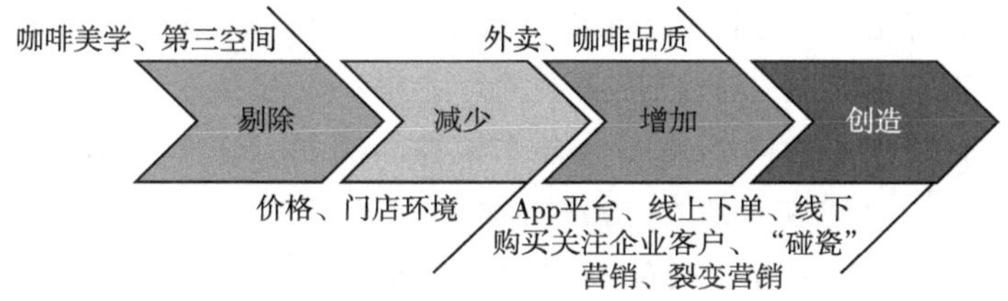

资料来源：池白桦．浅析“小蓝杯”瑞幸咖啡的蓝海战略［J］．现代经济信息，2019（20）：318.

三、竞合战略

波特提出的三种基本竞争战略侧重于单个企业的分析，而较少考虑企业与企业之间的关系。全球化使企业日益重视供应链和价值链，企业间的竞争方式也在发生转变，企业为实现“双赢”，不再单纯地依靠零和竞争或单纯的合作模式，而是在相互竞争的同时谋求合作，形成了一种独特的竞合战略。

（一）竞合战略的涵义

布兰登博格和奈勒波夫 1996 年首次提出竞合战略一词，认为竞合战略是企业与供应商、客户等价值网成员同时进行合作与竞争的经营战略。随后，学者们基于博弈论视角对竞合展开分析，并将其视为一种可以实现双赢的非零和博弈，而不是“非此即彼”的零和博弈。目前，对于竞合战略内涵的研究存在三种观点。第一种观点认为竞合是一种两家企业间同时追求竞争与合作的关系；第二种观点将竞合视为三家相互关联的企业之间的关系，认为其中一家企业与一方竞争并与另一方合作；第三种观点认为竞合是多家企业在商业网络中同时存在竞争和合作关系的集合。在数字经济时代，数字化带来了商业模式和社会形态的改变，也相应加剧了企业的竞合态势，企业自身单打独斗已不符合时代潮流，抱团取暖才是未来企业的必然选择。在数字化浪潮的冲击下新创企业需要与供应商、客户、竞争对手、互补者等价值网成员积极沟通合作，获取宝贵的资源及创新信息并加以整合，形成企业的核心竞争力。

（二）“竞”与“合”的选择条件

1. 交易成本和组织间协调成本的差异，决定了竞合战略中竞争与合作的程度。如果市场交易成本过高，而企业间的协调成本较低，则经济活动应该在企业内部进行，合作的水平应适当增加。反之，若市场的交易成本足够低，经济活动就应该通过市场竞争来完成，竞合的天平应该向竞争方向倾斜。

2. 产业生命周期阶段影响竞争与合作的程度。如果企业所处的产业处于成长期，那么产业具有足够的市场潜力，通过企业间的合作有可能把蛋糕做大，这时竞合战略就应该以合作为主；如果产业处于成熟期，竞争对手之间的产品特性和技术水平日益趋同，企业只能通过不断竞争来实现企业的盈利目标。

3. 消费者需求的个性化程度所引起的产品差异性越大，越有可能出现合作。越同质化的市场，越可能趋向于高度竞争。在众多的行业中，信息技术服务业可能最具差异化竞争的特点，同时也表现出非常明确的同业合作精神。例如，在个人电脑操作系统方面，微软与苹果是竞争对手，但是双方却在 2005 年签订了为期五年的合作协议，协议规定微软为苹果电脑提供 Office 套装软件。微软与苹果两家企业产品具有显著的差异，在这种情况下合作，微软扩展了利润来源，苹果则避免了顾客的大量流失。

4. 产业技术变化速度越快、越具有不确定性，同业合作的可能越大。技术突破和革命最可能改变一个产业的生态环境，当生态环境发生大的变化时，大家可能一起遭到淘汰。同业竞争者可能会联合起来一同回避风险。

5. 行业内商业知识和经营知识的隐性程度越高，越可能出现合作。知识的隐性程度与行业创新的复杂程度有关。比如，制药行业就是一个高度创新的行业，在这个行业里，同类企业进行研发合作是非常普遍的。

6. 外来竞争对手的竞争压力越大，越有可能出现合作。例如，近年来持续的铁矿石谈判之争，面对铁矿石价格的不断上涨，上游原材料供应商对行业利润不断压榨，国内钢铁企业生存日益艰难，只有进行广泛的合作才能使国内的钢铁企业从中获益。

除此以外，产业结构特征和价值链整合压力等，都会对竞合战略中合作和竞争力度的相对高低产生一定的影响，需要企业具体问题具体分析。

四、超越竞争战略

超越竞争战略是创造性思维大师爱德华·德·博诺针对领先企业提出的一种战略思

维，主张在超越竞争对手之后，以自己作为竞争对手，通过不断地超越自我来建立持久的竞争优势。

（一）超越竞争战略产生的背景

超越竞争战略的理论基础是波特的“五力”竞争力模型和“价值链”理论。五力模型认为，企业战略管理的首要目的就是打击竞争对手，削弱竞争对手的实力，以此获得竞争优势。价值链理论认为，只要企业能够比竞争对手创造更大的价值，企业就能获得竞争优势。在此类理论的指导下，企业必然将焦点集中在如何与竞争对手进行高强度的“血腥”竞争之上。在企业尤其是领先型企业成功建立起一枝独秀的竞争优势之后，必然会面临爱德华在其著作《超越竞争》中针对领先企业提到的两难困境，即不采取强有力的竞争措施难以保持其领先地位，竞争力度过大又容易过度伤害竞争对手，遭到对手的拼命反击或联合反击，危及自身乃至整个市场。针对这种两难境地，爱德华继承了波特获得优势的竞争理念和价值创造链互相衔接的思想，提出了超越竞争的战略思维。

超越竞争战略主张领先企业以超越自我作为进取方向，而非将竞争对手作为焦点目标。实施超越竞争战略，其竞争对手主要是自己，竞争的主要方法是不断地创新，通过创新不断超越自我，促使企业发展壮大，同时避免与竞争对手直接对抗。这种竞争战略思维超越了与对手的直接竞争，故称为超越竞争。

（二）超越竞争战略的内涵

超越竞争战略的最大特点在于自我超越而不是攻敌之弱，其核心在于价值创造，即创造出一种前所未有的价值，最终遥遥领先，实现价值垄断。爱德华说：“为了生存，你需要竞争；但为了成功，你需要超越竞争、实现价值垄断。”谷歌创始人之一佩奇也曾表达过类似思想：竞争者不是我们感兴趣的事，我们只关心我们的工作能给世界带来多少有价值的东西。可见，一流企业真正关注的不是竞争，而是顾客的需要，企业不能把有限的资源消耗在与竞争对手的恶性竞争之上，而应该用在如何为顾客创造价值上。企业为顾客创造价值，获取客户的过程就是获得竞争优势超越竞争的过程。

（三）超越竞争战略的实施

超越竞争是一种通过超越直接的市场竞争，避免与竞争对手的正面对抗，以获取竞争优势的战略思维。在具体的战略实施中，企业可以采取以下策略来实现超越竞争战略，以建立持久的竞争优势。

1. 讲究策略的灵活性与实效性。与传统竞争战略追求全面超越竞争者不同，超越竞争战略追求上兵伐谋、不战而屈人之兵式的胜利，因而更加注重竞争策略的灵活性与实效性，并不是一味地与竞争对手去抢、去争，而是随时作出相应的调整以适应市场的变化。所谓退一步海阔天空，有时主动退让一步，反而会获得更为广阔的市场。日本麒麟啤酒公司针对日本酒馆、饭店、酒吧的啤酒市场竞争激烈的现实，主动放弃这些市场，转而开发家用啤酒市场，大获成功。这就是超越竞争战略的典型案例。

2. 强调新途径与新方法。超越竞争战略追求寻找新途径、新方法，改革工作流程本身，而不是只局限于解决存在的问题。实施超越竞争战略的企业常常另外选择一条自己的跑道，挑战自己，通过同自己赛跑，从而领先对手直至战胜对手。电传是美国人发明的，日本人想进军这一领域，但他们并未直接在电传上同美国人较劲，而是通过发明“FAX”打败了美国的电传。美国人被后起之秀击败后，没有谋求在电传和“FAX”上东山再起，而是毅然退出“FAX”跑道，另辟蹊径，研制出了基于 Internet 的 E－mail。可见，超越竞争战略不是一味地提高生产效率，也不是为了解决问题而解决问题，而是强调改革思维和创新。通过超越竞争战略，使企业的价值链与竞争对手不同，另辟蹊径，与众不同，绕开竞争，达到无竞争境界。

3. 追求整体市场利益，不在意局部市场得失。企业通过树立整体市场观念，追求全局的胜利，也就是努力实现整体市场利益，不为了在每一个局部市场上获利而与对手力拼。某啤酒公司将保持不盈利甚至亏本的啤酒部门作为整体市场竞争的一个重要策略，因为该公司发现亏本的啤酒促进了威士忌、葡萄酒等盈利产品的销售，使公司获利丰厚而又避免了与其他啤酒公司的激烈竞争，公司称之为“健全的赤字部门”，这就是企业追求整体价值的经典诠释。

4. 不断创新，超越自我。创新是实施超越竞争战略的有效方式，创新可以使自己与竞争对手保持足够的距离，甚至与竞争对手处于不同层面，因而能使自己不与对手发生近距离的冲突。能够形成人无我有，人有我新的持久优势。创新可以体现为产品创新和市场创新。如瑞士的钟表企业，其产品一直独霸世界钟表市场，但是在面对日本企业采用石英技术生产出走时更为精确、价格也更加便宜的钟表产品时，并没有选择在走时精确和价格上与日本企业死拼，而是尽力提升产品的综合价值，把钟表产品从传统的计时工具上升为一种能够获得心理满足感的、像珠宝一样的名贵装饰品，使之成为男士佩戴的显眼的名贵首饰。瑞士钟表企业通过提升钟表产品的综合价值，在高档表市场上占据了绝对优势，重新夺回了世界钟表王者的宝座。

第三节　不同竞争地位企业的竞争战略

一般来说，市场竞争实力的强弱和竞争地位的高低决定企业在行业中的地位，而行业地位决定企业市场竞争战略的选择。因为行业中的竞争者所起的作用及市场份额不同，所以处在不同的竞争地位，一般包括市场领导者、市场挑战者、市场追随者和市场补缺者四种类型。不同行业地位的竞争者应当采用不同的市场竞争战略。

一、市场领导者

市场领导者是指在整个市场中占有的市场份额最大，在价格变动、新产品开发、分销渠道、促销策略等方面起领导作用的企业。例如，软饮料行业的可口可乐公司、国内寿险行业的中国人寿保险公司、中国潮流玩具市场的泡泡玛特公司，均处于市场领导者地位。

市场领导者的地位是在竞争中自然形成的，但不是固定不变的。市场领导者如果没有获得法定的垄断地位，必然会面临众多竞争者的挑战。因此，必须保持高度警惕并采取适当的战略，巩固其领先地位。通常可采取保持现有市场份额、提高市场份额和扩大市场需求总量三种战略。

（一）保持现有市场份额

市场领导者需要有效保卫自己的阵地，保持已经取得的市场份额，有效防御竞争者的侵入。通常有六种防御战略可供市场领导者选择。

1. 阵地防御。即围绕企业目前的主要产品和业务建立牢固的防线，形成强大的市场壁垒，防御竞争者侵入。阵地防御需要具备强大的品牌实力，让竞争者难以进攻。这是市场领导者最基本的静态防御形式，只能保护企业目前已经占据的市场和产品，容易导致“营销近视症”。

2. 侧翼防御。即市场领先者除保卫自己的主要阵地外，还在易受竞争者攻击之处，即侧翼建立辅助性防御阵地，必要时可作为反攻竞争者的基地。例如，生力啤酒公司的白威士忌在菲律宾市场上受到亚洲啤酒公司虎牌啤酒的挑战，生力啤酒公司为了应对这一挑战，推出了侧翼品牌“金鹰”而取得了防御战的成功。

3. 先发防御。先发防御是市场领导者保护市场份额的有效手段，是一种积极的防御战略，即在竞争者发动进攻之前，抢先于竞争者发布同类新产品，给竞争者先发制人的抢先攻击，让其不敢轻举妄动。市场领导者有多种先发制人的防御方法：当竞争者的市场占有率达到某一危险的高度时，就对它发动攻击；或者对市场上的所有竞争者全面攻击；或是采取心理攻势来阻止竞争者的进攻。

4. 反攻防御。即市场领导者在遭到竞争者攻击后不是采取单纯防御措施，而是采取反击战略。当市场领导者遭到竞争者采取削价、促销、产品改进或侵占市场等进攻时，不只是被动应战，而是采取有效反攻措施。可采用的方法有：侵入竞争者的市场范围，迫使其撤回自己的领域；用广告或其他手段打击竞争者；对竞争力不足的产品实行低价战略以削弱竞争者的攻击能力。例如，在中国常温酸奶市场，光明乳业采取侧翼进攻战略，率先推出子品牌莫斯利安，打了伊利和蒙牛一个措手不及。但作为乳业市场领导者的伊利和蒙牛很快进行了反攻防御，推出了安慕希和纯甄两大品牌，对莫斯利安作出了有力回击，市场占有率实现反超。

5. 运动防御。即市场领导者不仅要积极防御目前的阵地，而且还要扩展到新的市场阵地，作为未来防御和进攻的中心。运动防御最常用的战略是市场扩大化和市场多元化。市场扩大化是指企业将其注意力从目前的产品上转移到有关该产品的基本需要上，并全面研究与开发与该项需要相关的技术。例如，石油公司变成能源公司就意味着市场范围的扩大，不限于一种能源，而是要覆盖整个能源市场；市场多元化是指向无关的其他市场扩展，进入其他行业，实行多元化经营。如当烟草公司认识到有关部门对吸烟的限制在日益增强时，采取运动防御战略，迅速转入不相关的啤酒和食品行业。

6. 收缩防御。即市场领导者在面对多个竞争者的攻击时，由于短期的资源和能力限制，暂时放弃弱势业务，收缩到企业能够保持竞争优势和市场份额的主要市场或业务领域，把资源和能力集中用到主要的市场阵地上。当领导者企业认识到自己不再有能力防御所有领域时，适时收缩防御也不失为明智之举，这是一种撤退防御战略。宝洁公司通过收购金霸王进入电池行业，但电池对宝洁而言是一个跨度很大的品类，涉及很多它并不擅长的领域，如技术、知识、营销渠道等。于是，在与南孚的交战中节节败退，但节节败退之后的宝洁采取了收缩防御战略，将市场收缩在上海和广州两个城市，并且还提高了金霸王电池的价格，最终在局部市场得以小规模地生存。这就是典型的收缩防御战略的运用。

（二）提高市场份额

市场领导者在保持自己市场份额的基础上还要想办法稳中求进。一般来说，如果单位产品价格不下降且经营成本不增加，企业利润会随着市场份额的扩大而提高。也有些行业的研究结果表明，市场占有率和利润率之间存在着一条 V 型关系曲线。在 V 型曲线上，市场占有率较高的大企业通过实现规模经济来获得较高的利润回报率。市场占有率较低的小企业通过建立专业化竞争优势也能获得较高的利润率。

研究表明，市场占有率是影响投资收益率的最重要变数之一，市场份额越高，投资收益率越高。市场份额高于 40% 的企业，其平均投资收益率相当于市场份额低于 10% 的企业的 3 倍。所以进一步扩大市场份额是市场领导者企业应当努力实现的。是否选择提高市场份额作为竞争战略，需要考虑以下两个因素。

1. 是否导致垄断行为。很多国家有反垄断法，当企业的市场份额超过一定限度时，就有可能受到指控或处罚。例如，2021 年国家市场监督管理总局依据《反垄断法》对腾讯、阿里巴巴等大型平台企业存在的技术垄断行为作出顶格处罚。法律是不可触碰的红线，因此垄断行为是市场领导者企业在实施市场占有率提高战略时必须避免的。

2. 经营成本是否提高。在一定时间内，生产技术水平等条件不变的情况下，企业的边际收益呈下降趋势。当企业的市场份额达到一定水平时，如果再要求提高就要付出更高的成本，而收益并不会同比例增加。这时领导者企业就需要权衡为了进一步提高市场份额，这种额外支出的成本是否值得。

（三）扩大市场需求总量

市场领导者占有的市场份额最大，当一种产品的市场需求总量扩大时，受益最大的往往是处于领先地位的企业。市场领导者可以通过开发新用户、开发产品的新用途、增加顾客使用量三个途径达到扩大市场总需求的目的。

1. 开发新用户。每种产品都有吸引新用户、增加用户数量的潜力，企业可以从市场渗透、市场开发和地理拓展三个方面寻找新用户。

（1）市场渗透，即以现有的产品面向现有市场，利用更加有效的营销手段来吸引潜在用户，其中最核心的策略就是营销组合，通过调整营销组合来刺激现有市场中新用户的购买。

（2）市场开发，即以现有的产品开拓新市场。近年来，“男颜经济”开始兴起，在个性化、精致化的需求升级的趋势下，护肤、美容、洗护、彩妆等产品开始面向男性进行宣传和推销，为美妆护肤品市场带来了新的活力和市场机会。

（3）地理拓展，即产品销售地理位置的拓展。例如，越来越多的国货出口海外，开拓国际市场。

2. 开发产品的新用途。发现并推广现有产品的新用途，设法找出产品的新用法和新用途以增加销售量。例如，医药市场上就存在很多老药新用的产品，原来作为心血管病药物的西地那非后来改变适应症，成为可以抗 ED 药物、砒霜的药物，现在也成为可以治疗急性早幼粒细胞白血病的良药。

3. 增加顾客使用量。可以通过引导顾客增加使用频率、增加每次使用的数量和增加使用场景来实现。例如，洗手液生产商增加消费者每次按压时的泵出量，从而增加了顾客使用量；向顾客宣传勤洗手、洗手液的产品功效和使用价值，增加顾客使用频率；向大众宣传不仅是家庭日常使用，在医院、商场、餐馆等公共场所都需要使用洗手液，来增加产品使用场景。

二、市场挑战者

市场挑战者通常是位居行业次要地位的企业，他们在行业中占据第二梯队，市场占有率仅次于市场领导者，有能力对市场领导者发起攻击，伺机夺取市场领导者的地位。市场挑战者如果要向市场领导者和其他竞争者竞争，必须先确定自己的挑战对象，然后选择适当的进攻战略。

（一）确定进攻对象

1. 攻击市场领导者。这种进攻方式风险和吸引力都很大，一旦成功，收益颇丰。挑战者需仔细调查研究市场领导者的弱点或缺陷，以此作为进攻的突破口，例如顾客有哪些未满足的需要，现有产品的痛点在哪里，市场领导者存在哪些劣势或不足等。此外，市场挑战者还可以通过产品创新，开发出超越市场领导者的新产品，以更好的产品来夺取市场的领先地位。

2. 攻击与自己实力相当者。对那些与自己势均力敌的企业，挑战者企业可选择其中经营不善的亏损企业作为进攻对象，设法夺取他们的市场阵地。

3. 攻击实力不济者。一些实力较差的小企业，常常经营不善、财务困难。对此，市场挑战者可以凭借优质的产品、低廉的价格、优质的服务、强大的促销手段夺取他们的市场，甚至将他们收至麾下，来增加自己的竞争优势。

（二）选择进攻战略

市场挑战者作为市场竞争的一支重要力量，在确定了进攻对象之后，还需要考虑采取何种进攻战略。以进攻路线为依据，可以将进攻战略划分为以下五种类型。

1. 正面进攻。市场挑战者经过精心准备，集中全力针对竞争对手的强项，向其主要市场阵地发动进攻。正面进攻者必须在产品、广告、价格等方面大大领先对手，才有可能成功。在新能源汽车领域，比亚迪采取的进攻战略就是正面进攻。特斯拉是公认的市场领导者，十多年前其 CEO 马斯克曾表示，比亚迪不是特斯拉的竞争对手。但是，在 2022 年 11 月 16 日，比亚迪下线第 300 万辆新能源汽车之后，特斯拉前董事会成员 Steve Westly 在接受媒体采访时称，特斯拉唯一的挑战者是中国电动汽车巨头比亚迪。这种态度的转变缘于作为市场挑战者的比亚迪给特斯拉在技术资源、供应链和营销等方面带来的强大而全面的竞争压力。

2. 侧翼进攻。这种战略的典型做法是集中优势力量攻击竞争对手的弱点，以实击虚。企业可分析各类细分市场，寻找领先企业尚未占据的市场，在这些市场上迅速填补空缺。侧翼进攻战略必须抢占一个细分市场，而且需要不断补充资源来巩固这一细分市场。具体有两种做法：一是地理性的侧翼进攻，即在全国或全世界寻找对手相对薄弱的地区发动攻击；二是细分性侧翼进攻，即寻找领先企业尚未为之服务的细分市场，在这些细分市场上迅速填空补缺。

3. 包围进攻。实施此战略，需要同时在几条战线上发动快速进攻，它是一种全方位、大规模的进攻战略。包围进攻可采取产品包围进攻和市场包围进攻两种战略。产品包围进攻要求挑战者要向市场提供种类更为齐全的产品；市场包围进攻要求挑战者扩大销售区域来攻击竞争对手。两者都要求挑战必须拥有优于竞争对手的资源和能力。

4. 迂回进攻。迂回进攻是指企业不与竞争对手正面冲突，尽量避开对手的现有阵地，在对手没有防备或无法防备的领域展开进攻，是一种间接的进攻战略。比如大众、丰田、本田和马自达汽车在进入美国市场时，为避开对通用、福特和克莱斯勒等厂商的正面进攻，采用迂回战略，生产微型汽车，成功避开了美国本土厂商大型汽车的锋芒，在美国市场站稳了脚跟。

迂回进攻有四种具体方式：一是产品迂回。比如宝马汽车 3 系和 5 系用优质高价向凯迪拉克进行迂回进攻。二是需求迂回。以啤酒为例，米狮龙是为周末休闲设计的品牌，米勒啤酒是为蓝领阶层设计的，龙星使用得克萨斯州的形象，百威则提供较低的卡路里。他们各自对竞争对手采取了需求迂回的战略，成功避免了正面对抗。三是顾客迂回。即通过进入新细分市场回避与竞争对手的直接竞争。四是定位迂回。比如戴尔电脑公司采用直销，降低其固定资产成本，使该企业在价格竞争上占据较大的优势。

5. 游击进攻。游击进攻是对竞争对手进行小规模的、时断时续的攻势，是主要适用于规模较小、力量较弱的企业的一种进攻战略。游击进攻可采取多种方式，例如有选择性的降价、突袭式的促销活动等。但需要注意的是，仅依靠游击进攻是不可能打败竞争对手的。如果要想打败竞争对手，还需要发动更强大的攻势。

三、市场追随者

市场跟随者是指那些在产品、技术、价格、渠道和促销等方面模仿跟随市场领导者或市场挑战者的企业。对于市场份额少、技术无优势、营销没特色的企业，应当更多地考虑采用市场追随者战略，让市场领导者或市场挑战者承担新产品开发和市场培育所需的大量经费，以减少成本支出，降低市场风险。具体来讲，可采取紧密追随、距离追随、选择追随三种追随战略。

（一）紧密追随

采取这一战略的企业在细分市场和营销组合中尽可能仿效市场领导者企业，在产品技术、功能等属性上与领先者几乎保持一致，但在营销中避免冲击领先者企业的利益，在品牌、销量等方面与领先者保持一定的差距，以避免遭到领先者企业的报复。

（二）距离追随

距离追随者在目标市场、产品创新、价格水平和分销渠道等方面追随市场领导者，但在包装、广告和价格等方面又保持一定差距。距离追随者可以通过兼并同行业中的一些小企业，在不被关注的情形下发展壮大。

（三）选择追随

这类追随者根据自身的具体条件，在某些方面紧跟领导者，在其他方面自行其是。它不是盲目追随，而是择优追随，在跟随的同时还发挥自己的创造性，但一般不与领先者直接竞争。这类追随者中实力较强者可能发展成为市场挑战者。

四、市场补缺者

市场补缺者又称为市场利基者。“利基”一词是英文 Niche 的音译，意思是拾遗补缺或见缝插针。利基市场也就是空缺市场的意思。市场补缺者是通过寻找空缺市场，采取专业化经营措施，精心服务于这一特定空缺市场的竞争者。市场经济中，任何拥挤的市场都存在市场空隙。几乎每个行业都有市场补缺者专门服务于被大企业忽略的某些细分市场。这些补缺者通常实力很弱，但是因为市场竞争环境较为宽松，通过其专业化经营反而能够获取最大限度的收益。

实施市场补缺者战略的重点就在于找到安全而又有利可图的空缺市场。一个理想的空缺市场应具有以下特征：有足够的市场潜力确保有利可图；市场领导者或挑战者对这一市场一般不感兴趣；企业具备占有此空缺市场所必需的资源和能力；企业的专业化能力在该空缺市场足以对抗潜在竞争者。

（一）市场补缺者的专业化能力

市场补缺者战略成功的关键是实现专业化，主要的发展方向如下：

1. 最终用户专业化，即专门致力于为某一类型的最终用户服务。例如，养老机构专为老年人提供生活照料、康复护理、医疗保健等综合性服务。日本花王集团旗下推出男士化妆品品牌 UNLICS，致力于为男士化妆品市场服务。

2. 特殊顾客专业化，即专门为一类或几类顾客服务。如哈尔滨银行实施市场补缺者战略，始终执守小额信贷服务，千方百计为各类小微民营企业服务，支持了一大批小微、民营企业客户。

3. 产品专业化，即专门经营某一种类型的产品。例如，外语书店专门经营外语类图书。

4. 服务专业化，即专门提供一种或几种市场上没有的服务。例如，甲状腺专科医院，只为甲状腺病患者提供诊疗服务。

5. 地理市场专业化，即专门在某一地点、地区或范围内提供产品或服务。例如，高速公路服务区的便利店只能为到该服务区的车辆和相关人员提供服务。该区域地理范围狭小，但高速公路庞大的车流量所带来的购买力，对利基者还是有较大吸引力的。

6. 销售渠道专业化，即专门服务于某一类销售渠道。例如，某企业生产的纸巾只在加油站出售；有的餐饮企业只通过外卖平台提供服务。

（二）市场补缺者战略的实施

1. 创造补缺机会。首先要敏锐捕捉消费者的需求信息，集中优势资源开发高专业化程度新产品，满足特定的市场需要；其次要善于分析和利用竞争对手的弱点，寻找其忽略的市场空白，如果能够比竞争对手提供更好的产品或服务，就要比竞争对手更有效、更快速地进入这一市场，构建自己的竞争优势。

2. 扩大补缺份额。市场补缺者在开发出特定的专业化产品、赢得在特定市场的竞争优势之后，还要进一步扩大市场份额。提高产品组合的深度，努力增加新的产品项目，以迎合更多具有特殊需要消费者的偏好，提高市场忠诚度。

3. 保护补缺市场。市场补缺者还要注意竞争者的动向，如果有新的竞争者闻声而至，仿制企业产品，争夺市场阵地，市场补缺者必须及时采取相应对策，未雨绸缪，防患于未然，全力以赴保住在特定市场的领先地位。

【案例 5 -4】

Lululemon 选择瑜伽服饰缝隙市场

1998 年，奇普·威尔逊在加拿大创建 Lululemon（露露乐蒙），主攻高端女性瑜伽运动服市场，选择对高端瑜伽服饰感兴趣的精英女性，年龄在 24 岁到 35 岁之间、受教育程度高，年收入达到 8 万美元以上、住在公寓、喜欢运动和旅行的单身女性为目标市场。到 2020 年 10 月，Lululemon 的市值已达 420 亿美元，超出阿迪达斯近 100 亿美元，接近耐克的 1/4，排名仅次于耐克。而且，Lululemon 的市场占有率和消费者的忠诚度都非常高，被称为瑜伽界“爱马仕”。

在 20 世纪 80 年代后期，北美地区女性受高等教育的比例提高到 60%。这种趋势带来女性收入的提高以及生活方式的转变。越来越多的女性希望平衡工作和生活，开始走进健身房。但是，市场上几乎没有专门针对女性消费者特点而设计的健身服，许多品牌把设计好的男性运动服饰，修改尺寸、颜色投放市场，导致当时女性穿着的运动服装普遍存在不吸汗、不透气、臃肿、不美观等问题。Lululemon 刚进入市场时，耐克和阿迪等企业占有运动服饰大部分市场份额，他们主要关注球类运动和奥运项目类运动。当时，专门做女性运动服饰的品牌比较少，对于刚刚在全球开始兴起的瑜伽运动，没有大企业关注这一小众市场，开发专业产品。面对这一被大品牌忽略的新兴市场，Lululemon 就采用了市场补缺者战略，选择瑜伽运动为切入点，关注瑜伽习练者的独特需要，开发出专业、时尚的瑜伽裤。

市场补缺者战略尤其适合资源有限的企业，例如刚成立的企业或者中小企业，在竞争比较激烈的市场中实施该战略，有助于他们避免跟强大的竞争对手直接竞争。目前，越来越多的运动服饰品牌看到了女性瑜伽服饰市场的潜力，纷纷进入这一市场，例如，耐克、阿迪达斯最近都推出了瑜伽系列产品。面对自身企业竞争的需要，Lululemon 也不断进入其他产品领域，如跑步、训练、办公、旅行、通勤等。

资料来源：安圣慧．露露乐蒙如何成为运动服饰的第二品牌［J］．现代营销（学苑版），2021（9）：52－54.

小结与思考练习

【本章关键词】

数字化竞争　冷漠型竞争者　选择型竞争者　强劲型竞争者　随机型竞争者　成本领先战略　差异化战略　集中化战略　蓝海战略　竞合战略　超越竞争战略

【本章小结】

1. 竞争者分析的六大步骤：识别竞争者，判定竞争者的目标，分析竞争者所处的战略群体，评估竞争者的优劣势，预测竞争者的市场反应，选择攻击或回避的竞争者。

2. 成本领先战略的优越性：定价自由度高，利于实现规模经济；能够灵活应对供应商的威胁；提高顾客让渡价值，增加用户黏性。

3. 成本领先战略的局限性：容易被模仿，单品利润率低，持续降价伤害现有顾客。

4. 差异化战略的优越性：产品利润率高，顾客忠诚度高，品牌形象独特而鲜明。

5. 差异化战略的局限性：实施难度大，成本高；企业难以保持长期的差异化；差异化战略具有排他性。

6. 集中化战略的优越性：能够提高企业效率，市场竞争强度较低。

7. 集中化战略的局限性：市场增长潜力不大，客户存在惯性思维。

8. 蓝海战略的特点：重点关注新市场的研究；重点关注新市场的研究；注重融入其他学科的研究成果；分析工具简单、可操作性强。

9. 超越竞争战略的实施方法：讲究策略的灵活性与实效性；强调新途径与新方法；追求整体市场利益，不在意局部市场得失；不断创新，超越自我。

10. 市场领导者的竞争战略：保持现有市场份额、提高市场份额和扩大市场需求总量。

11. 市场挑战者的进攻战略：正面进攻、侧翼进攻、包围进攻、迂回进攻、游击进攻。

12. 市场追随者的竞争战略：紧密追随、距离追随、选择追随。

13. 市场补缺者战略的实施：创造补缺机会、扩大补缺份额、保护补缺市场。

【本章思考题】

1. 举例说明如何理解数字化竞争者。

2. 对比分析三种基本竞争战略的优越性和局限性。

3. 如何选择需要攻击或回避的竞争者？

4. 与其他竞争战略相比，超越竞争战略有何特点？

5. 对比分析不同市场地位企业竞争战略的异同之处。

6. 如果你是企业营销经理，企业在实施蓝海战略时，如何平衡创新与市场接受度的关系？

【本章案例作业】

春秋航空的成本领先战略

春秋航空是中国首个民营资本独资经营的低成本航空公司，凭借其高性价比的服务受到了广大消费者的认可。其中一个重要的原因是其实施了成本领先战略，使其在成本控制方面独具优势。春秋航空通过“两单两高两低”来控制其总成本，使其成为低成本航空公司的领跑者和先行者。

（一）单一机型，降低采购费用

在航空公司中，固定成本占企业总成本的80%左右，固定成本中飞机的费用又占了很大一部分。春秋航空的客机全部采用在油耗、排放和噪声等方面最优的A320系列机型，有效地降低了燃油的消耗成本和飞行员的培训成本。此外，春秋航空采用同一机型的设计，在批量购置客机时可以增加与供应商讨价还价的能力，降低采购费用。同时，飞机后续的维修、保养费用也会相应降低。

（二）单一舱位和座椅的优化设计，提高了客座率

和其他公司的两舱设计不同，春秋航空的客机全部采用经济舱配置，不设置头等舱。这样在购置座位和零部件时，就可以压缩采购成本。同时，全经济舱配置增加了飞机的载客量。再通过优化座椅设计，加大机舱载客量，提高了客座率。

（三）优化航线设计，提高飞机利用率

春秋航空针对目标客户群来设定航线。航班大多为短距离、高密度飞行，增加了飞机的使用次数。航线设计为点对点航线，航行时间大多控制在5小时以内。国内航空公司的飞机平均飞行时间为10小时，春秋航空则将飞机的平均飞行时间提升到了13小时，极大地提高了飞机的利用率。此外，点对点的直达航线还可以缩短飞机在登机口的停留时间，提高飞机的日利用率。

（四）自主研发销售系统，降低营销费用

春秋航空投资近2000万元研发了自己的销售系统，尽管前期系统研发成本投入较大，但成效却十分显著，销售费用明显降低。此外春秋航空还研发了自己的离港系统。离港系统包括旅客值机系统和航班控制系统，乘客选座、办理登机手续等都通过该系统完成。既节省了乘客的排队时间，也节省了春秋航空柜台核算时间和人力成本。

（五）塑造低成本企业文化，降低管理费用

春秋航空成立以来，以公司管理层为首带动全公司节约成本。节俭的企业文化已经渗透到春秋航空的每位员工心中。例如，春秋航空总部就设置在上海虹桥机场附近的一个小宾馆中，总部座位安排密集，尽可能地节约占地成本。公司管理层只设置五个层级，做到人员最大限度的简化。这样既节省了大量的人力成本，又能更好地维持整个企业的凝聚力，增强员工的向心力，减少了上下层之间的沟通成本，避免由于沟通不畅造成的决策或者执行失误。

资料来源：王雪莹，王满．基于成本动因的春秋航空成本领先战略探究［J］．管理会计研究，2019（6）：44－51，87.

讨论题：

1. 请结合春秋航空的实例分析成本领先战略的优越性和局限性。
2. 请评价春秋航空公司成本领先战略的成败之处。
3. 春秋航空成本领先战略的实施有何特点？对其他航空公司有何启示？

【本章参考文献】

[1] 杨洪涛. 市场营销：网络时代的超越竞争 [M]. 北京：机械工业出版社，2019：177－181.

[2] 于建平，丁琦降. 至历史最低价！引发大面积维权，特斯拉的“价格屠刀”伤了谁？[N]. 华夏时报，2023－01－09.

[3] 白胜. 蓝海战略理论与竞争战略理论的对比分析 [J]. 经济纵横.2007 (10)：64－66.

[4] 史丰涛. 解读《蓝海战略》[J]. 经贸实践，2018 (5)：237－239.

[5] 郭润萍，尹昊博，陆鹏. 竞合战略、双元能力与数字化新创企业成长 [J]. 外国经济与管理，2022 (3)：118－135.

[6] 王锋. 竞合战略：超竞争环境下企业竞争战略调适的理性选择 [J]. 改革与战略，2011，27 (7)：51－53.

[7] 代宝. 当代超越竞争战略的和谐内涵 [J]. 石家庄经济学院学报，2010 (10)：77－79.

[8] 李玲，白仁春. 超越竞争战略的实施策略分析 [J]. 商场现代化，2006 (3)：106－107.

[9] 白松松，梁亚粉. 企业战略管理理论的嬗变与新趋势 [J]. 中国商贸，2012 (2)：82－83.

[10] 纪洪波. 不战而胜与超越竞争竞争——《孙子兵法》对企业界“全争”战略的启示 [J]. 中外企业文化，2010 (11)：53－56.

[11] Jorge A. Vasconcellos. 迂回进攻战略，以小代价赢取大胜利的商战高招 [J]. IT 时代周刊，2007 (14)：76－77.

第六章　STP营销战略

开篇案例

索尼 α7 系列全画幅微单的市场定位

索尼2006年加入单反市场竞争，但当时的单反市场已被佳能、尼康等巨头牢牢掌控。作为后来者的索尼迅速转向，将重点放在了当时并不流行的微单和单电领域。2010年索尼彻底放弃了单反市场，全面进军微单领域。时至2023年，微单市场已经独领风骚，大多数厂商已经停止单反的研发，单反成为了事实上的“明日黄花”。而索尼微单由于入行早，卡口协议开放，镜头群丰富，产品定位准确，产品组合完整，覆盖的细分市场广泛等原因，已经成为行业霸主，真实上演了一场“弯道超车”的市场竞争大戏。

索尼在α7系列全画幅微单阵列中，用R、M、S、C四个字母表示产品定位。

（一）R代表画质旗舰

在α7系列中带R的机型属于画质旗舰机型，定位偏向于图片拍摄。这类机型的特点是像素高，画质好，具备一定的视频录制能力，也是广大消费者最关注的机型。目前索尼已推出α7R、α7R2、α7R3、α7R4、α7R5共五代画质旗舰机型。

（二）M代表综合性能机型

M代表综合性能机型，是α7系列中流砥柱的产品。索尼将其定义为全画幅微单新基准，也就是为全画幅微单立标杆的机型，目前出到第四代。M系列论像素，没有R系列高；论高感和视频拍摄能力，没有S系列强。但在哪方面又都不差，属于性价比突出的产品，最适合摄影爱好者选择的机型。

（三）S代表视频旗舰机型

在α7系列中带S的机型属于强高感的视频机型。是专为使用微单录制视频的“发烧友”开发的机型。这类机型的受众最少，此类机型的视频拍摄能力非常突出，比R系列要强一个档次。但像素则相比R、M系是最低的，这也是为了录制超高帧数视频作出的妥协。另外，此类机型的高感性能非常突出，α7S3在ISO拉到25600的情况下，画质依然能够接受。

（四）C代表便携机型

α7C是2020年9月发布的首款C系机型，其性能和α7M3相当，但机身尺寸更为小巧，并搭载了翻转屏，更适合拍摄 Vlog 或追求便携的摄友使用。2023 年 8 月，索尼发布 α7CII 和 α7CR 两款新相机，使 C 系列产品线进一步得到扩充，可以覆盖更多的细分市场。

资料来源：https：//baijiahao. baidu. com/s？id = 1718092404891833999&wfr = spider&for = pc.

随着经济的发展，面对消费者高度差异化的市场需求和激烈的市场竞争，企业不可能有足够的资源为所有消费者提供最佳的产品和服务。因此，企业为了更好地服务于消费者并取得市场竞争优势，进而占据更大的市场份额，就必须制订详尽的 STP 营销战略规划。所谓 STP 营销战略，是指企业对市场细分（Market Segmentation）、目标市场（Market Targeting）和市场定位（Market Positioning）的战略规划。通过 STP 营销战略的制定和实施，企业可以准确识别自己的目标市场，同时在目标市场中树立自己的独特优势，即进行正确的市场定位，进而在激烈的市场竞争条件下立于不败之地。STP 营销战略规划的目的就在于通过市场细分、目标市场的选择以及市场定位来获取更为清晰、准确的营销战略进取方向。

第一节 市场细分

市场细分的前提和基础是消费者的需求存在多样性和差异性，它是企业实施目标市场营销战略的首要任务。通过市场细分对各子市场的特点和性质进行准确定义，有利于企业选择正确的目标市场，也有利于企业确定有效的产品市场定位。

一、市场细分的涵义

市场细分是将整体市场按照某种标准划分为需求和偏好大致相同的消费群体的过程。一个消费群体就是一个细分市场，也称子市场。通过对各个细分市场的深入调研，企业可以对各个细分市场的购买潜力、需求满足程度、竞争态势等情况进行详细的分析和对比，筛选出企业最具竞争优势的一个或多个细分市场作为目标市场，通过市场定位塑造企业或产品鲜明的个性，为制定有效的营销组合策略奠定良好基础。例如，长城汽车实施多品牌差异化的营销战略，将市场细分为不同的板块，使用不同的品牌抢占不同细分市场。旗下的品牌分别有哈弗、魏派、欧拉、坦克及长城皮卡五大整车品牌，分别在中低端 SUV 市场、中高端 SUV 市场、新能源汽车市场、越野 SUV 市场和皮卡市场销售，以满足不同消费者的需求。

市场细分是目标市场营销的基础，有效的市场细分对企业的持续发展具有非常重要的意义，具体体现在以下三个方面：

1. 有利于提高资源利用效率和企业竞争力。任何一个企业的人力、物力、财力等资源都是有限的。通过细分市场，准确选择适合自己的目标市场，企业可以集中资源投入该目标市场，避免资源分散和浪费，提高企业竞争力。一方面，市场细分可以使企业集中有限资源在“刀刃”上，扬长避短，发挥优势，有利于企业以最少的资源取得最大的经营效益。另一方面，市场细分可以提高企业应变能力，使企业的经营活动适应需求的变化，从而提高企业竞争力。

2. 有利于企业发现新的市场机会。企业通过对营销环境的分析和对市场的深入调研，可以发现消费者没有得到满足的需求，进而挖掘新的市场机会。市场细分就是对市场进行整体研究调查的过程，企业能够准确把握不同消费群体的需求及其满足程度，了解哪些细分市场中的消费需求已经得到满足，哪些细分市场未得到满足或未完全得到满足，从中就可以发现市场机会。

3. 有利于企业更好地满足消费者需求。市场需求是复杂而不断变化的，整体市场与细分市场的变化趋势通常是不同的。如服装市场中，男性服装的需求变化很小，而女性服装的需求变化就特别快，几乎每一年的流行趋势都不一样。通过市场细分，企业能够发现单个细分市场的变化趋势，然后根据这些变化趋势及时调整企业的营销策略，做到有的放矢，减少营销策略的盲目性，更好地满足消费者的需求。

二、消费者市场的细分变量

市场细分要以一定的细分变量为依据。消费者市场的细分变量主要有地理变量、人口变量、心理变量和行为变量。

（一）地理细分

地理细分指企业以消费者所处地理位置以及相关地理变量为依据对整体市场进行划分。这些变量包括国家、地区、城市规模、气候、人口密度、农村及交通运输条件等。与其他细分变量相比，地理细分变量比较稳定。处于不同地理位置的消费者对同一类产品往往会呈现出差别较大的需求特征，对企业营销组合的反应也存在较大差异。

1. 地区细分。以行政区划为依据，我国大致分为东北、华北、西南、华南、华东、华中、西北七个大市场。不同地区，由于其自然条件、风俗习惯、文化传统、经济发展水平存在明显差异，因而对同类产品的需求存在差异。例如，对于食物的口味，在我国就存在着北咸、南甜、东辣和西酸的偏好现象。

2. 气候细分。不同地区的气候条件差异较大。我国的气候存在热带、亚热带、温带、寒带和亚寒带五大类型，同时还有许多小气候带。气候的差异对消费者需求影响极大，尤其表现在服装和饮食方面。例如，处于寒带和亚寒带气候的消费者对羽绒服的需求就远远超过温带，而热带气候之下消费者对羽绒服几乎处于无需求状态。

3. 城乡细分。以城乡变量为依据，可以将市场细分为城镇市场和乡村市场。二者在消费观念、消费层次、商品种类、消费环境、流通成本等方面存在较大差异。例如，对电动车的需求，城镇居民通常喜欢精致、轻便的电动车，乡村居民则喜欢结实耐用、续航时间长的电动车。近年来，随着移动互联网对中国城乡的普遍覆盖以及国家乡村振兴战略的实施，城乡之间的市场制约将会被逐渐解除，乡村市场会有很大变化。

【案例 6 -1】

亚马逊公司的地理细分

亚马逊公司根据不同地区的消费水平和市场环境，制定不同的定价策略。例如，亚马逊在印度市场推出了低价版本的 Kindle 电子书阅读器，以适应印度消费者相对较低的消费水平。同时，亚马逊也针对印度市场存在的版权问题，与当地出版商合作推出了一些独家内容，以吸引更多的消费者购买 Kindle。

此外，亚马逊还根据不同地区的节日和传统，推出了一些特色商品和服务。例如，在圣诞节期间，亚马逊美国网站上会推出更多玩具和礼品相关的商品，而在中国市场春节前夕则会推出更多与春节相关的商品和服务。

这些细分策略都能够帮助亚马逊更好地适应不同市场的环境和需求，提高市场份额和销售额。

资料来源：根据网络资料整理。

（二）人口细分

人口细分是将市场按年龄、性别、家庭规模、生命周期阶段、收入、职业、教育、宗教、种族和世代等人口统计因素划分为多个子市场。人口统计因素是市场细分的重要变量，因为人口变量比其他变量更容易测量，同时与消费者的需要、欲望和使用频率密切相关。即便企业采用其他细分变量划分市场，也必须先了解市场的人口统计特征，这样才能准确评价目标市场的容量，从而选择对企业有吸引力的目标市场。

1. 年龄细分。不同年龄的消费者有不同的需求和欲望，同一个消费者在不同年龄阶段的需求和欲望也有很大差异，因此企业应针对不同年龄阶段的消费者提供不同的产品或服务。例如，狮王牙膏有针对儿童的“小狮王”品牌，其形象活泼可爱，强调让孩子爱上刷牙，防蛀是其主要功能；而针对成年人的酵素洁净牙膏则强调美白牙齿和清新口气的功能，满足成年人对良好形象的需求。再如，当下越来越多的年轻人喜欢二次元文化，特别是二次元动漫和漫画。企业针对此类兴趣爱好开发了相应产品或服务，满足这一细分市场的需求。如《原神》这款中国游戏就融合了动漫、游戏、虚拟现实等多种二次元元素，受到众多年轻人的喜爱，在全球范围内都取得了巨大成功。

【案例 6－2】

哔哩哔哩的二次元细分市场

营销领域有一个“三法则”定律，即在法规允许和没有独占权（如专利、许可、商标权）壁垒的情况下，行业最终会形成三足鼎立的格局。一旦三足鼎立的局面形成，后来的竞争者就很难有生存机会了。但事实上，有一家视频类公司最终还是成功地在三个巨头面前站稳了脚跟，这家公司就是哔哩哔哩（也称为“B 站”）。

哔哩哔哩的发展得益于成功的市场细分和对目标市场的聚焦服务。视频三巨头的客户群高度相似，这导致产品也是类似的，他们覆盖的是一个大众市场。而哔哩哔哩锁定的核心人群是年轻人中喜欢二次元的那部分人。哔哩哔哩于 2009 年 6 月 26 日成立，其特色之一就是蜷伏于视频上方的实时评论功能（称为“弹幕”）。这种独特体验非常适合新一代人互动分享以及符合二次创造的潮流文化。同时它也是很多网络热门词语的发源地之一。哔哩哔哩实际上构建了一个潮流文化社区，而不仅是一个视频平台。哔哩哔哩之所以最终脱颖而出，打破前面谈到的“三法则”定律，很重要的一个原因就是独特的市场细分。

哔哩哔哩从大众视频消费中抽离出一个特定人群，或者叫新切割出一个人群——二次元人群，并根据这个人群的爱好、生活方式、心理及行为特征、年龄特征等构建出一个泛文化社区，提供具有针对性的视频内容。2019 年第一季度，哔哩哔哩的月活用户接近 1.2 亿户，每天视频播放量超过 5.1 亿次，弹幕总量超过 14 亿条，原创的投稿数量超过 1000 万种，而用户的平均年龄是 17 岁，75%的用户年龄在 24 岁以下。

资料来源：https：//zhuanlan. zhihu. com/p/568065188.

2. 性别细分。服装和化妆品企业经常采用性别这一细分变量对市场进行细分。例如，绫致时装在中国主要经营 ONLY、Vero Moda、Selected 和 Jack Jones 四个品牌。其中，ONLY 和 Vero Moda 定位于女性市场，企业认为女性是充满激情的，应让她们展示独特的个性，大胆地通过服饰表现自我；而 Selected 和 Jack Jones 则定位于男性市场，坚持“成就最好的男人”的品牌承诺，帮助现代精英男士展示从容睿智、时尚儒雅的风格。再如长城欧拉汽车通过市场细分，将客户锁定为女性消费者，猫系列新能源汽车深受女性车主的喜爱。

3. 收入细分。旅游、汽车、理财等企业经常采用收入这一细分变量对市场进行细分。通过收入细分，企业可以为高收入消费者提供奢侈的商品和便利的服务。对于低收入消费者，则采取低价策略，满足其追求物美价廉的需求。例如，宝马公司在华有两条产品线，一是华晨宝马，二是进口宝马。华晨宝马定价较低，更适合那些事业进入上升期、收入增长较快的消费群体，而进口宝马的目标客户则是高收入的成功人士。

4. 职业与受教育程度细分。不同职业与受教育程度的消费者在消费观念、消费能力和消费偏好上有很大差别，由此引起的需求与欲望的差异也十分明显。例如，演员对服装的需求是新潮、独特，而教师对着装的需求是大方得体。消费者所受教育水平的不同会带来审美观念的差异，这种差异引起的需求差别在各行各业体现得非常显著。例如，受过高等教育的消费者在购买商品时较少需要销售人员指导，而受教育程度较低的消费者则需要更多的销售人员指导。

5. 家庭生命周期细分。依据年龄、婚姻和子女状况等因素，可以将一个家庭的发展划分为五个阶段。在不同阶段，家庭购买力、家庭人员对商品的兴趣与偏好会有较大差别，如表 6－1 所示。

表 6－1 家庭的发展阶段

发展阶段	家庭状况	特征
单身阶段	年轻单身	几乎没有经济负担，消费观念前卫，娱乐导向型购买为主
新婚阶段	年轻夫妻，无子女	经济条件较好，购买力强，对耐用品和大件商品的需求强烈
满巢阶段	年轻夫妻，有6岁以下子女	是家庭用品购买的高峰期，不满足现有的经济状况，注意储蓄，购买较多的儿童用品
	年轻夫妻，有6岁以上未成年子女	经济状况较好，购买趋向理智型，受广告及其他营销刺激的影响相对较小，注重档次较高的商品及子女的教育投资
	年长的夫妇与尚未独立的成年子女同住	经济状况较好，妻子或子女皆有工作，注重储蓄，购买冷静、理智
空巢阶段	年长夫妇同住，子女离家自立	前期收入较高，购买力达到高峰期，购买较多老年人用品，如医疗保健品、娱乐及服务性消费支出增加，后期退休收入减少
矜寡阶段	单身老人独居	收入锐减。情感、被关注及安全保障需求强烈

（三）心理细分

具有不同心理特征的消费者会有不同的消费偏好。心理细分根据社会阶层、生活方式或个性特征将购买者划分为不同的群体。虽然心理细分变量相较于地理细分变量和人口细分变量更难以测量，但心理细分却是一种行之有效和常用的市场细分方法。

1. 社会阶层细分。人们在社会中的职业、经济和社会地位各不相同，因此形成了不同的社会阶层。人们对消费品的选择会受到所在阶层的约束。因此，企业可以根据消费者所处的社会阶层细分市场，为不同社会阶层的消费者设计不同的产品，制订有针对性的营销方案。例如，奢侈品市场通常服务于经济、社会地位较高的高阶层人群，他们会刻意营造一种遥不可及的感觉，满足高阶层消费群体高高在上的心理需求。而与之相对的“快时尚”品牌如优衣库，则为经济地位相对较低的人群提供更新频率快、款式众多和价格优惠的产品。

2. 生活方式细分。观念、兴趣和生活态度的不同会使每个人有不同的生活方式，生活方式是整个社会或社会中群体的独特生活模式，对消费者行为具有重要影响。可从多种角度对生活方式进行分类：按照主体层面不同，生活方式可划分为社会生活方式、群体生活方式和个人生活方式三大类型。按生活方式的领域划分，包括劳动生活方式、消费生活方式、闲暇生活方式、交往生活方式、政治生活方式、宗教生活方式等。按不同的社区，可分为城市生活方式和农村生活方式两大类型。按时代特征，可分为现代社会生活方式、传统社会生活方式。按主要经济形式，可分为自然经济生活方式、商品经济生活方式。

通过分析消费者的生活方式，企业能够预测其消费行为。因此，企业可以根据生活方式划分消费者市场，针对消费者的生活方式特征进行营销策划。这方面星巴克的做法值得借鉴，消费者进入星巴克，不仅能够享受咖啡或轻食，而且还能感受到星巴克的品牌形象让人联想起的一种有品位的、有闲暇的小资生活方式。

3. 个性细分。不同的人有不同的个性，这些个性特征会潜在影响人们的购买行为。消费者的个性类型大体上可以分为习惯型、理智型、冲动型、想象型、时髦型和节俭型。企业依据个性划分细分市场时，会赋予产品与某些消费者个性类似的品牌个性，这必然会吸引有类似个性的消费者购买。一般来说，产品同质化程度高的行业适合按照消费者个性来细分市场，当企业产品或品牌与竞争者高度相似，又难以用其他变量来细分市场时，依照消费者个性来细分市场就非常有效。

▶▶知识拓展 6－1

数字时代品牌性格更重要：魅力经济

数字时代企业如何寻找自身的人格化魅力？创造魅力最简单的方法是将企业当成人，为公司创造个性，持续不断地沟通，让企业具有差异性。根据社会心理学家荣格的研究，人类在历史的发展过程中存在着一种集体潜意识，这种社会性的集体潜意识寄托了人类社会早期的崇拜和吸引的图景源泉，荣格把这种集体潜意识叫“原型”（archetype），原型的作用力在于能够引发人们深层的情感。世界各地所发现的神话和原型之所以流传千百年，不断起作用，是因为它们反映了人类探寻生存意义的永恒道理。

彼得·沃尔什基于对原型和企业人格相互关系的研究，按照“安乐（well－being）—挑战（challenge）”以及“稳定（stability）—改变（change）”将组织人格的原型划分为10种，包括朋友、母亲、国王、智者、英雄、叛乱者、性感女郎、逗趣的人、梦想家、少女。举例来讲，LV、卡地亚所塑造的人格是一种典型的国王人格，整个沟通格调呈现出统治者的控制力；耐克、柒牌这类企业，它们所凸显出来的是一种“英雄”的人格魅力；宝洁于2011年后开始转向塑造“母亲型”的人格魅力；同样，叛乱者人格魅力的典型是维珍、乔布斯时代的苹果，无论是他那则著名的《1984》广告，还是后来回归后“再一次改变一切”的宣言，无不渗透着这种张力。

在数字时代，魅力点的选取与传统时代不一样。在传统时代，大部分企业都在“稳定”“安乐”这两个指标渗透下的人格原型中发展魅力。例如玛氏、联合利华、可口可乐，他们锁定的人格中都有“朋友”这个关键词，例如我们上文中提到的“国王人格”的LV、卡地亚、微软。而在数字时代，这些人格原型显得不够“湿”，不够“水平”，不那么“鲜活”，不那么“富有缺点的人情味”。数字时代本身就是一个“颠覆式的时代”，在这个时代中，我们会看到企业人格的魅力点将转向“挑战”和“改变”这两个维度，向其中一个维度靠拢的企业经过精心策划也许有少许魅力，但绝不会“魅力无敌”，而向这两个维度同时接近并表现强烈则可能“魅力无穷”。罗辑思维的“有趣”，特斯拉的“反叛”，正好对应了这两个指标交叉下的“逗趣的人”和“反叛者”。下图为企业人格原型图谱。

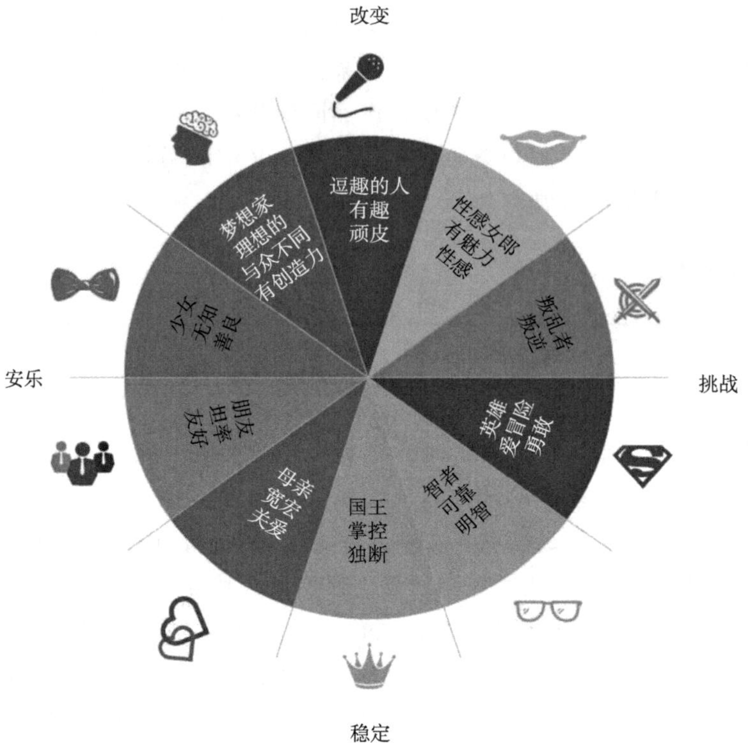

资料来源：曹虎，王赛，乔林，艾拉·考夫曼．数字时代的营销战略［M］．北京：机械工业出版社，2017.

4. 相关群体细分。相关群体是指对某一类消费者的态度或行为有直接或间接影响的群体。相关群体对消费者购买行为的影响体现为，相关群体为某一类消费群体提供可供选择的消费行为或生活方式，引起相关消费群体的仿效欲望，从而影响人们对某种事物或商品的态度。例如，粉丝群体会追逐自己喜欢的明星、网红使用或代言的产品。2023 年 1 月，刘亦菲主演的田园治愈剧《去有风的地方》播出，剧中美丽如画的云南村落，远离喧嚣、原生态的大自然风光，独具特色的古建筑，当地美食等营造出的人间烟火气息，使观剧者产生了强烈的情感共鸣，进而吸引了大批游客前往拍摄地云南大理游玩。类似现象在影视剧营销中并不少见，将相关群体对消费行为的影响力展现得淋漓尽致。

（四）行为细分

行为细分是指根据人们对产品的了解、态度、使用情况或反应，将购买者划分为不同群体的市场细分方法。行为细分的细分变量包括购买时机、追求的利益、使用状况、使用频率、品牌忠诚度、态度等。

1. 时机细分。时机细分主要指企业根据消费者购买或使用产品的时间来细分市场。有人按季节规律购物，也有人反季节购买。例如，波司登夏季卖羽绒服，销量也不错。有的产品是任意时间使用，也有的产品是特定时间使用。例如汤圆，原本是元宵节食用的，是特定时间使用的消费品，通过时机细分后却变成任意时间购买。类似的产品还包括端午节的粽子、中秋节的月饼，相关企业完全可以借鉴汤圆的时机细分方法。时机细分还可以帮助企业扩展产品使用范围。例如，原来仅在早餐饮用的橙汁，通过时机细分，增加使用场景，宣传晚餐、宴会和休闲时同样可以饮用，这样就可以扩大橙汁的销量。

2. 利益细分。利益细分是市场细分最有效的方式之一，其根据消费者希望从产品中获得的不同利益来划分市场。消费者购买决策是一个不断寻求和满足自身利益需求的过程，这就要求企业发现消费者对某类产品的利益偏好，并据此开发和生产相应的产品或服务。消费者的利益偏好是复杂而多变的，并且有时是显性的，有时却是潜在的，自身可能也没有意识到。这就需要企业投入大量资源进行深入的市场调研，才能深刻理解不同消费者的利益偏好，为企业的营销策略组合提供科学的决策依据。例如，国内的牙膏市场是竞争激烈的“红海”，但云南白药牙膏敏锐地发现了消费者对口腔护理的利益需求，在牙膏内加入云南白药活性成分，对于缓解和预防牙龈出血、肿痛、溃疡等口腔问题非常有效，受到市场青睐。口腔护理的利益点也就成为云南白药牙膏区别于竞争者的竞争优势。根据2022年云南白药年度财报，云南白药牙膏以24.4%的市场份额，依旧保持行业市场份额第一的位置。

3. 使用程度细分。根据这一市场细分变量，可以将消费者划分为不同的群体：尚未使用者、曾经使用者、潜在使用者、首次使用者和经常使用者。例如，当你路过一家新开业的面包店时，店员邀请你试吃一款面包，这说明你是这家面包店的潜在使用者，店家在努力和你建立联系，希望把你变成使用者。此时店员可能会送给你一张优惠券，想吸引你进店购买，把你发展成首次使用者，在这个过程中店员还可能会向你介绍会员卡，目的在于最终把你发展成为经常使用者。对于不同的使用者，企业应该采取不同的市场营销策略组合，招徕潜在客户，吸引新客户，稳定老客户。

4. 使用量细分。按使用量细分市场又称数量细分。企业根据消费者对产品的使用频率将消费者划分为少量使用者、一般使用者和大量使用者。虽然大量使用者消费的商品占总量的比重大，但是大量使用者的数量通常不多。企业可以根据大量使用者群体的共同爱好、心理特征及媒体接触习惯为他们量身定制产品。例如，中国移动就根据客户对于不同通话时长、上网流量的需求设计了不同种类的话费套餐业务，以满足消费者对产品使用量的不同需求。

5. 忠诚度细分。企业还可以根据消费者对企业或品牌的忠诚度进行市场细分。消费者对企业的忠诚程度通常可以划分为超级忠诚、逆忠诚、非忠诚和伪忠诚四种类型。超级忠诚的顾客高度忠诚于企业，甚至上升到了品牌信仰的高度。逆忠诚顾客以前非常忠诚于企业，但由于某种原因有意转向另一企业；非忠诚顾客对企业的产品或服务没有忠诚倾向；伪忠诚客户是因为别无选择，只能成为某一企业的顾客，常见于高度垄断的行业。按忠诚度细分市场对企业有重要意义。企业要尽量避免进入超级忠诚顾客数量众多、比重大的细分市场，即便勉强进入也难以持续提高市场份额。逆忠诚度顾客多的市场，顾客流失现象严重，往往说明竞争者提供的产品存在较大问题。进入这类细分市场对企业来说是较好的机会。企业需要深入分析竞争对手的客户流失原因，并采取针对性的措施避免重蹈竞争对手的覆辙。

以上四大类型的细分变量各有其侧重点和优劣势，营销实践中企业往往采取多变量综合分析方法来规避其劣势，发挥其优势。市场细分是一个循序渐进、抽丝剥茧的分析过程。市场划分得越细，意味着对消费者的需求认识越精准，但同时也表明市场容量会变得越小。企业需要权衡利弊，选择最适合自身持续发展的目标市场。

三、组织市场的细分变量

消费者市场细分的很多变量同时适用于组织市场，地理变量、人口统计变量、利益细分变量等都可以作为组织市场细分的参考变量。但是在购买行为、购买目的等方面，组织市场用户与消费者市场用户存在明显的差异，因此两者在细分变量选择上也存在不同之处。组织市场细分常用的变量主要有用户类型、地理位置、用户规模和产品用途等。

（一）用户类型

在组织市场上，用户的购买目的通常是制造、修理、转售等。购买目的不同，对产品的要求也不同。例如，军品用户最重视产品质量、性能可靠性，价格往往不是其考虑的重点。工业用户的购买目的是成品或半成品制造，会根据自己企业的定位、产品价格等因素采购上游产品，常常要求产品质量、规格符合其生产要求，送货及时，能提供必要的售后服务，能持续供货以保证企业扩大再生产能顺利进行。商业用户采购的目的在于转售，获取批零价差，因此要求产品价格相对较低以保证其利润，产品质量符合其价格定位，能持续提供售后服务以保证终端客户具有良好的购物和使用体验。因此，对于不同类型的用户，企业要充分考虑其需求特点和利益关注点，投其所好。

（二）地理位置

根据地理位置细分组织市场对于相关企业具有重要意义。一些组织市场用户对产品的需求经常集中在某些地理区域。这些区域可能因为资源和劳动力的易得性集中了大量同质化或产业链配套的供应企业，形成了产业带，用户在这些区域内采购，选择范围广泛，价格低廉，可以大大减少交易成本，增强竞争优势。从政府的宏观政策调控和产业布局来说，产业带也有利于充分利用当地的人力、物力资源，促进区域经济的发展。

目前，全国范围内已经形成了 27 大产业带，涉及服装、箱包、家纺、汽车用品、家具、家电等众多行业。例如位于成都武侯区的“成都女鞋之都”，聚集了四川省 80% 以上的制鞋企业，从业人员近 10 万人，形成了配套成龙、产销一体化的规模产业。作为鞋类产品的商业用户或制造用户，在此区域内采购成品鞋或配套产品显然更具有竞争优势。除此之外，女鞋生产基地还有广东惠州、东莞、浙江温州、重庆等地。鞋类产品原材料供应企业，就应该重点关注这些客户集中的区域，以扩大销售数量，降低销售费用，提高企业收益。

（三）用户规模

用户规模通常有大、中、小之分。不同规模的用户，购买力和购买行为存在较大差异。一般而言，用户规模越大，购买力越集中，购买周期也相对较长，购买品类也比较稳定；而小规模用户，购买力不强，购买周期和购买品类稳定性都可能存在欠缺。企业可以根据实际情况，选择不同规模的用户作为目标市场。在营销实践中，许多企业都建立了相应的制度来分别与大规模用户和小规模用户沟通。以钢材市场为例，像建筑公司、造船公司、汽车制造公司对钢材需求量很大，购买量动辄数万吨，而一些小型机械加工企业，一年的购买量也不过几吨或几十吨。所以，企业应当根据用户的规模和特点来制订营销组合方案。例如，对于大客户，宜于直接联系，直接供应，在价格、信用等方面给予更多优惠。而对众多的小客户，则宜由批发商或零售商去组织供应。

（四）产品用途

按用户使用产品的最终用途划分市场是组织市场细分常用的方法。最终用途不同，其产品质量、价格和采购数量也不同，需要生产者在营销组合策略上区别对待。如木材加工厂可以根据木材的最终用途不同，将用户细分为家具制造用户、建筑公司用户、包装公司用户、造纸厂用户等。又如钢铁制造厂根据钢铁的不同用途，将钢铁市场细分为建筑用钢市场、制造业用钢市场、交通用钢市场、能源用钢市场和文化用钢市场等。

通过消费者市场和组织市场的细分变量进行市场细分，通常有单一因素法和多因素法。单一因素法是指选择一个细分变量对市场进行细分；而多因素法是指选择两个以上变量进行市场细分。企业应根据变量对购买者的影响程度及自身资源能力状况权衡利弊后作出决策。

▶▶知识拓展 6－2

营销细分的“超细分”与“动态精准化”

自 20 世纪 50 年代以来，营销学中的市场细分概念与划分标准经历了多次演变：从 20 世纪 50 年代的人口统计学特征、20 世纪 60 年代的区域人口统计学与行为特征、20 世纪 70 和 80 年代的心理统计特征数据（个性与生活方式）、20 世纪 90 年代的客户忠诚度与收益数据，到时下使用的经济学数据，直至进展到一对一用户画像。精准营销甚至是一对一营销在今天大数据挖掘与分析技术的支持下可以得到最大限度的落地与应用。

“千人千面”是淘宝在2013年提出的新的排名算法，是排名算法的一个外号统称。对于“千人千面”，淘宝网站给出的解释是：“定向推广依靠淘宝网庞大的数据库，构建出买家的兴趣模型。它能从细分类目中抓取那些特征与买家兴趣点匹配的推广宝贝，展现在目标客户浏览的网页上，帮助其锁定潜在买家，实现精准营销。”例如，有一个买家喜欢波希米亚蕾丝花边连衣裙，那么当此买家来到定向推广页面时，系统就会在连衣裙类目里选出具有波希米亚、蕾丝、花边特征的宝贝展现给此买家。

资料来源：曹虎，王赛，乔林，艾拉·考夫曼．数字时代的营销战略［M］．北京：机械工业出版社，2017.

四、市场细分的有效性

并非所有的细分方案都是有效的。例如，将食盐市场细分为男性市场和女性市场，但是食盐的购买和使用与性别并无关系，这个细分方案就是无效的。无论是消费者市场，还是组织市场，在采用上述变量进行市场细分时，都必须考虑细分的结果，即细分市场的有效性。一个细分市场是否有效，可以用以下标准衡量。

（一）可测量

细分市场的规模、购买力和购买行为特征必须是可以测量的。可测量的意思是企业划分市场的依据变量必须能够识别，可以量化，并且能够用数据来描述细分市场中消费者的一些购买行为特征，能清晰界定细分市场的边界与范围，能够用数据来表明市场容量的大小。

（二）可进入

细分出来的市场应是企业营销活动能够抵达的，即企业通过努力能够使产品进入并对顾客施加影响的市场。一方面，有关产品的信息能够通过一定媒体顺利传递给该市场的大多数消费者。另一方面，企业在一定时期内有可能将产品通过一定的分销渠道运送到该市场，否则该细分市场的价值就不大。

市场细分的可进入性原则包括两个方面：一是政治法律环境对企业进入某细分市场没有壁垒和阻碍；二是企业的资源能力、竞争能力能够使企业了解和获取该细分市场的信息，能够展开营销组合策略，将产品及服务通过一定的分销渠道送至目标市场。

（三）可区分

可区分是指各细分市场要有差异性，在概念上具有不同之处，能相互独立，相互区分，对同一营销组合方案的反应会有差异性，或者说营销组合方案的变动，不同细分市场会有不同的反应。反之，如果不同细分市场对同一营销活动的反应趋向一致，顾客对产品需求的差异不大，行为上的同质性大于异质性，就不是独立的细分市场，企业也就不必消耗资源进行市场细分。

（四）可盈利

细分市场要有足够的规模，企业才能盈利。一个细分市场要具备尽可能多的同质群体，市场容量才能大到值得企业为其制定专门的营销方案。例如，对汽车制造商而言，为身高不足 1.2 米的人专门开发生产汽车就毫无意义，因为这样的市场容量太小，进入这样的领域得不偿失。因此，市场不能无限制地细分下去，避免造成规模上的不经济。

五、市场细分的流程

市场细分是一项复杂而细致的工作过程，必须按照一定的科学流程，有条不紊地进行，一般来说，市场细分要经过五个步骤。

（一）确定产品和市场范围

确定产品和市场范围，即确定企业拟进入的行业和生产的产品，是市场细分的基础性工作。产品和市场范围应以客户的需求而不是产品本身特性来确定。企业必须开展深入细致的调查研究，分析消费需求的动向，结合自己所具有的资源和能力，作出相应决策。应注意市场范围的选择不宜过大，也不应过于狭窄。

（二）列出潜在顾客的基本需求

首先将企业所选定的产品和市场范围内所有潜在顾客的需求，尽可能全面而详细地罗列归类。这类需求通常可以归入心理、行为、利益和地理等需求类型。如汽车销售商发现消费者购买汽车的基本需求有：代步、方便、安全、提高生活品质、凸显社会地位等。然后进行潜在顾客的需求差异性和共性分析。

（三）剔除共性需求，保留差异需求作为细分标准

顾客对产品的基本需求不能作为企业细分市场的依据。对于列举出来的基本需求，存在共性需求和差异性需求。共性需求是设计和开发某种产品的基本要求，这是产品的最低要求。在进行市场细分时，共性需求需要剔除。除共性需求之外，不同消费者强调的侧重点可能会存在差异，企业需要进一步分析顾客对这种产品的需求还有哪些差异性。而这种差异性就是企业可以用来细分市场的细分标准。

如汽车安全性是所有消费者都关注的需求，除此之外，有的消费者关注油耗，有的消费者重视环保，有的消费者侧重外观和内饰，有的消费者重视技术的先进性。因此，安全性是共性，虽然重要但不能成为细分市场的标准，而其他的差异性需求可作为粗略的市场细分标准，成为设计产品和确定营销组合的依据。

(四) 确定细分市场的名称

根据上一步骤得到的市场细分标准将市场划分为不同的子市场，然后根据消费者的特征，赋予每个子市场一定的名称。名称要能够联想到该市场消费者的基本特征。至此，细分市场的轮廓基本形成。

(五) 分析各细分市场的潜力和特点

企业在调查研究的基础上，需要测量每个细分市场可能的购买量和在一定时期可能形成的需求量的大小，并分析细分市场的竞争状况及发展趋势，据此判定各细分市场的潜力以及对企业的吸引力。接下来，分析每一个细分市场的不同需求与购买行为特点，以便决定是否需要合并这些细分出来的子市场，或进行进一步细分。最终根据企业的资源、实力、市场的竞争态势以及细分市场的潜力大小来选择目标市场，并制定出正确的营销策略，构建企业的竞争优势。

市场细分的流程并非一成不变，它只是提供了一个基本的行动框架。在具体的营销实践中，企业可根据实际情况对市场细分的流程进行简化或合并。市场细分的结果也不是一劳永逸的，而应根据市场需求的变化及时进行调整，以符合最新市场需求特点。

【案例 6-3】

2023 年中国汽车用品行业用户画像

(一) 汽车用品六大用户群体

在中国汽车用品用户群体方面，天猫汽车根据人口属性、生活方式、车主用户档案、消费意愿等聚类出六大消费群体：精细爱车族、精致宝妈族、经济养车族、实惠老司机、潮流玩车党和高端商务男。其中，精细爱车族的人数占比和消费占比均处于较高水平。

(二) 汽车用品类目偏好

1. 精细爱车族：偏好专车专用。精细爱车族主要消费特征为年消费高，客单价高，购买件数多，偏好拍立淘等自主搜索的方式购买，精细养护，偏好专车专用。其类目偏好如下表：

排名	汽车装饰	汽车电器	汽车改装	汽车洗护
1	专车专用坐套/坐垫	执法记录仪	汽车喇叭/高音头	车用洗车机/设备
2	专车专用脚垫	智能车机导航	玻璃防爆隔热膜	洗车水管接头
3	专车专用后备箱垫	定位器	改色膜	洗车水枪

续表

排名	汽车装饰	汽车电器	汽车改装	汽车洗护
4	车载收纳箱/袋/盒	新能源汽车充电设备/充电桩		车用空气净化/清新剂
5	头枕	车用氧吧/空气净化器		车用清洗/除蜡/除胶剂

2. 精致宝妈族：注重出行安全。精致宝妈族主要消费特征为年消费偏高，客单价中等，购买件数多，易被直播、短视频等内容渠道“种草”，注重出行安全和舒适。其类目偏好如下表：

排名	汽车装饰	汽车电器	汽车改装	汽车洗护
1	汽车座椅	车载冰箱/保温箱	音频线/数据线	车用清洗/除蜡/除胶剂
2	汽车儿童安全座椅	新能源汽车充电设备/充电桩	导航/贴膜	车掸/蜡拖
3	车载垃圾桶	定位器	漆面保护膜	擦车巾
4	车用纸巾盒/套	车用吸尘器	汽车内饰贴片/贴纸	
5	车挂	车用氧吧/空气净化器	其他加装/外饰/防护品	

3. 经济养车族：追求自驾舒适感。经济养车族主要消费特征为注重经济实用，客单价偏低，年消费和购买频次均中等，偏好淘宝折扣渠道，追求自驾舒适感，偏好基础经济实用单品。其类目偏好如下表：

排名	汽车装饰	汽车电器	汽车改装	汽车洗护
1	车用挂钩	车载充气泵	玻璃防爆隔热膜	擦车巾
2	车用双面胶	车用吸尘器	车用电子钟表	洗车水枪
3	车用窗帘	应急启动电源/储能电源	气门芯/气门芯套	车掸/蜡拖
4	通用座套/坐垫	车载充电器	漆面保护膜	车刷
5	遮阳挡	车用电扇/暖风扇	车身/车窗饰条/门槛条	

4. 实惠老司机：注重性价比。实惠老司机主要消费特征为注重实惠性价比，年消费和购买频次均偏低，客单价为六类群体中最低，偏好手淘淘金币、淘宝特价版等折扣渠道，注重性价比，偏好DIY养护。其类目偏好如下表：

排名	汽车装饰	汽车电器	汽车改装	汽车洗护
1	车用双面胶	车载充气泵	车用电子钟表	汽车玻璃除雾剂/驱水剂
2	车用钥匙扣	车用点烟器	气门芯/气门芯套	洗车水管接头
3	车用挂钩	车用电扇/暖风扇	玻璃防爆隔热膜	擦车巾
4	车载手机支架/手机座	应急启动电源/储能电源	音频线/数据线	车掸/蜡拖
5	雨眉/晴雨眉	车载充电器	车身/车窗饰条/门槛条	洗车水枪

5. 潮流玩车党：注重潮酷出行。潮流玩车党主要消费特征为年消费高、客单价和购买频次均中等，较易在浏览时被其他店铺商品的推荐“种草”，酷爱数码潮玩，注重潮酷出行。其类目偏好如下表：

排名	汽车装饰	汽车电器	汽车改装	汽车洗护
1	汽车车标	车载音乐配件	门腕	洗车海绵/洗车泥
2	车用密封胶条	GPS 导航软件	尾喉/消声器	车用空气净化/清新剂
3	车用烟灰缸	车载 MP4	汽车灯罩框	车用清洗/除蜡/除胶剂
4	防滑垫/防护垫	车载诊断系统/OBD	汽车氛围灯	车用洗车机/设备
5	汽车装饰贴/反光贴	汽车防盗器	改色膜	

6. 高端商务男：具有悦己需求。高端商务男主要消费特征为年消费和购买频次中等，客单价高，偏好手淘等购买渠道，高消费高品质，关注出行安全，具有悦己需求。其类目偏好如下表：

排名	汽车装饰	汽车电器	汽车改装	汽车洗护
1	车载收纳箱/袋/盒	新能源汽车充电设备/充电桩	气门芯/气门芯套	车用空气净化/清新剂
2	车用灭火器	智能车机导航	汽车内饰贴片/贴纸	车用水管接头
3	车用烟灰缸	行车记录仪	其他加装/外饰/防护品	车用洗车机/设备
4	专车专用脚垫	车用氧吧/空气净化器	音频线/数据线	车用清洗/除蜡/除胶剂
5	专车专用后备箱垫	应急启动电源/储能电源	漆面保护膜	

资料来源：https：//baijiahao. baidu. com/s？ id = 1755785525575719134&wfr = spider&for = pc.

第二节　目标市场选择

企业目标市场选择战略是企业实施目标市场营销战略的第二步。企业通过市场细分发现了众多子市场，面临着各种市场机会。能否把握住这些机会则依赖于企业是否能够正确地进行目标市场选择并进行准确的市场定位。企业需要在市场细分的基础上，对各细分市场进行准确、客观和全面地评价，然后确定以具体的一个或几个细分市场作为目标市场，再通过市场定位赋予产品或品牌鲜明的个性，以增加对消费者的吸引力。

一、评价细分市场

目标市场选择就是企业在诸多细分市场中选择最适合自身的细分市场作为目标市场的

过程。这个选择过程不能盲目进行，应该建立在对细分市场进行充分评价的基础之上。通常可以从市场规模、增长潜力和市场竞争结构等方面对细分市场进行综合评价。

（一）市场规模

市场规模是指在某一特定的市场中，消费者对某一产品的需求总额。只有具备一定规模的细分市场才能保证企业进入后获得预期利润。因此，企业评价细分市场时首要考虑细分市场是否具备适度规模。“适度规模”是一个相对的概念，针对不同规模的企业有不同的涵义。对于大企业而言，只有销售量足够大的细分市场才算适度。反之，对于小企业而言，只要细分市场能够使企业既有资源充分发挥效用即为适度。总之，与企业实力相适应的规模就是适度的规模。

（二）增长潜力

市场的规模越大，企业的运作空间就越大，企业形成规模经济获得利润的可能性就越大。增长潜力实际上是对市场未来规模的评价。市场成长性越好，提供给企业的未来获利和发展空间就越大。因此，企业更加青睐那些具有适度规模且增长速度较快的细分市场。

（三）市场竞争结构

具有适度规模和增长速度的细分市场未必是最具有吸引力的市场，还需要考虑该市场的市场竞争结构，它决定市场的长期盈利潜力。除了和现有竞争者竞争，企业还需考虑建立壁垒以阻止潜在进入者。低进入壁垒和高退出壁垒会加剧竞争。替代品不仅限制了市场的价格上限，其市场发展还可能会导致现有市场萎缩。供方和买方的议价能力高低直接决定了企业谈判时的地位，如果供方和买方的议价能力很强，就会挤压企业的利润空间。

【案例 6－4】

我国体育用品细分市场评价

市场细分是消费者市场由大众市场走向分众市场的过程。进行体育用品市场细分并评价细分市场，能突出有潜力、有商机和利益空间较大的细分市场，并为企业找到切入点。

对细分市场的评价，能清晰呈现细分市场的价值，为企业进入细分市场提供参考。依据可识别性、规模、潜力、可接近性、盈利性和可进入性这六个指标对体育用品细分市场进行评价。评价指标是对我国体育用品业选择细分市场的现实依据，评价结果是细分市场在现实环境中的发展价值，企业将评价结果作为进入某一细分市场的切入点。

针对可识别性指标，我国体育用品市场细分是依据不同消费人群而划分的，各个细分市场特征明显，重合度低；规模性指标，我国体育人口总量上升、新兴或重点体育项目活力凸显；发展潜力方面，我国人均可支配收入增长、居民体育健身意识提高潜力大；可接近性指标，细分市场针对不同的市场需求而划分，说服性沟通与产品分销相衔接；细分市场的盈利性，体育用品消费群体扩大、购买能力提高、购买次数增加，而生产成本不变或降低；细分市场的企业可进入性方面，大型企业资金、人力资源充足，周转能力强，中小型企业资金、人力成本较低，周转能力较弱。

评价结果为：我国体育用品细分市场的可识别性、可接近性和可盈利性都很强，市场规模和潜力也大，但大型体育用品企业很容易进入细分市场，中小型企业进入性不强。

资料来源：周玲玲，张恒．STP架构下我国体育用品市场细分发展研究．福建体育科技，2019(6)：20－24.

二、目标市场的选择模式

在完成细分市场评价之后，企业需要根据自身资源、能力和市场的竞争情况，选择相应的产品或服务去覆盖的一个或多个目标市场，有五种覆盖模式可供参考，如图6－1所示。

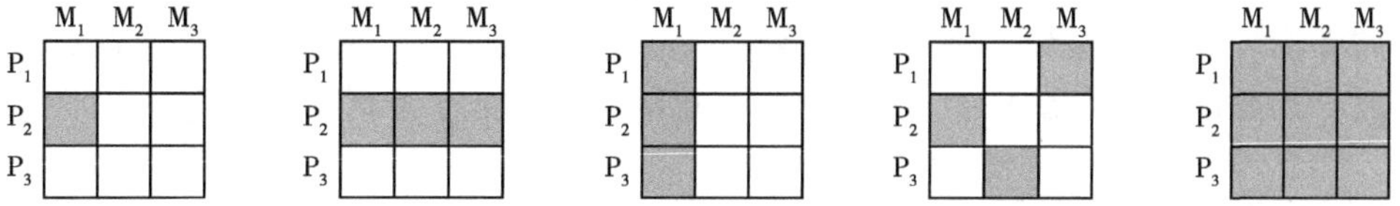

（a）市场集中化　（b）产品专业化　（c）市场专业化　（d）选择专业化　（e）市场全面化

P=产品类型　　M=顾客类型

图 6－1　目标市场覆盖模式

（一）市场集中化

单一市场集中化指企业只选择一个细分市场进行集中营销，这是最简单的选择模式。如 8848 手机只做高端手机市场。这种模式的优点在于企业可以更清楚地了解细分市场的需求，从而在细分市场上树立良好信誉并巩固市场地位。同时，企业通过生产、销售和促销的专业化分工，可以大幅提高经济效益。但是，单一市场集中化的市场风险较大，如果市场需求发生变化，或者有强大的竞争对手进入，就会对企业造成较大的威胁。

（二）产品专业化

产品专业化是指企业用同一种产品或服务覆盖几个细分市场的模式。例如，防水服务公司为民宅、办公楼、厂房、商业设施的屋顶、墙壁和地板提供防水产品。这种目标市场选择模式，有利于企业在特定的产品领域形成生产和技术优势，树立良好的信誉。但是一旦出现替代产品，企业就会面临着很大的冲击和威胁。如上述防水服务公司就面临着较大的替代品威胁。如果技术革新，生产出一种不会漏水的防水瓦、防水砖或防水混凝土，那么这家企业就会面临经营业绩滑坡的风险。

（三）市场专业化

市场专业化是指企业向同一细分市场销售多种产品的选择模式。国内的家电企业常采用这一模式，例如，海尔公司针对家庭用户生产冰箱、洗衣机、空调等家电产品，满足家庭用户对家电产品的需求。市场专业化有利于企业深入了解顾客多方面的需求情况，各类产品在渠道、广告和推广等方面可以实现资源共享，但由于多种产品都针对同一个细分市场，当该细分市场需求下降时，企业会面临收益下降的风险。

（四）选择专业化

选择专业化是指企业用不同产品或服务有选择地进入几个不同细分市场的模式。这一模式的优点在于能够分散企业的风险，即便其中一个细分市场丧失了吸引力，企业在其他细分市场上还可以盈利。缺点是由于所选择的细分市场比较分散，相互之间的关联性不够，企业难以共享自身的某些资源优势，甚至可能造成资源过于分散，不但不能分散风险，反而会加大风险。例如，雅马哈公司选择在摩托车、钢琴、半导体、网络存储、架子鼓等领域都有非常专业的代表产品，满足不同市场顾客的需求。这是典型的选择专业化模式。

（五）市场全面化

市场全面化是指企业意图为所有顾客群提供所有产品的策略。显而易见，这种形式对企业的实力与能力要求相当高，所以，只适用于具有相当实力的大企业。例如，娃哈哈集团，其产品线不仅涵盖了饮用水、茶、果汁、乳饮料、碳酸饮料等几乎所有的饮料产品，还跨界进入方便食品、休闲零食、健康产业。娃哈哈集团既在传统饮品领域持续深耕，更是在不断拓展产品线，融入健康、休闲、功能性等多个维度，以多元化的产品矩阵满足市场的广泛需求。无论你是寻找儿时记忆中的经典味道，还是追求新颖健康的饮食潮流，娃哈哈总有一款产品能够触动你的味蕾。

三、目标市场营销战略

不同的目标市场选择模式，意味着不同的市场范围。企业在确定目标市场选择模式的基础上，需要根据目标市场的特点、企业自身的资源能力条件以及利润目标，制定相应的营销战略。目标市场营销战略包括三种类型，即无差异营销战略、差异性营销战略和集中性营销战略。

（一）无差异营销战略

无差异营销战略指企业使用一种产品或服务满足整个市场，即以整体市场需求的共性为目标，忽略各细分市场的差异性，试图只用一套营销组合吸引尽可能多的消费者。例如，传统的可口可乐、箭牌口香糖都是以一种产品吸引所有消费者。这种营销战略最大的特点是把整个市场看成一个大的目标市场，优点在于成本的经济性。产品的品种、规格、款式简单，有利于标准化与大规模生产，同时有利于降低生产、存货、运输、市场调研、促销等成本费用。主要缺点是单一产品和营销组合，几乎不可能受到所有消费者的欢迎，尤其是在市场竞争激烈、个性化消费流行的今天。此外，这种营销战略灵活性较差，难以适应瞬息万变的市场形势。

一般来说，无差异性营销战略适用于市场同质化高并且购买者广泛需要的、生产能够大规模进行并大量销售的产品。例如，生产食盐和白糖的企业一般倾向于采用无差异性营销战略。

（二）差异性营销战略

差异性营销战略指选择几个细分市场作为目标市场，按照各细分市场的需求特点设计多种不同的产品或服务，并制定与之相适应的市场营销组合，满足不同细分市场的需求，不断扩大产品销售。例如，巴黎欧莱雅针对各种不同肤质皮肤的需要和各种不同层次购买者的需求，专门设计生产了紧致抗老、对抗衰老、改善肌底、美白淡斑、锁水保湿、肌肤清洁、防晒隔离等不同系列的护肤品，再搭配恰当的营销组合策略，最终赢得了广大消费者的青睐。

差异性营销战略的优点主要是企业通过提供差异性的产品，可以更好地满足各类消费者的不同需求，增强购买者对企业的满意度和忠诚度，进而扩大销售规模。同时，针对不同的细分市场，组织实施不同的营销组合方案，有利于提高企业营销活动的效果。但由于产品种类、销售渠道、品牌宣传的扩大化与多样化，营销费用会大幅度增加，成本较难控制。由于差异性策略在获得较高销售量的同时也增加了销售成本，所以市场细分并非越细越好。

【案例6-5】

比亚迪新能源汽车差异化营销战略

比亚迪在新能源汽车领域拥有丰富的经验和技术积累，是全球最大的电动汽车制造商之一。为了应对市场的变化和消费者的需求，比亚迪在品牌布局上采取了差异化营销战略，打造了多个子品牌以满足不同细分市场的需求。

（一）王朝系列：主打性价比和智能化

比亚迪王朝系列是比亚迪旗下最主要的产品线，包括了宋、秦、元、唐、汉等多款车型。王朝系列的特点是性价比高、智能化程度高、续航里程长、安全性能好。王朝系列的车型都采用了Dragon Face设计语言，展现了中国文化的魅力和力量。

（二）海洋系列：主打个性化和年轻化

比亚迪海洋系列是比亚迪旗下最新推出的产品线，包括了宋PLUS等多款车型。海洋系列的特点是个性化强、年轻化明显、动力性能强劲、驾驶体验优越。海洋系列的车型都采用了EVOA设计语言，展现了未来感和科技感。

（三）腾势：与奔驰合资打造高端纯电品牌

腾势是比亚迪与奔驰合资成立的高端纯电品牌，目前已经推出了腾势X和腾势D两款车型，以及即将发布的腾势D9、腾势N7、腾势N8等多款车型。腾势的特点是高端定位、豪华品质、创新设计、智慧科技，车型设计展现简约优雅和运动时尚的风格。

（四）仰望：打造高端纯电品牌

仰望汽车是比亚迪旗下的高端纯电品牌，目前已经推出了仰望S1和仰望S2两款车型。仰望汽车的特点是高端定位、极致品质、前卫设计、智能科技，车型设计展现了未来感和艺术感。

（五）方程豹系列：打造高端个性化品牌

方程豹系列是比亚迪旗下的高端个性化品牌，目前只推出了方程豹 5 一款车型。方程豹系列的特点是高端定位、个性化定制、运动化设计、智能化科技，车型设计展现激情动感和时尚个性的风格。

资料来源：https：//baijiahao. baidu. com/s？ id = 1776366260327314529&wfr = spider&for = pc.

（三）集中性营销战略

无差异营销战略和差异性营销战略都是以整个市场为目标市场的，为整个市场服务。而集中性营销战略，不是追求大市场中的小份额，而是力求在一个或几个较小的细分市场中占据较大的市场份额，甚至取得支配性地位。例如，我国的格兰仕公司选择微波炉，美国西南航空公司选择短线低成本运作方式，法国巴波莱公司以网球拍线为主打产品，都是集中全部资源于一个较小的细分市场，在局部领域形成竞争优势，最终夺取市场领导者地位。

这种营销战略的优点是可以深入了解特定市场的需求特点，有利于专业化经营。其缺点是市场风险较大，一旦市场形势发生变化可能导致全盘皆输的局面。集中化营销战略通常适合那些资源较少和能力较弱的中小企业。

【案例 6 -6】

腾讯 ADQ 广告：精准定位的营销利器

腾讯 ADQ（广点通）广告是腾讯集团推出的一种互联网广告形式，采用人工智能技术，通过大数据分析和精准的用户定位，为广告主提供高效的广告投放解决方案。ADQ 广告以其独特的优势在市场上备受追捧，成为广告主们获取流量、提升品牌影响力的重要工具。

（一）广告定位准确

腾讯 ADQ 广告通过分析大数据和用户行为，能够为广告主精确地定位目标用户群体，并根据用户的兴趣和需求提供个性化和相关的广告内容。借助 ADQ 广告的定位功能，广告主可以确保他们的广告仅出现在真正对其目标受众感兴趣的平台上，这不仅减少了广告主的广告费用，同时也提高了广告的转化率。

（二）高度面向效果营销

腾讯 ADQ 广告具备高度面向效果营销的特点，广告主可以通过设置关键指标来监控广告投放效果，并根据实时数据进行调整和优化。ADQ 广告还拥有精细的用户画像能力，广告主可以针对不同用户群体制定不同的推广策略，提高广告的转化率和点击率。

（三）数据实时监测与优化

腾讯 ADQ 广告提供了实时的数据监测功能，广告主可以实时了解广告效果并根据数据进行灵活的调整和优化。这种实时监测和优化能力，可帮助广告主实现更精准的广告投放，提高广告的回报率和投资回报率。

腾讯 ADQ 广告以其准确定位、高度面向效果营销以及数据实时监测与优化等特点，成为广告主们获取流量、提升品牌影响力的重要工具。腾讯 ADQ 广告通过人工智能和大数据分析，使广告投放更加精准，提升广告的点击率和转化率，为广告主带来更好的市场效果。

资料来源：https：//baijiahao. baidu. com/s? id = 1775181536558681510&wfr = spider&for = pc.

四、目标市场营销战略选择的影响因素

上述各种营销战略各有利弊，企业应充分考虑其资源和能力、市场需求、产品特点、产品生命周期和竞争者的战略选择等因素，选择最适合自身的目标市场营销战略，以构建核心竞争优势。

（一）企业的资源和能力

资源和能力是企业选择目标市场营销战略最重要的制约因素，因此企业需要根据自身的资源和能力状况来选择适合企业的营销战略。资源雄厚、竞争力强的企业，拥有大规模的生产能力和广泛的分销渠道，并且产品标准化程度高，产品质量和品牌信誉好，可以考虑实行无差异营销战略。如果企业拥有雄厚的设计能力和优秀的管理制度，则可以考虑施行差异性营销战略。而对于实力较弱的中小企业来说，适于集中资源和力量实施集中性营销战略，不能分散自己的资源于众多细分市场，也不能进入自己不能把控的细分市场，而应采取集中营销，走专业化经营道路。掌握较多信息技术资源的科技企业，尤其是互联网企业，更适于采用精准营销战略。

营销实践中，常见的做法是企业初入市场时，采用集中性营销战略，在积累了一定的成功经验后再采用差异性营销战略或无差异营销战略，以扩大企业的市场份额。

（二）市场需求

供与求是市场中两大基本力量，他们的变化趋势往往是决定市场发展方向的根本因素。供不应求时，企业重在扩大供给，无暇考虑需求差异，所以采用无差异营销战略；供过于求时，企业为刺激需求、扩大市场份额殚精竭虑，多采用差异性营销战略或集中性营销策略。从市场需求的角度来看，如果消费者对某产品的需求偏好、购买行为相似，可采用无差异营销战略。反之，差异性营销战略和集中性营销战略更合适。

（三）产品特点

产品的特点取决于产品本身的差异程度。如果是标准化产品，那么所有的消费者都具有大体相同的需求特征，市场主要围绕产品价格和服务展开竞争，企业采取无差异营销战略比较合适。产品的同质性表明了产品在性能、特点等方面差异性的大小，是企业选择目标市场时不可不考虑的因素之一。一般对于同质性高的产品如食盐等，宜实行无差异市场营销；对于同质性低或异质性产品，差异性营销或集中性营销是恰当的选择。

（四）产品生命周期

产品因所处的生命周期阶段不同，而表现出的不同特点也不容忽视。产品处于导入期和成长初期，消费者刚刚接触新产品，对其了解还停留在较为粗浅的层次，竞争尚不激烈，企业这时的营销重点是挖掘市场对产品的基本需求，往往采用无差异营销战略。等产品进入成长后期和成熟期时，消费者已经熟悉产品的特性，需求向深层次发展，表现出多样性和不同的个性，竞争空前激烈，企业应适时地将战略转变为差异性营销战略或集中性营销战略。当产品进入衰退期时，企业应采取集中性营销战略，以集中资源和力量于少数尚有利可图的目标市场。

（五）竞争者的战略选择

市场竞争是一个相互博弈和制衡的过程，企业对目标市场营销战略的选择也受到竞争者营销战略的影响和制约。如果竞争对手较弱，企业就可以考虑采取无差异营销战略，否则，应尽量避免与竞争对手采取相同的营销战略，以防止加剧竞争，两败俱伤。

第三节　市场定位

企业在完成市场细分和目标市场选择之后，就需要进行市场定位，这是目标市场营销战略的最后一步，也是企业市场开拓、获取竞争优势和进一步发展的不可或缺的关键一步，它决定的是企业或产品以何种形象或特色进入目标市场，对消费者的购买决策具有举足轻重的影响。

一、市场定位的涵义

科特勒将“定位”定义为：“设计公司的产品和形象以在目标市场的心智中占据一个独特位置的行动。”通过定位信息的传播，能够使企业在产品、形象、品牌、价格等方面区别于竞争对手。例如，肯德基是快餐店，而乡村基则是中式快餐店，两者以不同的市场定位区分开来。对于消费者来说，不同的市场定位意味着不同企业或产品形象。成功的市场定位促使消费者对企业或产品形成某种独特的认知，从而占据消费者心智空间的某一位置。如丰田汽车传递给消费者的信息是经济、耐用；奔驰和凯迪拉克传递给市场的信息是舒适、豪华；沃尔沃呈现给消费者的信息是极致的安全。

当今消费者面临的是一个营销信息过度传播的社会，产品和服务的信息量是巨大的，缺乏个性、平庸的信息很快就会被淹没在信息海洋之中，难以给消费者留下深刻的印象，无法形成消费者认知，市场开拓将会面临重重困难。市场定位有助于企业摆脱这一系列困境，通过定位塑造与众不同的企业或产品特色和个性，并将这种信息传递给消费者，从而确定该企业或产品在潜在消费者心目中的位置，完成市场定位，增加企业或产品的号召力和吸引力，促使产品成功走入市场。

市场定位是通过塑造鲜明的企业或产品特色与个性来实现的。产品的特色和个性可以体现在很多方面。产品形状、大小、成分、结构、性能等都可以体现产品实体方面的特色与个性。如倍耐力轮胎的高性能定位，成功吸引了法拉利、保时捷、奔驰、宝马、大众等客户，为其量身定制能够展现汽车性能的原配轮胎；同时，豪华、朴素、典雅等也可以体现消费者心理体验的特色与个性。能力、身份、责任等也能体现消费者独特的自我认同感，例如，广为人知的广告语：“洋河蓝色经典——世界上最宽广的是海，比海更高远的是天空，比天空更博大的是男人的情怀。”就将男性消费者的个人认同感与酒品属性联结在一起，实现同步定位。

企业在进行市场定位时，首先要清楚竞争产品具有何种特色。其次要了解消费者对该产品的各种属性的重视程度。最后将两者进行联合分析，找出能够区别于竞争者的产品特色和独特形象，再通过各种渠道向消费者传达这一产品特色和形象信息，进而完成产品的市场定位。

二、市场定位的依据

企业进行市场定位时首先要明确定位的依据，即确定拟塑造的企业或产品形象的来源类型。市场定位的依据有很多，概括起来主要有以下四类：

（一）产品属性

根据产品属性进行市场定位是较为常见的做法。产品属性展现的是产品本身所具有的特点，包含了满足消费者对产品功能性、安全性、可靠性等方面的基本需求和利益（见表6－2）。企业能够在产品属性内容中找到市场定位的依据。

表6－2 产品属性种类

产品属性类型	产品属性解释	产品属性内容举例
功能属性	产品所具备的功能和性能特点	功能、性能、操作方式
物理属性	产品的物理特征和规格	尺寸、重量、质量、材质
安全属性	产品的安全性能和安全要求	安全认证、使用风险
可靠性	产品的可靠性和持久性	使用寿命、耐久性
可用性	产品的易用性和操作性特点	界面设计、易用性、用途
配置属性	产品的配置选项和配件	附件、包装、售后服务
价格属性	产品的价格水平	高价格、低价格、性价比
品牌属性	产品代表的品牌形象或价值主张	品牌名称、包装、图案、广告

【案例6－7】

宜家家居“有价值的低价格”定位

提到宜家，人们脑海中通常会浮现出“简约、性冷淡风格、白菜价、营销高手”等关键词。不可否认的是，如今宜家在中国市场的确有巨大的潜力，甚至可以说宜家的到来对消费者传统的家居用品购买思维产生了一次强烈的冲击，去宜家购物成为一种都市时尚。宜家的经营理念是“提供种类繁多、美观实用、老百姓买得起的家居用品”。所以宜家一直是强调“低价格策略”，走进宜家商场人们会发现很多促销商品，有些家居用品价格连10元都不到。宜家的品牌定位就是坚持做“有价值的低价格”。它的目标是保持产品的价格不至于太高，但又不会让顾客觉得自己买的商品是便宜货。

资料来源：https：//www. feichangchayi. com/news/content－792－d11. html.

（二）使用者类型

根据使用者类型进行定位，是指企业在市场定位中将产品指引给某特定类型使用者的过程。不同的用户类型对产品有不同的需求。这种需求不仅表现在物质层面，同时也会表现在情感与精神层面。例如，贵州茅台酒定位于国酒，它象征着“尊贵、名望、显赫”。之所以茅台酒能够成功定位于国酒，是因为茅台酒曾在新中国外交史上发挥了举足轻重的作用，被尊为国酒，它具有这样的历史文化基础，已经占据了消费者的心智。再如，联合利华依据使用者性别进行市场定位，推出的清扬男士洗发露，专门针对男性头发问题，具有清洁头发、去除头皮屑、减少头皮瘙痒等功效，成为首款区分性别的去屑洗发水，成功与宝洁公司的海飞丝系列产品区别开来。

（三）产品使用场景

使用场景是一项产品或服务被使用的时候，用户所处的时间和空间情景，同时也包括相应设备支持、社交及用户情绪等多方面的状态。例如，汽车的使用场景可能是上下班代步、自驾游和商务接待等。不同的使用场景对汽车的要求是不一样的。家庭用车通常要求空间大、省油，而商务接待用车则要求豪华、气派。将使用场景用于市场定位，易于让消费者触景生情，激发强烈情感共鸣，从而唤起消费需求和购买欲望。

营销实践中有很多基于时间和空间两个维度进行市场定位的例子。例如，益达口香糖那句“吃完喝完嚼两粒”的广告语就反复提醒消费者饭后应该来两粒口香糖嚼嚼。一年热销几十亿颗的溜溜梅最开始的广告口号“没事儿就吃溜溜梅”，也是基于产品使用场景的定位。而青春小酒江小白则更擅长于产品使用场景的运用，靠着使用场景定位，在竞争激烈的白酒界杀出了一片天地，深受年轻人的喜欢，甚至有人因为江小白而爱上喝白酒。原因就在于酒瓶上文案描述的场景好像说的是自己，引起了消费者情感共鸣。江小白酒瓶上的文案有很多种，描述了一个又一个使用场景。如“所谓老友就是，走得再远还是能回到这台酒桌”“相信事在人为，也相信尽力无悔”等。这些走心的文案能够准确地描述消费者某方面的心境，以至于让一个原本不喝酒的人，聚会喝它，失恋喝它，失意还喝它。难怪有人评价江小白是一家被卖酒耽误的广告公司。

（四）竞争产品的定位

根据竞争产品的特点或利益去确立本企业产品的市场定位是一种有效的方法。通常的做法是在定位信息传播中强调与竞争者的同类产品或服务存在明显的差异性。例如，在快餐业，麦当劳与肯德基是一对强劲的竞争对手，针对麦当劳服务标准化的定位特点，肯德基提出了“鸡肉烹调专家”的差异化定位。

当然，企业也可以采取与竞争产品相同的定位塑造与竞争对手类似企业或产品形象，与其进行面对面竞争。在饮料市场上，作为后起之秀的百事可乐在进入市场时就采取了这一方式。提出广告语“你是可乐，我也是可乐”，与可口可乐进行了正面较量。

【案例 6-8】

“不吃火锅，就吃烤匠”

乘坐过成都地铁的外地游客大多对“不吃火锅，就吃烤匠”这段语音有较为深刻的记忆。这是成渝地区一家烤鱼店的广告语，在成都地铁语音播报中首次展现了四川话元素，由国家一级演员、第一届巴蜀笑星李伯清参与录制。

实际上，“不吃火锅，就吃烤匠”这句广告口号在美食之都——成都已经是家喻户晓，妇孺皆知。没听过这句话的一定是假的“好吃嘴”。从 2013 年在成都蓝色加勒比开办第一家烤鱼店开始，烤匠就以燎原之势迅速占领了成都的烤鱼市场。“不吃火锅，就吃烤匠。”这句口号也伴随着烤匠的急速扩张，响遍了成都和重庆的美食地图。

2021 年 2 月，烤匠麻辣烤鱼斩获“成都美食地标品牌”荣誉。有网友在新闻下留言：“在这次评选出来的地标美食中，除了火锅，也就只记住了烤匠。”“无论什么时候去吃，都需要排长队才能吃上。这次得奖，烤匠可谓是实至名归……”截至 2023 年 7 月，烤匠在成渝两地共开出了 55 家门店，会员数量突破 400 万人，家家排队。烤鱼年均销量 160 万条，人气爆棚。八年磨砺，八年成长，烤匠已经成为了成渝烤鱼品类中的领军品牌。“成都美食地标品牌”荣誉的背后，“不吃火锅，就吃烤匠”的竞争性定位功不可没。

资料来源：根据网络资料整理。

市场定位是企业目标市场战略制定的关键步骤。根据实际情况，企业可以单独采用以上各类定位依据，也可以综合多个依据进行组合定位。如大宝 SOD 蜜的文案中，“抗衰老”属于产品属性或利益定位，“价格实惠量又足”是价格定位，“男女老少皆宜”属于使用者类型定位。

三、市场定位的竞争方式

市场定位是具有竞争性的，是企业参与市场竞争、对抗竞争者的有效手段。企业选择的竞争方式不同，面临的竞争态势将会有很大的差异。

（一）避强定位

避强定位是指企业在进行市场定位时，回避与目标市场上强大竞争对手的正面对抗，将其产品或服务的位置定于市场空隙，开发并销售当前目标市场没有的新产品来占领新的市场领域。避强定位的优点是能让企业较快地在目标顾客心智中树立一种独特形象，有利于企业在市场中站稳脚跟。这种竞争方式由于市场风险较小，成功率较高，适合多数中小型企业采用。

【案例 6－9】

文君酒的避强定位

四川文君酒是剑南春集团旗下的高端白酒品牌，正是采用了“填空补缺”的避强定位，使其在竞争激烈的中国白酒市场中获得一席之地。四川是酒的故乡，尤其是四川宜宾有“中国酒乡”的美称。随着酒类市场的复苏与扩大，名、特、新酒层出不穷，仅四川省酒类生产企业已达 13000 多家，其中名列全国十大名酒的就有“宜宾五粮液”等五朵金花。

四川文君酒厂面对如此激烈的市场竞争局面，冷静地对市场进行了分析，发现主要竞争对手提供给消费者的是“优质高价”产品，其主打市场主要是集团消费者和少数高收入消费者。而数以万计的小酒厂卖的则是“低质低价”酒。“高质低价”酒几乎没有。由此，他们发现了以广大工薪阶层和正在富裕起来的广大农民为销售对象的市场机会。

“高质低价”的市场定位，促进了四川文君酒厂的快速发展，并且获得了一系列殊荣。如 2017 年，文君酒厂文君真藏 10 获得年度“青酌奖”“酒类新品”（白酒类）称号；2019 年，该企业获得“首届四川省十朵小金花白酒企业”称号。时至今日，文君酒已成为我国著名的“十大历史文化名酒”之一，被民间称为“幸福酒、好运酒、旺夫酒”。

资料来源：根据网络资料整理。

（二）迎头定位

与避强定位回避与竞争者正面对抗不同，迎头定位是指企业选择靠近现有竞争者的市场位置，或者选择与现有竞争者完全重合的市场位置，采取类似的产品、价格、分销及促销策略，争夺同样的顾客群体的竞争方式。显然，迎头定位是一种针锋相对的竞争方式，尤其是在面对实力强大的竞争者时，常常会导致其倾尽全力对抗，其对抗性和风险性可能超乎想象。竞争的结果有可能造成两败俱伤的局面，因而企业要在充分了解和深入分析竞争者资源和能力的基础上，结合本企业的实力，准确把握对抗的范围和力度，尽力避免“杀敌一千，自损八百”的不利结局。

【案例 6－10】

伊利 VS 蒙牛，乳业巅峰对决

伊利在乳品、奶粉、冷饮领域拥有绝对的优势，所以业内人士提到乳品业时，总会用“一超多强”来形容，在马太效应的边际递增下，伊利的龙头地位，似乎无人能撼动。不过正如提到可口可乐，就必须提到百事可乐，提到王老吉，就不得不提加多宝一样。提到伊利，就不得不提蒙牛，伊利和蒙牛的“爱恨情仇”由来已久，蒙牛的创始人牛根生，原本是伊利集团的生产经营副总裁，后来因为内部矛盾出走，创立了蒙牛集团。

在此后的时间里，伊利所及之地，蒙牛都要来“帮帮场子”，调味乳上，伊利出了优酸乳，蒙牛就出了酸酸乳；风味乳上，伊利推出谷粒多，蒙牛就出个真果粒；高端奶上，伊利推出金典，蒙牛就出个特仑苏；儿童奶上，伊利推出 QQ 星，蒙牛就出个未来星。在乳品市场重磅押注“常温酸奶”的交战时期，伊利推出了安慕希，蒙牛推出了纯甄，在市场上进行了激烈的对抗，那时的乳品市场，可谓是炮火连天。浙江台出品了某档真人秀栏目，节目由安慕希冠名，但其中有位男星因为代言了纯甄，所以全程不允许手中出现安慕希，别人喝酸奶的时候他却不能，否则就要面临高额的违约罚款，经过漫长的斗争后，最终还是伊利略胜一筹。

无论从哪个角度来看，伊利和蒙牛都是两家十分成熟的乳品企业，在双方“神仙打架”的这些年里，真真切切获得实惠的，都是老百姓，从当年的高端饮品，到如今的平民化饮品，伊利和蒙牛的发展路径其实也是中国乳业的发展历程，作为中国乳业的“双雄”，相信在未来也会带来更多惊喜。

资料来源：https：//baijiahao. baidu. com/s? id = 1762305929788756003&wfr = spider&for = pc）.

（三）重新定位

企业通过市场定位赋予企业或产品一定的特色，成功进入了目标市场，占领一定的市场份额。但市场定位并非一劳永逸。随着企业的发展、技术的进步以及市场环境的变化，企业需要对之前的市场定位进行修正，即重新定位。对于需要调整市场营销战略，以适应新的营销环境，进一步提升竞争力的企业而言，重新定位是必不可少的竞争方式。

对于之前的市场定位不准确甚至错误导致销量差、市场反应淡漠的产品或服务进行二次或多次重新定位，有助于企业摆脱困境，重新获得增长活力。即使企业之前的市场定位非常准确、有效，但在出现下列情况时，企业仍然需要考虑对其产品或服务进行重新定位：一是竞争产品的出现，导致本企业无力抵抗或市场占有率下降严重；二是消费者偏好发生转移，顾客大量流失；三是企业需要调整市场营销战略，开拓新市场。重新定位会改变目标顾客对企业原有形象的认知，恰到好处地重新定位能够给企业带来新的市场机会。例如，万科早期是一家以房地产开发为主的企业，但随着市场竞争的加剧和消费者需求的变化，它开始向更多元化的产品和服务方向发展。在 2010 年前后，万科开始进行战略升级，将自身重新定位为“城市配套服务商”，致力于为城市发展提供更好的公共设施和服务。这一重新定位帮助万科在市场上获得了更大的竞争优势，成为全球最大的房地产企业之一。

四、市场定位的步骤

市场定位通常有四个步骤，即确定市场定位的依据、明确目标市场的竞争态势、确定本企业的市场定位、准确传播市场定位信息。

（一）确定市场定位的依据

企业进行市场定位的依据有产品属性、使用者类型、产品使用场景以及竞争产品的定位四种类型。结合企业的实际情况和市场环境的特点，可以依据单一因素定位，也可以依据多种因素进行组合定位。通过绘制定位坐标图可以将目标市场划分为更小的区域，用以分析目标市场现有的竞争态势。以某产品多因素组合定位为例，采用质量与价格两个不同的变量组合，绘制定位坐标图，如图 6－2 所示。

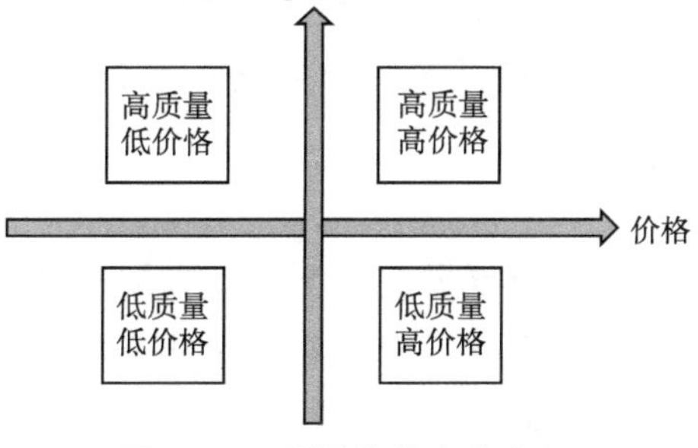

图 6－2　质量价格定位坐标

不管采取单一因素定位，还是多因素组合定位，企业都必须充分利用各类有形或无形资源，选择自身具备差异化优势的定位依据，才能与竞争者区别开来。这种差异化的竞争优势可以来自于产品、服务、渠道和品牌等方面。

（二）明确目标市场的竞争态势

在竞争激烈的市场上，企业选择的目标市场通常已经有竞争者存在。市场定位的第二步就是要将竞争者标示在定位坐标图上，以形象直观地反映目标市场现在的竞争态势。仍然以步骤一某产品为例，假设目标市场上现有两个竞争者，分别用圆圈 A 和圆圈 B 表示，圆圈的大小可以表示各竞争对手的市场份额，圆圈的位置表示竞争对手在目标市场中所处位置。如图 6－3 所示，A 企业的产品基本上是高质量高价格，并且市场份额最大。而 B 企业是低质量低价格产品，市场份额相对较小。虚线圆圈 C1、C2 和 C3 是该目标市场的定位空隙。

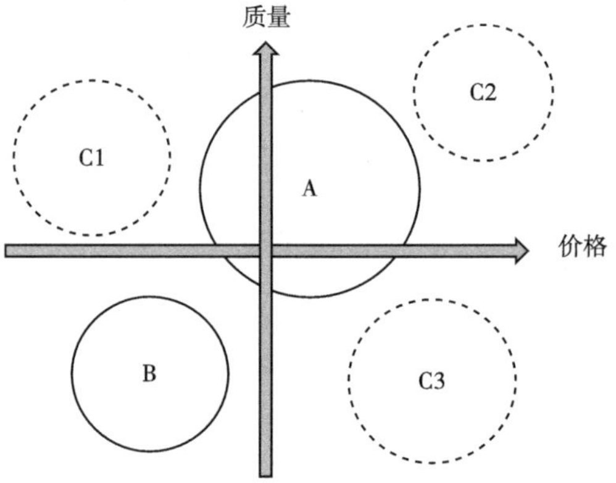

图 6－3　市场竞争态势图

（三）确定本企业的市场定位

在分析了目标市场当前的竞争状况之后，企业就可以依据本企业的条件选择相应的竞争方式，来确定产品或服务的市场位置。如图 6－3 所示，假如企业采取迎头定位，就可以选择与企业 A 相近的位置。如果采取避强定位，则可以选择虚线圆圈 C1、C2、C3 代表的市场位置，即高质量低价格、更高的质量和更高的价格、低质量高价格。需要注意的是，C3 代表的市场位置，即高价格低质量的市场通常不会有需求，企业需要谨慎选择。

（四）准确传播市场定位信息

市场定位基本确定后，企业还应根据实际情况，采取有效措施，通过各种有效的传播途径将定位信息传达给目标市场。顾客只有在认同企业或产品市场定位的基础上，才有可能成为产品的现实顾客。因此，企业应该通过积极、主动地与潜在顾客联系、沟通，将企业或产品的市场定位内化为顾客的一种观念，牢牢占据其心智空间的某一位置。为此，采取整合营销传播的方式是必不可少的。

此外，企业还要在传播中保持定位的相对稳定性，避免出现传播错误。一旦出现下列传播错误，则可以考虑进行重新定位：

1. 定位不足。即消费者只对品牌或企业形象产生了一个模糊的概念，并没有真正认识到品牌或企业形象与竞争者的不同之处。

2. 定位过度。即消费者对品牌或企业形象的认知过于狭窄。

3. 定位混乱。即消费者对品牌或企业形象认知混乱，原因可能是企业传递的定位信息多而不稳定，或者进行过多次重新定位。

4. 定位疑虑。即消费者对品牌或企业存在疑虑，不相信企业传达的定位信息。

小结与思考练习

【本章关键词】

目标市场　营销战略　市场细分　细分变量　市场集中化　产品专业化　市场专业化　选择专业化　市场全面化　无差异营销战略　差异性营销战略　集中性营销战略　精准营销战略　市场定位

【本章小结】

1. 消费者市场的细分变量：地理细分、人口细分、心理细分、行为细分。

2. 组织市场的细分变量：用户类型、地理位置、用户规模、产品用途。

3. 市场细分的有效性标准：可测量、可进入、可区分、可盈利。

4. 市场细分的流程：选定产品和市场范围；列出潜在顾客的基本需求；剔除共性需求，保留差异需求作为细分标准；确定细分市场的名称；分析各细分市场的潜力和特点。

5. 评价细分市场的指标：市场规模、增长潜力、市场结构。

6. 目标市场的选择模式：单一市场集中化、产品专业化、市场专业化、选择专业化、市场全面化。

7. 目标市场营销战略：无差异营销战略、差异性营销战略、集中性营销战略、精准营销战略。

8. 目标市场营销战略选择的影响因素：企业的资源和能力、市场需求、产品特点、产品生命周期、竞争者的战略选择。

9. 市场定位的依据：产品属性、使用者类型、产品使用场景、竞争产品的定位。

10. 市场定位的竞争方式：避强定位、迎头定位、重新定位。

11. 市场定位的步骤：确定市场定位的依据，明确目标市场的竞争态势，确定本企业的市场定位，准确传播市场定位信息。

【本章思考题】

1. 举例说明市场细分有何意义。
2. 人口统计因素包括哪些内容？如何使用他们来进行市场细分？
3. 请描述利益细分法的涵义，并尝试用此法细分不同的产品市场。
4. 对比分析目标市场营销战略的异同。
5. 数字营销背景下企业如何实施 STP 营销战略？

【本章案例作业】

“老乡鸡”重新定位：从安徽最大快餐到中式领先快餐

老乡鸡最初的名字是“肥西老母鸡”，主营业务是鸡汤。养足 180 天的土鸡炖出来的鸡汤味道足，顾客很喜欢。所以在改名的时候，很多人不理解：顾客很喜欢我们的鸡汤，为什么要改成快餐呢？“肥西老母鸡”的名字在安徽也比较有名，为何要放弃呢？

如果从“认知难以改变”“顺应顾客认知”的角度看，改名字是不是在挑战认知呢？老乡鸡在决定改名的时候，已经有 100 多家店。改名意味着上千万的物料费用，是否值得？所有问题的答案在于对趋势的判断。

真正的中式快餐，才是最大的机会。别的品牌都是学肯德基麦当劳，选址、套餐、装修都很接近，只是出餐内容不一样。老乡鸡的定位是社区厨房，如果说星巴克是公司会议室的代替，那么老乡鸡就是家庭厨房的代替。中式快餐的机会是中国的肯德基，前景比单纯做鸡汤要大。趋势是最大的认知能量。肥西老母鸡的名字有地域限制，离开安徽就没有认知优势，老乡鸡则是一个全国人民都听得懂的名字。

从崎霖科技多年的品牌营销经验来看，品牌策略的第一个要素是把握趋势，第二个要素是分析竞争。老乡鸡的家庭厨房的品牌定位，和肯德基、乡村基、真功夫有明显的差异。只有不同，才能赢得竞争。

老乡鸡的公关策略也是这个原则：疫情期间，别的餐饮品牌都在减薪、关店的时候，老乡鸡董事长拒绝了员工主动减薪的要求。在别的餐饮品牌用高大上风格办发布会的时候，老乡鸡在农村用 200 块钱的经费办了发布会。高明的公关策略给老乡鸡带来良好的传播效应。

对全国人民来说，安徽最大没什么了不起，安徽最大不如北京或上海、深圳最大更好。但是对于老乡鸡来说，尤其是战略原点期的老乡鸡来说，重要的是在安徽省内的认知价值。初期要聚焦安徽，占据安徽省内顾客的心智，那么安徽最大就是最有价值的。安徽最大快餐的另一个价值是打造老乡鸡的根据地，在安徽省内完善管理、升级供应链、测试市场，内功修炼好之后再走出安徽。

首先是占据一个守得住的市场。茶饮连锁品牌茶颜悦色守住长沙市场、衡水老白干守住河北市场、乡村基守住西南市场，其目的都是建立根据地。为了建立根据地，老乡鸡把北京、上海、南京的店关了，聚焦资源在安徽市场。直到在安徽开出约400家直营店之后才进入武汉、南京市场。

凭借在安徽积蓄的巨大势能，老乡鸡2016年一年之内就在宁汉开出了60多家直营店。2019年，老乡鸡进入上海市场，目前全国拥有近800家直营门店。随着走向全国，老乡鸡也重新定位为“中式快餐全国领先品牌”，并且还在以每年40%的速度持续高速发展。

在崎霖科技看来，如果没有看到聚焦的意义，就没法理解为何一会儿关掉上海、南京的门店，一会儿又再开店。重新走出安徽的老乡鸡已经具备了心智势能和区域势能。从全国收缩到安徽，是聚焦资源打侧翼战。再次从安徽走向全国，是从侧翼战转向进攻战。配合前期成功公关带来的品牌效应，老乡鸡在很多地区已经为消费者所熟知，这是侧翼战转向进攻战的重要资源。

资料来源：https：//baijiahao. baidu. com/s？ id = 1693839539021691947&wfr = spider&for = pc.

讨论题：

1. 请结合老乡鸡的案例分析在什么情况下需要进行重新定位。
2. 请评价老乡鸡三次定位的成败之处。
3. 为什么说重新定位是件冒险的事？

【本章参考文献】

[1]（美）菲利普·科特勒，（美）凯文·莱恩·凯勒，（美）亚历山大·切尔内．营销管理［M］．中信出版社，2023.

[2]（美）艾·里斯，（美）杰克·特劳特．定位：有史以来对美国营销影响最大的观念［M］．机械工业出版社，2016.

[3] 杨洪涛．市场营销：网络时代的超载竞争［M］．机械工业出版社，2019.

[4] 黄聚河．市场营销学［M］．2版．清华大学出版社，2017.

[5] 曹虎，王赛，乔林，艾拉·考夫曼．数字时代的营销战略［M］．北京：机械工业出版社，2017.

第七章　产品策略

开篇案例

本土香氛，观夏用产品讲述东方故事

观夏（To Summer）是诞生于2018年的东方文化香氛品牌，从东方文化艺术中寻找香气灵感，在中国及全球产地采取珍萃植物成分，创造出五感融通的东方香气。观夏不想局限于做东方香的产品，而是要讲述一个个东方的文化和故事，在当代都市生活和传统文化中找到连接点。

（一）“东方香”产品的差异化定位

2019年1月，观夏正式推向市场，首批产品为6款晶石香薰，主打香氛疗愈和健康生活方式，随后拓展至香薰蜡烛、香膏类等产品，并计划在2019年推出更高端的香水品类。

精准的产品定位是观夏成功的秘诀之一。在产品的设计上，东方的元素也有所体现。例如，观夏的“当归”精油香薰炉就是以中国古人炉煮焚香的用香方式为灵感，用更贴合现代生活方式的表达做了产品设计上的创新；香膏的外观设计则模拟了竹节的模样；香薰蜡烛的蜡杯由景德镇手工烧制，这一系列元素的融合让品牌在东方文化和现代生活中找到了连接点，而这也是观夏品牌定位本身最具独特性的地方。

（二）用产品内容引发想象与共鸣

今天互联网的发达赋予了消费品快速且广泛传播的渠道。KOL和KOC的兴起、图文视频媒介的发达，让消费者在还没摸到产品前就可立即做出决策下单。即看即买的形式早已成为了家常。但香是一个很特殊的品类，它看不到也摸不到。用户在没有亲自感受到香气之前，对香的印象和兴趣很大程度来自产品创造的内容。

如果说“高成图率”适用于形容那些用户愿意自发给产品拍照、分享到互联网上的高颜值产品，那香氛香水就显然是一个“高成文率”的品类，尤其是特立独行的沙龙香。网上除了专业香评人和博主的点评外，也会有大量的用户留下对香味的表达，进而又带动了新一轮的自发传播。

回归到观夏也是一样的逻辑。福开森路、听泉茉莉、昆仑煮雪、浮光竹影、栀风沐雨……光是听名字就足够唤起人对气味的想象。由产品内容构建出的意象和画面成为了和消费者身心连接的一个通道。观夏产品内容的厉害之处不仅是有关精致生活方式的图文创作，还在于创造出了能引发大众共鸣的意象。

（三）借“独处场景”做认真生活的表达

现在的观夏，整个品牌产品视觉是绿色、自然和带有诗意的。但实际这样的形象也并非一蹴而就，观夏也走过了一段摸索期。观夏从“独处场景”切入，通过内容围绕生活方式，去渗透对认真生活态度的表达。观夏赋予产品意义，带给消费者力量，向消费者表达独处的时光中也能发掘到生活的闪光。

这种认真生活的态度也反映到了产品设计的细节上，例如，配合香薰蜡烛，观夏还推出了17厘米长的火柴。在产品上增加定制祝福语、像红酒封蜡一样在无火香薰的瓶口做了手工的封蜡，这一系列细节的设计增加了用户在体验过程中的幸福感和仪式感。

观夏作为一个新兴品牌，利用传统的东方文化和故事，在当代都市生活和传统文化中找到连接点，赋予产品在新时代的传统意义。将东方故事和独属于东方记忆融入一系列产品当中，经过产品组合，拓宽产品的宽度，加深产品长度和关联度，最后衍生品牌产品，附加产品文化价值。在现有的产品基础上，观夏也在不断创新产品，开发出更多代表东方的香氛产品。

资料来源：https：//mp. weixin. qq. com/s/SiZ2Cbi71gK－7KVSnqMIuQ.

产品是企业生产经营活动的核心，在确定品牌定位之后，下一步就应该明确要向消费者提供何种特色优质的产品。正确的产品决策是实现品牌定位的保证，也是后续作出定价、渠道促销等决策的基础。本章将介绍产品、产品组合策略和新产品策略，以及如何在产品不同生命周期制定合适的营销策略。

第一节　产品及产品组合策略

产品是企业的生命，是企业的灵魂，任何一个企业要生存、不断创新和超越，必然需要对所生产经营的多种产品进行最佳组合，以适应和满足消费者多样化的需求和激烈竞争的市场。产品的组合策略可以使产品组合的广度、深度及关联性处于最佳结构，以提高企业竞争能力和取得最好经济效益。

一、产品的涵义

（一）产品的定义

本章把产品（Product）定义为能够提供给市场用以满足消费者需要和欲望的任何东西。狭义的产品是指由劳动创造出来的，具有某种特定价值、形状，能满足消费者或用户某种需求的有形物品，例如汽车、电脑和手机。广义的产品除上述有形物品外还包括服务、事件、人员、地点、组织、观念以及上述内容的组合。因此，三亚旅行、外卖服务、咨询机构的建议同样是产品。

（二）产品的层次

关于产品整体概念，科特勒等学者认为产品由五个层次构成，即核心产品、形式产品、期望产品、延伸产品和潜在产品，如图 7－1 所示。

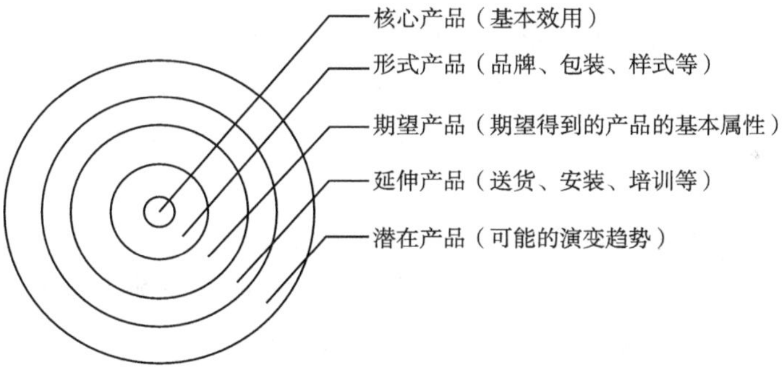

图 7－1 产品整体概念的五个层次

1. 核心产品。核心产品是指企业向消费者提供的产品的基本效用或利益，即产品的使用价值或有用性，它是产品的核心内容。消费者购买产品，并不是为了占有或获得产品本身，而是为了获得满足自身某种需要的服务或利益。因此，企业在开发和促销产品时，应该明确产品能向消费者提供的利益，这样产品才具有吸引力。例如，海尔集团的核心产品是冰箱，其中制冷压缩系统和其温控系统是冰箱的核心功能，为消费者带来更好的冷冻条件和食物保鲜功能是冰箱的核心产品。

2. 形式产品。形式产品是核心产品借以实现的形式和载体，是产品外在的实体形象，包括品质、款式、特征、商标和包装等。产品的基本效用必须通过特定的形式来实现，营销人员应努力寻求更加完善的外在形式以满足顾客的需求。

【案例 7-1】

旺旺集团的产品形象打造之路

旺旺的品牌名称和产品形象的打造主要从消费群体入手。作为一个儿童品牌，从儿童角度，运用了叠词的策略，朗朗上口，容易记忆。从儿童品牌名称的相关研究中可知，叠音的使用更容易让消费者将品牌和儿童联系在一起。从父母角度，旺旺将旺文化运用其中，实际上是满足了父母“望子成龙、望女成凤”的情感。

当我们回忆童年时，发现旺旺包装上的旺仔形象好像真的从来没有正眼看过我们。它有着背后的逻辑，旺仔的每个部位都暗示着旺旺集团的企业文化和经营理念——“缘、自信、大团结”。例如，眼睛向上体现了“看得远”的经营理念，灿烂的大嘴则体现了“自信真诚”的经营态度，双手张开则表现了“大团结”的企业文化。

旺仔形象拟人化是产品形象打造的成功点之一。它拉近了品牌和消费者的距离，体现了可爱性。而且红色的运用符合中国人对欢乐喜庆场面的印象，容易让人联想到旺旺产品的使用场景。从内涵上来看，它营造出的阳光形象满足了父母对孩子积极向上的期望，又体现了自信、真诚的品牌理念。

旺旺集团的包装也一直是让人无法忽视的存在。以最具特色的旺仔牛奶为例，颜色上以红色为基调，以达到抓人眼球的视觉效果。而红色带给人喜庆欢乐的联想，使旺旺产品和过节送礼的场景绑定，成为过节的必需品。形状上，除了基础的 245 毫升罐装，又新推出了同等容量的瓶装，而这正是为了迎合市场对瓶装的需求，体现了包装的可适应性。

旺旺产品形象打造无疑是成功的，无论从儿童角度还是从父母角度，旺旺的形象都是讨喜的，年轻群体又多加了一层童年滤镜。红色的包装加上顶天立地的旺仔形象，旺旺在告诉消费者自己“缘、自信、大团结”的特征。

资料来源：https：//www.163.com/dy/article/GAUT47NC0511A7JO.html.

3. 期望产品。期望产品是指消费者在购买产品时所期望获得的与产品密切相关的一组属性和条件。例如，消费者对医药产品的期望是疗效好、毒副作用小、安全性高、服用方便。酒店客户期望干净整洁的住宿条件、基本的洗浴用品和安静的休息环境等。如果商家提供的商品不具备顾客期望的基本属性，则其商品缺乏进入市场的基本条件。

4. 延伸产品。延伸产品是指顾客购买产品时可以获得的附加服务和附加利益的总和，包括产品说明书、保证、安装、维修等。延伸产品是产品整体概念中的一部分。新形势下的竞争并非仅各企业所生产的产品，而是附加在产品上的服务、广告、顾客咨询、资金融通、运送、仓储及其他具有价值的服务。不断提高产品的附加价值已经成为现代企业竞争获胜的重要手段。

5. 潜在产品。潜在产品是指现有产品包括所有附加产品在内的、可能发展成为未来最终产品的潜在状态。潜在产品指明了现有产品可能的演变趋势和前景。

产品整体概念的五个层次清晰地体现以顾客为中心的现代市场营销观念。这一概念的内涵和外延都是由消费者的需求决定的。可以说，产品整体概念是建立在“需求 + 产品”基础之上的。消费者追求的是整体产品，企业提供的也必须是整体产品。没有产品整体概念，就不可能真正理解现代市场营销观念。

（三）产品的分类

产品可以根据多种不同的标准进行分类。

1. 有形产品和服务

（1）有形产品：有形产品是指企业提供的能够满足顾客某种需求、看得见摸得着的实体产品。

（2）服务：服务是指为出售而提供的活动或利益等。服务是无形的、不可分的、易变的、不可储存的。

2. 非耐用品、耐用品

（1）非耐用品：非耐用品一般是用于消费用途的低价值易耗品，如啤酒、肥皂和盐等。

（2）耐用品：耐用品一般是指使用年限较长、价值较高的有形产品。如冰箱、彩电、机械设备等。

3. 消费品和工业品

消费品是指由最终消费者购买并用于个人消费的产品。根据消费者的购买习惯分类，消费品可分为便利品、选购品、特殊品、非渴求品。

（1）便利品：指消费者频繁购买或随时购买的产品，如矿泉水、大米和共享充电宝等。

（2）选购品：指消费者对适用性、质量、价格和式样等基本方面要进行认真权衡比较的产品。如家具、服装、汽车等。

（3）特殊品：指具有独有特征或品牌标记，消费者愿意做出特殊购买努力的产品。如皮尔卡丹西服、金利来领带、劳力士手表等。

（4）非渴求品：指消费者不了解或即便了解也不想购买的产品。如保险、墓地、百科全书等。

工业品根据进入生产过程的程度以及其相对成本，可以分为材料和部件、资本项目、供应品和服务。

（1）材料和部件：指完全转化为制造商产成品的一类产品，包括原材料、半制成品和部件。

（2）资本项目：指部分进入产成品中的商品，包括装备和附属设备。装备包括建筑物（如厂房）与固定设备（如发电机）。

（3）供应品和服务：指不构成最终产品，不直接参与生产过程，而是为生产过程的顺利进行提供帮助的项目，如墨水、机器润滑油、铁钉等。

二、产品组合

产品组合是指企业全部产品线和产品项目的组合或结构，即企业的业务经营范围。它涉及产品线、产品项目等概念。

（一）产品线及产品项目

产品线是指产品组合中的某一产品大类，是一组密切相关的产品。以类似的方式发挥功能，销售给相同的顾客群，通过相同的销售渠道出售，属于相同的价格范畴等。例如，小米公司的产品组合中包括以下产品线：手机、笔记本电脑、平板、电视等。产品项目是指产品线中不同品牌和细类的特定产品。

（二）产品组合的宽度、长度、深度和关联度

产品组合的宽度是指产品组合中所拥有的产品线数目。产品组合的宽度越大，说明企业的产品线越多；反之，宽度越窄，产品线越少。

产品组合的长度是指产品组合中产品项目的总数。如以产品项目总数除以产品线数目即可得到产品线的平均长度。如表 7－1 所示，产品组合的长度为 27，因为产品项目总数为 27 个。每条产品线的平均长度为 27 ÷ 4 = 6.75。

产品组合的深度指产品线中每个产品项目有多少品种。如元气森林中的元气满满乳茶有 3 种口味（茉莉奶香味、经典原味、丝绒草莓）、1 种规格（360 毫升），则产品深度为 3（= 3 × 1）。产品组合的深度越大，企业产品的规格、品种就越多；反之，深度越小，产品就越少。

产品组合的关联度是指各条产品线在最终用途、生产条件、分配渠道或其他方面相互关联的程度。例如，某家用电器公司拥有电视机、收录机等多条产品线，但每条产品线都与电有关，这一产品组合具有较强的相关性。产品组合的深度越浅，宽度越窄，则产品组合的关联性越大；反之，则关联性越小。如表 7－1 所示，元气森林一般都是通过同样的分销渠道销售产品，因此可以说，该企业的产品组合具有较高的关联度。

表 7-1　元气森林的产品组合

	产品组合的宽度			
产品组合的深度	元气森林气泡水	宝石碗系列	外星人电解质水	元气满满乳茶
	白桃味气泡水	特浓原味	小青桔口味	茉莉奶香味
	黑夏葡萄味气泡水	黄桃流心燕麦	青苹果口味	经典原味
	卡曼橘味气泡水	白桃流心玫瑰	百香果芭乐味	丝绒草莓
	荔枝味气泡水	草莓流心芝士	荔枝海盐口味	
	石榴红树莓味气泡水	白葡萄流心茉	小雏菊口味	
	海盐菠萝味气泡水	流心杨枝甘露	青柠口味	
	海盐柚子味气泡水	香蕉牛油果味	西柚口味	
		特浓牛乳风味	白葡萄芦荟味	
			盐渍青梅口味	

【案例 7-2】

冰墩墩爆红背后的产品组合策略

冬奥会开幕以来，仅抖音平台关于冰墩墩的声量指数就达到了日均 2232 万的数值（根据 2022 年 2 月 4 日—2022 年 2 月 10 日数据），其他平台暂且不论。由此可见，大量的曝光和话题让消费者处在一个被冰墩墩信息包围的环境下，注意力的获取可想而知。另外，围绕冰墩墩的内容关联也是无孔不入，各种可爱、小公主等话题总有一个让消费者产生兴趣。

同时，随着赛事热点不断发酵，一人一墩的国民愿望也刺激着更多人得到冰墩墩的欲望。各大线下销售点早早排起了长龙，线上冬奥特许旗舰店抢购一空，你还没行动的时候，别人就已经“一墩”了。

北京冬奥组委共计开发了 5000 余款特许产品，涵盖了徽章、钥匙扣等非金属制品、贵金属制品、服装、服饰及配饰、丝绸制品、陶瓷制品、文具、毛绒及各类材质玩具、工艺品、首饰、电子产品及配件、智能穿戴设备、家纺织品、箱包、冰雪运动用品、纪念邮票及邮品和纪念币（钞）16 个类别。

从产品组合的宽度上看，冬奥周边的产品宽度为 16。

从产品组合的深度上看，单徽章这个品类下就有多个系列：限量发售 2022 枚二十四节气每个节气系列徽章；限量发售 5000 枚的北京中轴线倒计时系列中的大部分徽章等，以上徽章均在天猫奥林匹克官网售罄。

从产品组合关联度上看：文创与运动的关联度和黏性也是非常高的。

官方数据显示，北京冬奥会特许经营试运行不到 8 个月，其 350 余款商品的零售总额就突破 1 亿元。冰墩墩在网络平台爆红之后，迅速拓宽产品组合的宽度与深度，赋予产品文化价值，提高冰墩墩文化内涵，增加文创与运动的关联度。

资料来源：https：//mp. weixin. qq. com/s/afgXO89RpxwuVzZPCIeviA.

（三）产品组合决策

产品组合策略是企业为面向市场，对所生产经营的多种产品进行最佳组合的策略。其目的是使产品组合的广度、深度及关联性处于最佳结构，以提高企业竞争能力和取得最好经济效益。其中生产或经营多种产品是现代企业扩大销售、分散风险的有效手段之一。同时，产品及其数量的决策也成为其满足顾客需求和获得稳定经济效益的重要条件。因此，企业需要分析产品结构，依据企业资源和市场环境特征确定最佳产品组合。

1. 产品线延伸决策。

（1）向下延伸：指企业原来生产高档产品，后来决定增加中低档产品的生产。这种策略通常适用于下列六种情况：①利用高档名牌产品的声誉，吸引购买力水平较低的顾客慕名购买该产品大类的低档廉价产品；②高档产品的销售增长速度下降；③企业最初进入高档产品市场的目的是建立品牌声誉，树立企业形象，然后进入中低档产品市场，以扩大销售增长率和市场份额；④补充企业的产品大类空白，以防止新的竞争者涉足；⑤可能迫使竞争者转向高档产品的开发；⑥企业的经销商可能不愿意经营低档产品。

当然，企业在采取向下延伸策略时也会遇到一些风险：增加低档产品的生产可能使名牌产品形象受损。

【案例 7 -3】

从顶级人群切入市场，圣贝拉的自然向下延伸之道

上海长宁区愚园路 858 号有栋数千平方米的老洋房，西班牙风格，带欧式花园。1923 年，这座别墅属于著名药物学专家杨树勋的故居。100 年后，这里成了高奢母婴护理品牌圣贝拉“旅居独栋系列”之一。

圣贝拉创始人表示，在创业初期，企业就选择做全国性品牌，不走下沉市场，而是选择在一线城市全面铺开。当时大部分人或投资机构都不太认可这种定位：他们觉得月子中心是区域性的生意，全国性的品牌无法结合区域月子习惯进行融入，容易水土不服。

但当时圣贝拉的一个逻辑是坐月子是一个低频高客单价的产品，而且对于女性来说是一生中非常重要的事情，对于科学护理应具备标准性的考究。其认为如果全国性的品牌力和圈层效应足够强，它在一些一、二线城市是会影响用户心智的。

圣贝拉之所以能在萎靡不振的市场一路高歌猛进，和其选择门槛最高但护城河最深的打法有关。创始人向华从创业之初就另辟蹊径，直击高端人群，再向下“降维”到中端市场。

在圣贝拉在一线城市打开高端市场后，创始人向华表示：“我们认知很明确，即便高端受众人群相对窄，但高端品牌形象和心智一旦成立，就可以向下延伸。”“市场下沉”这一因素也被贝康纳入其考量中。于是贝康打造另一个圣贝拉的向下延伸品牌 Baby BELLA（小贝拉），用极致性价比整合客单价 5 万元以上的中端服务市场。除此之外，贝康面对下沉的终端市场，目前除了轻奢小贝拉，还投资并购了女性健康调理品牌广禾堂、功能型内衣品牌 S－bra 等，并建立贝康护理学校与到家护理品牌——予家。

企业创始人曾表示：“我们认为我们当时的认知就是即便受众人群相对比较窄，但你高端品牌形象和心智一旦成立，就可以往下去做延伸，也就是企业后来做 baby bella 小贝拉这条线。”

“可能行业只能容下一个品牌树立全球化心智，如果你不是第一个去抢占的人，后面就要花更多的钱、时间和精力去追赶。”高端引领中端、低端模仿中端，从高往低打，这是向华对于品牌的看法。

SAINT BELLA

资料来源：https：//it. szonline. net/shuzizhongguo/20230731/202307831165. html.

（2）向上延伸：指企业原来生产低档产品，后来决定生产中、高档产品。如花西子推出百鸟朝凤盘迈入彩妆中端品牌行列。这种策略通常适合于下列三种情况：①高档产品畅销，销售增长快、利润高；②企业的技术设备和营销能力已具备进入高档产品市场的条件；③使产品大类完整。

向上延伸策略也要冒一定风险：可能引起生产高档产品的竞争者进入低档产品市场进行反攻；潜在顾客对其高档产品的信任程度较低；企业的销售代理商和经销商可能没有能力经营高档产品，企业需培训或物色新的销售代理商和经销商。

【案例 7－4】

科沃斯产品向上延伸，全面发力高端市场

科沃斯以小家电代工业务起步，逐渐开发了各式家用吸尘器、清洗机、除螨仪等系列清洁类小家电产品。2009 年公司推出第一款扫地机器人地宝，此后相继推出了移动空气净化机器人沁宝、自动擦窗机器人窗宝以及管家机器人亲宝等产品。2019 年公司经过一系列战略调整，现如今公司继续深化科沃斯＋添可的双轮驱动战略，以技术优势赋予产品全新功能和价值，凭借领先的产品力和多元化的渠道布局，实现了自有品牌销售收入的快速增长。标志着科沃斯成功迈向高端市场。

添可品牌在巩固洗地机技术优势和领先份额的同时，构建四大品类的智能物联生态。作为高端智能生活电器品牌，添可已逐步构建了涵盖智能家居清洁、智能烹饪料理、智能个人护理、智能健康生活四大品类的智能物联生态。不断的技术创新、科技赋能使科沃斯在高端市场逐渐占据一席之地。

产品线的向上延伸使科沃斯成为服务机器人和智能生活电器行业的龙头，享受行业增长带来的红利。随着产品更新迭代的加速，公司产品持续向高端化发展，产品出货均价也随之稳步提升。

资料来源：根据网络资料整理。

（3）双向延伸：指有些生产经营中档产品的企业，掌握了市场优势以后，逐渐向高档和低档两个方向延伸。这种策略在一定条件下有利于扩大市场占有率，增强自身竞争能力。例如，定位于中端品牌形象的家具生产制造商华源轩成立“源木”家具有限公司，向上延伸发展了简约、现代感强的水曲柳贴木皮系列，向下延伸发展了自然美感，并带有现代气息的芬兰松系列。

【案例 7 – 5】

丰田卡罗拉的双向延伸

自 1966 年诞生以来，卡罗拉至今已经历了 12 代革新，累计销量 5000 万辆，是全球销量第一且无可取代的经典车型。

致力于“为世界每一个人带来幸福与快乐”的丰田卡罗拉，一直称霸紧凑级家轿领域，给人留下“高性价比、高安全性、高保值率、低油耗”的经典形象。而一汽丰田卡罗拉锐放的“跨界”领域，则是同样吃香的紧凑型 SUV 市场。

丰田公司对其产品线也采取了双向延伸的策略。在其中档产品卡罗拉牌的基础上，为高档市场增加了佳美牌，为低档市场增加了小明星牌。该公司还为豪华汽车市场推出了凌志牌。这样凌志的目标是吸引高层管理者；佳美的目标是吸引中层经理；卡罗拉的目标是吸引基层经理；而小明星牌的目标是手里钱不多的首次购买者。此种策略的主要风险是有些买主认为在两种型号（如佳美和凌志之间）差别不大，因而会选择较低档的品种。但对于丰田公司来说，顾客选择了低档品种总比走向竞争者好。另外，为了减少与丰田的联系，减低自相残杀的风险，凌志并没有在丰田的名下推出，同时也采用与其他型号不同的分销方式。

资料来源：根据网络资料整理。

2. 产品线现代化决策。在某些情况下，产品大类的长度虽然是适当的，但产品还停留在以往的水平，那就需要更新产品，实现产品大类现代化，以利于竞争。

产品大类现代化可以采取两种方式：渐进式和激进式。渐进的方法可使企业在改进整个产品大类之前，测试顾客及中间商的反应，了解市场动向，同时也可节省投资。但缺点是使竞争者有机会作出反应，从而进一步加剧竞争。激进的方法可避免上述缺点，出奇制胜，但所需投资较大，风险增加。还有另一个问题是如何正确地选择改进产品的最佳时机，使之不至于过早，使现有产品线的销售受到不良影响，也不至于过迟，使企业失去有利时机。

3. 产品线特色决策。产品线特色决策是指在每条产品线中推出一个或几个有特色的产品项目，以吸引顾客，适应不同细分市场的需求。一般的策略是，以低档产品开拓销路，以高档产品树立声誉。比如，蜜雪冰城以 4 元低价冰鲜柠檬水获得了消费者的喜爱，通过价格低廉的高性价比产品扩大蜜雪冰城的名气，吸引顾客，同时蜜雪冰城不断地推出新品，价格定价都高于冰鲜柠檬水。蜜雪冰城的冰鲜柠檬水作为号召性的产品成功吸引到消费者，为蜜雪冰城带来巨大的客流量。

4. 扩大产品组合决策。扩大产品组合包括拓展产品组合的宽度和增加产品组合的深度，实行更多品类或品种的生产或经营。拓展产品组合的宽度是指在原有产品组合中增加一个或几个产品线，扩大产品的经营范围。增加产品组合的深度是指在原有产品线中增加新的产品项目。例如，洽洽瓜子在500 克、250 克包装的基础上增加了 100 克的包装。但需要注意的是，产品线扩充要合理。扩大产品组合可以使企业充分利用资源，发挥优势，分散企业的市场风险，增强竞争力。

5. 缩减产品组合决策。当市场繁荣时，较长、较宽的产品组合会为企业带来较多的盈利机会，但当市场不景气或原料、能源供应紧张时，缩减产品组合反而可能使总利润上升。这是因为从产品组合中剔除了那些获利很小甚至不获利的产品大类或产品项目，可使企业集中力量发展获利多的产品大类和产品项目。

随着产品大类的延长，设计、工程、仓储、运输、促销等营销费用也随之增加，最终将会减少企业的利润。在这种情况下，需要对产品大类的发展进行相应的遏制，删除那些得不偿失的产品项目，使产品大类缩短，提高经济效益。例如，可口可乐停产 Zico 椰子水，娃哈哈放弃啤儿茶爽都是为了节约企业成本而缩减产品组合，最终提高其经济效益。

▶▶知识拓展 7－1

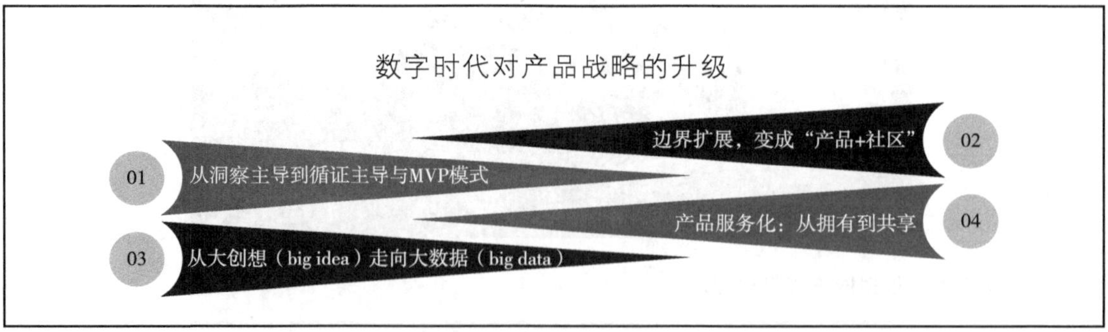

（一）从洞察主导到循证主导与 MVP 模式

从洞察主导到循证主导与 MVP 模式产品开发洞察的营销技术不断完善，从最开始宝洁进入消费者家庭的“浸入式调查”，到后来购物者营销兴起后的消费者。

反应调查，再到现在欧洲兴起的视觉性图片、影视调研，技术会增强消费者洞察的精确性。然而，以上这些东西都不能完全保证产品的成功，数字时代的反馈经济使“循证”成为可能。数字时代，智慧营销最关键的就是要迅速抓住客户的问题，推出产品，不断做尝试验证。

精益创业产品管理思维的本质是，强调市场测试而不是细致的策划，强调顾客的反馈而不是自己的感觉，强调反复的设计和改进，而不是前期大而全的产品开发。在开发产品时强调 MVP（最小可行性产品）。现在看的美剧其实就是典型的 MVP 操作方式，导演投资剧组先排出前几集，如果市场反应不对，导演立即就改，如果市场反应不好，就放弃启动第二个剧目，通过不断测试找对市场的感觉。

MVP 的思维帮助他们先去证实市场，然后再做产品开发与调整，以“实证”的思维提高产品的成功概率，直接颠覆了以前从商业计划书到产品开发、产品上市的思维。MVP 模式会让你的产品管理同时具备想象力与落地性。

（二）边界扩展，变成“产品 + 社区”

移动互联网正将我们带入社交红利时代，在海量同质化产品共存的当下，单靠产品升级已无法有效地增强用户黏性，利用产品开发社区进而聚合社群才能持续获利。百词斩通过图片联想和句子真人读音，动用了用户各方面的感官来帮助背单词，聚集了各个年龄层的英语学习者，形成英语学习社群，随后出售英语学习书籍，进一步有可能进入新型的英语培训。罗辑思维打造了当下中国最大的一个知识社群，利用自身的内容产品黏性来影响以及聚合兴趣相符的粉丝，然后通过限额会员制（收取会费）形成基于共同价值观的交流社区，再以社群基础衔接商家，为品牌提供社会化的推广合作。从例子中都可以看到，传统营销的产品已经超越了产品本身的边界，变成了一个“offering + community”的模式。数字化技术、物联网的兴起，使产品可以差异化的维度增多，原有的产品和服务之间的边界模糊，使产品力可以在跨界与想象力的拼接中爆发，如小米可以进入汽车行业，耐克和苹果共同生产出新一代跑鞋，辉瑞的药丸也可内置程序。

（三）从大创想（big idea）走向大数据（big data）

产品以前依赖于“大创想”，即营销战略家的有效洞察，但是消费者的比特化痕迹让大数据开始取代大创想发力。Express Scripts Holding 公司发现那些需要服药的人常常也是最可能忘记服药的人，因此，它开发了一个新产品：会响铃的药品盖并且会自动进行电话呼叫，以此提醒患者按时服药。

美剧《纸牌屋》于2013年2月第一季开播以来迅速风靡全球，并保持持续的热播热议。实际上，提供商Netflix当初在并未看到这部电视剧任何一个画面的情况下，已经订购了《纸牌屋》的两个完整剧集（共有26集）。为什么Netflix会如此笃定呢？原因就在于这家公司拥有由2900万名订阅用户的收看习惯和偏好所组成的庞大数据集，得以利用数据挖掘和算法来为自己提供一种优势，因此Netflix深知有多少人正在观看凯文·斯贝西和大卫·芬奇的电影，也知道有多少人喜欢看政治惊悚片。如果受众人群足够大的话，那么获得《纸牌屋》的独家首播权就是很有意义的。

（四）产品服务化：从拥有到共享

全球前10大创业企业中有3家是共享经济领域的企业。共享经济全球市场规模几乎每年都以接近90%的速度增长。美国是共享经济的最早实践者和最成功的应用者，以一家房屋共享企业Airbnb和一家汽车共享企业Uber为例，这两家企业被认为是美国共享经济模式最成功的代表。他们诞生后的飞速发展，给传统酒店业、出租车业带来了革命性的推动和颠覆性的改变，也让人们看到了共享经济在未来的巨大潜力。据AC尼尔森统计，2014年全球共享经济的市场规模已达到150亿美元，预计到2025年，这一数字将达到3350亿美元，年均复合增长率达到36%。从狭义上讲，“共享经济”是指以获得一定报酬为主要目的，基于陌生人且存在物品使用权暂时转移的一种商业模式。共享经济是对“沉没”闲置资源的社会化再利用，是将熟人之间的共享关系推向陌生人的经济形式。“零”边际成本、商业化信任和社会化互联是共享经济的三大驱动要素。

资料来源：曹虎．数字时代的营销战略［M］．机械工业出版社：2017.

第二节 产品生命周期理论

产品进入市场后，它的销售量和利润都会随时间推移而改变，呈现一个由少到多、由多到少的过程，就如同人的生命一样，由诞生、成长到成熟，最终走向衰亡，这就是产品的生命周期现象。产品只有经过研究开发、试销，然后进入市场，它的市场生命周期才算开始。产品退出市场，则标志着生命周期的结束。

一、产品生命周期阶段划分及特征

（一）产品生命周期的涵义和曲线形态

产品生命周期（Product Life Cycle，PLC），是指产品从投入市场到被市场淘汰所经历的市场生命循环过程，即导入、成长、成熟和衰退的四个基本阶段，是产品的市场寿命周期。产品的市场生命是指产品在市场上的延续时间。产品市场生命的长短，取决于产品的性质和用途、消费习惯和民族特点、科技进步速度、市场竞争情况、国民收入水平等。

图 7－2 是典型的 S 形产品生命周期曲线形态，此外还有非典型产品生命周期曲线形态。非典型产品也叫特殊产品，包括风格型、时尚型、热潮型、扇贝型等产品类型，其生命周期不同于典型产品的生命周期，生命周期曲线形态也不是典型产品生命周期曲线的形态。

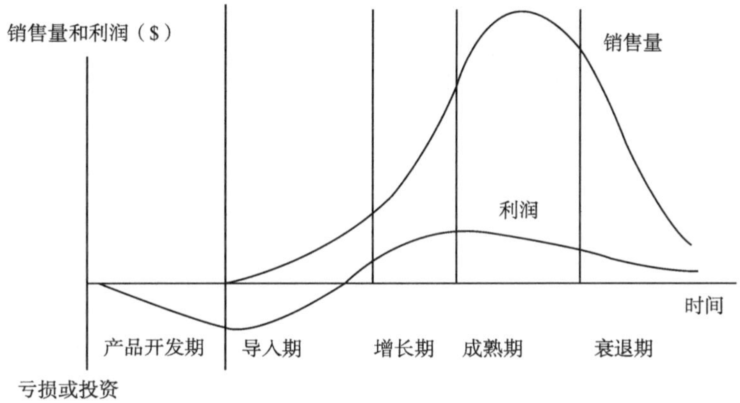

图 7－2　典型产品生命周期各阶段的销售和利润

1. 风格型产品生命周期曲线。风格是人类生活的一种基本表现方式，并且不同个体或群体风格各异、特点突出。风格一旦形成，会保持相对稳定，并且会不断延续和继承。

企业产品的销售量会随着时间或季节等因素的变化在一定范围内呈波动起伏、循环往复的曲线状态，反映出消费者对该产品形成了一种特定的消费风格。如图 7－3 所示。

2. 时尚型产品生命周期曲线。时尚型产品生命周期的特点是刚上市时很少有人接纳，产品处于独特阶段；但接纳人数会随着时间的推移而慢慢增多，产品处于模仿阶段；随后被消费者广泛接受，产品处于流行阶段；最后缓慢衰退，产品进入衰退阶段，消费者开始将注意力转向另一种更吸引人的产品。如图 7－4 所示。

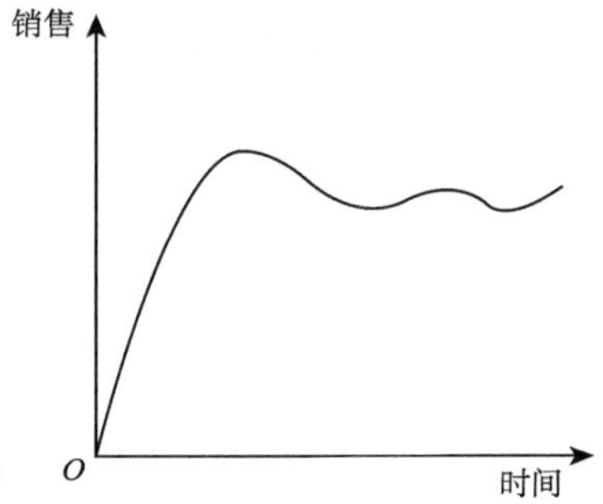

图 7－3　风格型产品生命周期曲线

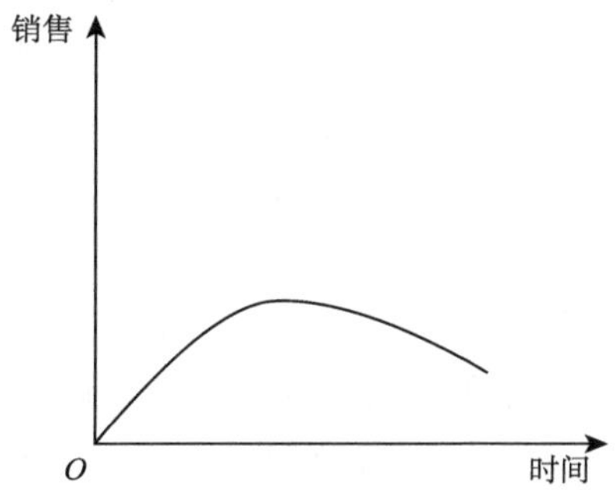

图 7－4　时尚型产品生命周期曲线

3. 热潮型产品生命周期曲线。热潮是一种来势凶猛并且很快就能吸引大众注意的消费潮流。热潮型产品的生命周期往往快速增长又快速衰退，主要是因为它只是满足消费者一时的好奇心理，所吸引的消费者仅限于少数寻求刺激、标新立异的人，不能持续满足一般消费者的需求，通常无法维持销售量（额）的高峰。如背背佳曾在家长圈红极一时，但后来意识到产品并不能真正改善孩子驼背问题，还会对脊椎造成不良影响，便迅速消失在大众视野。如图 7 – 5 所示。

4. 扇贝型产品生命周期曲线。扇贝型产品生命周期主要指产品生命周期不断地延伸，这往往是因为产品不断创新、不时发现产品新用途、产品季节性较强等。如尼龙刚开始被用于制作降落伞，后被用来生产袜子、衣服和地毯等，从而使其需求大量增长。

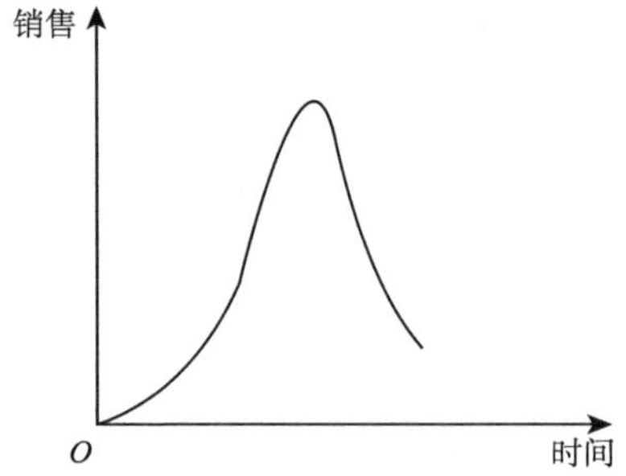

图 7 – 5 热潮型产品生命周期曲线

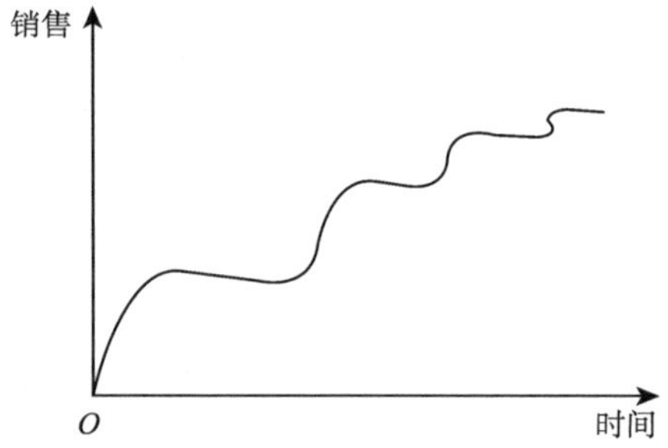

图 7 – 6 扇贝型产品生命周期曲线

（二）产品生命周期基本阶段及特征

1. 导入期。导入期是产品进入市场，销售量缓慢增长的时期。由于产品导入费用很高，所以这个时期还没有产生利润。

这一阶段的主要特征是：第一，只有少数企业生产，市场上竞争者较少；第二，消费者对新产品尚未接受，销售量增长缓慢；第三，需做大量广告宣传，推销费用大；第四，企业生产批量小，试制费用大，产品成本高；第五，产品获利较少或无利可图，甚至亏损。但这个阶段市场竞争者较少，企业若建立有效的营销系统，即可以将新产品快速推进导入阶段，进入市场发展阶段。

2. 成长期。成长期为市场快速接受和利润快速增长的时期。这一阶段的主要特征是：第一，消费者对产品已经熟悉并接受，销售量迅速上升，一般来说，销售增长率超过10%；第二，产品已基本定型，生产规模扩大，产品成本下降，企业利润不断增加；第三，同行业竞争者纷纷加入，竞争趋向激烈。

3. 成熟期。在成熟期，由于产品已被绝大多数潜在购买者接受，所以销售量增长迅速减慢。为了在竞争中保护产品，营销支出增加，利润因此持平或下降。

这一阶段又可以划分为成长成熟期、稳定成熟期和衰退成长期三个小阶段，它们具有各自不同的特征。

（1）成长成熟期。此时期各销售渠道处于饱和状态，增长率缓慢上升，还有少数后续的购买者继续进入市场。

（2）稳定成熟期。由于市场饱和，消费平稳，产品销售稳定，销售增长率一般只与购买人数成正比，如无新购买者则增长率停滞或下降。

（3）衰退成熟期。销售水平显著下降，原有用户的兴趣已开始转向其他产品和替代品。全行业产品出现过剩，竞争加剧，一些缺乏竞争能力的企业渐渐被取代，新加入的竞争者较少，竞争者之间各有自己特定的目标顾客，市场份额变动不大，突破比较困难。

4. 衰退期。衰退期为销售量急剧下降、利润跌落的时期。这一阶段的主要特征是：第一，产品销售量由缓慢下降变为迅速下降，消费者的兴趣已经完全转移；第二，价格下降到最低水平；第三，多数企业无利可图，被迫退出市场；第四，留在市场上的企业逐渐减少产品的附加服务，削减促销预算，以维持最低水平的经营。

二、产品生命周期各阶段的营销策略

对于单个企业而言，成功的产品生命周期管理往往取决于两个关键因素：第一，在产品投放市场之前，准确地预测产品生命周期曲线的形态；第二，在产品生命周期的每个特定阶段采取适当的营销策略。表7－2针对产品生命周期的四个基本阶段分别提供一些营销管理策略建议。

表7－2 产品生命周期各阶段的特点和营销策略对比

阶段	导入期	成长期	成熟期	衰退期
特点				
销售	缓慢、批量小	迅速上升	高峰	下降
成本	高	中等	低	低
利润	亏损	上升	高峰	下降
顾客	创新者	早期采用者	大众	落后者
竞争者	极少	增多	数量稳定	数量减少
营销策略				
产品	提供基本产品	提供扩展产品、服务和担保	品牌和样式多样化	逐步淘汰产品
价格	成本加成法	渗透定价法	抗衡和击败竞争者的价格	降低价格
渠道	选择性分销	密集分销	更密集分销	淘汰不盈利分销点
促销	大力促销以吸引试用	减少促销，充分利用大量的消费者需求	增加对品牌转换的鼓励	减少到最低水平
广告	在早期采用者和分销商中建立知名度	在大众市场中建立知名度和兴趣	强调品牌的差异和利益	减少到保持坚定忠诚者所需水平

（一）导入期的营销策略

新产品在刚刚导入市场时，销售量增长缓慢，往往可能是无利润甚至亏损，其原因是生产能力未全部形成，工人生产操作尚不熟练，次品、废品率高，增加了成本，加上消费者对新产品有一个认识过程，不会立刻都接受它。该阶段企业的基本策略应当是突出一个“快”字，以促使产品尽快进入成长期。具体操作上一般可选择以下四种策略，如表 7－3 所示。

表 7－3　导入期的营销策略

		促销水平	
价格水平	高	快速撇脂策略	缓慢撇脂策略
	低	快速渗透策略	缓慢渗透策略
		高	低

1. 快速撇脂策略。企业以高价格高促销的方式推广新产品。高价是为了迅速使企业收回成本并获取高利润。高价促销是为了尽快打开销路，使更多人知晓新产品的存在。高价促销就是要通过各种促销手段，增强刺激强度。除了大规模的广告宣传外，也可以利用特殊手段诱使消费者试用。如通过赠送样品，将新产品附在老产品中赠送等。

2. 缓慢撇脂策略。企业以高价格低促销的方式推广新产品。高价可迅速收回成本加大利润，低价促销又可减少营销成本。

3. 快速渗透策略。企业以低价格高促销的方式推广新产品。这一策略的目的是获得最高的市场份额。所以，新产品定价在一个低水平上，以求获得尽可能多的消费者认可。同时，通过大规模的促销活动把信息传递给尽可能多的人，刺激其购买欲望。

4. 缓慢渗透策略。企业用低价格低促销的方式推广新产品。使用该策略的目的一方面是为了以低价避免竞争，促使消费者尽快接受新产品；另一方面以较低的促销费用来降低经营成本，确保企业的利润。

上述导入期的四种营销策略分别适用于不同的市场环境，如表 7－4 所示。快速撇脂策略适用的市场环境是绝大部分消费者还没有意识到该新产品，知道它的人有强烈的购买欲望而不太在乎价格，产品存在潜在的竞争对手，企业想提高产品的声誉。缓慢撇脂策略适用的市场环境是市场规模有限，消费者中的大多数已对该产品有所了解，购买者对价格不是很敏感，潜在的竞争对手少。快速渗透策略适用的市场环境是市场规模大，消费者对该产品知晓甚少，购买者对价格敏感，潜在竞争对手多且竞争激烈。缓慢渗透策略适用的市场环境是产品市场庞大，消费者对价格比较敏感，产品的知名度已经较高，潜在的竞争压力较大。

表 7－4 导入期各营销策略适用的市场环境对比

策略类型	市场容量	消费者的价格敏感性	对产品的知晓度	竞争状况
快速撇脂策略	大	不敏感	低	较大
缓慢撇脂策略	有限	不敏感	高	较小
快速渗透策略	大	敏感	低	大
缓缓渗透策略	大	敏感	高	较大

【案例 7－6】

新兴品牌“拉面说”导入期的营销策略

在激烈的市场竞争中，寻求新的发展机遇与玩法成为了品牌突破的关键。随着品牌的发展进入到新的竞争阶段，不少品牌借助新的传播方式、渠道以及新商业模式，成功获得了用户的青睐，助力品牌快速占领市场份额。你可能不爱吃拉面，但你一定听说过“拉面说”。

2018 年 2 月，拉面说天猫旗舰店开业。同年“双十一”就取得了千万级好成绩。2019 年，拉面说的商品交易总额（GMV）更是突破 2.5 亿元。拉面说在做新一代速食的解决方案，品牌主旨是希望通过能媲美拉面馆的速食面产品，满足消费者对于这一特定品类的需求。到 2023 年，拉面说更是成为了速食拉面的头部品牌，月交易额超千万元。

拉面说在导入期致力于打造产品矩阵。在打造整体产品的态度上，拉面说非常精细。其整体产品矩阵，可以分为三大块。

最经典的待煮面系列：这是拉面说的品牌核心系列，在保留四款最经典口味的同时，不断探寻新的爆品口味。

季节限定的营销款：拉面说会根据时令节庆推出不同品类的面类。这是一种对于时令季节性热度的快速捕捉。

品牌款拉面：拉面说会和其他品牌进行跨界联名。

在三大矩阵的包围下，拉面说使用年轻的营销方式，通过各种促销手段，增强年轻人对这一新兴品牌的刺激强度。拉面说通过借助各平台关键意见领袖（KOL）的影响力去辐射更多的用户受众，通过 KOL 的背书将其粉丝逐渐转化成自己的受众，在微博、抖音、快手、公众号等多平台去加深用户对品牌的印象，迅速提升品牌的曝光度与美誉度，迅速拿下年轻人的市场。

资料来源：https：//www. opp2. com/237715. html.

（二）成长期的营销策略

新产品经受住了市场的严峻考验，就进入了成长阶段，这一阶段的特点是销售量直线上升，利润也迅速增加。由于产品已基本定型，废品、次品率大大降低，销售渠道也已疏通，所以产品经营成本也急剧下降，产品的销售呈现出光明的前景。在这一阶段的后期，由于产品表现出了高额的利润，促使竞争对手逐步加入，竞争趋于激烈化。这一阶段，企业应尽可能维持销售的增长速度，同时突出一个“好”字，把保持产品的品质优良作为主要目标，具体策略有：

1. 改进产品品质。从质量、性能、式样、包装等方面努力加以改进，以对抗竞争产品，还可以从拓展产品的新用途着手以巩固自己的竞争地位。

2. 扩展新市场。使产品进一步向尚未涉足的市场进军。在分析销售实绩的基础上，仔细寻找出产品尚未到达的领域，重点努力；同时，扩大销售网点，方便消费者购买。

3. 加强企业与产品的定位。广告宣传由建立产品知名度逐渐转向建立产品信赖度，增加宣传产品的特色，使其在消费者心目中产生与众不同的感觉。

4. 调整产品的售价。产品在适当的时候降价或推出折扣价格，这样既可以吸引更多的消费者参与进来，又可以阻止竞争对手的进入。在这一阶段，企业往往会面临高市场占有率和高利润的抉择。因为两者似乎是矛盾的，要获取高的市场占有率势必要改良产品、降低价格、增加营销费用，这会使企业的利润减少。但是如果企业能够维持高的市场占有率，在竞争中处于有利的地位，将会有利于今后的发展，放弃了眼前的利润，将可望在成熟期阶段得到补偿。

【案例 7－7】

青梅煮酒论品牌：中国青梅溜溜梅品牌衍生记

“你没事吧，没事就吃溜溜梅”这一句广告语耳熟能详，并已成为现在的网络热梗。溜溜梅品牌的成长也如这一句广告语一样迅速发展。在成长期，溜溜梅品牌采用了以下的策略：

（一）IP 营销＋电视广告

溜溜梅品牌初步认识到 IP 营销结合电视广告策略的传播效力。所以，为了进一步强化消费者对“溜溜梅”品牌的认知，持续利用电视新媒体打造 IP，正式开始了电视广告洗脑轰炸模式。其魔性广告语“没事儿，就吃溜溜梅”更是家喻户晓。2013 年 8 月，溜溜梅邀请杨幂做代言，不但在电视上，还在各大商场和网络平台做了推广。一下就抓住了年轻群体的眼球，引起了社会的广泛关注与讨论。虽然广告词被吐槽不断，但杨幂的代言也为其收获了一群青年消费群体，这群人是娱乐流行文化的受众和大众消费的基本群体。之后，溜溜梅的销量陡然暴增，两年内，销售规模从 1 个亿元跃升到 10 个亿元，迅速占领了市场，为其的发展奠定了良好基础，收获了一批忠实用户。

（二）线上发力＋布局电商

与很多传统零食品牌一样，在过去的很长一段时间里，溜溜梅一直延续着以经销商为主的单一销售渠道，不断发挥传统经销渠道的优势，进一步延伸销售网络，依托各大连锁商超、便利店为主销售产品。随着互联网数字化时代的到来，短视频和直播平台的强势兴起，各种移动社交平台的涌现，消费者的消费习惯和消费心态发生巨大变化，这使品牌要主动地获取信息并及时进行二次创作。溜溜梅构建电商精细化的运营模式，将产品“送”上社交平台和直播间，直营模式的主营业务收入在 2015—2017 年呈逐年增长趋势，其比重也由 2015 年的 3.55% 增长至 2017 年的 11.28%。

（三）数字营销＋品质梅冻

好品质的产品需要辅之以好的营销策略。梅冻产品采取了多样化营销手段，一是利用直播带货方式进行营销。2020 年 4 月，当红顶流明星杨幂携手李佳琦进行专场直播，梅冻产品在全网爆火，高达 1244 万人观看，当日成交额突破 1000 万元，成为零食类目直播销量第一；二是采取明星代言的营销方式。2022 年 3 月，邀请肖战为梅冻做品牌代言人，其仅 98 元一款的梅冻单链销售额就突破了 300 万元；三是采取数字营销策略。在前期明星直播和广告宣传的基础上，溜溜果园充分利用大数据平台上的数据，对天猫和淘宝上的果冻市场数据进行系统分析，包括果冻市场规模、市场占有率、品牌集中度等。

通过这些数据的精准分析可以更清楚果冻市场的潜力、竞争对手情况等。针对这些大数据信息，溜溜果园提出“围绕‘天然’核心定位，建立消费者心智＋矩阵式创意＋玩转新渠道新媒体＋借势代言人”的营销打法，以扩大其在果冻市场上的市场占有率和品牌知名度。

资料来源：罗昆，李贻鑫，水淑雅，胡沐菊，张倩．梅煮酒论品牌：中国青梅溜溜梅品牌衍生记［N］．中国案例共享中心，2023.

（三）成熟期的营销策略

产品的销售增长速度在达到顶点后将会放慢，并进入一个相对稳定时期，这一阶段的特点是产品的销量大、利润高、持续时间长。在成熟期的后半期，销量达到顶峰后开始下跌，利润也逐渐下滑。这一阶段的基本策略是突出一个“优”字。应避免消极的防御，而要采取积极的进攻策略，突出建立和宣传产品的特定优势，以增加或稳定产品的销售。具体做法有：

1. 扩大市场。市场销售量＝某产品使用人数×每个使用者的使用率。扩大使用人数，企业可以通过争取尚未使用者和竞争对手的顾客这两种方法。提高使用率，企业同样可以用两种方法来增加它的值，即促使使用者增加使用次数以及增加产品每次的使用量。

2. 改进产品。改进产品是为了吸引新的购买者和扩大现有使用者的队伍。企业通过对产品的改良，使顾客对产品产生新鲜感，从而带动产品的销售。改进产品也是对付竞争对手的一个有效措施。产品的改进应主要在质量、性能、特色、式样上下功夫。

3. 改进营销组合。企业的营销组合不是一成不变的，它应该随着企业内外部环境的变化而作出相应的调整。产品的生命周期到了成熟阶段，各种内外部条件发生了重大的变化，因而营销组合也就要有一个大的调整。这是为了延长产品的成熟期，避免衰退期的到来。实际上，企业要使上述两个策略取得成功，不依靠营销组合的改进是很难做到的，所以，改进营销组合和扩大市场、改进产品策略相辅相成。

【案例7－8】

贺兰山下厚生记成熟期的品牌延伸之路

厚生记成立于2000年，休闲零食行业知名品牌，将百年传统生产工艺和现代生产技术结合，是专注于豆类休闲食品生产和销售的企业，致力于为消费者提供健康、放心、美味的食品。在企业迅速成长后，消费者提出了更多要求：包装大而粗糙，缺少辨识度、产品种类单一，厚生记认识到要想在休闲零食市场站稳脚跟，归根结底还是要满足消费者需求。厚生记公司开始从包装和产品结构上下功夫。

（一）改变包装

在包装设计上，厚生记公司委托一流的设计机构对“厚生记”系列产品的包装进行了改版升级，以进一步提升品牌竞争力。为了迎合青少年群体，公司积极采用具有IP形象的新包装。新包装融入多元色彩以及可爱的卡通形象，吸引了青少年群体与学生群体。考虑到年轻群体追求潮流、简约的审美观，从简约、清新的设计理念出发，巧妙地运用色彩与图案创造出新鲜感和独特性，表达出朴实、诚恳、真实的品牌态度，让消费者更好地了解“厚生记”产品的品牌与质量。在包装容量上，厚生记公司也针对不同系列产品推出了新的包装规格。如“乡村豆”系列产品推出了146克、180克的小包装产品，价格控制在3—8元，更方便携带和食用，也更具备性价比。凭借“小而精致”的包装以及优良的产品品质，厚生记公司将“乡村豆”产品送上了飞机，成为航空特供食品。

（二）不断丰富产品品类

为了进一步丰富产品结构、满足消费者的不同口味需求，厚生记公司与国内一流科研院所合作，开发了10多款不同口味的蚕豆、瓜子、花生、炒米等多系列休闲小食品，以满足消费者对不同口味的追求。根据不同产品的特点，在“厚生记”下又分别设计了不同的系列产品，注册了如“嗨啤”“薯可可”等品牌。“嗨啤”系列主打与啤酒搭配口感更佳的嗨啤花生、嗨啤豆；“薯可可”系列主打以土豆为原料的薯条产品；炒米系列主打各种风味的炒米零食等，丰富的产品结构更好地满足了消费者的多样化需求。

经过精心设计，新包装、新规格的“厚生记”产品在品牌成熟期间赢得了广大消费群体的青睐，不断满足消费者的需求，使休闲零食产品的销量逐年上升，厚生记公司也进一步站稳了市场。

资料来源：马晓云，王乾宇，朱丽娅，李阳，郑强，赵晶，王一彤．领异标新，共生多赢：贺兰山下厚生记品牌延伸之路［N］．中国案例共享中心，2022.

（四）衰退期的营销策略

衰退期的特征是销售额和利润额开始快速下降，企业处于一个微利甚至无利润的境地。在衰退阶段，企业的策略应建立在“转”的基础上。产品的衰退是不可避免的，因此，企业应积极开发新产品，有计划地使新产品的衔接圆满化。另外，针对市场形势，既保持适当的生产量以维护一部分市场占有率，又要做好撤退产品的准备。这时企业应逐渐减少营销费用，如把广告宣传、销售促进等费用都降到最低，以尽量保持利润。

产品进入衰退期可采取以下四种策略：

1. 继续策略。继续采用过去的策略，仍按照原来的子市场，使用相同的分销渠道、定价及促销方式，直到这种产品完全退出市场为止。也可持续营销，利用其他竞争者退出市场的机会，提高产品服务质量、降低价格等方式维持销售。

2. 集中策略。把企业能力和资源集中在最有利的子市场和分销渠道上，从中获取利润。这样有利于缩短产品退出市场的时间，同时又能为企业创造更多的利益。

3. 收缩策略。大幅度降低促销水平，尽量降低促销费用，以增加目前的利润。

4. 放弃策略。对于衰退比较迅速的产品，应该当机立断，放弃经营。可以采取完全放弃的形式，如把产品完全转移出去或者立即停止生产；也可采取逐步放弃的方式，使其所占用的资源逐步转向其他产品。

第三节　新产品开发策略

任何企业都必须提供产品来满足顾客的需求。企业先要有可以出售的产品，包括有形的产品或无形的服务等，这些产品都需要企业去开发。即使有可以出售的产品，这些产品或早或晚也会过时，这预示着企业需要着手新产品的开发与管理。

从企业的角度来看，开发新产品的意义重大。总的说来，新产品开发有利于促进企业成长；可以维护企业的竞争地位；有助于更好地满足消费者的需求；有利于企业适应环境的变化。

【案例 7 -9】

戴森精益研发打造顶级产品

戴森首款吸尘器 DC01 上市当年成为英国最畅销的真空吸尘器产品。但是戴森敏锐地意识到，面对相对饱和的吸尘器市场以及相对稳定的市场竞争格局，公司必须持续进行产品的迭代创新。

精益实验设计始于真实用户需求，在这一阶段，戴森会收集用户反馈，然后通过其模型分析将用户问题转化成产品功能语言，以让团队在实验设计阶段达成共识。在原型验证阶段，戴森团队会进行内部和外部测试，以提前验证产品方案的可行性。

在外部测试方面，工程师们会邀请目标用户进行多次“用户测试”，然后根据用户的反馈对产品进行调整。DC22 吸尘器在上市日本市场前，为了让产品更加本土化，戴森召集了一批日本用户真实体验产品原型。在观察用户体验过程中，团队发现用户都不使用脚踩机器按钮来控制开关。经过访谈才得知在日本文化中，用脚来做事被认为是无礼和肮脏的。这个洞察让团队得以及时修改产品设计，并将原型的开关修改为射频信号识别。在内部测试方面，除了我们所熟知的产品性能和质量测试，戴森还会尽量还原用户真实使用场景来测试产品。公司的测试实验室会还原家具环境的场景，确保产品原型测试的结果更符合用户真实的使用场景。

通过不断对产品迭代升级，戴森抢先一步构建了其吸尘器核心技术的“护城河”，成为专业化市场领先者。戴森没有过度沉溺在首款吸尘器的成功发布中，本土最畅销吸尘器的优秀成绩没有让它停滞产品创新的步伐。精益产品开发，让戴森长期在全球吸尘器市场保持领先地位。

资料来源：https：//mp. weixin. qq. com/s/nnB4bzPj4qFPLa74RuDSBQ.

一、新产品的涵义

（一）新产品的界定

营销意义上的新产品涵义很广，除包含因科学技术在某一领域的重大发现所产生的新产品外，还包括在生产销售方面，只要产品在功能或形态上发生改变，与原来的产品产生差异，甚至只是产品从原有市场进入新的市场，都可视为新产品；在消费者方面，则是指能进入市场给消费者提供新的利益或新的效用而被消费者认可的产品。

因此，新产品是指在结构、材质、工艺等某一个方面或某几个方面与老产品相比有明显改变，或采用新技术原理、新设计构思，从而显著提高产品的性能或扩大了使用功能的产品。

（二）新产品的分类

1. 完全创新产品。全新产品是指市场上从来没有出现过的，运用新原理、新技术、新材料制成的产品。例如，汽车、电话、飞机、电子计算机、手机等的问世。这类新产品是极其难得的，因为每一项发明，都包含从理论到实践、从实验室到工业生产的漫长过程，需要花费大量的人力和资金。因此，这类新产品的使用往往会改变消费者的生活方式，他们第一次进入市场时，消费者需要一个接受和普及的过程。

2. 换代新产品。换代新产品是指在原有产品的基础上，部分采用新技术、新材料制成的性能显著提高的产品。例如，黑白电视机革新为彩色电视机，普通缝纫机革新为电动缝纫机，普通电熨斗革新为自动蒸汽电熨斗等。

3. 改进新产品。改进新产品是指在原产品的材料、结构、款式、包装等方面作出改进的产品。例如，潜水手表、药物牙膏、不起雾眼镜等。这类新产品主要谋求性能更加良好、结构更加合理、精度更加准确、功能更加齐全、式样更加新颖、材料便于获得、成本有较大降低、耗费减少、节约能源等。例如，六味地黄丸包装，产品颗粒小，使用者每次难取药，非常容易将药丸倾洒出来。于是六味地黄丸改进了产品设计，为使用者配置定量小勺，使用者只需将小勺插入药瓶当中，药丸都会被定量取出，极大地改善了使用者取药难的问题。

4. 仿制新产品。仿制新产品是指市场上已经存在，而本国、本地区或本企业初次仿制并投入市场的产品。从市场竞争和企业经营的角度来看，在产品创新与生产过程中，部分仿制和全面仿制是不可避免的。仿制新产品开发速度快、投资少、效益高，又容易被市场接受。需要注意的是，在生产仿制新产品时，一定要注意知识产权保护的问题。

二、新产品开发流程管理

新产品开发是一项复杂又极具风险的工作，它直接关系到企业经营的成功与失败。据统计，开发新产品从构思到投入市场，成功率只有1%—2%。因此，为了提高新产品开发的经济效益，必须按照一定的科学程序来进行。新产品开发需经过以下的流程：新产品构想、产品构想的筛选、产品概念的形成与测试、初拟营销规划、商业分析、新产品研制、市场试销、商业化，如图 7 - 7 所示。

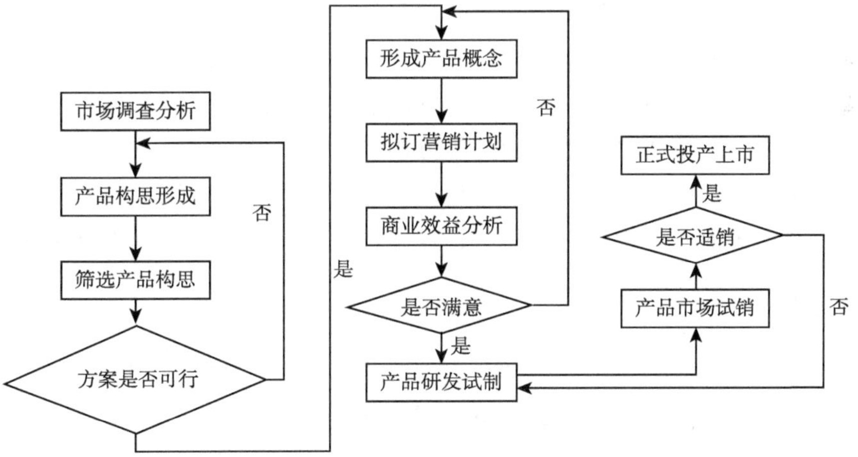

图 7 - 7 新产品开发流程图

（一）新产品构思与创意

1. 创意的产生。在这个阶段，企业应系统化地收集各方面的有关信息。虽然不是所有的设想或创意都可以转变成实际的产品，但寻求尽可能多的创意可为新产品开发提供较多的思路和机会。

新产品创意的来源主要有顾客、竞争对手、经销商、科研机构、广告代理商、市场研究公司、有关的报刊媒介、企业内部员工等方面。

对顾客的观察和倾听能够帮助企业形成好的产品构思。企业可以通过分析顾客的咨询和投诉、与顾客见面听取其意见和建议、调查了解顾客的需要和愿望等措施，发现能够更好地解决顾客问题的新产品，或者发现新的市场机会，并为其提供新产品。除顾客以外，竞争对手的广告或其他信息也是企业搜集新产品线索的重要来源。通过分析竞争对手的产品功能与原理、市场销售情况等信息，企业可以决定是否研制自己的新产品。此外，经销商、广告代理商、市场研究公司等机构由于接近市场，掌握了有关顾客与行业的大量信息，往往也会为企业提供好的产品设想。企业还可以靠激发内部人员的热情来寻求创意，这是企业新产品创意的重要来源。为此，企业要建立各种激励性制度，对提供新产品构想的职工给予奖励。

2. 创意的筛选。所谓创意的筛选，就是对取得的产品构想加以评估，研究其可行性，并筛选出可行性较高的产品构想。筛选创意的目的就是淘汰那些不可行或可行性较低的产品创意，使企业将有限的资源集中于成功率较大的创意上。

筛选创意时，一般要考虑以下两类因素：

一是外部环境因素，涉及市场的规模与构成、产品的竞争程度与前景、国家的法律与政策规定等方面。

二是企业内部因素，主要包括企业发展目标与企业资源条件。从企业发展目标的角度考虑，主要是考察新产品构思是否与企业的战略任务、发展目标和长远利益相适应，涉及企业的战略任务、利润目标、销售目标、形象目标等方面。从企业资源条件的角度考虑，主要是考察企业在现有资源基础上是否有足够的能力开发与实施该产品构思，包括经营管理能力、资金能力、技术能力、销售能力等方面。

在筛选构思的过程中，企业要尽量避免误将有发展前景、适销对路的新产品构思舍弃或误将没有发展前景的产品构思付诸实施，这两种失误都会给企业造成重大的损失。

【案例 7－10】

中兴通讯员工 KPI 创新性考核

在中兴通讯的半年度考核中，述职报告的 KPI 中有一项内容是叙述自己在这个考核周期内所做工作的创新性，权重为 10%。中兴在很长时间内在管理项目和产品以及研发项目方面都有一定的创新性，所以每次考核都有真实的内容可以填。考核是组织和中兴员工都非常重视的一件事情，在考核的 KPI 中加入创新业绩，推动着中兴通讯创新工作。

创新如弦，整个产业链已经从原来的全球化变成岛链化，竞争从全球化也变成区域化的分割，这都需要企业不停地创新。中兴通讯不断提升创新的投入力度，从2022年18%的创新研发投入提升到2023年的21%，未来也会持续在创新上投入更多力量。在考核中增加创新相关的KPI指标，也是可执行且成本非常低的一项举措。

中兴通讯38年的创业奋斗史是一部“准确识变、科学应变、主动求变”的创新史，也彰显了勇于探索、自主创新的航天精神。在业务创新上，中兴破除安于现状的思想，时刻保持创业的初心，不断拓展产业生态的内涵和外延；在技术创新上，把高水平科技自立自强作为公司发展支撑点，加强在数字经济、低碳产业方向的技术创新；在管理创新上，中兴突破单一产业经营的局限，探索出“产业经营”和“资本运营”双轮驱动的管理新模式。

员工的考核KPI中增加创新性一项只是中兴通讯实现创新的基础，基层员工创新性强也带动着整个企业发展。中兴通讯之所以取得令人赞叹的创新发展成就，主要是得益于其长期坚持、底蕴深厚而又富有特色的优秀创新文化。

资料来源：https：//mp. weixin. qq. com/s/cObU20P21zS6SXfw_vm3Eg.

（二）从产品概念到可行性分析

1. 产品概念开发和测试。产品创意和产品概念具有不同涵义。产品创意是企业从自身角度考虑的有关企业可能向市场提供的产品的构想，如一种新型饮品、一种新的书写工具等。经过筛选后保留下来的产品构思只是为新产品开发指明一个方向，它必须经过进一步的开发、完善才能形成产品概念。产品概念是企业从消费者角度对特定的产品创意所做的详尽描述，如产品的性能、外观、提供给消费者的具体效用、价格、名称、包装等，它能真正指导新产品的开发。

从产品创意到产品概念一般要经过两个步骤：第一步是产品设计，要求将产品创意用文字、图形、模型等明确地表现为产品的几种设计方案，即几种不同的产品概念；第二步是产品鉴定，要求结合市场定位对每个产品的几种产品概念进行认真的评价修改，通过市场调研了解主要顾客对这些产品概念的反应，进一步完善和确定最终的产品概念。如对电动汽车产品概念的鉴定，可以从表 7 – 5 所列的测试问题着手，测试用户对该新产品概念的接受程度。

表 7 – 5　　电动汽车概念测试

1. 你理解电动汽车的概念吗？
2. 你相信关于电动汽车性能的说法吗？
3. 与传统汽车相比，电动汽车有什么主要益处？
4. 在汽车特色方面你会建议做哪些改进？
5. 因为什么用途使你喜欢电动汽车甚于喜欢传统汽车？
6. 电动汽车的合理价格应为多少？
7. 谁会参与你买这种车的决定？谁会驾驶这种车？
8. 你会买这种车吗？（肯定、可能、可能不、肯定不）

2. 新产品开发进度规划。产品概念形成后，企业有关人员会拟定一个有关新产品的开发进度规划，主要包括三个部分：第一，说明目标市场的规模、结构、行为、新产品的市场定位、未来几年的销售额、市场占有率、利润率等；第二，略述新产品的计划价格、分销渠道、促销方式及第一年的市场营销预算等；第三，阐述新产品的远景发展情况并提出设想，如长期销售额和利润额目标、产品生命周期不同阶段的营销组合策略等。

3. 可行性分析。在提出新产品营销战略规划的基础上，企业需要对新产品未来的销售情况、经营成本和利润率作出进一步的评估，从财务、技术、市场环境等角度判断其是否具有可行性，是否符合企业的目标要求，以此决定是否进入新产品的正式开发阶段。商业分析具体分为两个步骤。

（1）预测新产品的销售情况。企业可以参照以往开发新产品的情况，对比市场上同类产品的销售发展状况，通过分析竞争因素和市场条件，预估新产品的销售情况。其中企业需重点预测以下三个方面的数据：①上市销售量。这要根据新产品的市场潜力和市场渗透率来作出推断。②回购率。通过预测回购率，可以估计新产品（特别是非耐用品）的销售稳定性和市场生命周期的长短。③未来可能达到的最高和最低销售水平。预测未来的最高和最低销售量有助于企业了解将承担的风险和可能达到的营利水平。

（2）预估新产品的成本和利润率。首先，企业对新产品的研制开发费用、新产品进入市场可能发生的各项营销费用及其他各项支出编制预算；其次，把这些费用汇总计算出新产品开发的总成本；最后，根据新产品开发总成本和销售情况估算各年度的销售利润率。

（三）从产品原型到商品化

1. 产品原型开发。经过商业分析后，新产品可以进入开发试制阶段，通过产品原型开发，把抽象的产品概念转化为实体形态的产品样品。

在产品概念转化为产品样品后，还要对其进行严格的测试，包括：

（1）功能性试验。主要从技术角度测试新产品的功能性与安全性是否达到了规定的质量标准。

（2）消费者试验。主要从消费者使用的角度测试新产品是否受欢迎。企业向消费者提供测试样品以征求他们对新产品的意见，从而发现新产品在使用中的问题并对其进行必要的改进。只有通过试验过程才能真正检验新产品概念在技术上和商业上是否可行。一旦不可行，这项新产品的开发工作将要终止，所耗费的资金也将全部付诸东流。

2. 市场试销。市场试销就是企业将新产品配合一定的品牌、包装和初步营销方案，小批量投入市场，观察市场反应，以检验新产品是否真正受市场欢迎的过程。试销的目的主要有三个：一是了解消费者和经销商对新产品的反应，如果反应不佳可以停止投产，以减少盲目大批量上市造成的损失；二是通过试销收集市场信息，为下一步的营销活动提供依据，提高市场营销决策的合理性；三是在试销的过程中，可以发现新产品存在的问题，以便加以改进。

市场试销的规模主要取决于两个方面：

（1）投资成本和风险水平。新产品的投资费用和风险高，试验的规模就应大一些，反之亦然。

（2）市场试销成本和所需时间。新产品的市场试销费用越多、时间越长，市场试销的规模就应越小一些，反之亦然。一般来说，市场试销费用不宜在新产品开发投资总额中占太大比例。

3. 商业化。新产品试销成功后，企业可以组织批量生产，将产品全面推向市场。在这一阶段，企业将投入大量的资金用于生产条件的配置和营销的开展，选择适当的时机和地点、理想的目标市场，并有针对性地制定市场营销组合策略，以确保新产品商业化的成功。

（1）上市时机。新产品的上市需要选择最佳时机。如果新产品是季节性产品，则应在最适当的季节上市，以争取最大销量；如果新产品是作为原有产品的替代，则应尽量在原有产品库存较少的时候上市，以减少对原有产品销量的影响。如苹果 iPad Air 系列每一年半推出新的一代，在推出新产品之前都会采取一些促销活动清理上一代的库存，并将停产上一代产品。以便减少对新一代产品销量的影响。

（2）上市地点。新产品上市地点的选择主要取决于企业的规模、实力和市场条件等因素。一般而言，企业往往选择某一地区的市场集中开展营销活动，取得一定市场份额之后再向其他地区的市场扩展。但是实力雄厚的大企业在拥有完备的分销渠道、市场已经成熟的情况下，有时也直接将新产品推向整个市场。

（3）用户选择。企业通过在市场试销阶段收集的信息来选择和确定新产品的首批用户。新产品的理想用户是最早使用者、大量购买者、在用户中具有一定影响者。企业可以通过这些顾客带动一般顾客，尽快提高产品的市场份额。

（4）营销组合策略。企业应在新产品正式投放市场之前就制定尽可能完善的营销组合策略。新产品的营销费用预算应在各个营销组合要素之间合理分配。针对不同地区、不同目标市场，企业要制定不同的营销组合策略，并根据未来市场的变化不断调整。

【案例 7－11】

汤臣倍健多维产品引发营销突破

汤臣倍健作为中国保健品行业龙头，2023 年公司实现营业收入 77.82 亿元，2023 年上半年盈利增长 47.41%。主营业务稳健发展，且继续保持膳食营养补充剂（VDS）市场份额领先。业绩增长稳定，连续五年平均净资产收益率（ROE）在 15% 以上，净利润保持 10% 以上增速。

汤臣倍健的新产品——一款“适合中国人的配方”产品诞生，汤臣倍健多维面市。

1. 各国维生素和矿物质皆有标准，按照中国建议标准，注重配方而非单纯成分

维生素和矿物质补充与受众生活状态和膳食结构密不可分。现今工作中压力无处不在，生活中也是身兼多职。而饮食却被饭局、外卖取代。基于这种生活与膳食结构，维生素和矿物质虽然是最基础的营养补给，但国内外建议摄入标准差异巨大，营养补充再不能“以全为主”，而要选择“合适的”多维配方，才符合当下全新的健康需求。

2. 考虑性别差异，给出更科学的配比

汤臣倍健除了多维考虑国人生活与膳食结构，还一改传统产品按年龄大把抓的情况，摒弃小孩补锌、老人补钙的笼统思维，考虑到男女性别差异，根据身体结构不同、激素差异以及男性要体力和女性爱美肤等日常方面的需求差异，推出更科学、更精细、更贴合使用者的营养配比。针对品牌特定的消费场景，科学且全面地洞察市场及细分赛道人群，全方位分析用户的行为特征。根据用户的行为特征，结合性别差异，给予汤臣倍健多维更加科学的配比。

汤臣倍健新产品开发考虑到针对中国市场应适合中国消费者的体质，并没有盲目选择国外标准，且汤臣倍健新产品针对不同目标市场，考虑性别差异，制定不同的营销组合策略，并根据未来市场的变化不断调整。汤臣倍健多维的营销方式，对整个健康产品行业，甚至对其他产品及行业的传播也具有指导意义。

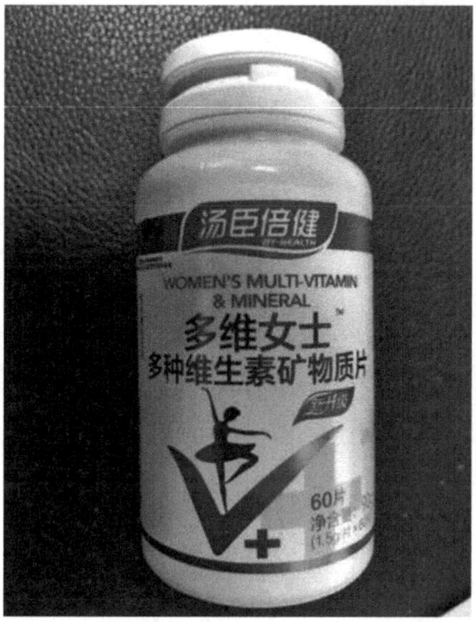

资料来源：https：//mp. weixin. qq. com/s/2uRKSHB88825O_xKYMyPzw.

小结与思考练习

【本章关键词】

产品 产品整体概念 核心产品 形式产品 期望产品 延伸产品 潜在产品 产品组合 产品线 产品项目 产品生命周期 产品生命周期曲线 导入期 成长期 成熟期 衰退期 新产品开发 产品概念 商业化

【本章小结】

1. 产品（Product）定义为被人们使用和消费，并能满足人们某种需求的任何东西，包括有形的物品、无形的服务、组织、观念或他们的组合。

2. 产品整体概念由五个层次构成：核心产品、形式产品、期望产品、延伸产品、潜在产品。

3. 产品组合是指企业全部产品线和产品项目的组合或结构，即企业的业务经营范围。产品线是指产品组合中的某一产品大类，是一组密切相关的产品。产品项目是指产品线中不同品牌和细类的特定产品。

4. 产品组合决策包括：产品线延伸决策、产品线现代化决策、产品线特色决策、扩大产品组合决策、缩减产品组合决策。

5. 产品生命周期（Product Life Cycle，PLC），是指产品从投入市场到被市场淘汰所经历的市场生命循环过程，即导入、成长、成熟和衰退四个阶段，是产品的市场寿命周期或经济寿命周期。

6. 成功的产品生命周期管理往往取决于两个关键因素：第一，在产品投放市场之前，准确地预测产品生命周期曲线的形态；第二，在产品生命周期的每个特定阶段采取适当的营销策略。

7. 新产品是指在结构、材质、工艺等某一个方面或某几个方面与老产品相比有明显改变，或采用新技术原理、新设计构思，从而显著提高产品的性能或扩大了使用功能的产品。

8. 新产品开发是一项复杂又极具风险的工作，它直接关系到企业经营的成功与失败。新产品可分为全新产品、模仿型新产品、改进型新产品、形成系列型新产品、降低成本型新产品和重新定位型新产品。

【本章思考题】

1. 阐述产品整体概念的各个层次的涵义。
2. 产品组合决策的意义是什么？
3. 产品生命周期是什么？产品生命周期各阶段有哪些特征？各个生命周期的营销策略有哪些？
4. 新产品开发要经过哪些主要管理阶段？每个阶段需要解决的主要问题是什么？
5. 如果你是企业的产品经理，面对竞争对手研发的新品更具有竞争力，已经威胁到企业产品的市场地位，你将如何应对？

【本章案例作业】

农夫山泉饮料界霸主之路

农夫山泉是一家集科研、开发、生产、营销为一体的农产品果汁饮料深加工企业，生产并经营天然饮用水、果蔬汁饮料、功能饮料、茶饮料、咖啡及农副产品等多个系列几十种产品，其中天然水和果蔬汁饮料销量长期居于全国同类产品前列。2023 年，农夫山泉在中国瓶装水市场的占有率为 26.5%，位居行业第一。

从“农夫山泉有点甜”到“大自然的搬运工”，农夫山泉随着企业发展而不断调整定位。农夫山泉坚持“天然、健康”的产品理念，将环保理念、健康理念、天然理念落实到工厂设计和建设当中，不仅保证所有的生产过程都在水源地完成，同时将自然环境纳入建设考量当中，使工厂与自然环境有机结合，贴合农夫山泉企业的核心价值，真正做到尊重自然、保护自然。

（一）三个阶段占领高地，突出品牌价值

第一阶段（萌芽阶段）：1997 年农夫山泉进入市场，直面行业领导者的激烈竞争和消费者对优质水资源的需求。当时，乐百氏、娃哈哈等市场领先品牌正大力推广自己的纯净概念，而农夫山泉从竞争对手的纯净出发，提出“有点甜”，明显区别于竞争对手，更有利于吸引消费者的注意。

第二阶段（成长阶段）：此时农夫山泉已经在市场上占领了相当的地位，开始与竞争对手正面竞争。2000 年，农夫山泉公布了一项“长期饮用纯净水有害健康”的实验报告并宣布全面停产纯净水。通过广告语“我们不生产水，我们只是大自然的搬运工”，重新定义为“天然水”，又一次成功地区别于竞争对手。这个阶段树立了农夫山泉倡导健康的专业品牌形象，拉开了与竞争对手在品牌上的距离。

第三阶段（成熟阶段）：农夫山泉已经领先，正式直面竞争对手的跟进和挑战，在这种情况下的农夫山泉要想胜出，不仅要赢得与竞争对手的竞争，更要超越自我。当市场上很多品牌已经涉足天然水的时候，农夫山泉广告语变成了“天然的弱碱性水”，首次提出“弱碱性”的概念。农夫山泉在此期间加快“弱碱性”概念的心智宣发，又一次将自己从竞争对手中区别开来。

这三次产品重新定位不仅是根据竞争对手的定位制定的，也符合农夫山泉在不同的阶段所面临的社会环境和市场环境以及消费者需求，这也正是支撑其品牌价值的重要基础。

（二）推陈出新，形成多元化产品矩阵

除极强的营销能力外，同时具备的前瞻性和思想独到性使农夫山泉得以开辟出纯净水以外的产品发展道路。早在 2011 年，农夫山泉便推出了新健康茶饮“东方树叶”，其“0 糖 0 卡 0 脂 0 香精 0 防腐剂”的健康理念先行于社会的健康低脂风气，使该产品得以取得成功。在大量企业转型升级之下，农夫山泉依旧能够保持传统企业的慢节奏，以产品为核心发散运营思维，维持住了产品的生产标准和自身的企业文化。正是这般适时改变，同时坚守标准的作风，让农夫山泉取得瞩目的成功。

目前，农夫山泉已经形成了多元化的产品矩阵。除水类产品外，已经布局即饮茶、功能饮料、果汁、植物蛋白、咖啡类等品类。农夫山泉依靠科研技术和创新精神，前瞻性布局健康、无糖、高纯度产品，通过细分市场和精准营销吸引不同消费群体，引领健康化消费趋势，提升了农夫山泉的品牌资产。

农夫山泉基于“天然”“健康”的品牌理念，从天然水到如今丰富的产品矩阵，农夫山泉持续为消费者提供健康的产品服务。在技术的辅助下，农夫山泉依靠农夫人的坚守，成就了农夫山泉数十年不变的品质；在对水源和森林的探索中，农夫山泉保持了对自然的敬畏，考虑生产与环境的和谐，尊重自然、保护自然；在对企业经营及企业家责任的思考上，农夫山泉积极投身并倡导社会公益事业。

资料来源：https：//mp. weixin. qq. com/s/dv0khubEr51DpNuX21x2BA.

讨论题：

1. 农夫山泉发展的三个阶段顺应产品生命周期的哪些阶段？

2. 分析案例材料，总结农夫山泉成为中国饮料超级品牌的原因。

3. 假如你作为农夫山泉的产品经理，运用你所学到的产品策略知识谈谈如何带领农夫山泉再创新佳绩？

【本章参考文献】

[1] 杨剑英，张亮明．市场营销学 [M]. 南京：南京大学出版社，2022.
[2] 杨柏欢，丁阳，李亚子．市场营销理论与应用 [M]. 南京：南京大学出版社，2020.
[3] 朱金生，张梅霞．国际市场营销学 [M]. 南京：南京大学出版社，2019.
[4] 周三多，陈传明，龙静．管理学原理 [M]. 南京：南京大学出版社，2020.
[5] 曹虎．数字时代的营销战略 [M]. 北京：机械工业出版社，2017.

第八章　服务营销管理

开篇案例

胖东来成功秘诀——服务创新

成立于1995年的望月楼胖子店是胖东来的前身。其创始人于东来带着“比别人价格便宜点、态度好点”的朴素经营意识开启了创业之旅。

针对当时市场充斥着假货、次品、过期商品，于东来提出“用真品，换真心”的理念，获得了出人意料的成功。

四年后，于东来提出了“不满意，就退货”的全新理念。结果出现了不少恶意退货的现象：如有人要结婚到胖东来买一套西装，等办完婚礼后再退货等情况。

但于东来并未因此放弃，反而劝解员工们说，这毕竟是少数，不能因为少数人的行为而取消大多数人应该享受的服务；而且，这些人明明有需要，为什么还要退货？说明他们有困难，就当帮他们一把。也是在这一年，胖东来率先推出了包括存车、打气、饮水、电话、衣服熨烫、裁缝裤边等在内的免费服务。

不仅如此，胖东来电器的维修部还提供免费维修服务，无论产品是否购于胖东来。如果一时难以修好或排在等待名单靠后位置，为了不耽误使用，胖东来准备了常用小家电让消费者拿回家备用。这些服务抓住了消费者的心。

胖东来的服务创新可以归为以下六类：

（一）不满意就退货

在胖东来所有的服务里，“不满意就退货”是胖东来服务营销的一大特色。

不管消费者是对在胖东来购买商品的颜色、款式、质地、价格等不满意，还是仅仅出于自身原因，只要在商品售出三天内退货，胖东来都不问原因马上办理。

（二）理性消费

胖东来不鼓励消费者大手大脚地花钱，而是倡导理性消费。近年来它减少甚至几乎停止了各种促销活动，以免消费者盲目购买打折物品。

在胖东来的珠宝柜台上方有一则温馨提示：理性消费更幸福。下方用小字注明：胖东来提醒大家根据自己的经济情况，理性选择，不要承担不必要的经济负担，把钱用在更实用的地方。

（三）补退差价

胖东来另外一项深得民心的承诺是“七日内商品正常调价，给予退差价”。就在不久前，由于国际金价暴跌，在胖东来购买黄金饰品的消费者就享受到了这个政策，纷纷前来补领差价。

（四）免费服务

胖东来建立了较为完善的售前、售中、售后服务体系，服务项目多达上百项，而售后服务就有18项免费，如免费存车、免费打气、免费提供修车工具、免费存包、免费给手机充电、免费送货、免费维修、免费干洗、免费熨烫、免费锁边、免费修鞋等。

（五）投诉奖励

对于消费者的投诉，胖东来不仅不反感，而且鼓励和奖励，还为此专门设立一个500元的消费者投诉奖：经当天的值班经理核实确认，发给消费者500元投诉奖励。

（六）缺货登记

凡消费者在胖东来有买不到的商品或者紧急需要，可以拨打急购热线。胖东来负责在全国进行信息查询，尽快采购货品，哪怕去对手店里买，也不要让消费者失望。

在自身服务创新的基础上，胖东来内部服务也不断地精进。高效的服务团队是供给消费者高品质服务的根本保证。胖东来通过高薪激励和培训来确保服务团队的高效率。

作为一个四线城市，河南许昌当地的基本月工资在1500元左右，而胖东来的基层员工能拿到3000元左右——这3000元包括基本工资和绩效奖金（因部门不同和岗位不同，数额有所差别）。

此外，所有员工到年底还可以拿到一笔分红，这笔钱来自公司的净利润再分配，哪怕是胖东来的一名保洁员，年收入也高达四五万元。

胖东来创始人于东来多年前就主张把财富分配给员工。从2000年开始，于东来坚持从公司的净利润中，拿出50%对员工进行财富再分配，多赚多分，少赚则少分。

胖东来的商品从珠宝到医药，从手机、家电到蔬菜生鲜，从电影院到书店，从服饰、鞋帽到餐饮小吃，所有普通老百姓的吃穿用度和娱乐需求，一应俱全、一概满足，覆盖了高、中、低全部的细分市场。

好服务非设计，只有发自内心的爱。胖东来的商业效率全国第一。中国零售业数据显示，胖东来2021年的销售额达到了70亿元，2023年营收达到100亿元。胖东来的人效、坪效均在中国零售企业排名第一。马云称赞它：“引发了中国商业的新思考，是中国企业的一面旗子。”雷军称赞它：“在中国零售业一直是神一般的存在。”

资料来源：根据网络资源整理。

在我国推进服务经济和大力发展现代服务业的背景下，服务营销是企业创新的源泉，是企业竞争的关键点，是市场拓展的发动机。企业只有注重提高服务质量和客户体验，才能满足客户需求，赢得客户信任和支持，从而在市场竞争中获得成功。

第一节　服务营销的涵义

一、服务营销的定义

菲利普·科特勒将“服务”定义为：一方能够向另一方提供的任何一项活动或利益，它本质上是无形的，并且不产生对任何东西的所有权问题，它的生产可能与实际产品有关，也可能无关。因此，服务的本质是无形性和无所有权的转移。虽然不同研究者、不同机构对服务的定义可能有所区别，但从其本质上看，都认为服务是以满足消费者需要为目的、以人的活动为基础的为消费者提供满足的过程。

本章对“服务营销”作如下定义：服务营销是企业在充分认识满足消费者需求的前提下，为充分满足消费者需要在营销过程中所采取的一系列活动。它起于企业对消费者需求的深刻认识，是企业市场营销观质的飞跃。随着社会分工的发展、科学技术的进步以及人们生活水平和质量的提高，服务营销在企业营销管理中的地位和作用也变得日益重要。

二、服务营销的特点

服务主要有无形性、异质性、同步性和易逝性四个基本特性。

(一) 无形性

无形性是指服务不能像实体商品那样被看到或触摸到。服务包含了许多重要的无形元素，如员工的态度与技能、基于互联网技术的交易、服务流程等。这些无形的元素在服务过程中创造了大量的价值，而消费者是无法品尝、闻或触摸这些无形元素的。无形性是服务的基本特性，但并不是说服务是绝对无形的，服务的无形性是相对的，服务也包含有形的实体元素，只不过，使用无形性作为服务的基本特征，是强调服务比商品包含更多的无形元素。

(二) 异质性

异质性是指服务质量存在着一定的差异性。世上没有两种服务会完全一样，同一个服务供应商一次提供的服务与另一次提供的服务也可能是不一致的。异质性主要是由服务人员与消费者之间的相互作用以及与之相关的其他因素造成的。不同的服务人员有不同的性格和服务经验，因而提供的服务会存在差异。消费者的个性和需求偏好也各不相同，对同样的服务感受也会不一样。人们在不同时间可能会出现不一样的行为，服务人员在不同时段提供的服务也会不同。在服务过程中，服务人员与消费者的心情会出现波动，精力与体力也在不断变化，这些因素都会影响到服务的质量。由于服务是由人来创造并提供的，很难实现服务质量的一致性，因此，异质性是服务生产过程中固有的特性。

(三) 同步性

服务的生产与消费通常是同时进行的。一般来说，大部分商品是先由制造商在工厂生产出来，然后销售给消费者，消费者再进行消费。而大多数服务通常是先出售，再同时进行服务的生产与消费。也就是说，服务的消费是在创造服务的过程中同时进行的，服务的生产与消费具有不可分离性。首先，在很多场合，服务提供者需要实际在场为消费者提供服务，服务提供者会影响到服务传递的过程与结果；其次，消费者参与了服务的创造过程，消费者会影响到服务效率和服务质量；再次，其他消费者出现在服务过程中，消费者之间会相互影响；最后，服务难以进行大规模生产。

(四) 易逝性

服务难以被储存、转售或者退回。商品卖不掉可以先存放起来，以后还可以再销售出去。如果消费者购买商品后不满意，可以退货，也可以转卖他人。而服务不能被积攒起来，当天没有出售的服务以后就不再存在了，没有使用的服务能力也无法留到以后再使用。例如，餐馆中的位子、飞机上的座位、旅馆中的床位，如果在当时没有售出，那么是不可能储存起来在今后使用或者重新再卖出去。做完美容后，即使消费者认为服务太差劲也无法退货或转卖给其他人。预约的客人没有按时到达，发型设计师浪费掉的一个小时也无法收回再次使用。服务的易逝性造成了需求与供给匹配的复杂化，给企业的服务营销带来了挑战。具体如表 8－1 所示。

表 8－1　　服务的特征及带来的营销挑战

服务特征	引发的营销挑战
无形性	• 服务不宜进行展示、难以沟通 • 服务不能受到专利保护 • 缺乏储存能力 • 难以定价
同步性	• 员工参与服务的过程 • 消费者参与服务的过程 • 消费者之间相互影响 • 难以进行大规模生产
异质性	• 服务质量控制难题
易逝性	• 服务不能退货或转售 • 服务的供需难以同步进行

第二节　基于 7P 理论的服务营销策略

服务经济时代是消费层次上升到一定档次后出现的一种经济现象。服务营销作为新型营销模式，日益受到企业的重视，也是目前企业在激烈的市场竞争中取得竞争优势的有效途径。7P 营销理论是在 4P 营销理论上增加了 3P，即人员、过程和有形展示。它在宏观的层面上，增加了微观的元素，注重营销过程中的一些细节。7P 更倾向于消费者的一面，完善了企业经常忽略消费者的一些需求，也给企业一个提醒：消费者的需求是不容忽视的。

一、服务产品及服务品牌

（一）产品及服务产品的品牌

在服务营销中，产品是一个大概念，它是指能够为消费者提供某种利益的客体或过程，而“服务”和“有形产品”则是产品概念下的两个小概念。科特勒认为：服务产品往往依附于有形的物品，而有形产品里面也包含有服务的成分。在许多服务市场营销学文献中“服务产品”和“服务出售物”这两个概念仍然是交替使用的。表 8－2 说明了服务产品与有形产品的重要区别。

表 8－2 服务产品与有形产品比较

服务产品	有形产品
非实体	实体
形式相异	形式相似
生产分销与消费（后续服务阶段）同时进行	生产分销和消费分离
消费者参与生产过程	消费者一般不参与展示
即时消费	可以储存
所有权不能转让	所有权可转让

【案例 8－1】

建行的龙卡信用卡

信用卡是当今发展最快的一项金融业务。建行的龙卡信用卡是面向广大高信誉持卡人的民族品牌银行卡，集购物消费、转账结算、存取现金、通存通兑、代缴费用、消费信贷等功能于一身。但长期以来，由于受信用卡办理程序束缚、社会信用体系尚未建立和国民消费意识淡薄等因素的影响，人们对信用卡的知晓度以及国内信用卡的持有率不是很高。据统计，龙卡信用卡的发卡量只占龙卡总发行量的 10% 左右。但当一家专业化的信用卡行销公司——北京龙信丰投资咨询服务有限公司出现后便大大改变了这个局面。

1. 简便的申办手续。在龙信丰等信用卡行销公司没有出现之前，信用“贵族化”的趋势在很大程度上排挤掉了大量的潜在客户。于是，龙信丰立刻高喊着“免除担保、上门服务”的口号上场，引来了不少喝彩。在北京，龙信丰通过这种办卡模式吸引并挖掘了大批潜在用户，形成了庞大的用户群和潜在客户群。该公司现已逐步在上海、广州、深圳、武汉、西安等重要城市建立起分公司，不断开拓全国市场，形成了网络化的整合市场。

2. 便捷的办卡服务模式。长期以来，各家信用卡发行银行都采用让用户自己到银行电申信用卡的办卡方式，然而建行采取自动上门送取申请表并送卡到人的服务模式。公司中的每一位员工就是一个流动的网点，服务是不限时的、随叫随到、上门送、取申请表并送卡到人。在服务公司严格的专业化管理下，员工推广龙卡的积极性要远超过银行员工，这种主动寻找潜在客户，提供简化办卡方式的服务模式，在竞争激烈的信用卡市场中赢得了广大用户的赞赏，也得到了建行的认可和支持。

银行卡的推广采用服务公司模式，既是对信用卡的有效宣传，也是一种让普通百姓感到实惠的做法。这种模式会对整个信用卡产业的发展起到直接的推动作用。

资料来源：根据网络资料整理。

（二）服务品牌的市场效应

服务品牌的市场效应主要有三点。

1. 磁场效应。服务企业或产品所创造的优势品牌具有很高的知名度、美誉度，必然会在现有消费者的心目中建立起较高的品牌忠诚度，使其对服务产品反复购买并形成习惯，不容易再转向竞争对手的产品。此外，使用同类服务产品的其他消费者也会被其品牌的名声、信誉所吸引，转而购买该品牌，并逐步变为忠实消费者。这样，品牌对消费者强大的吸引力会不断使产品的销量增加、市场覆盖面扩大、市场占有率提高，最终使品牌的地位更稳固，即品牌的磁场效应。

2. 扩散效应。企业的一种产品如果具有品牌优势而成为名牌产品，则会赢得消费者及社会范围内对该服务产品及企业的信任和好感。如果策略得当，人们对该品牌原有的信任和好感会逐步扩展到新的服务和产品上，即品牌的扩散效应或放大效应。

3. 聚合效应。知名品牌不仅可以获得较高的经济效益，而且可以使企业不断发展壮大。企业实力增强后：一是可以将许多提供相关业务的供应商牢牢吸引在本企业周围，建立稳固的合作关系；二是企业可以通过入股、兼并、收购等方式控制其他企业；三是在行业竞争中失败的中小企业也会逐步依附于名牌企业，企业就会成长为企业集团，即品牌的聚合效应或产业聚合效应。

因此，服务营销人员要充分利用服务品牌效应，特别是服务品牌的市场效应，不断提高市场占有率和消费者的满意度及忠诚度；不断开拓新的市场领域，增强企业实力，提高经济效益，增强和巩固品牌的市场地位。

【案例 8 -2】

从“广而薄”到“精而厚”——天鹅到家服务品牌多维价值实现之道

2023 年 4 月 15 日，品质服务盛典暨“天鹅之星”年度优秀劳动者颁奖礼完美落幕！创始人兼 CEO 陈小华在典礼上回顾：天鹅到家九年来在品牌传播上持续发力并始终坚持创业初心——帮助千万人就业，服务亿万家庭。建立规模优势后，天鹅到家凭借服务的标准化管控，使消费者能够享有“售中有服务，售后有保障”，以优质的服务体验为基石，在抖音平台累积评价、评分、榜单等优质的线上资产，天鹅到家实现了品牌的突围和升级。正如陈总所说：“未来 20 年是中国家政服务业的黄金时代，我们才刚刚开始。”天鹅到家提供的保姆、保洁、月嫂等家庭服务已覆盖全国400多座城市，服务超过1500万个家庭。天鹅到家为消费者提供的服务都是企业的品牌保障，如消费者可到家精选平台月嫂，服务期间可随时与公司沟通月嫂的服务状况，服务不满意可协商调换。此外，天鹅到家还会为消费者提供一些增值服务。例如，为用户提供价值100万元的人身+物品保障服务，是国内家庭服务业保险覆盖率高而全的公司。结合大数据分析及智能匹配等科技应用，天鹅到家也在不断提高平台运营效率，加快家庭生活服务线上化进程。同时，基于“互联网+产业”垂直融合应用模式，天鹅到家将成为家庭服务领域的新物种。未来，天鹅到家将不断提升在家庭生活服务领域的品牌认知度，持续推进本地生活服务领域服务升级，致力于“让家更美好”。

从落子湖湘，打造家政领头鹅，到品牌焕新，“广”与“厚”的思辨，天鹅到家通过广告组合拳全面开花，将服务品牌的核心价值传递给消费者，再从由内而外、精准落地品牌传播，到深耕厚植、共筑服务品牌的多维价值。

随着亿万级家政市场的逐渐释放，天鹅到家的业务边界和成长空间也将被数倍地扩大。正如陈总所说：“这远不是终点，对于互联网下一个十年，天鹅到家有着更长远的目标，追求的是品牌的长远价值……”

天鹅到家

全国领先的家庭服务平台

资料来源：杨建军，马嫚羚，张立，彭蓓. 从“广而薄”到“精而厚”——天鹅到家品牌多维价值实现之道［N］. 中国案例管理共享中心，2023.

（三）服务品牌的管理

知名度、美誉度和忠诚度构成了品牌的三个要素，服务品牌的管理实际上就是以它们为中心开展活动。

1. 品牌的命名。品牌的命名应该遵循“五好”原则：好听、好记、好认、好理解、好传播。

2. 品牌的定位。进行品牌定位的基本原则就是与企业的市场定位相符合，在市场定位的基础上赋予品牌核心理念，同时注意塑造品牌形象，使品牌人性化。

3. 品牌的传播。首先，要提高品牌的知名度。目前最重要的工具是整合营销传播，最大限度地调动媒体传播，了解哪些渠道可能使信息最有效地传递给消费者。其次，成功的品牌是那些始终牢牢抓住消费者并赢得他们持久忠诚的品牌，因此，维持忠诚的消费者已经成为企业提升品牌价值的关键。

4. 品牌危机的处理。如果企业与消费者发生矛盾，应该按照企业的危机管理程序冷静处理，与消费者对簿公堂是下下之策。如果品牌在消费者心目中的形象已经无法挽回，或者解决危机的成本超过新建品牌的投资，企业就应该采用品牌撤退策略，重新树立新的品牌。

5. 品牌改造。一个品牌经历了一定的发展后，可能面临改造的局面。品牌改造通过营销创新、技术创新、管理创新等手段来进行，如改变视觉形象广告、推出新产品、赋予新价值等，使品牌保持活力。一些具有悠久历史的服务企业往往容易忽视这点。

【案例 8 －3】

携程旅行网的服务组合拓展策略——助推入境游发展

“很高兴看到中国入境游强势恢复，将加大布局，共享发展机遇。”在 2023 年全球旅行商大会上，旅行商们表达了与中国共拓入境游的意愿。

作为领先的一站式旅游服务商，为助推入境游发展，携程在大会期间推出了系列“组合拳”，例如，携程和中国对外文化交流协会签署战略框架协议，携程将配合中国对外文化交流协会实施“你好！中国”计划，拍摄制作《你好！中国》全球宣传片，实施《你好！中国》1 + N 全球数字化传播，建设中国旅游入境指引服务平台，同时在中国国际旅游交易会、中法旅游年、中美旅游高层对话、世界旅游发展大会等活动中，举办好双方达成共识的配套活动。

为了进一步提升入境游基础设施的便利性，推出定制化的入境游产品供给，共同完善旅游行业双语环境建设等，携程宣布，在携程国际版 Trip 上搭建入境游服务平台，打造外国人中国游玩的一站式门户，让国外游客体验中国旅游、消费的现代、便捷。

2023 年 9 月，Trip 已上线“中国旅游指南”，包含酒店预订、旅行建议、热门目的地等多个板块。截至目前，已服务将近 10 万名海外游客。

携程还联合中旅旅行、蚂蚁集团、远海国际、CNN、桂林唐朝国旅等产业链相关企业，发出入境游协作联盟倡议。倡议中，他们表示，将分别从入境游服务门户、境外卡移动支付、国内目的地海外传播、团队游服务品质等维度入手，推动入境游全链路便利化，提高外国游客游玩体验。

资料来源：https：//stock. 10jqka. com. cn/hks/20231120/c652354804. shtml.

二、服务定价策略

在定价方面，有关有形产品定价的概念和方法一般来说均适用于服务。不过，受服务特征的影响，服务定价策略也显示出不同的特点。同时，在服务市场上企业与客户的关系通常比较复杂，定价不仅是给服务一个明确的价格标示，而且还有其更重要的作用，这就要求服务企业必须重视定价在服务营销中的策略地位。

（一）服务定价的定价依据

按照价格理论，影响企业定价的因素主要有三个方面，即成本、需求与竞争。

1. 成本因素。服务营销人员必须理解服务的成本及其随时间和需求发生的变化。对于服务来说，其成本可以分为三种，即固定成本、变动成本和准变动成本。固定成本是指不随产出而变化的成本，在一定时间内表现为固定的量，如建筑物、服务设施、家具、工资、维修成本等。变动成本则随着服务产出的变化而变化，如临时雇员的工资、电费、运输费、邮寄费用等。准变动成本是指介于固定成本和变动成本之间的那部分成本，其既与消费者的数量有关，也与服务的数量有关。比如，清洁服务地点的费用、员工加班费等。

2. 需求因素。服务企业在制定价格政策目标时，应考虑需求弹性的影响。需求的价格弹性是指因价格变动而相应引起的需求变动比率，反映了需求变动对价格变动的敏感程度。它通常用弹性系数来表示，该系数是服务需求量变化的百分比与其价格变化的百分比之比值。如果价格上升而需求量下降，则价格弹性为负值；如果价格上升，需求量也上升，则价格弹性为正值。

3. 竞争因素。市场竞争状况直接影响着企业的定价。在产品差异性较小、市场竞争激烈的情况下，企业在价格方面的活动余地也相应缩小。市场竞争包含的内容很广，比如，在交通运输行业，企业之间的竞争不仅有不同品种之间的竞争，而且在不同运输工具之间、对消费者时间和金钱的利用方式之间都存在竞争。

而对于企业来说，在市场上除了从竞争对手那里获得价格信息，还要了解它们的成本状况，这将有助于企业分析、评价竞争对手在价格方面的竞争能力。无疑，向竞争对手全面学习对于任何企业都是十分重要的。服务企业要借鉴竞争者确定其成本、价格和利润率的做法，这将有助于企业自己制定适宜的价格战略。

（二）服务定价策略

一般实物产品营销中的定价技巧也可用到服务产品上，总的来看，服务业经常使用的定价技巧包括下列 9 项。

1. 差别定价或弹性定价。差别定价是一种“依消费者支付意愿”而制订不同价格的定价方法，主要运用于：一是建立基本需求，尤其是对高峰期的服务最为适用。二是用以缓和需求的波动从而降低服务易消失性的不利影响。

2. 个别定价法。个别定价法是指所制定的价格水准是买方决策单位能力范围内所能遇到的价位，当然这是以该决策单位对该项服务或企业感到满意为前提的。采用这种定价方式的服务市场，如承包伙食和厂房维修业。采取个别定价法必须要清楚地了解：卖方的决策者有权决定的价格底线是多少。

3. 折扣定价法。在大多数的服务市场上都可以采用折扣定价法，服务业营销通过折扣方式可达到两个目的：第一，折扣是对服务承揽支付的报酬，以此来促进服务的生产和消费（金融市场付给中间者的酬金）的产生。如付给保险经纪人的佣金或对单位委托顾问服务的支付。第二，折扣也是一种促销手段，可以鼓励提早付款、大量购买高峰期以外的消费。

4. 偏向定价法。当一种服务原本就有偏低的基本价，或某种服务的局部形成低价格结构形象时，就会产生偏向价格现象。比如，餐厅为了增加惠顾而提供价廉物美的实惠简餐，但大多数的客人一旦进入餐厅，最后还是会点其他比较高价的菜色。

5. 保证定价法。“保证必有某种结果产生后再付款”就是典型的保证定价法。比如，职业介绍所的服务，必须等到当事人获得了适当的工作职位后，才能收取费用。保证定价法在以下的三种情况下是很适合服务业使用的：

（1）保证中的各种特定允诺可以肯定和确保者；

（2）当高质量服务无法在削价的竞争环境中获取应有的竞争力时；

（3）消费者所寻求的是明确的保证结果，如有保障的投资报酬率等服务。

6. 高价位维持定价法。这是当消费者把价格视为质量的体现时使用的一种定价技巧。在某些情况下，某些服务业企业往往有意造成高质量高价位姿态。凡是已经培养出一种特殊的细分市场，或已建立起特殊专属高知名度的服务业企业，可使用此种以价格作为质量指标的定价方法。

7. 牺牲定价法。这种定价方法是指第一次订货或第一个合同的要价很低，希望借此能获得更多的生意，而后来生意的价格却比较高。在以下情况适合采取此种做法：

（1）消费者不满意目前的服务供应者；

（2）买主不精通所提供的服务。

8. 阶段定价法。此种定价方法与前一种类似，即基本报价很低，但各种额外事项则要价较高。

9. 系列价格定价法。价格本身维持不变，但服务质量、服务数量和服务水平则能充分反映成本的变动。这种定价方式往往被视为一种并不适于用来处理成本变动的定价方式。只有在固定一套收费方式的一系列标准服务的情况下才适于使用。租赁企业往往使用此定价方式。

三、服务渠道策略

从某种程度上说，服务分销渠道的选择是服务营销者面临的最重要决策。渠道是企业连接消费者的桥梁。只有通过一定的渠道，企业的服务才可以快速、准确地传递到消费者手中。也就是说，无论服务质量、服务标准怎样，如果不能在合适的时间和合适的地点提供服务，企业的所有行为就等同于零。因此，科学、合理的渠道选择将使服务企业受益无穷。

（一）服务分销渠道

服务的分销渠道是指服务从生产者移向消费者所涉及的一系列企业和中间商。通常认为服务销售以直销最普遍，而且渠道很短。但也有许多服务业的销售渠道包括一个或一个以上的中介机构。以下是服务分销渠道的两种类型。

1. 直销。直销可能是服务生产者选定的销售方式，也可能是由于服务和服务提供者不可分割所致。如果直销是经由选择而决定的，经营者的目的往往是获得某些特殊的营销优势。

（1）对服务的供应与表现可以保持较好的控制。若经由中介机构处理，往往会造成失去控制的问题。

（2）以真正个性化的服务方式，在其他标准化、同质化以外的市场，产生富有特色的服务差异化。

（3）不仅可以从消费者那里直接了解当前的需求，而且可以了解这些需求的变化及其对竞争对手服务的意见和态度等信息。

2. 经销代理机构。服务业市场的中介机构形态很多，常见的有下列5种：

（1）代理。一般在观光、旅游、旅馆、运输、保险、信用、雇佣和工商服务业市场出现。

（2）代销。专门执行或提供一项服务，然后以特许权的方式销售该服务。

（3）经纪人。在某些市场，服务必定要或因传统惯例要经由中介机构提供才行，如股票市场和广告服务。

（4）批发商。批发市场的中介机构有投资银行等。

（5）零售商。包括照相馆和提供干洗服务的商店等。

中介机构可能的形式还有很多，在某些服务交易进行时，可能会涉及好几家服务企业。例如，某人长期租用一栋房屋，可能涉及的服务业包括房地产代理、公证人、银行、建筑商等。另外，在许多服务业市场，中介机构可能会代表买主或卖主（如拍卖）。

【案例8－4】

中国移动的分销系统

1. 服务热线。10086是全国统一的中国移动通信服务热线，顾客可以通过拨打10086查询或咨询中国移动通信基本政策、业务知识、新业务计费等问题，对移动网络通信和服务质量提升进行反映，并对服务及业务提出意见或建议。

2. 短信营业厅。短信营业厅是中国移动通过短信向顾客提供服务功能的渠道，移动顾客可以通过发送短信来进行话费查询、业务办理等操作，随时随地，方便使用。

3. 网上营业厅。网上营业厅是虚拟的营业厅，通过中国移动通信的官方网站，向各地顾客提供以互联网为平台的业务咨询和办理服务，顾客可以足不出户就获得和实体营业厅一样的服务与支持，充分享受自由自在的体验。

4. 掌上营业厅。掌上营业厅是将网上营业厅的现有功能不仅在网站上实现，同时也具备以 JZME 技术为基础实现手机营业厅的软件，该软件安装在移动顾客手机终端上，顾客只需在手机上进行简单的操作，就可以随时随地查询、定制最新的移动业务和功能。

5. 实体营业厅。中国移动通信营业厅遍布全国各地，在实体营业厅中，顾客可以通过工作人员充分了解中国移动在当地开通的业务，并随时办理各项业务，同时，实体营业厅还接受顾客投诉、咨询，以及定制终端的销售。

6. 自助服务站。自助服务站是为顾客自助服务提供的场所和设备，主要提供自助式业务查询、信息查询、业务办理、传单打印、购买标准卡、手机充电服务等，满足顾客自助服务的便利性要求。

7. TD（Test Director）体验厅和自有营业厅。其是由中国移动自主经营、以物理实体网点形式向 TD 测试顾客提供服务的场所，具备 TD 业务咨询、业务办理、顾客体验的主体功能，同时承载服务机构形象宣传和反馈市场服务信息的辅助功能。

8. 合作营业厅。合作营业厅属于移动业务分销渠道中的中间商，是合作者投资建立的专门经销各种移动业务的经营场所。合作营业厅的所有者买进移动产品的所有权，然后直接销售给顾客。有的合作营业厅也会得到移动运营商的各种销售支持。一般而言，合作营业厅往往同时经营几家移动运营商的产品。

资料来源：苏朝晖．服务营销与管理［M］．北京：人民邮电出版社，2019.

（二）分销网点的选择

1. 分销网点的选择标准。一旦服务企业的决策层认定有必要建立分散的网点，就需要进一步考虑网点数量和地址选择的有效标准。具体可从以下四个方面来看。

（1）营销战略和竞争战略。这是决定服务企业是否采取多点定位最根本的参照标准。如果一家服务企业在营销和竞争战略上采取全球扩张、主动竞争的态势，那么其网点数量和地址选择的标准自然就是基于全球范围的多点定位和全线出击的策略；如果只希望在某一区域内逐步扩张，那么其网点定位标准就可能是以重点地区的重要网点为中心，进行梯度扩张的策略。

（2）追求目标和服务特征。所有服务企业在定位问题上都会以追求某种利益最大化为决策标准。不同的是竞争性的服务企业，网点定位策略由成本最小化（如各类服务分销商）或利润最大化（如零售商等服务生产点）决定；而公共服务组织的定位决策则更多地考虑社会整体利益的最大化。

（3）竞争对手的网点分布。这是影响服务企业网点定位和地址选择的重要条件和标准。在竞争策略上采取积极抗衡、同步竞争策略的服务企业往往把网点设置在竞争对手网点的邻近区域甚至附近，比如肯德基和麦当劳两大快餐店，网点遍布全球、数量庞大、竞争十分激烈。几乎能看到肯德基的地方附近就有麦当劳。

（4）行业的网点分散程度。服务企业所在行业的网点分散程度也是决策中应当重点考虑的因素。如对超级市场连锁集团而言，15 万人以上的商圈可以支持一家超市，而在 60 万人的区域范围内至少应有两家分店，以便居民能在短时间内完成日常购物。依据这些惯例，可以寻找潜在的可进入的商圈，并兼顾竞争对手的定位和长远发展的潜力确定待进入的商圈。

2. 服务渠道的网点定位策略。许多服务企业始终按照传统的服务市场定位观念，遵循以便利消费者为目标的网点均衡布局模式。随着现代服务营销观念和技术的不断发展，打破传统、寻求创新的网点定位策略已成为各大服务企业增强服务竞争力和创造力而竞相突破的方向。

（1）分散策略。这是将服务企业的网点布局分散，即多店铺和多点化策略。分散策略通过将网点布局的均衡区域放大，扩大目标市场的覆盖面，提高竞争力，有效扩大知名度，利用先入优势取得良好回报。

（2）群落策略。竞争群落的网点定位策略是指在众多竞争者集中的地方设立店铺，这样会导致共赢。这是基于对消费者在众多竞争的服务企业之间选择时表现出的消费行为特征的分析和服务企业具体实践总结出来的。比较著名的马连道京城茶叶第一街、王府井小吃一条街等，都是这种策略运用的体现。

（3）替代策略。网点定位策略的本质在于利用网点抢占市场先机，用最低的成本为最大范围的目标消费者服务。市场本身的虚无性决定了在市场中的网点定位也不需要实实在在的空间占有，但不在空间上扩展并不表示不进行市场扩展。

四、服务促销策略

市场竞争促使服务企业采取有力措施来强化消费者对本企业服务的理解和认知，并积极购买和消费其服务。这就需要服务企业在服务促销与沟通方面进行不断的调整和创新。促销与沟通不只限于对消费者，也可以用来激励雇员和刺激中介机构。

（一）服务促销的目标

服务营销的促销目标与产品营销大致是相同的，主要有以下五种：

1. 建立对该服务及服务企业的认知及兴趣。
2. 使服务内容和服务企业本身与竞争者产生差异。
3. 沟通并描述所提供服务的种种利益。
4. 建设并维持服务企业的整体形象和信誉。
5. 说服消费者购买或使用该服务。

（二）影响促销设计的因素

在选择了一项服务促销方式以后，营销人员面临着具体促销活动的设计问题。一般而言，以下6个要素是营销人员设计促销活动时必须考虑的。

1. 产品范围。这一项解决的是应当对哪些特定的服务或辅助性的商品进行促销的问题。

2. 市场范围。这个因素考虑的是促销活动是在所有市场上进行还是在有选择的市场上进行。考虑到所存在的价格歧视问题，服务营销人员在这方面比有形产品的营销人员拥有更多的弹性空间。

3. 促销价值。这是指服务营销人员设计促销计划时必须考虑提供给消费者什么样的价值与形式。服务营销人员在决定提供给消费者的价值形式和水平时，必须考虑消费者的偏好、成本和促销目标。当消费者对服务的使用差异很大时，可以提供不同价值的奖励。以飞行的里程数、入住酒店的天数、信用卡应付款项的金额作为依据的促销活动就是很好的例子。任何促销活动都包含一定的价格折扣。

4. 促销时间。设计促销活动还应该明确的一个问题就是时间。任何促销的时间长度都应该考虑目标消费者的购买周期、企业提供的促销价值以及竞争对手的压力。以平衡需求为目的的服务促销时间的设定，应当减小而不是加剧销售的周期性变化。

5. 受益对象。由于促销是用来影响或强化消费者行为的，因此，选择正确的细分市场就非常重要。

6. 竞争防卫。最后一个要素是设计一种能够提供独特竞争优势的促销活动，许多服务企业在设计促销活动时发现很容易被对手模仿。

【案例8－5】

TikTok节日促销

TikTok近日推出了一份节日促销指南，其中详细介绍了TikTok上的节日购物趋势，以及电商品牌如何自然地将自身产品融入消费者的购物清单中。

TikTok 的数据显示，87%的用户至少提前一周或者几周就开始他们的年底购物。而 TikTok 上可以聚合地为不同地区、文化和信仰的群体庆祝他们的专属节日。换言之，TikTok 独特的推荐机制能够帮助人们更好地找到与自己最紧密相关的内容。

因此，TikTok 也被用户当作是“节日消费搜索引擎”来使用。数据显示，有一半的 TikTok 用户会在该平台上研究新产品和新品牌，有 65%的用户表示他们会观看通过算法和信息流推送给自己的内容。也就是说，TikTok 上的用户对信息流推荐的内容接受度更高，并且从购买意愿上也愿意接纳新产品和新品牌。

同时，TikTok 还披露了在节日期间最受欢迎的几个话题标签：如 holidayshopping 有 2.85 亿观看量、holidayhaul 有 13 亿观看量、holidaygiftideas 有 7400 万观看量。

作为当下的热门平台，拥有丰富的在线购物功能的 TikTok 是电商品牌进行社交媒体营销、提升销量的重要平台。通过 TikTok 提供的节日营销指南，品牌可以结合其中的方法和创意为自己的节日促销活动预热和聚力。

资料来源：根据网络资料整理。

（三）服务促销管理要点

随着服务竞争的加剧，服务营销人员对服务促销的运用正在迅速增加。为了使促销更好地为企业的整体营销服务，避免人力、物力、财力的浪费，营销管理者必须考虑以下促销管理的原则。

1. 规划促销策略。服务营销人员需要对服务促销活动进行详细规划，表明对哪些服务，在什么时间、什么地点，在哪些市场上促销，促销的目标以及使用的促销技巧是什么，而不是仅依靠采取无差异的促销作为对竞争者的反应，从而确保促销活动的协调和多样性。

2. 限制促销目标。服务营销人员应该正确看待促销的效果，不应该过分夸大一次促销活动可能实现的目标。任何一次既定的促销活动都应当有选择性地集中于一两个目标，以使其产生最佳效果。

3. 限制促销时间。服务营销人员希望每一次促销活动都能引发特定消费者的即刻购买行为，这就要明确限定活动的截止日期。无限期的促销会被竞争者模仿，这样促销就会成为一个永久性的成本中心而不是收益来源。

4. 联合促销。服务营销人员通过同时对几种自有的服务进行组合促销或引入其他企业的力量，常常能够有效地利用其促销资源并设计出影响更大的促销活动。商场消费和游乐园消费的联合，常常会给消费者带来惊喜，并且双方都可以从中获利。

5. 完善激励机制。最有效的促销能够通过激励顾客、促销人员、中介等来同时创造“推”和“拉”的效应。例如，服务企业可能针对顾客采取抽奖活动，同时对于其他两方提供具有相似主题和奖品结构的销售竞赛活动。

6. 激励分销渠道。最有效的促销能够通过激励销售渠道中的各方（消费者、促销人员、中介机构等）来同时创造“推”和“拉”的效应。所谓“无风不起浪”“无利不起早”，渠道激励措施通过其本身所具备的控制力和报酬力，驱动分销商的激情，从而使企业获得物流、现金流、信息流，最终赢得渠道、赢得市场。例如，“沧海一笑”酒迅速地打开市场局面，并引起了竞争对手的注意，正是因为一系列激励分销渠道战术的运用，驱动了当地市场分销成员的分销热情。

7. 评价促销效果。服务营销人员必须衡量每次促销活动产生的效果，比较促销前后销售量的差异，检验是否达到了促销的目标，考虑产生差距的原因，为将来的促销活动积累经验，打下基础。

五、服务的人员策略

（一）服务人员对企业的重要性

在消费者眼中，提供服务的员工也是服务产品的一部分，企业员工的形象和举止处于消费者的密切注视之下，消费者对服务企业的感知受到服务人员的极大影响。对服务企业来说，对服务人员的管理，包括服务态度、服务技巧、服务质量以及相关的培训等，都是提高消费者服务体验的有效手段。因此，对服务人员进行管理是服务企业成功的重要保障。服务人员对企业的重要性主要体现在以下几方面。

1. 员工对于企业信守承诺具有重要作用。服务营销专家格罗鲁斯在其研究过程中，提出了服务营销三角形理论，如图 8 - 1 所示。

从服务营销三角形可以看出，在企业向消费者做出承诺后，承诺的实现必须依赖于企业的员工。只有员工积极地为消费者提供服务，才能持续不断地信守承诺，实现消费者满意，确保企业获得消费者的青睐。

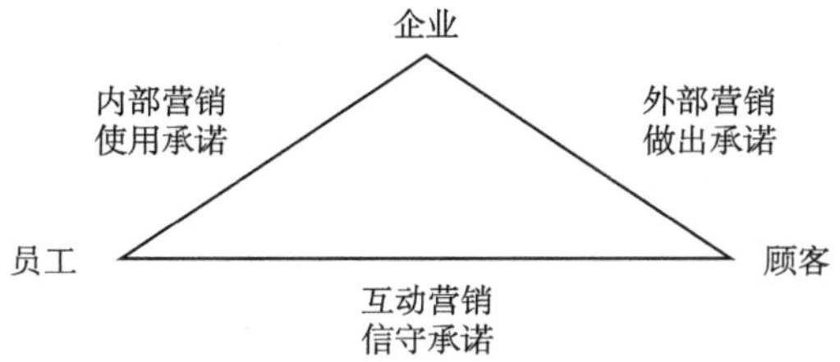

图 8－1　服务营销三角形

2. 员工行为直接影响到服务质量。

（1）服务人员直接影响服务的可靠性。在以人为基础的服务中，服务人员的可靠性就意味着服务的可靠性。

（2）服务人员直接影响服务的响应性。服务企业应该筛选头脑灵活、反应快的一线服务人员，并向他们适当授权，使他们有能力及时解决消费者的问题。

（3）服务人员直接影响服务的安全性。有资质、经验和能力的员工为消费者服务，并且培养他们对消费者的谦恭态度。

（4）服务人员直接影响服务的移情性。除了投入脑力和体力外，服务工作还要求服务人员投入感情。

（5）服务人员直接影响服务的有形性。服务人员本身就是服务的一种有形表现。服务人员的仪表、穿着、打扮、表情、姿势、动作乃至化妆品的气味等，都会影响消费者对服务质量的感知。

3. 服务人员是服务营销的人格化。因为服务人员就是服务本身。许多服务主要就是直接向消费者提供人员，如保姆、美容律师事务、学校、医院等。这些服务机构的服务质量在很大程度上取决于服务人员。在消费者眼里，服务人员就是服务机构本身，服务人员代表着服务机构，服务人员的行为、素质和形象直接影响消费者对服务企业的感知，服务人员的一言一行都影响到整个服务企业的形象。因此，服务人员本身就是服务的一部分，也是企业服务营销的人格化。

【案例 8－6】

家文化、振产业，四位一体践行大爱无疆

娃哈哈企业规模和效益连续 20 年处于行业领先地位，位居中国企业 500 强、中国制造业 500 强、中国民营企业 500 强前列。在新华通讯社联合海南省人民政府、中国品牌建设促进会联合主办的 2023 年中国企业家博鳌论坛上，娃哈哈凭借在创新筑建绿色、责任书写大爱、数字规范治理等方面的优异表现，于分论坛“ESG 实践在中国研讨会”上入选“2023 年企业 ESG 年度特别案例”。从“用责任书写大爱”可以看到，娃哈哈集团对员工的大爱，是一个真正的“大家庭”。

娃哈哈践行“凝聚小家，发展大家，报效国家”的“家”文化，在共同富裕的道路上，始终将员工的幸福生活放在重要位置，坚持每年涨工资，让员工最直观地享受企业发展成果。同时兴建员工公寓，解决住房问题；打造“职工之家”“文化俱乐部”，创造归属感、获得感和幸福感；搭建学习发展平台，鼓励勤劳创新致富。

娃哈哈的成功，正是源于他对员工的关爱与尊重。就像家里的长辈一样，宗庆后不仅关心员工的工作，更关心他们的生活。45 岁，对许多人来说可能是职业生涯的一个坎，但在娃哈哈，这里没有坎，只有更多的关怀和支持。这样的企业文化，无疑会激发出员工更大的热情和忠诚。

一个企业的成功，不仅是产品质量的胜利，更是企业文化的胜利。一个像家一样的企业，一个真正关心员工的企业，必定能够赢得市场和消费者的心。未来，娃哈哈将坚持深耕主业，始终走在绿色低碳、共同富裕的道路上，建立健全的 ESG 体系，在以中国式现代化全面推进中华民族伟大复兴的新征程中作出更大贡献。

资料来源：https：//mp. weixin. qq. com/s/eyqrK0X－u4oxGQQrn1ohqQ.

（二）有效的服务人员管理策略

任何服务企业的管理者都希望服务人员能够为消费者提供卓越的服务，从而使企业能够在日常经营中获得持续成功。那么有哪些措施能够引导企业朝着这一方向发展呢？优秀的服务企业管理实践已经表明，以下措施对于服务人员的管理发挥着极其重要的作用。

1. 雇用合适的人。员工努力是消费者满意度的重要驱动力，所以，保持员工乐于奉献和努力的意愿是很重要的。合适的人才是最重要的资产。招聘服务人员时，需要在劳动力市场中吸引最优秀的人才，并从这些候选人中挑选出最适合担任某一职位的人。服务意愿主要反映员工对服务的态度，以及在某个岗位上为消费者服务的观念。

2. 积极地培训服务人员。服务企业在员工培训上都投入了大量的时间、资金和精力，并积极地开展培训活动。主要从以下三方面进行培训：

（1）组织文化目标和战略。培训指导必须能让员工对企业的核心战略产生情感认同并能促进核心价值观的发展。

（2）人际技巧和技术技能。人际技巧是服务工作的关键，它包括可视的沟通技巧，如延伸接触、认真倾听、身体语言，甚至是面部表情。技术技能包括所有与工作流程（如怎样处理商品退货）和设备（如怎么使用设备）相关的必要知识，以及设计顾客服务流程的规则制度。

（3）产品或服务知识。员工必须对企业的产品或服务了如指掌。否则，他们就不能有效地向消费者解释产品或服务的属性，培训的最终目的是使员工达到和维持理想的工作表现。

【案例 8 -7】

新东方的用人策略

教育培训行业属于人们高度接触的服务业之一，其营销管理者应注意雇用人员的筛选、训练、激励和控制。作为教育培训机构的新东方，其主要产品就是课程，雄厚的师资成为新东方服务营销成功的关键资源。在学员口碑中一度传播着一句话：“新东方的老师是牛人。”

每位新东方老师都是经过严格的招聘与面试才选拔出来的，正式上讲台前都要经过 30 次培训。他们不仅在英语教学方面优秀，而且在其他方面也很优秀。他们热情奔放、对人生理想有着独到的见解并擅长在课堂教学中融入这些思想来影响新东方的学员。

某大学生在大一寒假时参加了新东方的英语四级培训班。他说，当时搭班的四个老师至今仍令他印象深刻。他们不仅教会他很多英语方面的知识和学习方法，而且他们的理念和人生观也对他产生了很大的影响。新东方从老师到管理者，服务意识都很强，视学员为“上帝”。从新东方授课教师到前台咨询人员，再到课室管理人员，这些与学员直接打交道的人都有较强的服务意识，他们让学员在追寻知识和人生道路的过程中感受到温馨、激情和动力。

资料来源：根据网络资料整理。

3. 持续性地监督和评估。管理者应当对员工的表现进行连续不断地监督。监督包括指引和评估两个部分。一方面服务企业可以通过设计服务蓝图、规定服务行为标准，对员工的服务工作提供指引。另一方面，服务企业可选择正式或非正式的信息收集方法，对员工行为作出评估。消费者意见卡和“走动式”管理都是经常采用的评估方法。也可以通过“采购”（委托消费者去评价服务人员的服务表现）偷偷观察，尽可能运用多种信息来源评价员工的业务技能和社交技能。

4. 建立高绩效的服务传递团队。团队被定义为：一小群具有互补性技能的个体。他们肩负着共同的目标，拥有一致的绩效目标，工作中彼此支持。一些服务需要团队的协作。为了实现良好的合作传递，通常需要进行跨职能协作，特别是当个体都扮演着特殊角色时。

5. 激励员工。不成功的服务企业通常没有有效利用各种奖励办法。仅以金钱的方式是不能实现有效奖励的，员工希望获得持续的基于绩效表现的奖励，因此，对员工的激励措施应该是持续性的。除了以金钱为主要形式的奖励外，企业可以采用的持续性奖励员工的手段还包括工作内容本身、反馈与认可以及目标的实现等。

6. 员工着装政策。许多服务企业面临是否统一员工着装的问题。员工着装类似于制造品的包装，两者皆肩负着重要的信息传递任务。统一员工着装能为服务企业提供增加其服务有形证据的机会，传递企业信息，表达其市场定位，可暗示服务企业提供服务的目的，降低消费者的可感知风险。

六、服务过程

服务过程是指将一个产品或服务交付给消费者的程序、任务、日程、结构、活动和日常工作的组合。由于消费者通常把服务交付系统感知为服务本身的一个组成部分，因而服务过程是服务营销组合中的一个主要因素。

（一）服务业目标和产能的利用

对于某些服务业，是不能使用传统的利润和投资报酬率方式来加以衡量（如交通运输等公共服务业）的，而必须采用其他方式。尤其是在非营利性服务业及社会性服务业部门，必须建立与其性质相适应的服务业目标。服务的非实体性，意味着建立库存具有很多限制。当然，从某种程度上来说，服务人员及其技能是可以储存的，设备也可以储存（必要时可提供额外的产能）。

但一般而言，在服务业，今天没有用完的或闲置的东西往往就必须废弃，而不能留给以后的超负荷需求来使用。因此，服务作业管理中要进行的最基本决策就是：想要提供的产能水平是多少？产能过多可能会造成作业的不经济，产能过少则会在服务递送时造成“瓶颈”、效率不足，从而导致消费者反感。服务作业管理上的一个经常性难题是，如何实现服务供求的均衡。

（二）服务互动过程管理

服务互动除了消费者与服务提供者之间的互动，还包括消费者与服务组织、服务系统和设施的互动等一系列活动。服务互动过程大致可分成四类：消费者与服务提供者的互动，消费者与消费者的互动，消费者与服务环境的互动，以及消费者与服务过程的互动。这些互动组合在一起，就构成了消费者的整个服务经历。

1. 消费者与服务提供者的互动。这是最直接的互动，通过这种互动消费者与服务提供者共同生产服务。消费者与员工的互动可能是面对面的，也可能借助电话、电子邮件、传真或信函进行。在服务提供中与消费者接触的员工非常关键，系统、技术和有形资源都要依靠他们才能发挥作用；在关键时刻，他们还需要及时观察、对消费者行为作出反应，从而识别消费者的愿望和需求；然后，再进一步追踪服务质量，在发现问题时及时采取应对措施。因此，服务企业必须通过对服务员工的培训，使员工具有高超的服务沟通技巧，从而能够有效地驾驭整个互动过程。随着科学技术的发展，越来越多的服务过程已不再需要与消费者接触的员工。而当出现服务失误时，整个服务过程就显得很脆弱，甚至会出现瘫痪的局面。

2. 消费者与消费者的互动。在中、高接触度服务中，有些服务的自身特性就要求消费者与消费者之间必须有互动。例如，在娱乐场所，所有人都无法避免和别人的接触，这种互动有时会对服务传递产生不良影响，从而破坏服务传递过程。在多数情况下，消费者与消费者之间的互动是难以预料和控制的，因此服务人员必须对此做好充分的准备，一旦出现问题，立即作出有效的反应。

3. 消费者与服务环境的互动。外部环境对消费者的行为有重要的影响。在服务业，特别是消费者与服务环境互动过程中更是如此。这种影响会对服务经历产生直接影响，有时甚至决定了服务的成败。有些企业将服务环境设计作为与竞争对手服务差异化的工具。例如，律师事务所用木格板装饰办公室，书架上堆积的法律专业书籍可以表达提供服务的可靠性和深厚的职业素养；医院中明亮的灯光和庄重的白色可以衬托医院的卫生状况和医疗行业的环境特性。

4. 消费者与服务过程的互动。服务过程将服务传递过程中人、产品、环境和科技协调整合在一起。服务过程不仅包括消费者到现场接受服务的过程，还包括服务的预订过程。把服务预订过程纳入管理范畴，可以促使企业有效把握消费者的服务需求，对服务需求作出科学的预测。例如，酒店就可以通过消费者的预订服务，对服务资源作出合理的调整和配置。

消费者与服务系统、服务人员和消费者之间的互动结果对消费者满意和员工满意会产生同样的影响。在良好的服务系统中，消费者感觉不到服务的运营，而且互动过程非常简单、方便。如果消费者难以与服务系统产生互动，就会加大服务人员的工作量。

图 8－2 展示了服务组织不同层次的互动。在上述互动过程中，消费者可以通过与服务提供者之间的相互欣赏、建立亲密关系获取利益，得到定制化的产品、优先照顾、折扣、低搜寻成本和更有针对性的沟通。同时，服务组织可以得到消费者忠诚、好的口碑、高退出成本、低市场营销成本和交叉销售机会。

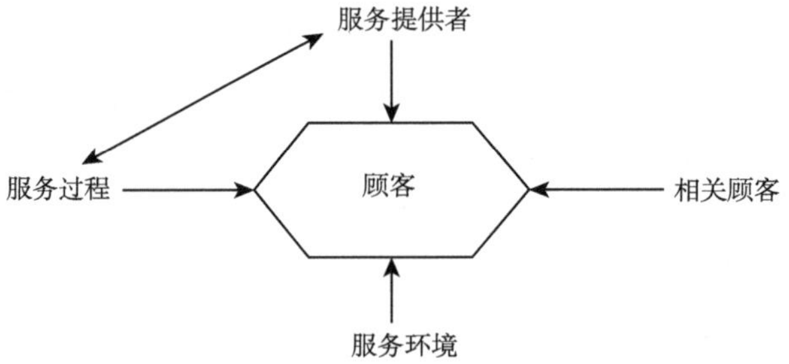

图 8－2　服务不同层次的互动

七、服务的有形展示

有形展示是指在服务营销管理范畴内，一切可传达服务特色及优点的有形组成部分。根据环境心理学理论，消费者利用感官对有形物体的感知及由此所获得的印象，将直接影响消费者对服务质量及服务企业形象的认识和评价。消费者在购买和享用服务之前，会根据那些可以感知到的有形物体所提供的信息而对服务作出判断。

（一）有形展示的作用

有形展示是服务营销组合策略的七大要素之一。首先，有形展示是消费者根据线索形成服务期望的依据，这些期望则是消费者进行服务评价的参照标准。其次，对于服务营销商来说，服务展示管理是第一位的。服务营销商通过对服务工具、设备、员工、信息资料、其他消费者、价目表等所有这些为消费者提供服务的有形物的服务线索的管理，增强消费者对服务的理解和认识，为消费者作出购买决定传递有关服务线索的信息。

有形展示管理的首要作用是支持企业的营销策略。在进行营销决策时，应该特别考虑对有利因素的操作，有形展示作为服务企业实现其服务有形化、具体化的一种手段，在服务营销过程中占有重要地位，具体而言其作用主要包括以下几个方面（见图8－3）。

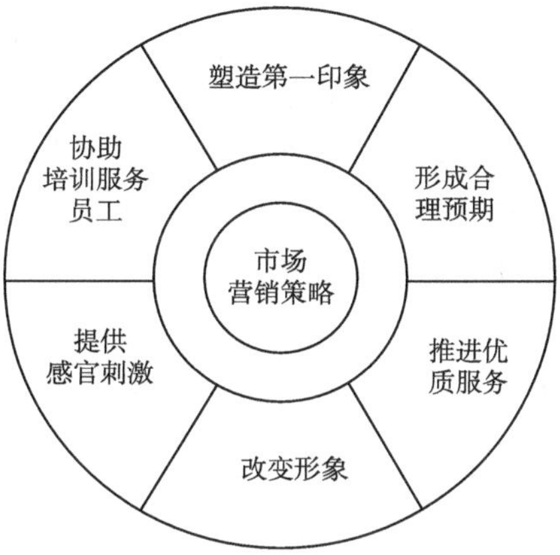

图8－3　有形展示作用与市场营销策略之间的关系

1. 服务有形展示有助于通过感官刺激，让消费者感受到服务给自己带来的好处。消费者购买行为理论强调，产品的外观能否满足消费者的感官需要将直接影响消费者是否真正采取行动购买该产品。同样，消费者在购买服务时，也希望能从感官刺激中寻求到某种东西。

2. 服务展示有助于引导消费者对服务产生合理的期望。消费者对服务是否满意，取决于服务带来的利益是否符合消费者的期望。而不切实际的期望又往往使其错误地评价服务，作出负面评价。运用有形展示则可以让消费者在使用服务前具体地把握服务的特征与功能，进而对服务产生合理的期望，避免因消费者期望过高、难以满足而造成负面影响。

3. 服务展示有助于影响消费者对服务形成良好的第一印象。对于新消费者而言，在购买和享用服务前，其往往会根据第一印象对服务作出判断。因为服务是抽象的、不可感知的，所以有形展示作为部分服务内涵的载体无疑是消费者获得第一印象的基础，即有形展示的好坏将直接影响消费者对服务企业的第一印象。

4. 服务展示有助于提高消费者的服务感知质量。服务质量的高低并非由单一因素决定。与服务过程相关的服务环境、服务设施、服务人员仪表等有形展示都会影响消费者感知的服务质量。因此，服务企业应该根据目标市场的需要和整体营销策略的要求，强化对有形展示的监督与管理，为消费者创造良好的消费环境。

5. 作为服务环境的一种重要构成，服务展示有助于提升消费者与服务人员的互动质量。有学者曾提出有形展示具有三种效果，即能唤起消费者想到该服务的利益，可以强调服务提供者与消费者之间的相互关系，以及可以连接非有形服务和有形物体从而让消费者容易辨认。

（二）实施服务营销有形展示的方法

1. 基于实体环境的服务营销有形展示。基于实体环境的服务营销有形展示是企业实施有形展示的重要手段之一。随着消费观念的转变，消费者对服务企业的背景因素、设计因素及社交因素越来越关注。消费者在服务环境中对企业所展示的气温是否舒适、通风是否流畅、声音是否优雅、布置是否整洁等都会影响到消费者感觉的舒适度，进而影响消费。精美的设计环境因素，如建筑物的风格、式样、颜色、布局等，更能吸引消费者的眼球。此外，实体环境下服务人员的数量、仪容仪表、谈吐举止等是服务企业极其重要的实体环境，其会直接影响消费者最终的购买决策。训练有素、举止得体的服务人员会给消费者带来愉悦的购物心情，使消费者坚信企业提供的服务是优质的。

2. 基于信息沟通的服务营销有形展示。信息沟通作为服务营销展示的另一种方式，其信息来源主要来自服务企业自身及与企业有关的能引起消费者注意并能给消费者留下印象的地方。服务营销的有形展示着重强调企业在进行信息沟通时将服务与相关联的有形物联系起来，以实现服务的有形化。

【案例 8 –8】

塔斯汀再次升级，将“国潮汉堡”做到极致

近两年，中式汉堡异军突起。塔斯汀两年内疯狂扩张 4000 多家门店，一跃成为中国第四大洋快餐品牌。截至 2023 年 7 月，塔斯汀的全国门店数量达到了惊人的 4500 家，仅次于华莱士、麦当劳和肯德基。而就在前不久，塔斯汀品牌又进行了一次新的升级。

在经济发展最迅猛的当下，Z 世代有着极高的商业价值，是中国消费市场的新生代力量。这一年轻的消费群体对民族文化的认同感越来越强烈，给独具匠心设计的国潮元素赋予了高度的认可和追捧，掀起一股民族审美的复兴浪潮。

本次升级，依旧强调“中国汉堡”，提炼了“手擀现烤中国汉堡开创者”，对品类进行定义、解释，让消费者“所见即所得”。根据品牌理念，在本次设计风格的选取上，也以更纯正的国风为主。

在新升级的视觉上，借鉴功夫文化来呈现和着重强调塔斯汀面皮手擀的制作过程，由此来引出品牌想要传达的情感价值：符合中国口味、饮食习惯、情感记忆的汉堡，打造国潮韵味十足的“中国汉堡”。

塔斯汀作为舶来品的汉堡，已然用全新的“中国汉堡”呈现出来。这种中西融合，也让传统文化回归，打造了更好的具有国潮韵味的美学品牌。

资料来源：https：//news. sina. com. cn/sx/2022 – 03 – 29/detail – imcwiwss8774228. shtml.

3. 基于价格的服务营销有形展示。产品或服务质量的优劣有时可以通过企业预报价格的高低来体现，服务价格是企业向消费者传递服务质量信息的重要手段。企业应切实制定合理的价格，这将有利于服务企业的长远发展。例如，星级酒店、四星级酒店和五星级酒店之间，因其提供的服务标准不同，面向消费者的服务报价也是不一样的。正因为五星级酒店比四星级酒店在硬件设施的提供、安全的保障措施、服务人员的素质及周围环境的布局等都占有一定的优势，高价格的服务定位还是赢得了不少消费者的光顾，高价格的背后蕴含着高质量的服务。

第三节 服务营销的管理与发展趋势

为了有效地利用服务营销实现企业竞争的目的，企业应针对自己固有的特点注重服务市场的细分、服务差异化、有形化、标准化等问题的研究，以制定和实施科学的服务营销战略，保证企业竞争目标的实现。为此通过服务质量管理，掌握服务营销发展新趋势对企业发展有着至关重要的作用。

一、服务的质量管理

（一）服务质量的涵义

服务质量的概念是从有形产品的质量概念引申而来的。传统上，人们对有形产品质量的认识大致有四种：①无瑕疵；②符合某种规范标准；③对消费者需求的满足程度；④内部失败（指产品离开工厂之前表现的）与外部失败（指产品在市场中表现的）的发生率。

但是，服务质量的概念和有形产品的质量概念在内涵上又有很大不同。服务质量与有形产品质量的区别在于：首先，服务质量比有形产品的质量更难被消费者评价；其次，消费者对服务质量的认识取决于其预期的与实际感受到的服务质量的对比；最后，消费者对服务质量的评价不仅要考虑服务的结果，而且涉及服务的过程。

鉴于服务交易过程的消费者参与性和生产与消费的不可分离性，服务质量必须经消费者认可，并被消费者识别。因此，服务质量的内涵应包括以下内容：①服务质量是消费者感知的对象；②服务质量可以依靠客观方法加以界定和衡量，但更多地要按消费者主观的认识加以衡量和检验；③服务质量发生在服务生产和交易过程之中；④服务质量是在服务企业与消费者交易的真实瞬间实现的；⑤服务质量的提高需要内部形成有效管理和支持系统。

（二）服务质量的特点

服务质量概念是逐步发展和完善的。目前学者们对服务质量还有不同的看法，归纳有关观点，可以总结出服务质量的基本特点。

1. 服务质量是一种主观质量。这与有形产品的质量存在很大的差异，有形产品的质量可以采用许多客观的标准来加以度量，不同的消费者可能对同一种服务质量产生不同的感知。例如，服务过程中的可靠性常常被视为一个非常重要的服务质量维度，但不同文化背景的消费者对这个问题的感知存在较大的差异。对中国消费者和外国消费者关于这个问题感知情况的调查表明，中国消费者比外国消费者更重视服务的可靠性。对于其他服务质量维度，也存在类似的情况。即使是同一个消费者，在不同的时段，可能对质量的要求也会产生变化，这是研究服务质量时必须注意的一个问题。

2. 服务质量是一种互动质量。产品质量是在工厂里生产出来的，在没有出厂之前，质量就已经形成了。在整个质量形成过程中，消费者基本上是没有“发言权”的。或者说，在质量形成过程中，消费者的作用是微弱的。而服务质量不同，服务具有生产与消费的同时性，服务质量也是在服务提供者与消费者互动的过程中形成的，如果没有消费者的紧密配合、响应，或者是消费者无法清晰地表达服务要求，那么，服务过程也将失败，服务质量也将是低下的。正因为如此，有些学者将服务营销称为“互动营销”。

3. 过程质量在服务质量构成中占据极其重要的地位。正因为服务质量是一种互动质量，所以服务过程在服务质量形成过程中起着非常重要的作用。过程质量是服务质量极其重要的组成部分。服务结果是消费者购买服务的根本目的所在。如果没有服务结果，或者服务结果很差，那么，再好的服务过程也是无法弥补的。同样，即使服务结果很好，但服务传递过程很糟，最后形成的消费者感知服务质量也可能是低下的。忽视结果或者是忽视过程，在服务质量管理中都是错误的。

4. 对服务质量的度量，无法采用制造业中所采用的方法。在制造业的质量度量中，可以将视野聚焦于内部效率，即可以通过检验来证明产品与事先制定的产品标准是否吻合。如果吻合或者超过，则说明质量是合格的或者是优异的。但在服务业中，不但要考虑服务质量与服务标准的吻合问题，更重要的是，还要衡量质量的外部效率，即对消费者关系质量的影响。也就是说，这种服务质量对服务提供者与消费者建立持久的关系具有什么样的影响作用。明确这一点，对于提高服务质量管理水平，具有非常重要的意义。

（三）服务质量控制

服务质量控制是服务过程管理和控制的又一个重点。许多适用于制造业的质量控制原则，也适用于服务业，这些原则包括下述三项：

1. 质量控制既关系到服务作业中的每一个人，也包括看得见或看不见的各种任务。

2. 各种质量控制制度应能确保质量水平并促进质量提升。

3. 以机器替代人力，尤其是取代那些例行性的服务工作，有助于质量控制。例如，一家美国航空企业通过研究以下事项来执行服务过程质量标准：每位消费者在取得飞机票时必须花费多少时间；将行李从飞机上卸下来需要多少时间；有电话进来到接听之前，只应容许它响多久等。

服务企业在进行质量控制时，一方面可以通过在服务递送过程中建立质量控制标准；另一方面，服务作业中许多可以提高生产率的原则也可以用来提高质量，如器械的采用、标准化、分工专门化、装配线作业原则的利用、加强训练以及注重工作安排等，都可以用来提高服务质量。

【案例 8－9】

以提升供电服务质量为目标的多方参与管控模式构建与实践

——国网天祝县供电公司

为进一步提升供电服务质量和服务水平，国网天祝县供电公司践行“人民电业为人民”企业宗旨，落实“顾客驱动”“合作共赢”，构建“以客户为中心”的“三统一”（统一对外服务、统一职责流程、统一支撑平台）现代服务体系，进一步提升配电网营运水平和供电服务水平，实现“智能化”配网调控、“数字化”抢修、“智慧化”服务的多方参与的供电服务管理模式。

（一）以系统视野的思维，做好供电服务管控模式顶层设计

一是重点任务整体部署。在领导小组下设工作组，负责具体专业工单的自查整改落实，定期开展“供电服务”无工单考核奖惩工作，明确工作执行负责人、工作内容、预期效果和进度节点。二是加强各部门间业务协同开展。公司供电服务指挥中心作为总体统筹协调部门，建立周汇报、月通报督办机制，通过系统核查、现场检查等方式进行督办、督促。三是专业协作。各职能部门作为责任部门、配合部门，设置兼职供电服务管理专责，负责监督本专业相关工作的按时推进、调配、联系沟通和信息发布的工作。成立专家服务队，确保基层反馈的疑难问题及时协调、及时解决。

（二）以战略规划为导向，做优“营配调”协同管理平台的搭建

通过“供电服务指挥平台”汇集设备在线监测数据、立体巡检数据、不停电检测数据，从供电可靠性、供电服务、电能质量、线损效益四个维度进行大数据分析，优化制定差异化检修策略，降低设备停电时间，减少检修资源投入，实现设备效益和经济效益共同提升。

（三）以合作共赢的理念，做实供电服务管控模式工作机制

制定月度客户服务诉求首问负责制工作机制，全面提高供电服务质量和办事效率。一是坚持问题溯源、责任溯源，对客户反映的问题认真分析、及时处理，切实履职尽责，坚持跟踪问效，确保工作落实到位。二是坚持分级管控、分级落实，接到客户反映的问题依据谁管理、谁负责的原则，杜绝问题滞留、积压。三是坚持问题分析，分类整改，根据客户问题诉求，相关部门及时对接梳理分析、分类解决。

资料来源：https：//mp. weixin. qq. com/s/iC－06VokntMKeb6DwvRu6A.

二、网络服务营销

互联网与其他媒体的截然不同之处在于，网络的全天候、互动性、实时、不受地域限制，最能发挥这种特性的是网络消费者服务。而通过实施交互式、个性化的服务营销策略，提供满意的消费者服务，正是许多企业网络服务成功的关键所在。企业可以在实践中发现和使用更好的、更有利于自己的网络服务策略，以使自己的服务营销工作做得更好，更有利于企业的发展。

(一) 网络服务新规则

消费者服务的传统思维已经发生变化，这迫使企业不得不认真考虑在网络时代消费者服务中新的游戏规则。目光敏锐的互联网领先企业开始把这些游戏规则融入其服务之中。

1. 实时沟通。互联网最突出的特点就是“快”。现在的消费者早已对传统商业模式中以天为单位的回应速度难以忍受。他们要求的是在几分钟甚至几秒内，对他们的要求作出反馈。在他们的词典里，“及时”的意思就是“即时”“随时”，订单服务为消费者提供具体服务的信息，包括交易号、协议号码、程序日期、运输日期及运货方式和查询号码。

2. 整体协作。内部的管理系统必须与外部的消费者服务系统相一致。网络化消费者服务并不意味着建立一个网页就足够了，整合整个企业的管理协作才是根本。网络时代消费者服务的一个重要游戏规则是系统化。基于互联网技术的甲骨文企业的客户关系管理系统是由五个功能应用组件构成的，它集成了销售、市场营销、服务、电子商务和电话中心等应用软件。

3. 个性化服务。互联网时代使获取详细信息成为可能，这也造就了提高消费者忠诚度的另一个新法宝——个性化服务。互联网电子商务的蓬勃发展促进了消费者与企业的动态交流。通过电子邮件和网络，消费者所有信息一目了然，企业应善用这份宝贵的资源。

(二) 网络整合服务营销策略

互联网作为跨时空传输的“超导体”媒体，可以为消费者提供及时的服务，同时互联网络的交互性有助于企业了解消费者的需求并提供针对性的响应。因此，互联网络可以说是消费者时代最具魅力的营销工具。利用互联网与传统的4P营销组合可以更好地与以消费者为中心的4C（消费者、成本、方便、沟通）相结合。

1. 产品和服务以消费者为中心。由于互联网络具有很好的互动性和引导性，用户可通过互联网络在企业的引导下对产品或服务进行选择或提出具体要求。企业可以根据消费者的选择和要求及时进行生产并及时提供服务，使消费者跨越时空得到所要求的产品和服务。

2. 以消费者能接受的成本定价。企业以消费者为中心定价，必须测定市场中消费者的需求以及对价格认同的标准，否则以消费者能接受的成本来定价便是空中楼阁。企业在互联网上可以很容易地实现以消费者能接受的成本定价。消费者可以通过互联网提出能接受的成本，企业根据消费者的成本提供柔性的产品设计和生产方案供用户选择，直到消费者认同确认后再组织生产和销售。

3. 产品的分销以方便消费者为主。网络营销是一对一的分销渠道，是跨时空进行销售的，消费者可以随时随地利用互联网络订货和购买产品。以法国钢铁制造商犹齐诺－洛林企业为例。该企业因为采用了电子邮件和世界范围的订货系统，从而把加工时间从15天缩短到24小时。该企业正在使用互联网，提供比对手更好、更快的服务。该企业通过内联网与汽车制造商建立联系，从而能在对方提出需求后及时把钢材送到对方的生产线上。

4. 由推式促销转向加强与消费者的沟通和联系。互联网营销是一对一和交互式的，消费者可以参与企业的营销活动，因此互联网更能加强与消费者的沟通和联系，更能了解消费者的需求，更易引起消费者的认同。美国企业雅虎开发了一种能在互联网上对信息分类检索的工具，由于该产品具有很强的交互性，用户可以将自己认为重要的分类信息提供给雅虎企业，雅虎企业马上将该分类信息加入产品中供其他用户使用，因此不用官宣其产品就已广为人知，在短短两年之内企业的股票市值达几十亿美元，增长了几百倍。

【案例 8 -10】

支付宝集五福活动

2016 年，支付宝推出了“集五福”活动，成为当年春节期间热议的话题。这个活动不仅让民众积极参与，还创造了“敬业福”等福卡的稀缺，连续多日登上各大社交平台的热搜榜。从那一年开始，“集五福”就在接下来的几年中持续保持着强大的影响力。

从 2017 年开始，“集五福”不再仅是简单的集卡活动，几乎每年都会推出不同的创新玩法。例如，2018 年首次出现了“全能福”，可以兑换任一福卡；2019 年推出了 2019 张花花卡，拥有此卡片的用户能享受“全年帮你还花呗”的权益；到了 2020 年，支付宝的花花卡升级为“全家福卡”，其中最吸引人的福利是“帮还全家花呗”。2024 年“五福节”在原来的 AR 扫福、浇水得福等传统玩法基础上，又迎来一系列“玩法上新”。其中，四大 AI 玩法成为亮点，包括：飙戏小剧场、会说话红包、时空照相馆和大家来找福。

随着每年玩法的创新，“集五福”开始对用户具有持续的吸引力。每到岁末年初，期待“集五福”活动的到来已经成为一种仪式感，它也逐渐演变为互联网领域中具有强大影响力的春节营销活动之一。相对于其他平台只追求在短时间内通过红包金额获得曝光的动机，“集五福”本身更注重互动和分享，使用户完成的动作不仅是“抢”，还包括“玩”“分享”“互动”等更多的元素。

然而，在“集五福”推出并实现多元化玩法后，它不仅是个体或家庭“自扫门前雪”的行为，而在交换福卡、写福转赠的过程中，变成了一种具有更广泛社交影响力的活动和社会行为。从表面上看，这是从线下到线上场景的变化；但从内涵上说，它展现了形式和内涵的无限延伸。传统文化元素如“福”在“集五福”中通过在线虚拟空间获得了全新而可持续的生命力。

资料来源：根据网络资料整理。

小结与思考练习

【本章关键词】

服务　服务营销　服务产品　服务品牌　品牌定位　服务定价　服务渠道　分销渠道　服务促销　促销依据　服务过程　服务的有形展示　服务人员　服务质量管理　网络整合营销

【本章小结】

1. 服务具有无形性、异质性、同步性和易逝性四个基本特性。

2. 服务产品往往依附于有形的物品，而有形产品里面也包含有服务的成分。

3. 服务定价策略，包括差别定价或弹性定价、个别定价法、折扣定价法、偏向定价法、保证定价法、牺牲定价法、阶段定价法、系列价格定价法。

4. 服务的分销渠道是指服务从生产者移向消费者所涉及的一系列企业和中间商。

5. 服务促销原则，包括规划促销策略、限制促销目标、限制促销时间、联合促销、搭配促销、激励分销渠道、平衡创新与简易的关系、评价促销效果。

6. 有效服务人员的管理政策，包括规划促销策略、限制促销目标、限制促销时间、联合促销、搭配促销、激励分销渠道、平衡创新与简易的关系、评价促销效果。

7. 服务互动过程大致可分成四类：消费者与服务提供者的互动、消费者与消费者的互动、消费者与服务环境的互动，以及消费者与服务过程的互动。这些互动组合在一起，就构成了消费者的整个服务经历。

8. 有形展示是指在服务营销管理范畴内，一切可传达服务特色及优点的有形组成部分。

9. 网络服务新规则：实时沟通、整体协作、个性化服务。

【本章思考题】

1. 服务营销的定义以及特点？
2. 服务企业或服务品牌的定位对企业有什么发展意义？
3. 服务定价的策略有哪些，分别适用于哪些方面的定价？
4. 服务促销目标策略原则？
5. 阐述服务的有形展示作用和方法？
6. 自主选择一个服务企业或某服务品牌项目，运用服务营销的知识为其设计一场体验营销策划方案。

【本章案例作业】

从淄博到哈尔滨，拆解现象级旅游城市“出圈法则”！

从淄博、贵州再到哈尔滨，越来越多的城市凭借“天赋异禀”或“独门秘籍”，将城市文化符号化、形象化，纷纷打造出“能为自己代言”的城市 IP，提升城市知名度和美誉度。短期而言，打造城市 IP 为城市带来巨大话题度、关注度；长期来看，也有利于带动本地经济社会发展，提升居民自豪感。

“城市旅游如何出圈?”一再成为摆在更多城市面前的思考题和加分项。透过现象看本质，淄博烧烤与哈尔滨等案例对城市营销有以下三点启示：

（一）当地政府的推广和服务完善

随着“淄博烧烤”的火爆出圈，整个山东都在保护好“淄博烧烤”这个火种。多个部门全力支持淄博党委、政府从市场监管、治安安全、交通运输等各个方面做大“淄博烧烤”。全省上下齐心、真心呵护，以真诚待客之道的服务赢得了全国网民的认同。

“淄博烧烤”大火之际，山东在青岛召开“2023 年山东省旅游发展”大会，18 个重点文旅项目集中签约，总投资 449.6 亿元。全省上下形成了大抓文旅的氛围。

在开通“淄博烧烤”专列的基础上，山东推出了高铁环游齐鲁套票。一张套票可抵达山东 8 个城市站点，总价格只需要 399 元。山东的各大旅行社适时推出了淄博烧烤旅游线路，带动多个城市集体作战。

早在 2023 年 1 月，哈尔滨就开展了夏季的避暑旅游“百日行动”和冬季的冰雪旅游“百日行动”。之后策划了很多高流量的 IP，比如“逃学企鹅”“歌声里的黑龙江”等，用这些 IP 引爆黑龙江的旅游市场。同时以游客的思维来换位思考，比如有游客说哈尔滨天太冷了，当地就造了很多的小暖房子，让游客感到舒适和被尊重。

哈尔滨市文化广电和旅游局工作人员回应火爆现象，表示整个冰雪季包括群众文化这些活动，设计有 100 项活动，让鄂伦春族和鄂温克族走上哈尔滨中央大街。除了想让游客玩得开心，也想将独特民族文化向外推介。哈尔滨旅游市场持续升温，官方连续两天召开座谈会，提示从业者珍惜城市“出圈”机遇，为旅游者提供贴心服务。

（二）文化和活动多样性中的暖心服务

哈尔滨是一个多元文化交汇的独特城市，自古以来，就是狩猎文化、渔猎文化、牧猎文化、金源文化的交汇之处。今冬，文旅部门对丰富地方特色文化给予进一步发掘、展示，采冰节上采头冰、迎风旗、震天鼓、祈福词等特色民俗活动，鄂伦春族人带着驯鹿在中央大街巡游，冬捕节呈现出来的塞北打鱼场面……这些独特而罕见的场景，充分展示了哈尔滨多元文化的魅力。

为了方便各地游客撸串，淄博举办首届淄博烧烤名店“金炉奖”推荐活动；去年五一前后，淄博市政府决定举办烧烤节，并且把 3 月至 11 月定为“淄博烧烤季”，打通“吃住行游购娱”各要素环节，推出一批“淄博烧烤 +”特色文旅主题产品。在淄博的“烧烤专列”上，淄博市文化和旅游局局长宋爱香更是带领淄博 10 个区县、功能区的文旅局长，以及红叶柿岩、马踏湖、周村古商城等淄博 33 家热门景区“代言人”，变身“淄博文旅推荐官”，为乘客送上各类文创产品和小礼物，游客们纷纷表示“人还没到淄博，已经被文旅局长的淄博特产喂饱了”。

（三）良好的基础设施和便利性

方便的交通、良好的住宿设施和游客服务是吸引游客从流量到留量，及至带来销量的重要因素。

在提升政务服务的“便利度”方面，淄博市委、市政府为将淄博烧烤做出品牌，各项政务服务配套措施纷纷上线。比如，在硬件建设方面，开通了烧烤专列、公交专线，街区还配有专门的摆渡车，招手即停，免费乘坐，让游客感受到满满的仪式感；在软环境建设方面，淄博市委、市政府向市民发出倡议信，要让利于客、让路于客、让景于客，让天南地北的游客在淄博感受放心、暖心和贴心。

五一期间，还给游客发出温馨提示：“欢迎你们来淄博，小城接待能力有限，请一定提前预订好住处。”市委、市政府这样说，也这样带头开展舒心服务，免费发放烧烤消费券，并为游客量身打造烧烤主题的一日游、两日游线路。淄博市优质的政务服务，让游客产生了宾至如归的感觉。

游客出来玩，不仅要玩出特色，还要玩得舒适、玩得快乐。为此，哈尔滨采取了一系列暖心举措。在机场增设旅客更衣室、到车站免费接送客人、提醒酒店不能盲目涨价等，这一系列设施的完善和服务的细化，进一步提升了当地的旅游体验。由此可见，服务的质量直接决定游客的感受，也决定当地的口碑。

城市旅游的成果往往是多种因素共同作用的结果，但绝不是离开产品、市场、人性逻辑下的简单堆砌和叠加，而是直接考验一座城市是否具备抓住机遇、顺势而为的意识和能力。

资料来源：https：//www. urbanlight. cn/newsdetail/032bf5a2 - d2d6 - da61 - 95fa - 130cb7c0a96a.

讨论题：

1. 结合服务营销知识和材料分析淄博、哈尔滨等旅游城市出圈原因。

2. 如果你作为一个旅游城市的旅游局局长，你将如何策划并完善城市的旅游服务？

【本章参考文献】

[1]（美）泽丝曼尔，（美）比特纳，（美）格兰姆勒．服务营销［M］．第7版．张金成，白长虹，杜建刚，等译．北京：机械工业出版社，2019.

[2] 李克芳，聂元昆．服务营销学［M］．第3版．北京：机械工业出版社，2020.

[3] 李巍．服务营销管理：聚焦服务价值［M］．北京：机械工业出版社，2019.

[4] 郭国庆．服务营销［M］．第5版．北京：中国人民大学出版社，2021.

[5] 许晖．服务营销［M］．第2版．北京：中国人民大学出版社，2021.

[6] 陆勇．服务营销有形展示策略研究［J］．中国市场，2015（2）.

第九章　品牌策略

开篇案例

安踏多品牌协同发力，目标2025年国内市场份额第一

2023年10月17日，刚过而立之年的安踏召开主题为“多品牌协同与价值”的全球投资者大会。集团联席首席执行官以及安踏、斐乐、迪桑特、可隆四大品牌负责人首度联袂登场，向投资者讲述发展中的故事，系统展示未来愿景——2024—2026年的发展规划，力争实现2025年中国市场份额第一，2030年全球领先的目标。

1991年，北京亚运会举办的第二年，安踏鞋厂在福建晋江初创成立。到了2023年上半年，安踏主品牌营收已达人民币141.7亿元，同比增长6.1%，斐乐品牌实现收入122.3亿元，同比增长13.5%，迪桑特与可隆体育所在的其他品牌板块2023年上半年收益同比大增77.6%至人民币32.5亿元。安踏集团多品牌运营能力已经成为未来长期增长的底层逻辑。

安踏品牌主攻大众运动，对应的消费人群是基数依旧大的大众阶层；而斐乐主推运动时尚，消费人群是中产阶层和富裕阶层；迪桑特、可隆等品牌则在户外赛道崛起，垂直细分类吸引高端小众风潮。安踏集团表示：“近两年，运动鞋服行业复苏速度跑赢消费大盘，并呈现出消费两极分化、需求小众细分、行业集中度下降等趋势。从顶尖到大众，运动鞋服在不同消费层级均保持中高速增长，依然是一条优质赛道。随着户外、儿童及女性等市场的快速增长，运动鞋服的新场景新品类的机会仍在不断涌现，集团的多品牌协同价值将进一步凸显。”而就在全球投资者大会召开的前一日，2023年10月16日，安踏又出手购入玛伊娅服饰（上海）有限公司（主营品牌为MAIA ACTIVE）75.13%的股本权益。在国内女性瑜伽爱好者眼中，MAIA ACTIVE被誉为是lululemon的平替。安踏此举，瞄准的是品牌背后巨大的女性消费市场。

全方位、全场景供给策略，安踏集团多品牌矩阵足以覆盖中国消费者所有运动鞋服购物的需求。

资料来源：http：//www. xinhuanet. com/fortune/2023 – 10/19/c_1129924724. htm.

品牌战略是企业为了提高自身竞争力，围绕品牌所制定的一系列长期的、带有根本性的总体发展规划和行动方案。现代品牌理论认为，品牌是一个以消费者为中心的概念，没有消费者就没有品牌。企业在品牌化过程中做出正确决策从而建立强健品牌，强健品牌对企业及其顾客都是有价值的。品牌战略主要包含品牌及品牌资产、强健品牌决策、品牌组合与品牌延伸战略等。

第一节 品牌及品牌资产

一、品牌的涵义

（一）品牌的定义

“品牌”的英文单词 brand，源于古挪威文“brandr”，意思是“打上烙印”，指的是生产者在自己的产品上做标记。1960 年，美国营销学会（AMA）对品牌进行了定义：品牌是一种名称、术语、标记、符号和设计，或是它们的组合运用，其目的是借以辨认某个销售者或某销售者的产品或服务，并使之同竞争对手的产品和服务区分开来。本书认可科特勒在《市场营销学》中对品牌的定义：品牌是销售者向购买者长期提供的一组特定的特点、利益和服务，品牌是给拥有者带来溢价、产生增值的一种无形的资产。

（二）品牌内涵

科特勒认为，品牌的内在本质代表着卖者对交付给买者的产品特征、利益和服务的一贯性承诺。品牌蕴含着丰富的市场信息，为了深刻揭示品牌的涵义，还需要从以下六个方面透视。

1. 属性。品牌首先代表着特定的商品属性，即性能、质量、技术、定价等方面的独特之处，不同的品牌表现为不同的属性。例如，奔驰轿车意味着工艺精湛、制造优良、昂贵、耐用、信誉好、声誉高、再转卖价值高、行驶速度快等。雀巢意味着安全、放心、营养和健康。

2. 利益。品牌不仅代表着一系列属性，而且体现着某种特定的利益。顾客购买商品的意图是购买某种利益，这就需要将属性转化为功能性或情感性利益。例如，奔驰车“工艺精湛、制造优良”的属性可转化为“安全”这种功能性和情感性利益，“昂贵”的属性可转化为情感性利益——“这车令人羡慕，让我感觉到自己很重要并受人尊重”，“耐用”

属性可转化为功能性利益——“多年内我不需要买新车”。

3. 价值。品牌体现了品牌生产者所追求的产品价值。例如，奔驰品牌代表着高效、安全、声望等。

4. 文化。品牌还附着特定的文化。例如，奔驰品牌蕴含着“有组织、高效率和高品质”的德国文化，华为品牌一直坚持“民族振兴、时代创新、团结协作”的企业文化。

5. 形象人格化后所具有的个性。如果品牌是一个人、一种动物或是一个物体，那么不同的品牌会使人们产生不同的品牌个性联想。比如“奔驰”成功塑造了成功商务人士“严谨、威严而不奢华”的品牌个性。

6. 使用者。品牌还体现了购买或使用产品的消费者类型。不同的品牌区分不同的消费群体。

图 9－1　品牌内涵六要素

二、品牌的作用

（一）品牌对消费者的作用

1. 识别作用。随着科技的发展，商品的科技含量日益提高，信息及技术传播速度加快，增加了制造商的模仿能力。同质产品间的差别越来越小，在这种情况下，企业可以通过品牌差异来区分产品，体现自己产品的品质、个性及为消费者传达的价值，帮助消费者借助品牌辨别、选择所需商品或服务。

2. 契约作用。品牌是一份合同，一种承诺。同一品牌的商品应该达到同样的质量水平和指标，降低消费者的购买风险，更好地维护顾客的利益，有利于消费者权益的保护，如选购时避免上当受骗，出现问题时便于索赔和更换。

3. 提升形象作用。品牌不仅有利于维护顾客的利益，还有助于提升顾客的形象。好的品牌对消费者具有很强的吸引力，提高使用者的身价，给顾客带来心理上、精神上更高层次和最大限度的满足。

（二）品牌对企业的作用

1. 塑造企业形象。品牌一旦形成一定的知名度和美誉度，企业就可以利用品牌优势扩大市场，促成消费者品牌忠诚。品牌忠诚能使销售者在竞争中得到某些保护，并使其在制定营销企划时具有较强的控制能力。

2. 获得法律保护。品牌经注册后获得商标专用权，其他任何未经许可的企业和个人都不得仿冒侵犯，从而为保护品牌所有者的合法权益奠定了客观基础。同时，品牌也是一把“双刃剑”，在保护企业利益的同时，品牌能够约束企业的不良行为，督促其着眼于企业的长远利益，着眼于消费者利益及社会利益，起到规范企业经营行为、督促企业遵守营销道德、尽到社会责任的作用。

3. 拓展市场。企业可借助已经成功或知名的品牌，扩大企业的产品组合或延伸产品线，新产品可以迅速开拓新市场，并且能节省大量的推广费用。

4. 形成顾客忠诚。如果顾客认可了现有品牌，对其他品牌就很可能采取抵制或不配合的态度，从而有效地阻止了顾客向其他品牌的转移，有助于企业抵御竞争者的攻击。当市场趋于成熟，市场份额相对稳定时，品牌忠诚是抵御同行竞争者进攻的最有力武器。

三、品牌资产

（一）品牌资产的概念及特点

品牌资产是与品牌、品牌名称和标志相联系，能够增加或减少企业所销售产品或服务价值的一系列资产与负债。它主要包括五个方面，即品牌忠诚度、品牌认知度、品牌知名度、品牌联想、其他专有资产（如商标、专利、渠道关系等），这些资产通过多种方式向消费者和企业提供价值。品牌资产具有以下几个特点。

1. 无形性。品牌不同于厂房、设备等有形资产，不能使人凭借眼、手等感官直接感受到它的存在及大小，品牌资产是一种特殊的资产，是一种无形资产。

2. 品牌资产在利用中增值。作为一种无形资产，品牌资产的投资与利用常常是交织在一起、难以截然分开的。品牌资产的利用并不必然是品牌资产减少的过程，如果利用得当，品牌资产非但不会因利用而减少，反而会在利用中增值。

3. 品牌资产难以准确计量。一方面，由于品牌所反映的是一种企业与顾客的关系，其深度与广度通常需通过品牌知名度、品牌联想、品牌忠诚和品牌品质形象等多方面予以透视，且这些组成部分又是相互联系、相互影响而难以截然分开的，这决定了品牌资产难以准确计量；另一方面，反映品牌资产价值的品牌获利性受许多不易计量的因素影响，如品牌在消费者中的影响力、品牌投资强度、品牌策略、产品市场容量、产品所处行业及其结构、市场竞争的激烈程度等。

4. 品牌资产具有波动性。品牌知名度的提高、忠诚度的增强以及品牌品质形象的改善，是品牌经营者长期不懈努力的结果，是企业以往投入的沉淀与结晶。而企业品牌决策的失误、竞争者品牌运营的成功，都有可能使企业品牌资产发生波动，甚至是大幅度下降。

5. 品牌资产是营销绩效的主要衡量指标。品牌资产是企业不断进行营销投入或营销活动的结果，每一种营销投入或营销活动或多或少都会对品牌资产存量的增减变化产生影响，品牌资产的大小是各种营销技术和营销手段综合作用的结果，它在很大程度上反映了企业营销的总体水平，是营销绩效的主要衡量指标。

（二）品牌资产的构成

现代品牌理论认为，品牌是一个以消费者为中心的概念。没有消费者，就没有品牌。品牌资产之所以有价值并能为企业创造巨大利润，是因为它在市场上拥有广泛且高的知名度、强有力且正面的品牌联想（关联性）、良好且与预期一致的产品知觉质量以及稳定的忠诚消费者。对于品牌资产的分析和认识，在国际上最具代表性的是大卫·艾克教授等提出的品牌资产的五星模型理论（见图 9－2）。该理论认为，构筑品牌资产的五大元素是：品牌认知、品牌联想、品牌忠诚、品牌感知质量、其他品牌专有资产。在这五大方面进行建设品牌，就能够积累品牌资产。

图 9－2　大卫·艾克的品牌资产五星模型

1. 品牌知名度。品牌知名度是指品牌被公众知晓、了解的程度，它表明了某一品牌为多少或多大比例的消费者所知晓。一般而言，品牌知名度往往包括四个层次，即无知名度、提示知名度、未提示知名度和顶端知名度。它们呈金字塔形，越往上越难实现，且越能给企业带来竞争优势。其中，无知名度是指消费者对品牌没有任何印象；提示知名度是指消费者在经过提示或某种暗示后，可以想起某一品牌或表示自己曾听说过某品牌名称；未提示知名度是指消费者在不需任何提示的情况下可以想起某种品牌，能够正确地回忆起以前见到或听到的品牌；顶端知名度是指消费者在没有任何提示的情况下能够想到或说出某类产品的第一品牌。如有的消费者提到家电会想到海尔，提到中式快餐会想到乡村基或大米先生等。

品牌知名度的真正内涵是认知度及回忆度。品牌知名度的建立至少有两个作用：第一，消费者从众多品牌中能辨识并记得目标品牌；第二，能从新产品类别中产生联想。

2. 品牌忠诚度。品牌忠诚度被看作品牌资产的首要成分，是衡量品牌忠诚的指标，由消费者长期反复地购买使用品牌，并对品牌产生一定的信任、承诺、情感维系，乃至情感依赖而形成。品牌忠诚度高的顾客对价格的敏感度较低，愿意为高质量付出高价格，能够认识到品牌的价值并将其视为朋友与伙伴，也愿意为品牌作出贡献。

品牌资产在相当大的程度上取决于周期性购买品牌的顾客数量。企业增强顾客的品牌忠诚度，可极大地提高经济收益。在许多行业里，企业的盈利能力实际上是由顾客的忠诚度决定的。如果企业能始终赢得顾客的品牌忠诚度，这个企业就能扩大市场占有率、增加营业收入、减少促销费用、降低服务成本。

3. 品牌联想。品牌联想是指消费者记忆中的固定概念和事物（如产品特点、使用场景、品牌个性等）与特定品牌联系在一起，快速进入消费者心智的过程。

就本质而言，品牌联想其实是一种重要的心理现象或心理活动。品牌联想是消费者品牌知识体系中与品牌相关联的一切信息节点，包含了消费者对特定品牌内涵的认知与理解。对于一个品牌，消费者最直接的联想可以是一个符号、一种产品、一个企业或一个人，可以是产品功能性、象征性或体验性的利益，也可以是消费者对品牌的总体态度与评价。高效的品牌联想有助于提升品牌资产价值。

4. 品牌质量感知。消费者对产品适用性和其他功能特性适合其使用目的的主观理解被称为知觉质量或认知质量。知觉质量在品牌营销中有很大的意义，知觉质量不仅是品牌存在的基础，还影响企业经营效果。具体地说，品牌知觉质量越高，越能引起购买，市场占有率越高，因为消费者为自己找到了足够的理由。知觉质量高的商品可通过高价位策略提高销售利润，因为知觉质量高的品牌不仅受消费者的青睐，经销商也愿意经销这些商品，从而降低营销成本而产生更多的溢价。

5. 其他专属资产：主要包括专利、商标、知识产权等。

企业针对以上品牌资产构成要素进行品牌建设，可以有效地管理和积累品牌资产，进而构建起强健品牌。

第二节　强健品牌的建立

强健品牌对企业及其顾客都是有价值的。企业在品牌化过程中做出正确决策从而建立强健品牌，如图 9 – 3 所示。

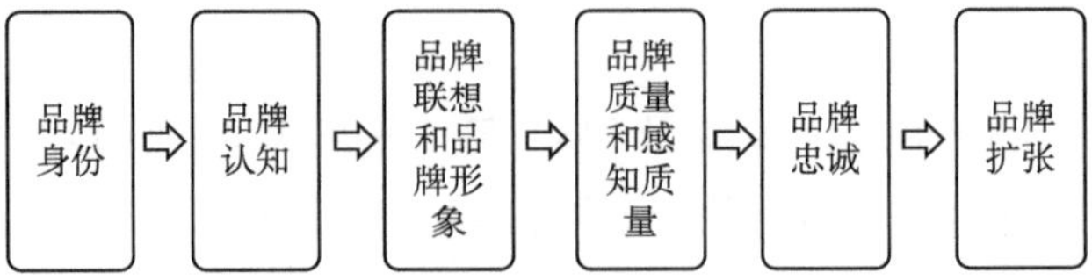

图 9－3　建立强健品牌

一、品牌身份

品牌身份包括品牌品质和品牌承诺，是企业希望品牌表达的内容。品牌身份界定了产品质量、价格、分销、服务和促销的界限。礼来公司 CEO 西德尼·陶雷尔说：“我们的品牌就是我们的身份，它是我们在自己的顾客——股东、未来可能的员工、供应商以及我们所经营的群体眼中的那个人。”

品牌身份还需要考虑顾客如何认识品牌，包括品牌名称和品牌外观的设计。品牌名称和品牌标识是品牌身份的两个重要构成部分，也是品牌设计的基本元素，需要进行精心设计，以塑造良好的品牌形象，形成强势品牌资产。

（一）品牌的命名

品牌名称是品牌中可以用语言表达的部分，通常由文字、数字组成。品牌名称是品牌的第一要素，要打造强健品牌首先要给品牌确定一个好名称。好的名称容易在顾客心中留下深刻的印象，有助于品牌形象的塑造和传播。

【案例 9－1】

“蝌蚪啃蜡”到“可口可乐”

20 世纪 20 年代，上海街头增加了一种饮料——“柯口肯那”（Coca－Cola），它棕褐色的液体，甜中带苦的味道以及打开瓶盖后充盈的气泡，让不少人感到好奇有趣。当时它准确的译名是“柯口肯那”，但在方言语境下，就成了“蝌蚪啃蜡”，这样的名字再搭配它接近黑色的外表，让人一想起来就会觉得毛骨悚然。

古怪的音译名使爱听吉利话的中国人联想到“味同嚼蜡”，结果导致该商品无人问津。Coca－Cola 在中国遭遇了前所未有的“滑铁卢”，使它不得不想办法来缓解这么尴尬的现状。

第二年，Coca－Cola 公司公开登报，以 350 英镑的奖金征求译名。最终，身处英国的一位上海教授蒋彝得知消息后，给这家饮料公司起的中文名字“可口可乐”击败了所有对手，拿走了奖金。这家饮料公司也获得了迄今为止被广告界公认翻译得最好的品牌名——可口可乐。它不仅保持了英文的音译，还比英文更有了几分寓意。更关键的一点是，无论是书面还是口头，都易于传诵。

资料来源：https：//www.163.com/dy/article/HJ5U0AHU0553E0E0.html.

品牌命名不仅要考虑属性、行业、品牌定位、品牌联想，而且还要考虑目标市场的文化、价值观、风俗习惯、法律、政治环境与民族情结等因素。品牌命名要遵循一定的原则。

1. 受法律保护原则。品牌命名要考虑该品牌名称是否侵权、能不能注册成功。再好的名称，如果不能注册就得不到法律的保护。

2. 易读易记原则。品牌名称应易于发音、记忆，易被顾客辨认和识别。心理学家研究表明，人的注意力、记忆力难以容纳五个以上的要素，简单的名称比较容易编码和储存，能够起到促进记忆的功效，如统一、华为、小米、苹果、宜家、娃哈哈、旺旺等。

3. 新颖独特原则。品牌命名应在能够显示产品品质、能够带来利益的前提下与众不同，具有新颖性和独特性。如淘宝、百度、天猫、苹果等都是新颖独特的好名称。

4. 暗示功能属性原则。品牌名称应与功能、特点及优点相吻合，如海飞丝、飘柔等，巧妙地将品牌名称与产品特点联系起来，让顾客对产品产生美好的联想，有利于品牌认知。

5. 符合文化习俗原则。不同国家或地区的顾客因民族文化、宗教信仰、风俗习惯和语言文字等存在差异，对同一品牌名称的认知和联想是截然不同的。因此，品牌名称要适应目标市场的文化习俗，以免影响品牌的发展。在经济全球化的趋势下，品牌名称应具有世界性、符合全球通用的原则。例如，美国美孚石油公司花费6年时间和10亿美元，聘请心理学、语言学、社会学、统计学等各领域的专家并用计算机技术设计了约1万个名称，再用100种以上的语言进行搜索和查重，以保证没有确切的意思，无恶感、恶意，再走访征询7000多人的意见，最后选择埃克森（Exxon）。埃克森悦耳响亮，没有寻常“意义”，不会与其他文化存在冲突，个性化的词素组合，易记难忘，过目入心。

6. 启发品牌联想原则。正如人的名字普遍带有某种寓意一样，品牌名称应包含与产品有关的寓意，让顾客能从中得到有关产品的愉快联想，进而产生对品牌的认知或偏好。例如，“香格里拉”代表气氛幽雅的世外桃源，“老凤祥”代表资历深厚、吉祥如意。

7. 赋予品牌自由扩展原则。好的品牌名称应赋予品牌一定的延伸扩展空间，使品牌能够顺利扩展到其他领域。例如，亚马逊最初以网上书店业务起家，但其名称为其将来扩展到其他业务提供了延伸的空间，现在其业务已扩展到玩具、服装、饰品、护肤品、数码产品等领域。

（二）品牌标志的设计

品牌标志是品牌中可以被识别，易于记忆但不能用语言表达的部分，通常由图案、符号或特殊颜色等构成，是构成品牌的要素。恰当的品牌标志能帮助企业取得更好的品牌效果，如麦当劳的金色拱门。企业要用心挑选品牌标志的图案、符号、色彩等视觉要素。

【案例9-2】

蒙牛22年后首次升级Logo

2021年12月18日，蒙牛宣布更换新Logo，这是蒙牛成立22年来首次升级品牌Logo。新Logo由著名设计师Rob Janoff倾情打造。设计坚持“在传承中不断进行形象焕新”的理念，以及“兼具年轻化、国际化新形象”的升级思路，最终在数百张手绘草图中确立终版。蒙牛原Logo的汉字书法延续消费者情感，“河流”与“牛角”突破边框、黄金分割，寓意着超越自我、追求卓越，也寓意着蒙牛从草原牛向世界牛前进的决心。全新标识传承了1999年“蒙牛”造型，最大限度地保留了原有的图文结构和基本色调，延续了消费者的情感回忆。新Logo右上方为牛角，下方代表河流和草原。图形的内部化繁为简，去掉了MENGNIU和笔画细节部分，外形方形变得更加圆润，同时，扩大了“蒙牛”二字比例。

新的品牌色系“草原绿”相较之前的绿色更加明亮，这是内蒙古草原的颜色，代表着天然、健康和品质。下方的“河流”，代表土地与民族的母亲河——黄河，母亲河滋养的黄金奶源带，为消费者奉献点滴营养。右上方的“牛角”不仅是奶牛的标志性符号，更象征着蒙牛“天生要强，与自己较劲”的企业精神，也象征着广袤地球与浩瀚星空。

资料来源：https：//mp. weixin. qq. com.

企业在品牌标志设计过程中，需要坚持以下基本原则。

1. 简单明了。品牌标志设计首要原则是简洁醒目、容易记忆。纵观知名品牌，品牌标志都十分简单，容易记忆。例如，麦当劳的“M”出现在70多个国家和地区，成为顾客喜爱的快餐标志。

2. 传达品牌的象征意义。品牌标志应能够向顾客传达某种涵义，以便让顾客容易了解该品牌从事何种行业或有什么样的属性。例如，宜家品牌标志采用黄色和蓝色配色，椭圆和矩形组合，品牌标志设计巧妙地融入了瑞典人对于自然和环境的热爱，传达出了IKEA对于可持续发展的承诺。

3. 新颖别致。品牌标志要让顾客一看到该标志时就觉得与众不同，不同于其他品牌标志的设计风格、特点，不落俗套。例如，百度品牌标志由拼音“baidu” + 熊掌 + 中文“百度”三部分组成，“熊掌”图标的想法来源于“猎人巡迹熊爪”的刺激，代表“分析搜索”之意。颜色上以正红加宝石蓝为主色，视觉上非常吸引眼球。

4. 体现品牌个性。品牌个性是品牌形象的核心组成部分，在品牌标志的设计中应体现品牌的个性。例如，可口可乐代表着活力、激情个性，奔驰车代表着大气、稳重、高档、高品位的个性。

5. 具有艺术性。品牌标志常常出现在产品包装、服装、旗帜、宣传单、建筑物上面，品牌标志的设计必须美观，具有艺术感染力，通过标志符号的美感获得顾客的好感，能够创造品牌认知、品牌联想和顾客的品牌偏好。

6. 符合传统民俗。品牌的图案，颜色也要考虑各地的风俗和爱好，不同的国家、地区对图案、颜色有不同的偏好和禁忌。比如，在捷克，红三角被视为“有毒”的标记；土耳其是以绿色三角表示免费赠送；马来西亚人忌讳绿色，把绿色作为病患的象征。可见，品牌设计必须了解特定文化下所形成的风俗、偏好与禁忌，否则将在营销中铸成大错。

▶▶知识拓展 9－1

数字技术赋能品牌形象设计

数字化时代的消费者越来越习惯数字化产品和服务体验，众多品牌也将大数据、智能算法、人工智能、机器人、5G 等数字技术应用到品牌建设中，通过数字营销手段实现品牌价值的快速提升。数字技术对品牌形象设计的赋能主要体现在以下两个方面。

第一，数字技术丰富了品牌形象设计。在数字化时代，品牌形象不再是简单的平面符号，它可以是三维的、有声的，甚至调动品牌受众的各种感官体验。例如，蜜雪冰城利用大数据分析技术对消费市场进行精准分析，找准自身的品牌定位——低成本高性价比，打造了雪王的品牌形象。雪王可爱的外表、亲民的行为，洗脑的旋律，借助抖音、小红书、微博等数字媒体平台传播，为蜜雪冰城带来巨大的流量，大大提升了品牌知名度。

第二，数字技术催生了虚拟 IP 形象。2007 年，日本虚拟歌手“初音未来”横空出世，坐拥全球 6 亿粉丝和百亿日元身价；2020 年，国内“虚拟偶像”也迅速崛起；在 2021 年，虚拟歌手“洛天依”登上春节联欢晚会。虚拟 IP 形象不仅在外形上契合了新一代年轻人的审美观念，同时也通过品牌形象展现了年轻一代的价值观和生活态度，更是融合了尖端数字科技的全新娱乐体验，迅速吸引了以“90 后”和“00 后”为代表的消费者。当品牌与虚拟 IP 形象结合并实现品牌人格化之后，品牌形象变得更有温度，同时也增加了品牌给消费者带来的情感价值。

资料来源：王永贵，项典典．数字营销——新时代市场营销学［M］．北京：高等教育出版社，2023.

二、品牌认知

品牌认知是企业竞争力的一种体现，甚至会成为一种核心竞争力，特别是在消费品市场，各家竞争对手提供的产品和服务的品质差别不大，这时消费者会倾向于根据品牌的熟悉程度来决定购买行为。

一个成功的品牌，首先应该具备比较高的知名度；其次是受众对该品牌的内涵、个性等有较充分的了解，并且这种了解带来的情感共鸣是积极的、正面的；最后是在使用了产品、认可了产品价值后，还会再次重复购买，成为忠诚的消费者。

评价品牌认知的基础元素包括差异性、相关性、尊重度和认知度四个元素。差异性代表品牌的不同之处，这个指标的强弱直接关系到经营利润率。差异性越大，表明品牌在市场上同质化程度越低，品牌就更有议价能力。差异性不仅表现在产品特色上，也体现在品牌的形象方面。相关性代表品牌对消费者的适合程度，关系到市场渗透率。品牌的相关性强，意味着目标人群接受品牌形象和品牌所作出的承诺，主观上愿意尝试，也意味着在相应的渠道建设上有更大的便利。尊重度代表消费者如何看待品牌，关系到对品牌的感受。当消费者接触品牌进行尝试性消费后，会印证他们的想象从而形成评价，并进一步影响重复消费和口碑传播。认知度代表消费者对品牌的了解程度，关系到消费者体验的深度，是消费者在长期接受品牌传播并使用该品牌产品和服务后，逐渐形成的对品牌的认识。

一般而言，在目标顾客中形成品牌认知需要进行大量投资。如果品牌是一种新型产品的开拓者，企业还必须在推广品牌认知的同时，向潜在顾客推广这种新型产品。品牌营销是一种通过推广品牌产品或服务并提高品牌的市场地位和正面认知的有效方式。在数字化时代，企业更多运用数字化技术进行品牌营销。

三、品牌联想和品牌形象

（一）品牌联想

美国学者凯文·莱恩·凯勒（1993）以不同的品牌联想构面来衡量品牌形象，将品牌联想的内涵分为三种。

1. 属性联想。属性联想指关于产品或服务的描述性特征，包括“与产品有关”和“与产品无关”两种类型。与产品有关的属性是执行该产品或服务功能的必备要素。而与产品无关的属性是关于产品或服务的购买或消费的外在方面，主要分为四项：价格信息、包装或产品外观、使用者态度、使用情境。

2. 利益联想。利益联想指消费者认为此产品或服务能够为他们做些什么。利益联想可进一步分为三类：功能利益、经验利益和象征利益。

3. 态度联想。品牌态度是消费者对品牌的整体评价，是形成消费者行为的基础。品牌态度通常取决于消费者对品牌属性和利益的认知及品牌受欢迎的程度。

销售与品牌联想之间具有强烈的相互关联性，因此，企业在塑造品牌形象时，应透过各种不同的营销渠道，为品牌建立并累积正面的品牌联想，进而在消费者心中形成持久性的印象，更能巩固品牌的市场优势。

（二）品牌形象

品牌形象是消费者对品牌的所有联想的集合体，它反映了品牌在消费者记忆中的图景。品牌形象树立的最重要因素是人们对品牌的联想，或者说一提到品牌名，消费者便会想到一些东西。这种联想使品牌形象与众多事物联系起来，驱动形象的建立、发展。

1. 产品或服务自身的形象。产品或服务的功能性本身是构成品牌形象的内容基础，产品或服务的形象从硬性表现形象讲，有价格、速度、功能、耐用性、舒适性、应用等，从软性表现讲，有青春感、高雅、体面、珍爱、豪放、贵族、魅力等。

【案例 9 -3】

知名品牌的品牌联想和品牌形象

对于拼多多这个品牌，人们可能会联想到低价、团购、优惠等属性。这是因为“低价”是拼多多的核心特点和竞争优势之一。

拼多多作为中国电商平台中的新秀，以低价策略获得了广大消费者的喜爱。通过社交电商的模式，拼多多鼓励用户通过拼团、分享等方式享受更优惠的价格，同时还提供了丰富的商品选择和便捷的购物体验。

最著名的基于利益的联想之一，无疑是“怕上火喝王老吉”。这个强联想的设定将火锅与王老吉凉茶紧密地联系在一起。当我们享受美味的火锅时，辣味、油腻往往会让人感到上火。而这时，王老吉凉茶被视为解渴降火的最佳选择。其清凉口感和中草药配方被广大消费者认为是舒缓不适的理想饮料。它不仅是一种产品推荐，更是消费者在众多选择中为自己找到的一种舒适和健康的搭配。这种联想设定不仅让火锅和王老吉凉茶成为消费者心中的默契搭配，更加深了王老吉品牌在消费者心中的形象。

在众多国货品牌一味追求与国际品牌保持时尚感步调一致的时候，美妆品牌花西子却坚持“东方彩妆，以花养妆”的独特品牌定位，为顾客带来别样的品牌体验。花西子通过各大数字媒体平台发布古典美人妆容和古诗句来塑造国风品牌形象，其产品本身也具备浓厚的国风定位，如产品包装、产品外观、产品内部等。

资料来源：https：//zhuanlan. zhihu. com/p/650552768.

2. 产品或服务提供者的形象。产品或服务提供者的形象也是驱动品牌形象的重要因素。古语云：“严师出高徒、将门出虎子。”人们常依这种观念去评价品牌形象。提供者的形象硬性的指标有科技能力、企业规模、资产状况、服务状况、人员素质等。在品牌形象的树立过程中，营销者常利用已有的企业自身的形象，如五粮液集团推出一种新品牌酒类时，使用的广告语为“系出名门”，欲借“五粮液”的美好形象驱动新品牌形象的确立。

【案例 9 -4】

利仁科技：把握消费者需求变化 树立专业小家电产品提供者形象

2022 年 8 月 16 日，北京利仁科技股份有限公司首次公开发行股票并在深交所上市网上路演。利仁科技副总经理、董事会秘书李伟表示，小家电产品作为大众消费品，品牌价值的重要性尤为突出。公司始终重视产品的整体性能与质量，秉承着“好产品与百姓共享，专业铸就品牌，服务创造价值”的经营理念，牢牢把握消费者需求变化趋势，致力于为消费者提供更好、更便捷的厨房解决方案。

据李伟介绍，1995 年利仁研发并生产了中国第一台家用电饼铛。作为中国电饼铛的开拓者，利仁电饼铛得到了消费者的高度认可，在行业内享有“电饼铛专家”的美誉。公司利仁牌全自动电饼铛被中国保护消费者基金会评为“消费者信得过产品”，利仁牌电饼铛电火锅荣获 2016 年河北省名牌产品。此外，利仁相关商标先后被北京市工商行政管理局评定为“北京市著名商标”，被国家工商行政管理总局评定为“中国驰名商标”。

针对投资者关心的公司未来品牌建设规划问题，李伟表示：“公司将不断提升产品和服务质量，营造良好的市场口碑，实现产品品牌的良性发展，树立专业的小家电产品提供者形象，不断提升产品价值。同时，继续完善营销推广方式，迎合并满足消费者新的消费习惯，积极布局社交营销、短视频、网络直播等新兴营销手段，提升品牌推广效率。”

资料来源：https：//finance. eastmoney. com/a/202208162480952017. html.

同时，在品牌形象的建设中，企业寻求品牌形象和品牌身份之间的协调。品牌身份是众多品牌决策的蓝图，品牌身份的执行对形成企业希望的品牌联想和品牌形象十分重要，品牌身份界定了产品质量、价格、分销、服务和促销的界限。品牌身份和品牌形象不匹配时，品牌资产就会受损。假设一个产品的品牌身份很好，但是顾客却从糟糕的广告、产品质量和服务、低价格以及低层次的分销中形成了品牌形象，那么顾客的反映极有可能是负面的，品牌资产也会随之受损。

四、品牌质量和感知质量

品牌质量是品牌的核心，是品牌长盛不衰的支柱之一。感知质量是品牌存在的基础。强健品牌是以质量为基础，且离不开消费者的检验。美国有一家快餐品牌，名为 In－N－Out，在长达 70 多年的时间里只卖三款汉堡和三种基础套餐，菜品只包括汉堡、薯条、饮料。最近 20 年唯一的变化，就是把 Dr. Pepper（某品牌可乐）加入了饮料单里。在快餐店都在通过不断地推陈出新吸引顾客关注的时候，它们的菜单却几乎没有变过。他们还选用了最“笨”的方式来制作汉堡。面包是当天现烤的，薯条是当场现炸的，店里的肉饼都是新鲜而非速冻的，且是现点现煎。In－N－Out 坚持客人点餐之后才开始制作，切薯条、撕蔬菜、烙牛肉，绝不提前做好。In－N－Out 的菜品虽然少但通过做少达到了做精，其门店成为美国观光旅客主动“打卡”的地点。In－N－Out 的每一代继承人都铭记其创始人曾说过的“专注做一件事，把它做好”这句话。

顾客沟通与顾客体验之间的一致性对建立积极的品牌质量和价值感知十分重要。企业需要慎重对待广告商、形象设计公司、沟通专家和顾问，对创造性的追求可能会使这些人舍弃一致性而使顾客感到混乱。例如，欧莱雅的决策者已经将“你值得拥有”这句标语保持了 25 年之久。许多全球 100 强企业通过“品牌警察”和“品牌沙皇”来监督品牌的一致性。“品牌警察”和“品牌沙皇”要确保品牌名称、商标和象征，以及其他一切信息（包括广告、宣传画册和网页）之间的一致性。它们提供有关文字和图形、字号、颜色、信纸、传播媒介、制服乃至标记的具体指导，以确保这些内容符合一致性原则。

五、品牌忠诚

品牌忠诚是指消费者对某种品牌的商品感到满意，于是在选择这类产品时对这个品牌表现出忠诚的态度。品牌忠诚度是衡量品牌忠诚的指标，由消费者长期反复地购买使用品牌，并对品牌产生一定的信任、承诺、情感维系，乃至形成情感依赖。品牌忠诚度高的顾客对价格的敏感度较低，愿意为高质量付出高价格，能够认识到品牌的价值并将其视为朋友与伙伴，也愿意为品牌作出贡献。

品牌忠诚度是一个企业成功的关键因素。随着市场环境的变化，消费者的需求和购买行为也在不断变化。在新的市场环境中，企业需要关注消费者的需求，建立品牌忠诚度，以持续增加销售额和市场份额。具体来说，企业可以通过以下方式获得高品牌忠诚度。一是针对目标顾客，选择合适的品牌身份，并在贯彻落实时保持一致性。二是保持品牌质量和价值感知之间的一致性。为了确保品牌一致性，企业需要持续评估顾客对品牌的满意度并进行必要的修正。三是激励企业员工和第三方组织（如广告商）积极传递品牌身份。四是定期评估和监控品牌在不同渠道、场合和媒体中的呈现情况。

六、品牌扩张

品牌形象建立和实施的成功会带来重复的购买、顾客的忠诚和良好的口碑。企业因而可以把这个品牌扩张到其他产品上。

第三节　品牌组合与品牌延伸

一、品牌组合战略

许多企业都拥有多个品牌，即拥有一个品牌组合，其中每个品牌都拥有各自的品牌形象。针对多个品牌，企业所采取的品牌组合策略是十分重要的经营决策。企业必须考虑公司品牌、产品系列的品牌和单个产品品牌之间的相互关系，企业的品牌组合应当随着时间推移而变化。

（一）单一品牌战略

单一品牌，又称“统一品牌”，它是指企业所生产的所有产品都统一使用一个品牌名称。例如，雅马哈有电子乐器（键盘乐器和吉他）、传统乐器（钢琴）、家用音响产品、计算机外围设备、摩托车，甚至还有国际汽车大奖赛的引擎。

1. 单一品牌战略的优点。

（1）单一品牌战略可使企业集中资源塑造一个品牌，获得“一荣俱荣”的优势，使每一个产品都能够共享成功品牌的优势。例如，飞利浦公司生产的音响、电视、灯泡、计算机、电动剃须刀、咖啡壶、果汁机等产品，都冠以同一品牌“飞利浦”。

（2）单一品牌战略品牌宣传的成本低，所有产品共用一个品牌，可以大大节省传播费用，对一个品牌的宣传可以同时惠泽所有产品。

（3）单一品牌战略更能集中体现企业的意志，容易形成市场竞争的核心要素，这样能提高消费者认知度，避免消费者在认识上发生混淆。

（4）单一战略品牌可以降低品牌管理的成本，企业也不需要在各个品牌之间协调。

2. 单一品牌战略的缺点。

（1）“一损俱损”。如果某一品牌名下的某一产品出现问题，那么该问题产品很可能波及其品牌下的其他产品，使整个产品体系可能面临着重大的灾难。

（2）单一品牌缺少区分度。不易区分不同产品的独特特征，这不利于企业开发不同类型的产品，也不便于消费者有针对性地选择，因而在单一品牌中往往出现“副品牌”。

（二）多品牌战略

一个企业同时经营两个以上相互独立、彼此没有联系的品牌的情形，就是多品牌战略。例如，联合利华拥有将近2000个品牌，每推出一个新产品就采用一个品牌。

1. 多品牌战略的优点。

（1）多品牌战略能在每个细分市场根据功能或价格的差异进行产品划分，面对更多需求的消费者，有利于企业获得更多的市场份额。

（2）各品牌之间看似竞争关系，但是实际上很有可能壮大了整体的竞争实力，几个品牌加起来的总销量往往比原来一个品牌更多，增加了市场的总体占有率。

（3）多品牌战略可以分散风险，某种品牌出现问题了，可以避免殃及其他品牌。

2. 多品牌战略的缺点。

（1）企业打造一个知名的品牌需要财力、人力等多方面的配合，如果想成功打造多个品牌自然要有高昂的投入作为代价。

（2）多品牌之间的自我竞争，使企业难以集中力量创立名牌。

（3）品牌过多，加大了品牌管理的难度。

因此，企业如果采用多品牌策略，则在每推出一个新品牌之前都应该考虑：该品牌是否具有新的构想，这种新构想是否具有说服力；该品牌可能夺走本企业其他品牌及竞争对手品牌的销售量各有多少；新品牌的销售额能否补偿产品开发和产品促销的费用。如果这几方面估测的结果是得不偿失，则不宜增加这种新品牌。

【案例9－5】

品牌战略：高端市场的“蛋糕”也要分

安踏吸取了李宁强攻高端市场付出惨痛代价的教训，坚持走高性价比大众路线。而中高端市场，安踏也不想就此放弃，选择了多品牌策略——用多个定位的品牌对应不同的细分市场，强调各自特点，吸引不同的消费者群体。

2009年，安踏以6.5亿港元，相当于上一年净利润三分之二的价格从百丽国际手中收购了斐乐在中国的商标使用权和专营权，打造高端运动时尚品牌的定位，进军一、二线城市市场。

进入中国市场时，斐乐显得有些水土不服。其引以为傲的聚焦于网球、滑雪、高尔夫等领域的专业化产品并没有激起太多“水花”，反而让其品牌影响力日趋边缘化。但到了安踏手中的斐乐并没失去原有的品牌调性，而是拥有了足够空间成为斐乐本身，很多消费者甚至不知道斐乐是安踏旗下品牌。

在品牌定位上，斐乐从专业运动转向时尚运动，以25—35岁的中等收入青年人群作为核心消费者，填补了近些年市场上中高端时尚运动品牌的空缺，也与Nike、Adidas主营的篮球、综训等产品形成错位。斐乐的产品创新也做得很到位，保持了消费者对品牌的新鲜度、好感度。在渠道建设上，安踏主品牌主要采用的是批发分销模式，而FILA从一开始就搞直营模式——收回了所有经销商门店，并不断扩张直营店。

从2012年开始，斐乐一路高歌猛进。2018年的12月11日达到了100亿元，2022年已经超过200亿元。现在斐乐的营收已经超越安踏主品牌，撑起安踏整体业务增长了。

在品牌扩张上，安踏在斐乐品牌运营成功后，又陆续收购了英国户外休闲、登山运动品牌斯潘迪，日本功能性运动品牌迪桑特，韩国户外运动品牌可隆和童装品牌小笑牛等。安踏想利用多年来在品牌、营销、渠道等方面的深耕，把收购来的其他品牌也打造成和斐乐一样的，或者接近斐乐的“爆款”，成为一个“运动品牌工厂”。

资料来源：https：//mp. weixin. qq. com/s/alY5b_8pqkiFEYOJMzu26g.

（三）复合品牌战略

复合品牌战略就是指对同一种产品赋予两个或两个以上品牌的做法。复合品牌战略是许多企业采用的战略，分为主副品牌战略和联合品牌战略。

1. 主副品牌战略。主副品牌战略是指同一产品使用一主一副两个品牌的做法。在主副品牌战略下，用涵盖企业若干产品或全部产品的品牌做主品牌，借其品牌之势。同时，给各个产品设计不同的副品牌（专属于特定产品的品牌），以副品牌来突出不同产品的个性。比如美团旗下，除了美团主品牌以外，还有美团外卖、美团民宿、美团优选、美团买菜、美团打车、大众点评、猫眼等，其各有各的品牌Logo、各有各的诉求主张、各有各的App和小程序，业务和品牌经营独立运作，这些就是由“美团”主品牌进行驱动的主副品牌。

主副品牌战略兼容了统一品牌战略与多品牌战略的优点。它既可以像统一品牌战略一样实现优势共享，使企业产品均在主品牌下借势受益，又能达到像个别品牌战略一样比较清晰地界定不同副品牌标定下产品之间的差异性特征，从而避免因个别品牌的失败而给整个品牌带来损失的负面影响。

主副品牌战略一般适合于企业同时生产两种或两种以上性质不同或质量有别的商品，同时还要求拟作为主品牌的品牌应有较高的知名度与较好的市场声誉。产品性质相同或质量一致，那也就没必要设置副品牌；品牌知名度不高或市场声誉不佳，既无势可借，也难以带活副品牌。

2. 品牌联合战略。品牌联合战略是指对同一产品使用不分主次的两个或两个以上品牌的做法。依照联合品牌的隶属关系，品牌联合战略又可分为“自有品牌联合并用”与“自有品牌与他人品牌联合并用”两种做法。品牌联合可以使两个抑或更多个品牌有效地协作、联盟，相互借势，来提高品牌的市场影响力与接受程度。品牌联合所产生的传播效应是“整体远远大于单体”。可以说，品牌联合的扩散效应比单独品牌要大得多。

【案例9－6】

喜茶与 FENDI 擦出火花，一场名利双收的联手

2023年5月17日，喜茶与FENDI联名登上热搜，主要源于喜茶携手意大利奢侈品品牌FENDI（芬迪）在北京设置了“hand in hand茶室”及限定产品体验。无论是从消费端还是品牌端来看，此次合作反响度颇高；这更是茶饮品牌首次与奢侈品共同亮相，稳稳赚了一大把流量。

双方在北京 Temple 东景缘的 FENDI “hand in hand” 匠心艺术展中，设置了 “hand in hand 茶室” 及具有中国彝族特色的限定产品体验，并推出了茶室限定 “FENDI 木姜子特调” (FENDI LITSE BLEND) 和 4 款限定烘焙产品。据喜茶方面介绍，上述 4 款限定烘焙产品分别为木姜子酸奶泡芙、芒芒甘露盒子蛋糕、可可乳茶卷以及糯糯可可司康，还带有 FENDI 经典 “FF 标志”。5 月 17 日起，喜茶中国门店同步上线 “FENDI 喜悦黄” 特调，售价为 19 元/杯，多家门店爆单，限定饮品售罄。

喜茶与 FENDI 联名的消息一出，在消费端引发了不小的热度。喜茶公众号发布的 “HEYTEA | FENDI 致敬匠心 喜悦发生” 一文在一小时内就获得了 10 万 + 的阅读，有消费者调侃道，“这是能买到的最便宜的 FENDI” “感谢喜茶，四舍五入我也是有 FENDI 的人啦” “人生第一个 FENDI 来自喜茶”。的确，相较于动辄万元的 FENDI 产品，喜茶与 FENDI 此次联名产品简直成为 “友好天花板”。

针对此次两者的合作，要客研究院院长周婷认为，“这样的联名可以制造新话题，获得流量，同时切入新赛道获得客户”。她进一步指出，“从目前的市场反馈来看，这已经是一次非常成功的跨界联名合作了，免费获得大量流量，更促进了销售。市值管理的是股民和投资人的期望值，所以必须有话题和事件让大家看到机会和可能。未来市场会对这种跨界合作抱有更大期望，这种合作也会越来越多”。

在业内人士看来，依靠过去所积累下的经验与名气并不能保证品牌永久具有竞争力，毕竟在年轻人一代成为主流消费群体的影响下，品牌正思考如何创造更多人气商品，带来更多流量与关注。而餐饮品牌跨界联名已经是众品牌争抢流量、增加消费者互动和提升客户黏性的常用手段之一，能够从一定程度上满足消费者的猎奇心理，在提升品牌知名度的同时，吸引更多消费群体。从目前看来，喜茶与 FENDI 联名的效果较好，但如何在客流量较大的情况下，保证消费者体验至关重要。另外，品牌营销只是一方面，提升产品品质、服务质量、供应链等才是品牌未来需要努力的方向。

资料来源：https：//baijiahao. baidu. com/s？ id = 1766150704854208111&wfr = spider&for = pc.

二、品牌延伸战略

品牌延伸是指企业将某一知名品牌或某一具有市场影响力的成功品牌扩展到新产品上，以凭借现有成功品牌的市场影响力推出新产品的过程。例如，雀巢以生产婴儿食品起家，逐步延伸到速溶咖啡、巧克力、奶制品、饮品等。当一个企业的品牌在市场上取得成功后，该品牌则具有市场影响力，会给企业创造超值利润。随着企业的发展，企业在推出新产品时，自然要利用该品牌的市场影响力，品牌延伸就成为自然的选择。

品牌延伸不同于产品线延伸。在品牌延伸中，企业将其品牌延伸到与当前不相关的品类；在产品线延伸中，新产品则被涵盖在母品牌当前服务的产品之中，如引入新口味、形式、颜色、成分和包装尺寸。

（一）品牌延伸的优点

1. 品牌延伸有助于减少新产品的市场风险。新产品推向市场首先必须获得消费者的认识、认同、接受和信任，这一过程就是新产品品牌化。而开发和创立一个新品需要巨额费用，不仅新产品的设计、测试、鉴别、注册、包装设计等需要较大投资，而且新产品和包装的保护更需要较大投资。此外，还必须有持续的广告宣传和系列的促销活动。这种产品品牌化的活动旷日持久且耗资巨大，它往往超过直接生产成本的数倍、数十倍。例如，在美国消费品市场，开创一个新品需要 5000 万至 1 亿美元，这显然不是一种新产品能承受的，而没有巨大财力支撑就只能被扼杀。品牌延伸，是新产品一问世就已经品牌化，甚至获得了知名品牌赋予的勃勃生机，这可以大大缩短被消费者认知、认同、接受、信任的过程，极为有效地防范了新产品的市场风险，并且可以节省数以千万元计的巨额开支，有效降低了新产品的成本费用。

2. 品牌延伸有益于降低新产品的市场导入费用。在市场经济高度发达的今天，消费者对商标的选择，体现在“认牌购物”上。这是因为很多商品带有容器和包装，商品质量不是肉眼可以看透的，品牌延伸使消费者对品牌原产品的高度信任感，有意或无意地传递到延伸的新产品上，促进消费者与延伸的新产品之间建立起信任关系，大大缩短了市场接受时间，降低了广告宣传费用。

3. 品牌延伸有助于强化品牌效应，增加品牌这一无形资产的经济价值。品牌原产品起初都是单一产品，品牌延伸效应可以使品牌从单一产品向多种领域辐射，就会使部分消费者认知、接受、信任本品牌的效应，强化品牌自身的美誉度、知名度，这样品牌这一无形资产也就不断增值。例如，中国医药品牌云南白药开拓白药生产线，进行品牌延伸，进入消费品和个人护理产品业务。截至 2023 年 3 月，白药气雾剂、白药胶囊、白药创可贴、白药散剂、白药牙膏等 12 个产品销售超亿元，牙膏、气雾剂、创可贴、膏贴等产品在细分领域拿下全国市场份额第一。

（二）品牌延伸的缺点

品牌延伸运用得当，自然能为企业营销活动带来许多方便和利益。但倘若品牌延伸战略把握不准或运用不当，也会给企业带来诸多方面的危害。因此企业在运用品牌延伸战略时，要谨防以下情况发生对企业经营活动产生的不利影响。

1. 损害原有品牌形象。当某一品牌在市场上取得成功后，它在消费者心目中就有了特殊的形象定位，将这一强势品牌进行延伸后，如果运用不当，原有强势品牌所代表的形象信息就被弱化。例如，施乐美国公司收购了一家电脑公司，把它改名为“施乐资料系统”。然而“施乐”在顾客心中意味着复印机，他们不接受不能复印的“施乐”电脑，最终，施乐美国公司损失了 8400 万美元。

2. 有悖消费心理。一个品牌取得成功的过程，就是消费者对企业所塑造的这一品牌的特定功用、质量等特性产生的特定心理定位的过程。企业把强势品牌延伸到和原市场不相容或者毫不相干的产品上时，就有悖消费者的心理定位。这类不当的品牌延伸，不但没有什么成效，而且还会影响原有强势品牌在消费者心目中的特定心理定位。例如，霸王集团的“霸王”品牌在消费者心智观念中的定位是：去屑止痒、中药世家、中端价位。而当其品牌延伸到凉茶上时，就突破了品牌在消费者头脑心智中的定位范畴，在众多凉茶品牌可以选择的情况下，消费者不愿意选择和忍受带有“洗发水味道”的凉茶。

3. 株连效应。将强势品牌名冠于别的产品上，如果不同产品在质量、档次上相差悬殊，这就使原强势品牌产品和延伸品牌产品产生冲突，不仅损害了延伸产品，还会株连原强势品牌。当把高档产品品牌用在低档产品上或把低档品牌用在高档产品上就有可能产生灾难性后果。

【案例 9-7】

从消费者的心智认知角度进行品牌延伸

品牌延伸之所以可能，从根本上说还是因为品牌具有延伸弹性。这种弹性是从消费者的心智认知角度来考量的，是顾客心智中对于某品牌在品类间延伸使用的一种容忍度。要进行成功的品牌延伸，需要对消费者心中影响品牌延伸弹性大小的几个因素进行盘点。

1. 品牌的定位关联强度。定位关联强度是指将品牌与某一品类及其特性进行强关联后，由于其关联度强，品牌定位及其光环效应就越强，这样的品牌延伸弹性就越大。比如，美的品牌定位为小家电，通过品牌延伸销售的其他家电如冰箱、电磁炉、净水机等也能取得一定市场，并且对美的品牌定位的稀释相对不那么强。

2. 品类相关性。如果用一个品牌延伸至相关品类或同品类中的多个细分市场或细分品类，这种品类相关性就高于用一个品牌延伸至不同甚至相差悬殊的品类中。比如，娃哈哈在饮料品类中延伸使用的品类相关性，就高于将娃哈哈延伸到做相关服装、儿童奶粉等品类。品类相关性高的品牌延伸成功率相对高于品类相关性低的品牌延伸。

3. 品牌背后企业的技术深度。品牌背后企业的技术实力同样对顾客心智有显著影响，技术实力可分为技术广度和技术深度，尤其是技术深度对顾客认知具有深刻影响。技术深度强的品牌延伸弹性大。比如，奇正藏药，以藏药为特色，生产包括湿敷贴剂、藏药浴、传统藏药三大系列的藏药精品，涉足藏药、日用健康品等相关领域，奇正藏药的标签是藏药，围绕着藏药做了产品拓展与演示。

资料来源：https：//baijiahao. baidu. com/s？ id = 1762334711073931332&wfr = spider&for = pc.

品牌延展战略如果把握不准或运用不当，会给企业带来诸多方面的危害。企业进行品牌延伸时应尽可能避免在类别差异性比较大的产品间进行；在同类产品间延伸时也要注意品牌的市场和社会定位。如果该品牌具有很强的市场影响力，而且品牌和产品已画等号，这时就应慎重考虑该品牌延伸到其他同类产品上。

小结与思考练习

【本章关键词】

品牌　品牌资产　品牌身份　品牌认知　品牌联想　品牌形象　品牌质量和感知质量　品牌忠诚　品牌组合战略　单一品牌战略　多品牌战略　复合品牌战略　品牌延伸战略

【本章小结】

1. 品牌不仅是商品和服务的符号，品牌的内在本质代表着卖者对交付给买者的产品特征、利益和服务的一贯性承诺。

2. 品牌资产反映了品牌所有者与其顾客之间的信任关系。品牌资产之所以有价值并能为企业创造巨大利润，是因为它在消费者心中产生了广泛而高度的知名度、良好且与预期一致的产品知觉质量、强有力且正面的品牌联想（关联性）以及稳定的忠诚消费者（顾客）这四个核心特性。

3. 为了建立一个强健的品牌，企业必须：树立品牌身份、创建品牌认知、形成品牌联想和品牌形象、发展一致的品牌质量和价值感知、建立品牌忠诚，可能的话，利用品牌优势。

4. 企业应慎重管理品牌组合的发展，企业应随着消费者趋势、竞争者反应的不断变化以及合并和收购等来调整品牌组合。

5. 单一品牌战略是指企业所生产的所有产品都统一使用一个品牌名称。多品牌战略是指一个企业同时经营两个以上相互独立、彼此没有联系的品牌。无论是单一品牌战略还是多品牌战略，都各有利弊。

6. 复合品牌战略是指对同一种产品赋予两个或两个以上品牌的做法。复合品牌战略是许多企业采用的战略，分为主副品牌和联合品牌。

7. 品牌延伸是指企业将某一知名品牌或某一具有市场影响力的成功品牌扩展到新产品上，以凭借现有成功品牌的市场影响力推出新产品的过程。利用品牌延伸可以使新产品自动获得品牌联想，省去了引入新品牌的成本并能以较少的投入获得更多的收益。

【本章思考题】

1. 什么是品牌？品牌对企业有何意义？

2. 品牌命名的原则是什么？品牌标志设计原则是什么？

3. 当一种新产品即将上市时，企业可以采取的品牌战略有哪些？各种战略的优缺点是什么？

4. 列举一些知名品牌的品牌延伸，为什么这些延伸获得了成功？请提出一些你认为不会成功的品牌延伸并解释原因。

5. 你如何评价自己所在大学、学院或系的品牌策略？它推行的是单一品牌还是多品牌战略？你会如何提高自己大学、学院或系的品牌？为什么这么做？

【本章案例作业】

珀莱雅品牌发展之路

珀莱雅品牌创立之初，定位于中低端化妆品品牌，在三四线城市进行快速扩张，线下经营渠道以日化专营店为主。方玉友（珀莱雅品牌创始人）定下了“销量一年翻一番，三年翻三番”的目标。第一年，珀莱雅很快凭借渠道优势在市场中占据份额，第二年也顺利完成了目标，但第三年销量只增长了30%，即便方玉友把2007年的目标调低到25%，也似乎有些吃力。

营销专家叶茂中经过详细的行业分析和对消费者的研究，提出“珀莱雅必须打造消费者品牌，通过品牌拉力引爆消费市场，打造强势品牌的关键点就是建立绝对的产品力”。根据营销专家的建议，方玉友团队开始市场调查。在后期不断地走访和调研中，方玉友团队发现了一个有趣的现象：市场上美白、抗皱和祛痘功能的产品叫卖声一片，然而补水产品无论大小品牌都有，却没有一个品牌在认真炒作补水的概念，整个补水品类还没有领导地位的品牌。这个品类空缺让方玉友兴奋不已，他当即决定：快速抢占补水专家的定位，以补水为突破点，让珀莱雅占据消费者心中补水第一的位置。既然要做补水领域的专家，就必须从各个层面建立起专家威信。珀莱雅以“海洋水动力系列”产品作为切入点，率先提出320米深层海洋水概念，进攻补水市场。产品结构从基础护肤到特别护理，从清爽型到滋润型，不同价位满足不同消费者的补水需求。为了加大宣传力度，珀莱雅签约了正当红的“美容大王”大S为品牌代言，并将广告投放上央视。海洋的符号层层渗透于包装、广告、海报、Logo、展柜等设计中，将概念视觉化、立体化。珀莱雅还提出了“活水”的概念，打出“补水、锁水、活水”的广告语，在“深层补水专家”的强烈呼唤中反复强调品牌定位。海洋水动力系列产品获得成功后，珀莱雅进一步深度细分补水市场，根据肌肤早晚的不同特性，推出“清新晨水，滋养晚水”全新套装产品，真正在消费者心智中建立了深层补水专家形象。

计划实施的第一年，珀莱雅的销量就翻了一番。之后的每一步，也正如方玉友所料，人才纷至沓来，产品研发更新换代，珀莱雅的品牌价值大幅提升。2011年，珀莱雅在中国日化精品店渠道中，市场份额稳居第一，超过所有国内、国际品牌，在不到十年的时间里，实现了零售额从0到40亿元的奇迹。凭借差异化的产品和营销，珀莱雅完成了向品牌化经营之路的转变。

2017年，珀莱雅成功登陆主板上市，成为大众化妆品主板第一股，迎来新的高质量发展。与此同时，国内的化妆品市场竞争格局也正在发生翻天覆地的变化。随着"国潮"风盛行和国家针对化妆品行业颁布了一系列利好政策，完美日记、花西子、Colorkey等新锐国货美妆品牌如雨后春笋般涌现。这些新锐品牌的创始团队大多出身于宝洁、欧莱雅等国际化妆品品牌，拥有强烈的品牌意识，借力电商和新媒体迅速打造了一系列爆品。国内消费者也逐渐成熟，"功能党""成分党"开始崛起，对护肤品的需求向着更加个性化的细分功效进阶，并且更加追求产品的成分配比体系。薇诺娜、华熙生物等具有医药研发背景的护肤品牌，深受年轻消费者追捧。在这样的背景下，珀莱雅的传统补水套装产品显然不再具备竞争性优势。

2018年，珀莱雅的营收增长率出现放缓趋势。2019年，为了吸引Z世代消费群体，珀莱雅将"年轻"作为品牌精神的一部分，主打Slogan变为"趁年轻，去发现"。2020年，珀莱雅进一步提出"科技感、年轻感、未来感"品牌战略，开始强调成分、科技的抗衰路线，建立中法联合实验室，共同开发独家功效性专利科技产品，产品定位也逐渐向中高端护肤品过渡。"科技护肤"成为主线节奏，"海洋珀莱雅"战略升级。上市以来，珀莱雅的股价从15.34元/股一路上涨至目前（2022.09.12）的158.50元/股。

参考国际品牌的发展经验，在夯实主品牌地位的基础上，打造多品牌矩阵、外延并购整合是成为化妆品龙头企业的必由之路。虽然珀莱雅一直以来都注重多品类、多品牌综合发展，内生孵化出优资莱、韩雅等品牌，但是这些品牌并没有激起什么水花，珀莱雅主品牌占据了公司营收80%以上的份额。2021年，珀莱雅提出"6*N"战略，"6"指新消费、新营销、新组织、新机制、新科技、新智造，"N"指打造N个品牌。其核心内涵是基于以上六项能力，赋能、孵化出N个差异化品牌。在新的战略下，珀莱雅的多品牌打造更加主次分明，对旗下定位趋于成熟、品牌重塑困难的旧品牌逐渐缩减了投入，维持现有规模和定位，而对更具潜力的新品牌则加大投入力度。目前，形成了以彩棠、Off&Relax、科瑞肤、悦芙媞等为重点孵化的新品牌矩阵，在大众精致护肤、彩妆、洗护、高功效护肤等领域均有覆盖。其中，彩妆品牌彩棠的创始人是国内知名化妆师唐毅，品牌定位于"中国妆，原生美"。

珀莱雅收购彩棠后，通过重建组织架构、产品开发设计、供应链支持、搭建销售团队、助力营销推广五个方面为品牌全方位赋能，选取高光修容盘为主推产品，复制珀莱雅大单品战略的成功经验。2021年，彩棠营收2.46亿元，同比增长103.48%，加上唐毅老师彩妆理念在媒体端的不断渗透，以及"国潮"文化引领国货彩妆崛起，彩棠极有可能是珀莱雅品牌矩阵中的“未来之星”。近年来，珀莱雅公司主品牌和护肤品类的营收占比有所下降，子品牌和美妆领域的营收占比逐年上升。其他自有品牌2021年营收6.55亿元，同比增长169.36%，远高于主品牌28.25%的增速，具有很高的成长性。由此表明，珀莱雅公司的多品牌建设已经初见成效。

资料来源：余海晴，李颖瑞．从“碰瓷大牌”到“国货之光”：珀莱雅品牌的翻身之路．中国管理案例共享中心，2023.

讨论题：

1. 珀莱雅是如何确立“深层补水专家”品牌定位的？

2. 公司上市之后，珀莱雅为什么要调整品牌定位？

3. 结合化妆品行业的特点，分析珀莱雅实行多品牌战略的原因。假如你是方玉友，你将如何优化珀莱雅目前的品牌矩阵？

【本章参考文献】

[1] 王永贵，项典典．数字营销——新时代市场营销学［M］．北京：高等教育出版社，2023.

[2] 吴健安，聂元坤．市场营销学［M］．第7版．北京：高等教育出版社，2022.

[3] 郭国庆．市场营销学［M］．第7版（数字教材版）．北京：中国人民大学出版社，2022.

[4] 杨洪涛．市场营销：网络时代的超越竞争．第3版［M］．北京：机械工业出版社，2019.

[5] 苏朝晖．市场经营战略与策略［M］．北京：机械工业出版社，2021.

[6]（美）诺埃尔·凯普，（荷）柏维良，（中）郑毓煌．写给中国经理人的市场营销学［M］，中国青年出版社，2012.

[7] 吴泗宗．市场营销学［M］．第4版．北京：清华大学出版社，2012.

[8] 互联企信．全渠道客服中心战略提升企业业绩（白皮书），https：//www. prnasia. com/story/193260 – 1. shtml.

第十章　价格策略

开篇案例

机票价格“大跳水”！错峰出游受青睐

每年11月下旬，各地的旅游市场逐渐进入淡季，机票价格总体大幅下降，错峰出游受到很多人的青睐。在浙江宁波，机票价格在换季后开始“大跳水”，此时也是错峰出游的好时机，不但出游性价比高，而且体验更优。这款跌到了9元“白菜价”的宁波前往韩国济州的机票就受到市民的欢迎。

为什么11月下旬国际机票这么便宜？业内人士表示，一方面秋冬季节本身就是传统的出行淡季，从国庆长假结束到年底，乃至2024年1月，机票价格都会在低位运行。等到春节临近，出行需求增加时，机票价格又会升高。另一方面，宁波机场目前国际航线主要集中在日韩及东南亚，受到气候等综合因素影响，商务、旅游等出行需求整体不旺，也是抑制机票价格的一个重要原因。

民航局2023年11月20日发布10月主要生产指标统计显示，2023年10月，运输总周转量达到110.1亿吨公里，同比增长158.6%；中国民航旅客运输量达到5605.2万人，同比增长252%；10月货邮运输量为67.5万吨，同比增长37.7%。

据了解，从各大平台发布的“双11”“战报”来看，消费者“囤票游”的需求迎来一轮爆发。所谓“囤票游”，就是先购买，有出行需要时再兑换使用。这种“囤机票”的旅游消费模式，逐渐成为中青年消费者新宠。某平台最新数据显示，2023年“双11”期间，“随心飞”、公务舱卡等机票次卡类商品售出超40万件，再创新高。

资料来源：https：//mi.mbd.baidu.com/r/18esr2e0Axi？f = cp&u = 7b663bfd58cebb70.

企业追求盈利的经营目标需要通过价格的制定来实现。价格策略也是企业面对竞争的重要手段。企业营销管理人员不仅需要了解价格策略在市场营销组合中的地位和作用，更有必要掌握市场营销中定价的理论依据，认识制约定价的各种因素，从而能够灵活运用定价策略与方法来应对激烈的市场竞争。

第一节　影响定价的因素

价格是顾客为获得、拥有和使用某种产品或服务的利益而支付的货币总额，是决定企业市场份额和盈利水平的最重要因素之一。价格是营销组合中唯一与收益直接相关的要素，也是最灵活的营销要素。影响定价的因素是多方面的，包括市场需求、产品成本、竞争者的产品和价格、定价目标等。

一、市场需求

市场需求对企业定价有着重要的影响。企业在制定产品价格时，需充分考虑市场供求关系对价格变化的影响。

在产品自身价值量不变的情况下，如果供求基本平衡，价格就能够基本稳定；如果出现供不应求，价格就必然呈现上涨的趋势。例如，2020 年以前一次性口罩售价 0. 2—0. 5 元/个，2020 年 1 月新冠疫情暴发，口罩供不应求，一次性口罩售价 5—10 元/个。随着 3 月口罩生产恢复和全面增产，市场供应增加，一次性口罩售价 1—3 元/个。8 月疫情全面得到控制后一次性口罩售价 0. 1—0. 2 元。

因此，企业应随时了解产品在市场上的供求状况，当产品在市场上供过于求时，应及时、有区别地适当采用降价决策，以刺激需求、扩大销售。同时，通过下调价格，降低利润幅度，抑制现有和潜在竞争者的生产，减少市场上该种商品的供应数量。另外，当商品在市场上供不应求时，企业应在不影响购买者需求欲望的限度内合理提高价格，以便增加利润，迅速有效地扩张企业实力。

二、产品成本

在很大程度上，需求为产品的价格确定了上限，而企业的成本则是价格的下限。一般来说，商品价格必须能够补偿产品生产及营销的所有支出，并补偿商品经营者为其所承担的风险支出。成本高低是影响价格的一个重要因素，以成本为导向的定价方法至今仍被很多企业采用。然而，对不同成本概念的界定、区分与估算却经常被营销人员忽略。

（一）总成本费用

总成本费用是指在某一时期内，应由企业某种产品承担的所有生产成本及期间费用的总和，既包括与该产品直接相关的成本费用，也包括通过一定的计算方法分摊到该产品上的所有间接费用。

（二）固定成本及单位固定成本

固定成本是指成本总量不随产量或销量的变化而变动的那部分成本，如企业固定资产的折旧费、管理人员的工资等。即使在企业产品一件都没有销售出去的情况下，这一部分成本仍然会发生。而且，当企业的产量或销售量在一定范围内波动时，固定成本的总额也不会发生变化。单位固定成本则与此相反，由于它等于固定成本额除以产量或销量，所以它的数值往往与产量或销量成反比例关系。正是这一原因使大批量生产及销售可以降低单位固定成本从而降低产品的单位成本，达到规模经济效应。

（三）变动成本及单位变动成本

与固定成本相对应的一个成本概念是变动成本，它的总量会随着产量或销量的变化而变动。变动成本往往是产品的直接成本，如消耗的原材料成本、与商品直接相关的运输费用等。单位变动成本是总变动成本与产量或销量的商，如果总变动成本与产销量成正比例关系，那么单位变动成本在一定范围内会是一个常量。

（四）边际成本

边际成本是指企业生产或销售最后一个产品导致的成本增量，这一成本概念在定价策略的制定中有重要作用；当产品的单位变动成本是一个常量时，边际成本与单位变动成本在数值上是相等的。

（五）使用成本

实际上，消费者在使用产品时，也会支付很多费用，如使用汽车需要支付汽油费，使用家用电器需要支付电费。这一类成本被称为“使用成本”，它已经成为影响商品价格和需求的重要因素之一。一般地，在同类商品中，由于使用成本低的商品的需求弹性较弱，因此该类商品的售价则可以定得较高，越来越多的企业认识到这一问题，并把降低使用成本作为一种产品差异化的手段。

三、竞争者的产品和价格

在最高价格和最低价格之间，企业能把价格定得多高，取决于竞争者同种产品的价格水平。企业必须采取适当方式，了解竞争者所提供的产品质量和价格。企业获得这方面的信息后，就可以与竞争产品比质比价，更准确地制定本企业产品价格。如果两者质量大体一致，则两者价格也应大体一样，否则本企业产品可能卖不出去；如果本企业产品质量较高，则产品价格也可以定得较高；如果本企业产品质量较低，那么，产品价格就应定得低一些。

另外，竞争者也可能随机应变，针对企业的产品价格而调整其价格；也可能不调整价格而调整营销组合的其他变量，与企业争夺顾客。当然，对竞争者的价格变动，企业也要及时掌握有关信息，并做出明智的反应。

四、定价目标

定价目标用来描述企业希望通过定价实现的总体目标。定价目标不同，其价格水平与价格策略就不同。定价目标影响金融、财务、生产等许多基础领域的决策，因此，它必须与企业的总体使命和目标相吻合。营销管理者可同时使用短期和长期定价目标，也可采用一个或多个定价目标。例如，一家企业希望其市场占有率比去年提高 15%，同时达到 20% 的投资报酬率，并在市场上提升其质量形象。

企业的定价目标可分为利润导向目标（目标利润率、利润最大化）、销售导向目标（销售金额或数量增长、市场占有率增长）和竞争导向目标（应付价格、稳定价格、非价格竞争）。

（一）利润导向目标

1. 以一定的利润率水平为目标。它是指将一种特定的利润率水平作为一种目标。这种方法经常以一种销售百分比或投资百分比的形式出现。一家大的生产商可能瞄准 20% 的投资利润率，而便民超市或其他食品杂货连锁店的目标可能是 5% 的销售利润率。

2. 以利润最大化为目标。它是指追求尽可能多的利润。它表达了一种获取迅速的投资利润率的欲望。某些企业认为，追求利润最大化的目标将促使其制定高价。然而，获取利润最大化的定价并不一定是高价格，低价也可能通过扩展市场份额，并由此导致大量的销售利润。这是因为利润额 = 销量 ×（单价 − 单位产品成本）。利润目标是企业经营的直接动力。

（二）销售导向目标

1. 以实现销售增长率为目标。销售增长率高，意味着产品的竞争力强，尤其是在新产品进入市场后的一段时期内。销售额的增长会对企业产生积极的影响，因此，有些企业也常把追求销售额增长作为新产品的定价目标。

有些企业更多关注销售增长而非利润，认为销售增长总会导致更多的利润。其实，当企业的成本增长高于销售增长时，这种想法会引起问题。因此，许多大企业已经倾向于利润而不过问销售增长情况。

2. 以提高市场占有率为目标。市场占有率是企业竞争力和市场地位的综合反映。市场占有率高，反映企业的市场地位稳固、产品竞争力强，有利于企业控制市场、扩大产品销售。因此，许多资金雄厚的大企业，喜欢以低价渗透的方式来获得一定的市场占有率。一些中小企业为了在某一细分市场获得一定的优势，也十分注重扩大市场占有率。

当然，目标瞄准增加市场占有率，像直接追求销售增长目标一样，具有同样的缺陷。

在市场占有率较大时，如果是太低的价格，就可能导致无盈利的“成功”。这种再简单不过的观点，却被许多营销人员忽视了。

（三）竞争导向目标

1. 以应付价格竞争为目标。价格竞争是市场竞争的重要方面。因此，企业在定价前要广泛收集竞争者的有关资料进行分析、比较，然后根据自身实力确定价格。实力强就利用价格竞争排挤其他竞争者，实力弱则追随竞争者的价格。

2. 以稳定价格为目标。稳定的价格通常是大多数企业获得一定目标收益的必要条件，市场价格越稳定，经营风险也就越小。按稳定价格目标定价，可以使市场价格在一个较长的时期内相对稳定，减少企业之间因价格竞争而发生的损失。为达到稳定价格的目标，通常情况下是由那些拥有较高市场占有率、经营实力较强或较具有竞争力和影响力的市场领导者企业先制定一个价格，其他企业的价格则与之保持一定的距离或比例关系。在钢铁、采矿业、石油化工等行业内，稳定价格目标得到最广泛的应用。

3. 以非价格竞争为目标。这是另一种对等导向目标，企业精力集中于非价格竞争的进攻性总体营销战略的一部分，营销集中在除价格外的一种或多种其他策略方面。快餐连锁店麦当劳和汉堡王通过坚持多年的非价格竞争，实现了非常有利的效益增长。

五、外部环境因素

（一）社会经济状况

社会经济状况从多个方面影响产品价格的变化。

1. 宏观经济状况对价格的影响。市场经济周期性的变化直接影响市场的繁荣，并决定价格总水平的变化。一般来说，经济快速发展，人们的收入增长较快，易出现总需求膨胀，人们对价格变动的敏感性减弱，有利于企业自由地为产品定价；而在经济调整或衰退时期，经济发展速度放慢，易出现有效需求不足。比如，2008 年始自美国的金融危机导致的全球经济衰退对我国国内经济也产生了较大的影响，消费资料中大到房地产、汽车，小到水果、蔬菜，几乎所有产品的价格都有不同幅度的回落。

2. 通货膨胀对价格的影响。产品价格的变动受货币因素特别是通货膨胀的影响。在通货膨胀的情况下，为维持以往的利润水平，当企业无法全部消化通胀因素时，提价就成为必然。通货膨胀对价格的影响有时和其他因素的作用交织在一起，当货币因素和非货币因素的作用方向一致时（如垄断因素、周期性高涨等交织在一起），价格上涨水平就会明显提高。

3. 汇率变动对价格的影响。汇率是不同国家货币之间的比价。汇率的变动会对一国的进出口贸易产生重要的影响。从理论上讲，一国为了增加出口，可以通过本币贬值的方法实现。汇率的变化会直接影响国内外市场上的供求状况，从而对价格产生影响。

（二）政府干预

为了维护国家与民众的利益，维持正常的市场秩序，每个国家都有相关的经济法规来约束企业的定价行为。这种约束反映在定价的种类、价格水平和定价的产品品种等方面。比如，近年来我国政府多次提高主要农产品的最低收购价格，也多次对部分药品实施强制性降价。而在企业开展国际市场营销活动时，更需要了解相关目标市场的政府定价政策与法规，以保证企业顺利开展营销活动。

第二节 定价方法

企业产品价格的高低要受市场需求、成本费用和竞争情况等因素的影响和制约。企业制定价格时应全面考虑这些因素。但是，在实际定价工作中往往只侧重某一个方面的因素。大体上，企业定价有三种导向，即成本导向、需求导向和竞争导向。

一、成本导向定价法

成本导向定价法是指以产品的总成本为中心，分别从不同角度制定对企业最有利的价格。成本导向定价法由于较为简单，是企业最基本、最普遍和最常用的定价方法。成本导向定价法可分为以下几种。

（一）成本加成定价法

成本加成定价法是指以成本为基础，加上预期的利润来确定产品的售价。成本加成定价法的计算公式为：

产品单价 = 单位产品完全成本 ×（1 + 预期利润率）

公式中的预期利润率可以由企业根据市场环境及企业营销实力确定。成本加成定价法的优点是计算简便，有利于核算，同行业之间可以比较，以及给人以买卖公平的感觉；缺点是只考虑生产者的个别成本与产品的个别价值，未考虑市场需求，未考虑价格是否为市场所接受，不能随着市场需求的变化而相应地改变价格。例如，对于通信企业来说，不同号码的成本是一样的，但顾客一般比较偏爱“8”的号码，认为更吉利、更体面、更有价值，因此，企业在定价时可以将带“8”的号码制定出相对高的价格。

（二）目标利润定价法

目标利润定价法是指根据估计的销售量来制定价格、保证企业达到预期利润的一种定价方法。例如，一家企业预期销售量为 80 万件，生产这一销售量的总成本为 1000 万元，再假设企业希望利润为成本的 20%，则目标利润为 200 万元，总收入必须是 1200 万元。

那么，单价就应该是 P = 1200 ÷ 80 = 15（元）。这种定价方法也被公共事业单位使用，这些单位受到对于它们的投资只能获得一个公允报酬的限制。目标利润定价法的计算公式为：

产品单价 =（单位产品变动成本 + 固定成本 + 目标利润）÷ 预期销售量

如果企业的成本与预测销售量都能计算得很准确，就可以采取目标利润定价法，实现预期利润。

（三）盈亏平衡定价法

盈亏平衡定价法又称“收支平衡定价法”。它是应用盈亏平衡原理进行的一种保本定价方法。计算盈亏平衡点，公式如下：

盈亏平衡点产量 = 固定成本 ÷（单位产品价格 − 单位可变成本）

当企业的产量达到盈亏平衡点产量时，企业不盈不亏，收支平衡，保本经营。保本定价的计算公式如下：

保本定价 = 固定成本 ÷ 盈亏平衡销售量 + 单位产品变动成本

如果企业把价格定在保本定价点上，只能收回成本，不能盈利；若高于保本定价点便可获利，获利水平取决于高于保本定价点的距离；如果低于保本定价点，企业则是亏损的。因此，也可将盈亏平衡定价法理解为，它规定了在产量一定的情况下，哪个价格是保证企业不亏本的最低下限价格。

（四）边际贡献定价法

这种定价方法是企业仅计算成本中的变动成本，不计算固定成本，而以预期的边际贡献适当地补偿固定资本。所谓“边际贡献”，是指预计的销售收入减去变动成本后的收益。如果这个边际贡献不能完全补偿固定成本，就会出现亏损。但在某些特殊的市场情况下，即使企业停产、减产，也得如数支出固定成本，倒不如维持生产，只要产品销售价格大于单位变动成本，就有边际贡献，若边际贡献超过固定成本，企业还能盈利。此种方法的计算公式为：

单位商品销售价格 =（总的变动成本 + 边际贡献）÷ 总销量

这种定价方法，一般是在市场竞争激烈时采用。因为这时如果采用成本加成定价法，那么必然使价格太高从而影响销售，出现产品积压。而采用这种方法，价格要低于成本加成定价，有利于迅速扩大市场。这种定价方法，在产品必须降低价格出售时特别重要，因为只要售价不低于变动成本，就说明生产还可维持；如果售价低于变动成本，则生产得越多，亏得就越多。

二、需求导向定价法

需求导向定价法是指企业在制定商品价格时，主要根据市场需求的大小和消费者反应的不同，分别确定商品价格。其特点是灵活、有效地运用价格差异，对于平均成本相同的同一产品，价格随市场需求的变化而变化。以需求为导向的定价法，主要有以下几种。

（一）理解价值定价法

理解价值是指消费者对某种商品价值的主观评判，它与产品的实际价值常常发生偏离。理解价值定价法是指企业以消费者对商品价值的理解度为定价依据，运用各种营销策略和手段，影响消费者对商品价值的认知，形成对企业有利的价值观念，再根据商品在消费者心中的价值来制定价格。采用这种定价方法，显然需要企业能比较自己的产品与竞争者的产品在市场上被消费者理解的程度，从而做出恰如其分的估计。因此，准确而充分的营销调研是理解价值定价法的先决条件。

【案例 10－1】

安乐椅感知价值定价法

A、B、C 是三家安乐椅供应商，对每种选择的感知价值进行测量，结果和分析如下表：

安乐椅椅子供应商感知价值分析实例表

所需利益	相对重要性权重（%）	供应商 A 实际定价 = 500 元		供应商 B 实际定价 = 450 元		供应商 C 实际定价 = 300 元	
		打分（1—10）	总计	打分（1—10）	打分（1—10）	打分（1—10）	打分（1—10）
椅子设计	20	5	100	7	140	6	120
舒适性	30	6	180	8	240	4	120
布的质量	15	10	150	9	135	8	120
布的设计	15	5	75	7	105	4	60
购买便捷	20	8	160	10	200	8	160
合计	100		665		820		580

从以上调查中得知，供应商 B 的理解价值最高 820 分，A 是 665 分以及 C 为 580 分。供应商 A 的价格最高，500 元，B 是 450 元，C 是 300 元。供应商 C 的理解价值和价格都最低，但是 A 和 B 的顺序却反了。供应商 B 的感知价值最高，供应商 A 是 665 分。因此供应商 B 以更低的价格提供了更高的价值，它将获得市场份额。

资料来源：（美）诺埃尔·凯普，（荷）柏维良，（中）郑毓煌. 写给中国经理人的市场营销学［M］. 中国青年出版社，2012.

（二）需求差异定价法

根据不同的市场需求制定不同的商品价格，是定价中极为普遍的一种定价法。这种定价的基础是顾客心理差异、商品式样差异、出售时间和地点的差异等。

可以采取以下三种形式进行差别定价。

1. 以顾客为基础的差别定价。同样的产品和服务，对于不同的顾客可制定不同的价格。例如，同样的建筑材料，卖给经常采购的建筑单位要比卖给一般用户的价格低一些。

2. 以产品式样为基础的差别定价。同等质量和规格的产品，式样老的可定低价，式样新的可定高价；高档产品和低档产品，价格也可拉开差距。

3. 根据出售的地理位置和时间差别定价。例如，商品在旺季时价格可定高一些，在淡季时可适当降低价格；有些商品和劳务甚至根据不同的时间规定不同的价格。例如，电报、电话等公共事业，在白天、夜晚、节假日等时间段都有不同的收费标准。采用需求差异定价法的条件是：市场要能够细分，而且不同的细分市场要能看出需求程度的差别；差别价格不会引起消费者的反感。

（三）逆向定价法

逆向定价法是指企业依据消费者能够接受的最终销售价格，计算出自己从事经营的成本和利润后，逆向推算出商品的批发价和出厂价。这种定价方法不以实际成本为主要依据，而是以市场需求为定价出发点，力求让价格能为消费者所接受。

例如，通过市场调查，某企业获悉绝大多数消费者愿意用280元购买一套本公司品牌西装，零售商毛利要求15%，批发商的批发毛利要求5%，企业以此为标准计算，西装的出厂价要定在232元左右，才能保证批发商、零售商和消费者都能接受。由于价格是既定的，因此企业要想获利，就必须在节约成本、提高劳动生产率方面下功夫。

三、竞争导向定价法

竞争导向定价法通常有两种方法：随行就市定价法和投标定价法。

（一）随行就市定价法

随行就市定价法是指企业按照行业的平均现行价格水平来定价。在以下情况下往往采取这种定价方法：①难以估算成本；②企业打算与同行和平共处；③如果另行定价，很难了解购买者和竞争者对本企业价格的反应。

（二）投标定价法

投标定价法是指采购方在报刊上登广告或发出函件，说明拟采购商品的品种、规格、数量等具体要求，邀请供应商在规定的期限内投标，并在规定的日期内开标，选择报价最低、最有利的供应商成交，签订采购合同。某供货企业如果想做这笔生意，就要在规定的期限内填写标单，上面注明可供应商品的名称、品种、规格、价格、数量、交货日期等，密封后送给招标人，这就是投标。这种价格是供货企业根据对竞争者的报价估计制定的，而不是按照供货企业自己的成本费用或市场需求来制定的。供货企业的目的在于赢得合同，所以它的报价应低于竞争对手。这种定价方法叫作投标定价法。

然而，企业不能将其报价定得低于某种水平。确切地讲，它不会将报价定得低于边际成本，以免使其经营状况恶化。如果企业报价远远高出边际成本，虽然潜在利润增加，却减少了取得合同的机会。

第三节　定价策略

前述定价方法是依据成本、需求和竞争等因素决定产品基础价格的方法。基础价格是单位产品在生产地点或者经销地点的价格，尚未计入折扣、运费等对价格的影响。在营销实践中，企业需要考虑或利用灵活多变的定价策略，修正或调整产品的基础价格。

一、新产品定价策略

在新产品推出前，企业很难确定消费者对产品的认知价值，又无竞争者的相似产品价格作参考，尤其是全新产品和革新型产品。在新产品定价方面，通常有三种基本定价策略可供采用。

（一）撇脂定价策略

撇脂定价，又称“撇奶油”定价，即在新产品刚进入市场的阶段（产品生命周期的引入期）采取高价政策，以求在短期内赚取最大利润。这就好像先撇取牛奶表面的奶油一样，尽快从产品中撇取利益。采取这种策略的理由：一是认为新产品刚投放市场，需求强烈，需求的价格弹性不充分，以高价刺激用户，再配合产品本身的优势，有助于提高产品地位，刺激需求，尽快获取利润；二是一旦发现高价使产品难以售出或竞争对手出现，很容易降低价格，迎合消费者。如果一开始就实行低价，以后降价的空间就非常小。

撇脂定价的缺点是：首先，新产品刚投放市场，产品声誉尚未建立，这时采取高价政策不利于市场开拓，会影响销售量，甚至由于价格太高不能被顾客接受而导致新产品夭折；其次，由于价格高，销售量可能很小，反而使利润额减少；最后，高价带来高额利润，会吸引竞争者迅速进入市场，导致价格大幅下跌。

【案例 10－2】

“雪糕刺客”——钟薛高

说到“雪糕刺客”，就不得不提高价雪糕品牌“钟薛高”。它的一根雪糕售价竟然需要十几元，有的甚至高达几十元。它是成立于2018年3月的新晋雪糕品牌，名称取自谐音“中雪糕”，意为“中国的雪糕”。它是一个网红品牌，也是因为高价而成为了雪糕中的异类。数据显示，2021年，钟薛高营业收入相比前一年增长一倍，达8亿元；截至2022年5月，钟薛高累计雪糕出库数为2.2亿片。在2022年“6·18”预售前3个小时中，钟薛高天猫旗舰店销售额破千万元，连续拿下冰淇淋类目销售额第一和天猫生鲜大类目销售额第一。

钟薛高之所以取得如此抢眼的市场业绩，与其定价策略关系密切。市场反映，钟薛高一般产品定价于12—20元区间，高于一些品牌的定价区间。钟薛高在定价策略上是典型的撇脂定价，也就是高价策略，以便在最短的时间内收回投资以及取得不菲的利润回报。当然这种定价策略对于目标客户也有着较高的要求，即购买力强以及对价格不敏感。

资料来源：https：//mq. mbd. baidu. com/r/18ewxe3Pnaw？f = cp&u = d400c1a603708320.

（二）渗透定价策略

渗透定价策略，即以低价将新产品投放市场的策略。这种策略的优点是：产品能很快被市场接受，有利于打开新产品的销路；由于价低利薄，能有效地排斥竞争者进入市场，使企业在较长时间内占领市场。

渗透定价策略的缺点是：利润低，投资回收期长；当新产品大量上市时，不宜再降价与竞争者竞争；若成本上升，需调高价格，这会引起顾客不满，影响销售量；低价出售新产品会使顾客误认为产品质量不高，从而影响购买，也影响产品的形象。

渗透定价策略是一种长远的价格策略，适用于需求弹性较大、竞争对手较多、竞争者易进入市场和企业在成本方面有一定优势的产品。

一般来说，撇脂定价策略适用于对价格相对不敏感，但对产品的认知价值高的市场；当生产的规模经济性明显或存在竞争者进入的威胁时，采用以牺牲短期利润换取销售规模的渗透定价策略更为合适。

【案例 10 －3】

6.9 元一杯！库迪激化茶饮“价格战”

2023 年 11 月 23 日，经库迪公司首席策略官李颖波确认，库迪将推出茶饮品牌茶猫。这一新品牌门店计划于 2024 年 1 月正式上市。

据李颖波介绍，茶猫将聚焦健康奶茶赛道，以原叶鲜奶茶主打，覆盖纯茶、鲜果茶等产品。通过库迪咖啡已经形成的规模化优势和体系化优势，为市场持续提供高性价比的产品。

目前库迪咖啡全球门店数已接近 6500 家，国际化布局已基本完成。在此基础上，该公司建立了华东供应链基地和芜湖国际供应链基地，两个基地规划面积合计 36 万平方米，将于 2024 年年初陆续投入运营。第二品类的推出，将会充分发挥公司供应链、智能化、运营体系和客户群体的协同效应。

需要注意的是，价格战仍是库迪切入新市场的落点。据《21 世纪经济报道》记者多方了解，茶猫的定位对标霸王茶姬、古茗等中高端茶饮品牌，产品价格在 15—20 元，促销价格为 6.9—12 元。为了鼓励联营商参加促销活动，优惠价格低于 8.8 元的产品，总部将补贴到 8.8 元。

事实上，茶饮市场早已进入价格战的白热化阶段。2022 年 2 月，喜茶宣布将所有产品的价格全面下调至 30 元以下，且未来不再推出 30 元以上产品。2022 年 3 月，奈雪也宣布价格带整体下移：推出 9—19 元“轻松系列”，并首次推出 10 元以下的产品，门店已无 30 元以上的产品。据红餐大数据，茶饮客单价近三年大幅下降的趋势明显，目前过半数消费位于 10—15 元价格区间。由此，若库迪想在茶饮市场有所突破，就必须加入价格战。

当然，这块市场仍在增长中。据茶百道招股书中引用的弗若斯特沙利文数据，中国饮品店行业 2017—2022 年的 CAGR（复合年增长率）达到 21.5%，显著高于软饮料行业的 4.1%。以现制茶饮为代表的饮品店行业正在加速抢占软饮料的市场份额，市占率从 2017 年的 9.9% 上升至 2022 年的 19.3%；而软饮料市占率从 75.9% 降至 68.4%。

资料来源：贺泓源．21 世纪经济报道．2023－11－24.

（三）满意定价策略

满意定价策略，也叫“适价策略”，是一种介于撇脂价和渗透价之间的价格策略。该策略是指企业将新产品的价格定得比较适中，以便照顾各方面的利益，使各方面都满意。由于撇脂定价策略定价过高，对消费者不利，可能遇到消费者拒绝，具有一定风险；渗透定价策略定价过低，虽然对消费者有利，但容易引起价格战，且由于价低利薄，资金的回收期也较长，实力不强的企业将难以承受；而满意价格策略采取适中价格，基本上能够做到供求双方都比较满意，因此不少企业采取满意定价策略。有时企业为了保持产品线定价策略的一致性，也会采用满意定价策略。通用汽车公司的雪佛兰汽车采用的就是满意定价策略，该品牌汽车的价格为绝大部分市场所能承受，其市场规模远远大于高价的“运动型”外形的细分市场。在雪佛兰汽车样式十分流行、供不应求时，公司仍采用满意定价策略数年不变。原因在于通用汽车跑车生产线上已经有一种采取撇脂定价的产品——Corvette，若对雪佛兰汽车也采取撇脂定价，则会影响原来高价产品的销售。

满意定价策略由于获得的是平均利润，既可吸引消费者，又可避免价格竞争，从而在市场上站稳脚跟，获得长远发展，但要确定企业与顾客双方都比较满意的价格比较困难。

二、心理定价策略

消费者的购买行为由其消费心理支配，而消费心理是非常复杂的，它受到社会地位、收入水平、兴趣爱好等诸多因素的影响和制约。企业若能在产品定价时对此予以充分考虑，就能制定出较有吸引力的价格。常用的消费者心理定价策略有以下几种。

（一）整数定价

这种策略是把商品的价格定为整数，不带零头，一般适用于比较贵重的商品。消费者购买这类商品时，常把价格看作质量的标志，因此企业把基础价格定为整数，不仅能在消费者心目中树立高价高质的形象，而且能使消费者产生高档消费的满足感。

（二）尾数定价

这一策略与整数定价策略相反，采用零头标价，顺应了消费者的求廉心理。例如，本应定价 200 元的商品，现定价 198 元，虽只低 2 元，但感觉上却便宜了许多。不仅如此，尾数定价还会给人定价精确的感觉，使消费者产生信赖感，激起购买欲望。对于需求价格弹性大的商品，尾数定价可以促进需求量大幅增加。

（三）声望定价

即根据企业或品牌在消费者心目中所享有的声誉和威望，制定高于其他同类产品的价格。消费者购买名牌产品不仅是为了消费，还要显示他们的身份和地位，因此，名牌产品如果价格定得过低，反而不能满足消费者的心理需要。当然，这种高价格必须以高质量的产品或者周到的服务为基础。

（四）参照定价

即按照消费者习惯了的价格定价。经常性重复购买的商品，尤其是日用消费品的价格，往往容易在消费者心目中形成一种习惯性标准。企业对这类产品定价时，要充分考虑消费者的这种倾向，不可随意变动价格。如果必须调价，最好同时采取改变包装、规格、成分甚至品牌等措施，引导消费者逐步适应新的价格，避免新价格与习惯的价格明显不一致而造成消费者的抵触心理。

（五）促销定价

这种策略指企业为了招徕顾客，将几种商品以非常低的价格出售，或者在节假日和换季期间对部分商品实行折价让利销售，以此吸引顾客，带动其他商品的销售。

▶▶知识拓展 10－1

“价格锚点”心理定价策略

“价格锚点”是消费者因为过去经历会对某产品有一个价格预估，它可能来自行业中的强势品牌产品定价，也可能来自相关产品定价。因为消费者很难判断商品的绝对价格，比较擅长的是基于“锚点”来判断商品的相对价格，提高消费者认知中的价格锚点。品牌如果能利用好这一特点，让消费者觉得值，就可以让消费者买单。

价格的锚定效应告诉我们，在产品组合中放置一款从来都没有顾客购买的产品仍然是有价值的。比如，在8元一支梦龙已经算是奢侈品的时候，钟薛高推出一款“高厄瓜多尔粉钻”售出了66元天价。高价本身具有公关、新闻属性，当一款产品卖出该行业最高价后，往往会吸引到媒体的报道和消费者的关注。钟薛高66元定价策略，一来为钟薛高带来一波免费流量，二来当钟薛高把单只雪糕卖到12—20元之后，消费者就不觉得那么离谱了。

资料来源：https：//www. zhihu. com/question/372427053/answer/2463412176.

三、折扣定价策略

为鼓励顾客大量购买或在淡季购买，以减少存货或增加销售额，企业通常可以酌情降低商品价格。这种价格调整称为“价格折扣”，可以分为以下几类。

（一）数量折扣

即根据购买数量决定价格折扣水平，购买数量越多，折扣越大。这是鼓励和吸引顾客长期大量购买的一种定价策略。其可行性在于，大量购买能使企业降低生产、销售、储存、运输等环节的费用。

（二）现金折扣

即根据购销合同，给提前付款的顾客以价格折扣。例如，合同规定顾客须在30天内付清款项，若10天内就付清，则给2%的折扣。采用现金折扣可以减少企业的应收账款，鼓励顾客及时付款，加速资金周转，避免坏账、呆账。这种方式适用于零售商向批发商购货或批发商向生产商购货。

（三）交易折扣

又称“功能折扣”，即厂商根据中间商承担的销售、储存等职能，给予不同的折扣。这实际上是生产企业对中间商销售其产品所支付的劳务报酬，目的在于利用价格折扣刺激各类中间商更充分地发挥其营销能力。

（四）季节折扣

某些商品的消费具有较强的季节性，为促进销售，企业对在消费淡季购买产品的客户提供价格优惠。这种策略可以鼓励批发商和零售商在淡季购买，使季节性产品的生产少受或不受影响，促进产品生产均衡化，加快企业的资金周转，节省费用。

（五）折让

这是另一种类型对基本价格的扣减，包括以旧换新折让、促销折让等。以旧换新折让，是对顾客在购买新产品的同时交回旧产品的一种减价；促销折让，是制造商向同意参加其促销活动的经销商提供的付款减价。

灵活运用折扣定价策略，是企业争取顾客、扩大销售行之有效的重要方法，近年来使用范围有明显扩大的趋势。它既是定价策略的一部分，也是促销策略的一部分。

【案例 10 - 4】

"双 11" 化繁为简，用价格力吸引消费者

"化繁为简"是今年"双 11"的关键词，各家电商平台纷纷回归拼低价老路，希望用"低价"撬动新一轮"双 11"购买力。专家认为，主流平台均已放弃过往"双 11"复杂的优惠算法，以简单明了的低价吸引消费者，有望继续带动消费复苏。

"低价是刻在京东骨子里的基因。"这是京东零售 CEO 辛利军在"京东'11·11'真便宜"发布会现场给出的承诺，20 多分钟的演讲里，"低价"这个词出现几十次。

淘天集团首席执行官戴珊近日公布了 2023 年天猫"双 11"三大目标：为品牌商家获取最大规模用户，沉淀品牌资产提升品牌力，回归初心给消费者一届快乐的"双 11"。"把全网最低价作为核心 KPI"在发布会上屡次被提及。

唯品会表示，从消费者角度出发，2023 年大促销期间摒弃套路，坚持贯彻优惠规则简化的原则，消费者无需凑单，一件商品即可享受超值优惠。

在让利消费者方面，天猫宣布，2023 年在跨店满 300 元减 50 元基础上，首次大规模推出官方直降，预计将有超过 8000 万件商品降至全年低价，消费者认准"闪电标"就能快速买到优惠商品。2023 年京东"双 11"将提供跨店每满 299 元减 50 元福利，还可叠加 20 元补贴，先到先得；参与百亿元补贴的商品数量将达到 2023 年"6·18"时的两倍。此外，京东对价保服务进行升级，超 8 亿件商品享全程价保。

对于采取的优惠促销举措，辛利军表示，不是靠以次充好、缺斤少两、偷奸耍滑换来的"假低价"，而是靠诚信经营、持续在供应链里"挤水分"，是激发消费市场活力的"真低价"。

渤海证券研报认为，短期看，"双 11"大促销继续助力消费复苏，四季度消费将继续向好。申万宏源分析师赵令伊表示，四季度"双 11"等消费性节日催生多样化促销活动，预计线上线下成交额将被推向新高峰，零售消费将迎来旺季。

资料来源：https：//www. cfbond. com/2023/10/24/991031062. html.

四、产品组合定价策略

当某种产品成为产品组合的一部分时，对这种产品的定价必须加以修订。在这种情况下，企业要寻找一组在整个产品组合方面能获得最大利润的共同价格。常见的产品组合定价法主要有以下几种。

（一）产品线定价

通常企业开发出来的是产品大类，而不是单一产品。在定价时：首先，确定某种产品的最终定价，吸引消费者购买产品大类中的其他产品。其次，确定产品大类中某种产品的最高价格，它在产品中充当品牌质量和收回投资的角色。最后，产品大类中的其他产品分别依据其在产品大类中的角色和地位而设定价格。以上定价策略称为产品线定价。例如，华为公司向市场提供了多种不同手机，面对不同的顾客群体，其价格从高到低形成高、中、低三大价位，以满足不同市场的需要。

（二）产品群定价

产品群定价是指为了方便顾客，有时营销者不是卖单一产品，而是将有连带关系的产品组成一个群体一并定价来销售。例如，中国足球中超联赛有时不单卖一场票，而是将一年的全部主场比赛合在一起售票；饭店不单独出租客房，而是将客房、膳食和娱乐一并出售收费。采用这种策略时，必须使价格达到足够的低廉，否则顾客不会购买。

（三）附带产品定价

附带产品定价中所必需的附带产品是指那些与主要产品密不可分的产品，如计算机软件、刀片、胶卷等。对这类产品通常采用的定价策略是将载体产品的价格定得较低，而附带产品的价格定得较高，以弥补主要产品低价所损失的利润。例如，电子游戏机卖得很便宜，但其游戏软件卖得很贵。

（四）选择产品定价

选择产品定价是指在顾客购买相关商品时，提供多种议案以供顾客挑选，以鼓励顾客更多地购买产品。例如，许多饭店酒价很高，而食品的价格相对较低。食品收入可以弥补食品成本和饭店其他成本，而酒水则可以带来利润。计算机与打印机的出售，可以有三种组合方式以及相应的价格顾客选择：一是只买计算机，每台 10000 元；二是只买打印机，每台 8000 元；三是计算机与打印机一起买，每套 17000 元。显然，上述定价是鼓励顾客把计算机与打印机一起买进。

五、产品生命周期定价策略

产品生命周期定价策略，是指企业根据商品所处市场生命周期的不同阶段来制定价格的策略。这一定价策略主要是根据不同阶段的成本、供求关系、竞争情况等变化特点，以及市场接受程度等，采取不同的定价策略，以增强产品的竞争能力，扩大市场占有率，为企业争取尽可能大的利润。具体可分为导入期定价策略、成长期定价策略、成熟期定价策略和衰退期定价策略四个阶段。

（一）导入期定价策略

在导入期中，由于产品刚刚投入市场，顾客尚不熟悉，因此呈现销售量低、没有竞争者或竞争者很少的特点。为了新产品顺利进入销售市场，在定价方面，可根据不同情况采用高价定价策略、渗透定价策略和中价定价策略。

（二）成长期定价策略

在产品进入成长期后，企业生产规模逐渐扩大，销售量迅速增长，利润也随之增加，向供求两旺发展。因此，成长期产品定价策略，一般是选择适合竞争条件，能保证企业实现目标利润或目标报酬率为目的的目标定价策略。当产品采用成长期定价策略时，由于消费者逐渐接受产品，销售量增加，不适宜贸然降价，否则会导致企业最大利润减少。但如果产品进入市场时价格较高，市场上又出现了强有力的竞争对手，那么企业为较快地争取市场占有率的提高，也可以适当降价。

（三）成熟期定价策略

当产品进入成熟期后，市场需求呈饱和状态，销量已达顶点，并在保持一段时间后开始呈下降趋势，市场竞争日趋激烈。在这个阶段，一般采用竞争定价策略。企业可以将产品的定价略低于竞争对手、与竞争对手相同，或略高于竞争对手。例如，如果企业的产品是营销自动化软件，而竞争对手的价格在每月 39.9 元到 49.99 元之间，那么企业可以在这两个数字之间选择一个价格。

（四）衰退期定价策略

这是指当消费者兴趣转移或新产品推出导致销售量急剧下降时，采取的定价销售策略。在衰退期，产品的市场需求和企业销售量开始大幅度下降，市场已发现了新的替代品，利润也日益缩减，此时应果断采取降价策略。但如果同行业的竞争者都已退出市场，或者是经营的商品有保存价值，也可以维持原价，甚至提高价格。

总之，各类商品在其经济生命周期的某个阶段一般会具有共同的特征，但各类商品的性质、特点及其在国计民生中的重要程度、市场供求状况等有不同的表现，因此，不同的商品采取的定价策略同样要实事求是，灵活调整。

▶▶知识拓展 10－2

数字技术定价策略

数字技术逐渐拓展到定价实践中，利用数据分析工具和人工智能定价技术，在市场的供需关系中制定出最优的定价水平以及根据市场的变化适时调整定价。目前主要的数字技术定价策略有两类。

（一）智能动态定价策略

智能动态定价策略是基于机器学习和人工智能定价技术的应用，结合市场中的供需关系、季节变化、消费者评价、搜索率等影响因素来确定最终的产品价格。爱彼迎公司（Airbnb）采用智能动态定价策略。该公司推出“Price Tips”和“Smart Pricing”两种定价工具。其中，“Price Tips”可以根据房东目前的定价，显示该房间每天被预订出去的概率和相应的推荐价格；“Smart Pricing”工具中，房东可以设置一个最低值和最高值，之后会自动生成不同日期的推荐价格。

数字技术定价策略提高了定价的速度和灵活性，帮助企业做出最优的价格决策。但是，数字技术定价策略缺乏对消费者心理的关注，关注的是实时的供求波动，这可能导致产品价格变动过于频繁。

（二）算法驱动的个性化定价策略

算法驱动的个性化定价策略是指基于数据收集和数据分析工具，结合消费者的个体差异（如支付意愿）来确定最终的价格。联邦贸易委员会（FTC）发现：99%的在线企业可以获得用户访问其网站的行为信息，如位置信息、浏览和购买记录、收藏记录、某一产品的浏览时间、支付方式等。企业可以利用信息收集工具对消费者行为数据进行跟踪，进而通过分析消费者行为数据来解读消费者的个人特征和偏好。

> 算法驱动的个性化定价策略能帮助企业在一定程度上开发潜在消费者，扩大市场规模。但这一定价策略存在大数据杀熟的局限性。对企业来说，一定要慎用算法技术，采用服务策略与定价策略相结合的方式优化相应的定价策略。
>
> 资料来源：王永贵，项典典．数字营销——新时代市场营销学［M］．北京：高等教育出版社，2023.

第四节 价格变动策略

产品价格制定以后，由于情况发生变化，经常需要进行调整。企业调整产品的价格，主要有两种情况：一是由于客观条件发生变化，企业感到需要调高或调低自己产品的价格；二是由于竞争者调整价格，自己不得不跟着调整。前者称为主动调整，后者称为被动调整。无论是主动调整还是被动调整，价格调整策略的形式不外乎降价和提价两种。

一、降价与提价策略

（一）降价策略

1. 企业降价的原因。企业在以下五种情况下会调低产品或服务的价格：

（1）竞争压力大。在竞争对手降价或者有太多竞争对手进入行业的强大竞争压力下，企业的市场占有率降低，这迫使企业以降价方式来维持和扩大市场份额。

（2）生产能力过剩。企业需要增加销售量，提高生产设备利用率，摊薄固定成本。

（3）具有成本优势。企业希望通过削价方式来提高市场占有率，从而扩大生产和销售，控制市场。

（4）需求弹性大。在这种情况下，降价可以扩大销量，进而增加收入。

（5）经济衰退。在经济衰退、市场紧缩的形势下，顾客收入下降、需求减少、居民消费价格指数下降、行业共同成本降低、企业成本减少，降价有助于企业保持市场地位。

2. 企业降价主要有两种方式：乘胜追击型降价和背水一战型降价。

（1）乘胜追击型降价。乘胜追击型降价是指企业目前经营状况良好，在行业中处于优势地位，而且在品牌或成本等方面拥有竞争优势，具有较强的实力和能力，可以通过降价来扩大销量，产生单位成本节约效应并保持低成本优势。此时的降价可能使企业在短时间内损失一部分利润，但从长期来看，可以使企业扩大市场份额和获得竞争优势。

（2）背水一战型降价。背水一战型降价是指由于强大的竞争对手、市场份额逐步萎缩以及生产能力闲置等因素，企业迫切需要扩大销售和改变市场状况，但价格以外的其他营销方式难以在短时间内打开局面，企业不得不采取主动降价的行为。在行业处于弱势地位或整个行业不景气或者供给过剩的条件下，虽然企业通过降价的方式可以抢占一些实力相对较弱或资金链紧张的同业竞争对手的市场份额，但正所谓“杀敌一千，自损八百”，这种在亏损经营条件下的降价行为对企业的长期发展十分不利。所以，如果不是面临生存难关，企业一般不轻易使用这种策略。

在实践中，降价的具体措施主要包括降低销售总价、提高折扣率、改进产品性能或提供更多增值服务。不过，降价可能为企业带来新的困境，主要表现在：一是进一步优惠困境，顾客很可能要求进一步的价格优惠。二是低质量困境，顾客可能认为产品的质量差。三是脆弱的市场份额困境，低价策略能够赢得市场份额，但往往得不到顾客忠诚，顾客可能会转向价格更低的企业。四是浅口袋困境，若价格高的竞争者和低价者较量，前者更具持久力，因为有更多的资金储备。五是价格战困境，竞争者制定更低的价格，从而引发价格战。

【案例 10-5】

30 家汽车品牌开年集体降价：最高 17 万

随着 2025 年的钟声刚刚敲响，中国汽车市场已硝烟四起，一场前所未有的价格战悄然拉开序幕。据媒体不完全统计，截至目前，至少已有 11 家自主品牌、11 家新势力品牌及 8 家合资或豪华品牌，合计超过 30 家车企和品牌相继宣布实施降价促销政策，市场竞争态势空前激烈。

在这场价格大战中，比亚迪与特斯拉两大新能源巨头当仁不让，分别以其强大的市场影响力和技术创新引领降价潮流。与此同时，长安、吉利、奇瑞等传统车企也不甘落后，纷纷推出限时直降、现金红包等多重优惠措施，力图在激烈的市场竞争中占据一席之地。新势力品牌方面，“蔚小理零”（蔚来、小鹏、理想、零跑）等同样积极参与，通过权益加码等方式吸引消费者关注。

然而，这场价格战并非突如其来。2024 年 11 月，瑞银投资银行中国汽车行业研究主管巩旻就曾预警，相关补贴政策可能已提前透支了市场需求，为今年的价格战埋下了伏笔。随着车企产能的持续扩大，市场供需失衡状况越发明显，价格战的爆发也就不足为奇。长安汽车总裁王俊此前也曾指出，中国乘用车市场品牌众多，但真正盈利的品牌寥寥无几，仅 3 家实现盈利。他预测，未来 80% 以上的中国品牌将面临关停并转的风险，市场竞争的残酷性可见一斑。在此背景下，“卷成本”无疑将成为 2025 年汽车行业的主旋律。随着新车型不断涌现，市场供需矛盾在短期内难以得到有效缓解，车企只能通过不断优化成本控制，提升产品竞争力，以期在激烈的市场竞争中立于不败之地。

资料来源：http：//www. myzaker. com/article/677c9dd28e9f0969cb63e118.

（二）提价策略

企业提价的原因。企业提高价格的主要原因如下：

（1）应对成本上涨。主要原材料或资源供应紧张，主要供应商涨价或政府管制等因素都有可能造成企业成本上涨，最终促使企业调高价格。

（2）增加销售利润。当市场需求旺盛、产品供不应求时，企业通过调高价格往往可以获取高额利润。

（3）提高产品质量。企业通过创新提高产品质量、改进产品性能或丰富产品功能往往可以为顾客创造更多的感知价值。因此，企业可能会提高产品价格，以补偿因实现价值提高或价值增值而产生的额外成本投入。

（4）提升产品威望。对于威望类产品，企业通过提价可以显示其产品的高品位，从而增强顾客“物有所值”的感觉。

（5）抑制销售增长。销售增长过快可能会消耗大量的企业资源，并造成企业的资金短缺，情况严重时还会造成“成长性破产”，当销售增长超过筹资能力时，企业必须通过提高价格来抑制销售增长。

不过，在现实中，顾客很可能会对涨价表示不满，甚至进行强烈抵制。因此，企业应该采取一些措施，尽量避免在涨价时引起顾客的反感。例如，企业可以使涨价显得合情合理，并提前通知顾客，以使他们提前做好选择继续购买或到其他地方购买的准备。同时，企业可以先小幅度地提价，如降低折扣力度、提高最小订购量，或减产利润率低的产品等，然后逐步提高价格。

【案例 10－6】

“珍”贵了！价格上涨两三倍，珍珠成年轻人饰品“新宠”

继“黄金热”后，珍珠价格又一路“狂飙”，网上也出现了“比黄金涨势猛、买黄金不如买珍珠”的话题。

一月一个价，淡水珍珠、海水珍珠应声齐涨。在济南市高新万达广场的一家珠宝店里，珠宝销售张女士介绍，从 2023 年 3 月开始，珍珠价格涨了 30%—40%，店内的珍珠饰品基本都更换过价格标签，“像一些高端产品，比如 Akoya 珍珠项链，从 9000 多元直接涨到 1.5 万多元，翻了近两倍”。海水珍珠价格大涨，淡水珍珠价格也乘上了“火箭”。“一条淡水无核珍珠项链的批发售价，年初 2000 元，一个月前涨到 4000 多元，现在接近 5000 元”。

年轻人涌入珍珠购买圈，“珍珠热”成为新潮流。“比较好搭配衣服、显气质。珍珠不像黄金那么贵，几百块钱就能买到。而且顾客已经不分年龄段了，年轻女孩占大多数。”关于珍珠火爆的原因，珠宝店的店员解释是：现在很多电视剧、女明星都在戴珍珠饰品。今年来买珍珠首饰的顾客确实明显变多了。

需求增多，产量减少，成为珍珠涨价的重要因素。影响商品价格的最大因素是市场供需，珍珠也不例外。但珍珠涨幅为何如此“夸张”？当前国内珍珠养殖规模缩减，是淡水珍珠价格暴涨的主要原因。此外，近年来海水污染、全球变暖等都是原因之一。与一路走高的行情相比，珍珠的产量却在下降。浙江省珍珠行业协会的数据显示，2020 年全国淡水珍珠产量为 100 万公斤，2021 年下降到 80 万公斤，2022 年约为 70 万公斤，产量正逐年下降。

记者在走访中发现，不少消费者虽然知道珍珠一直在涨价，但都表示现在涨得有点离谱。“以前买一串普通的淡水珍珠也就两百块钱，现在四百块钱都买不了。”正在挑选珠宝项链的刘女士说，2023 年初购入的价格现在已经买不到了。

资料来源：https：//baijiahao. baidu. com/s？ id = 1780543220398224784&wfr = spider&for = pc.

二、顾客对价格变动的反应

（一）顾客对企业降价的反应

顾客对于企业某种产品的价格降低可能会这样理解：①这种产品的式样过时了，将被新产品代替；②这种产品有某些缺点，销售不畅；③企业财务困难，难以继续经营下去；④价格还要进一步下跌；⑤这种产品的质量下降了。

（二）顾客对企业提价的反应

企业提价通常会影响销售，但是购买者对企业的某种产品提价也可能会这样理解：①这种产品很畅销，不赶快买就买不到了；②这种产品很有价值；③卖主想尽量取得更多利润。

一般来说，购买者对于价值高低不同的产品价格变动的反应有所不同。购买者对于那些价值高、经常购买的产品的价格变动较敏感，而对于那些价值低、不经常购买的小商品，即使单位价格较高，购买者也不大注意。此外，购买者虽然关心产品价格变动，但是通常更关心获得、使用和维修产品的总费用。因此，如果卖主能使顾客相信某种产品获得、使用和维修的总费用较低，就可以把这种产品的价格定得比竞争者高，获得更多的利润。

三、竞争者对价格变动的反应

企业在考虑改变价格时，不仅要考虑购买者的反应，还要考虑竞争对手对企业产品价格的反应。当某一行业中企业数目很少，提供同质产品，购买者颇具辨别力与相关知识时，竞争者的反应就越显重要。

企业如何估计竞争者的可能反应呢？首先假设企业只有一家大的竞争者，企业可从以下两个方面来估计、预测竞争者对本企业的产品价格变动的可能反应。

第一，假设竞争者采取老一套办法来应对本企业的价格变动。在这种情况下，竞争者的反应是能够预测的。

第二，假设竞争者把每一次价格变动都看作新的挑战，并根据当时自己的利益做出相应的反应。在这种情况下，企业必须判断当时竞争者的利益是什么。企业必须调查研究竞争者目前的财务状况，以及近来的销售和生产能力情况、顾客忠诚情况和企业目标等。如果竞争者的企业目标是提高市场份额，它就可能随着本企业产品价格变动而调整价格。如果竞争者的企业目标是取得最大利润，它就会采取其他对策，如增加广告预算、强化广告促销或者提高产品质量等。总之，企业在实施价格变动时，必须善于利用内部和外部的信息来源，预测竞争对手的思路，以采取适当的对策。

实际问题是复杂的，因为竞争者对本企业降价可能有不同理解。例如，竞争者可能认为企业想偷偷地侵占市场，或者认为企业经营不善，力图扩大销售；还可能认为企业想使整个行业的价格下降，以刺激整个市场需求。

以上假设的是企业只面对一个大的竞争者。如果企业面对若干个竞争者，在变价时就必须估计每一个竞争者的可能反应。如果所有竞争者的反应都大体相同，就可以集中力量分析典型竞争者，因为典型竞争者的反应可以代表其他竞争者的反应。由于各个竞争者在规模、市场份额及政策等重要问题上有所不同，因此它们的反应也有所不同，在这种情况下，就必须分别对各个竞争者进行分析；如果某些竞争者随着本企业的价格变动而变价，就有理由预料其他的竞争者也会这样做。

四、企业对竞争者变价的反应

在现代市场经济条件下，企业经常会面临竞争者变价的挑战。如何对竞争者的变价做出及时、正确的反应，是企业定价策略的一项重要内容。

面对竞争者的变价，企业必须认真调查研究如下问题：第一，竞争者为什么变价？第二，竞争者打算暂时变价还是永久变价？第三，如果对竞争者的变价置之不理，将对企业的市场份额和利润有何影响？第四，其他企业是否会做出反应？第五，竞争者和其他企业对于本企业的每一个可能的反应又会有什么反应？

在研究以上问题的基础上，企业还必须结合所经营的产品的特性确定对策。一般来说，在同质产品市场上，如果竞争者降价，企业必须随之降价，否则顾客就会购买竞争者的产品，而不购买该企业的产品；如果某个企业提价，且提价对整个行业有利，其他企业也会随之提价；但是如果某个企业不随之提价，那么最先发动提价的企业和其他企业将不得不取消提价。

在异质产品市场上，顾客选择卖主时不仅考虑产品价格因素，而且考虑产品的质量、服务、性能、外观、可靠性等多方面的因素。企业对竞争者变价的反应有更多的选择余地。对于竞争者的涨价行为，企业可以根据具体情况采取跟进或观望措施，而对于竞争者的降价行为，企业可以在以下行为中选择。

1. 维持价格不变。企业可能由于自身产品具有较大的差异性使得消费者对本企业产品的需求弹性较小，此时，企业可以利用差异性优势来维持价格不变。

2. 价格不变，加强非价格竞争手段的投入。例如改进产品质量、改变产品包装、提高服务水平、加强促销沟通等，运用非价格手段来反击竞争者。许多企业的营销实践证明，采取这种策略比降价和低利经营更合算。

3. 降价。企业采取直接降价策略，主要是因为：第一，降价可以使销售量和产量增加，从而使成本费用下降；第二，市场对价格很敏感，不降价就会使市场份额下降；第三，市场份额下降之后，很难恢复。企业降价以后，仍应尽量保持产品质量和服务水平，或是结合非价格竞争手段增加产品的差异性，以避免产品过度降价。

4. 提价。企业在提价的同时，还要致力于提高产品质量，或推出某些新品牌，以便与竞争对手争夺市场。

面对竞争者的变价，企业不可能花很多时间来分析应采取的对策。事实上，竞争者很可能花了大量的时间来准备变价，而企业又必须在数小时或几天内明确果断地做出明智反应。缩短价格反应决策时间的唯一途径是：预料竞争者的可能价格变动，并预先准备适当的对策。

小结与思考练习

【本章关键词】

定价影响因素　定价目标　成本导向定价法　需求导向定价法　竞争导向定价法　渗透定价策略　撇脂定价策略　满意定价策略　心理定价策略　折扣定价策略　产品组合定价策略　数字定价策略　价格变动策略

【本章小结】

1. 影响定价的因素主要有市场需求状况、产品成本、定价目标、竞争者产品和价格以及企业自身的其他因素等。

2. 定价目标用来描述企业希望通过定价实现的总体目标。定价目标不同，其价格水平与价格策略就不同。企业的定价目标可分为利润导向目标（目标利润率、利润最大化）、销售导向目标（销售金额或数量增长、市场占有率增长）、对等导向目标（应付价格竞争、稳定价格、非价格竞争）等。

3. 定价方法有成本导向定价法、需求导向定价法及竞争导向定价法。成本导向定价法有成本加成定价法、目标利润定价法、盈亏平衡定价法、边际贡献定价法等；需求导向定价法有理解价值定价法、需求差异定价法、逆向定价法等；竞争导向定价法有随行就市定价法、投标定价法等。

4. 定价策略一般可分为新产品定价策略、产品生命周期定价策略、心理定价策略、折扣定价策略和产品组合定价策略。

5. 企业在采取降价策略或提价策略进行价格变动时，必须考虑购买者及竞争者对价格变动的反应。

【本章思考题】

1. 影响企业定价的因素有哪些？
2. 可供企业选择的定价方法有哪些？
3. 如何对新产品进行定价？
4. 什么是心理定价策略？
5. 结合某一网络虚拟产品，分析影响虚拟产品和服务价格制定的主要因素和定价策略；思考相较传统商品，虚拟商品定价具备哪些优势和劣势？
6. 对某一产品行业进行实际调研，探讨企业如何灵活运用定价策略与方法来应对激烈的市场竞争，分析如何根据竞争者价格变动做出反应措施？

【本章案例作业】

比亚迪的梦想能否照进县城

在新一线城市继续扩张，同时向下进入低线城市，是比亚迪渠道扩张的策略。在很多县，已经开始看到比亚迪4S店的身影。品牌认知、新能源汽车消费心智以及价格因素，4S店的数量布局把控，考验着比亚迪在县级市场的成败。

国产新能源霸主比亚迪，在大举进入县级市场。根据统计，2022年前三个季度，比亚迪扩店排名靠前的城市，为东莞、武汉、成都、郑州。同时，比亚迪在低线城市也在积极扩张。在一些五线的县级市，也开始看到比亚迪的身影。

2023年，对于比亚迪来说，是市场更加深入的一年。要继续高歌猛进，获得增量，下沉市场是非常重要的支撑。

但是在下沉市场推进过程中，国产汽车面临的境况还比较尴尬。下沉市场难以接受新能源汽车较高的价格，同样的价位，他们更愿意购买知名的传统燃油车品牌。对于新能源汽车全国统一价、没有优惠的销售方式，下沉市场也不太容易接受。

长沙市下属浏阳市的西郊，是汽车销售4S店集中地。在这里，有哪吒汽车销售店，也有大众、日产等品牌的销售处。刚开业一个月的比亚迪王朝网城市展厅，哪吒汽车鹤立鸡群。销售人员介绍，这家门店在2022年12月中旬左右开业。门店是租的，比亚迪总部掌握了门店尺寸之后，负责出设计图纸，他们根据设计图在本地找装修队施工，进行装修设计。在本市的东站，他们的另一家店，王朝网4S店正在装修，预计2023年5月开业。汽车东站是本市另一个汽车销售集中片区。

销售人员苦恼的是，比亚迪全国统一价格，没有任何优惠空间。在浏阳本地，很多人觉得难以接受，没有优惠就不买。“因为买比亚迪的70%—80%都是换车的客户，他们之前买丰田也好，买大众也好，都有优惠，凭什么你比亚迪没有？现在人家特斯拉都降价。一些客户就是有这么一种心理。”销售人员说，“传统燃油车各地的价格都不一样，各个店都不一样。但是比亚迪是全国统一价，而且没有优惠。”而且，比亚迪最近还宣布涨价了，旗下车型涨价2000—6000元。对此，销售人员只能一个个解释背后的原因，一个是原材料涨价，一个是国补取消，因此比亚迪选择了涨价。对于竞争对手降价，也有一套解释。“某品牌降价，是迫于比亚迪的压力，而且去年一年降了两次，从三十几万元降到二十几万元。我和朋友交流，他的某个车型可能会降到20万元以下。你现在买了，说不定后期还可能降价。另外，他们的投诉还是比比亚迪要多。”除此之外，在销售话术上，销售谈的还是比亚迪的刀片电池，以及在行业的沉淀，这和一线城市销售话术没有区别。

针对这些县级市场，你认为比亚迪如果想打破原来的定价模式应该采取什么样的价格策略，才能征服这里的消费者呢？

资料来源：https：//baijiahao. baidu. com/s？ id = 1756404972664387883&wfr = spider&for = pc.

讨论题：

1. 结合案例分析比亚迪统一定价策略在县级市场遇到什么问题？

2. 你认为比亚迪要想获得增量，实现渠道扩张的目标，在县级市场的定价策略需要进行怎样的调整？

【本章参考文献】

［1］王永贵，项典典．数字营销——新时代市场营销学［M］．北京：高等教育出版社，2023.

［2］杨洪涛．市场营销 网络时代的超越竞争［M］．第3版．北京：机械工业出版社，2019.

［3］孟韬．市场营销 互联网时代的营销创新［M］．第3版．北京：中国人民大学出版社，2018.

［4］陈守则．市场营销学［M］．第3版．北京：机械工业出版社，2022.

［5］王永贵．市场营销［M］．第2版．北京：中国人民大学出版社，2022.

［6］郭国庆．市场营销学［M］．第7版．北京：中国人民大学出版社，2022.

［7］（美）诺埃尔·凯普，（荷）柏维良，郑毓煌．写给中国经理人的市场营销学［M］．北京：中国青年出版社，2012.

［8］郭国庆．市场营销学［M］．第7版．北京：中国人民大学出版社，2022.

［9］苏朝晖．市场学：市场经营战略与策略［M］．北京：机械工业出版社，2021.

第十一章　价值网络与营销渠道

开篇案例

泡泡玛特的玩具帝国

泡泡玛特（POP MART）是国内潮流生活品牌，成立于2010年，主营创意家居、潮流箱包、礼品玩具、时尚饰品、文具等产品，集设计、采购、销售于一体。泡泡玛特的火热，让更多人注意到了潮流玩具市场。资本和投资者纷纷入局，泡泡玛特却并不担心。它的底气来自泡泡玛特坚硬的"堡垒"，它建立了覆盖潮玩全产业链的运营平台。其创始人兼CEO王宁将泡泡玛特的成功总结为八个字——"尊重时间，尊重经营。"

"堡垒"的基础，是已经具备一定规模效应的线下零售体系。潮玩商品具有明显的体验式特点，从泡泡玛特获得第一笔融资开始，在资本助力下，就开始进行线下布局。但构建线下渠道并非易事。小到商品标签、陈列设计，大到整个服务流程，团队管理，商场选址等，都需要长时间的积累。"线下节奏不可控，比如线上我花10块钱拉一个客户，但线下不是说我砸100万元马上就能开一家店，选到合适的店铺，有可能出来一个位置，面积和形状都不是你想要的。"王宁说，为了拿到三里屯合适的店铺，足足等了两三年。泡泡玛特现在拥有成熟的线下运营方式，线下门店不再局限于单一销售功能，而是打造集艺术展示、个性化体验、用户社交等功能于一体的多元化空间，给用户带来精致消费体验、实现业务增收的同时，持续传播品牌形象，输出品牌文化。

在构筑线下零售渠道的同时，泡泡玛特还在线上扩展了天猫旗舰店、葩趣商城、泡泡抽盒机等零售渠道，并同样发展迅猛。泡泡玛特于2018年进驻抖音和快手平台，2020年注册微信公众号平台，2021年注册小红书官方账号，开始进行推文和短视频的发布。在引入优质IP的同时，通过构筑"线上社交平台＋线下交流会"以及潮玩社区App的方式，构筑上游艺术家与下游消费者的交流桥梁，实现线上对线下的反哺，持续培育深度粉丝。移动互联网营销渠道的建立，对泡泡玛特的快速发展起着重要作用。2020年12月11日，泡泡玛特在港交所正式挂牌上市，成为第一家上市的盲盒经纪公司。数据显示，截至2023年6月，泡泡玛特实现营收28.14亿元（人民币，下同），同比增长19.3%；毛利润为16.98亿元，同比增长23.9%；其中净利润达4.77亿元，同比增长43.3%，超过2022年全年的净利润，在年轻消费群体中备受推崇。泡泡玛特作为目前国内潮玩行业的领头人，已经搭建起一整套以“潮玩艺术家经济＋IP孵化运营＋OEM生产＋消费者触达＋潮玩文化推广培育”为核心的潮玩领域完整闭环生态系统，凭一己之力推动着整个潮玩行业的发展。

资料来源：根据网络资料整理。

企业的最终目的是实现盈利，这就意味着企业必须通过快速、有效的渠道将商品的所有权传递给消费者。如今合作已经取代竞争，价值创造的主体已由单个企业变成网状组织，价值创造的方式也由价值链转变为被普遍认可的价值网络。在此背景下，企业只有建立适合企业发展的营销渠道，协调渠道间关系，减少渠道间冲突，激发渠道成员的积极性，合理利用网络营销工具，才能快速实现价值转移。

第一节　价值网络及营销渠道

营销渠道是实现商品价值创造的各个主体之间形成的合作关系及各主体为实现商品所有权转移而提供的流通通道。价值的实现，不仅仅是营销渠道终端的任务，整个价值网中所有企业的活动都是为价值的实现而进行的。在价值网思维指导下的营销渠道是企业根据产品或服务的特点，结合市场细分和消费者行为分析，为满足不同顾客需求，将产品、价格、服务、品牌等与营销渠道结合，以实现吸引顾客、开拓市场为目的而建立的具备一定竞争力的销售渠道。

一、价值传递网络

营销的基本目的是实现顾客价值，这就意味着企业必须将其所创造的价值通过有效的渠道传递给顾客。因此可以将分销渠道看成价值交付的中介，而生产商对于这一中介的基本着眼点就在于效率。近年来，许多企业发现单独依靠自己的实力，已经难以适应竞争性微利时代的要求，它们开始通过构建纵向和横向的合作网络来降低交易成本，提高对顾客需求的反应速度，从而赢得和保持竞争优势。

（一）从价值链到价值链系统

波特在《竞争优势》中提出了“企业价值链”的概念。他认为“每一个企业都是用来进行设计、生产、营销、交货以及对产品起辅助作用的各种活动的集合”。具体来说，企业价值链由基本活动和辅助活动两部分组成，如图 11 -1 所示。

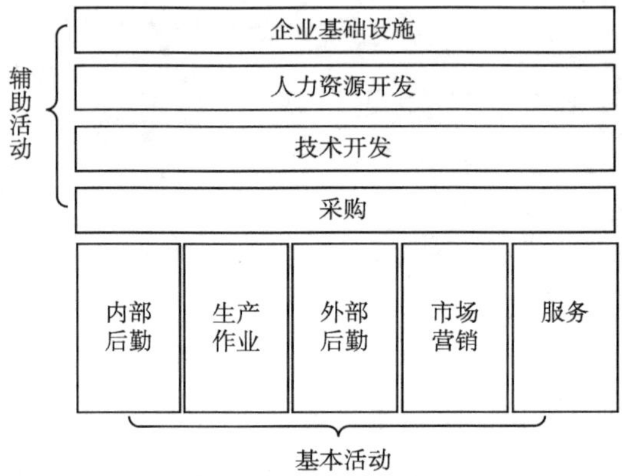

图 11 -1　企业价值链

在整个企业价值链中，与营销渠道直接相关的活动包括：外部后勤、市场营销和服务。上述三类活动构成了企业成本和竞争优势的三大来源，在实践中可以由生产商和中间商单独或共同完成。因此，企业管理人员的一项重要任务就是决定如何安排这些活动。进一步讲，企业管理人员必须把企业的价值链置于更为广阔的环境条件下进行分析。在这种情况下，出现了一个新的概念，即“价值链系统”。价值链系统从纵向角度考察生产企业与供应商、分销商、顾客之间的关系。这种观点认为，企业的价值链并非处于一个真空地带，它与外界具有不可分割的价值联系。因此，应将企业的价值链与供应商、分销商和顾客的价值链整合成一个系统来考虑。

（二）价值网络涵义及其特征

价值网络是一种新型的管理模式，它是在价值链和价值链系统的基础上演变和发展起来的。《发现利润区》一书首次提出了“价值网络”的概念。其认为“价值网络是一种新的业务模式，它将顾客日益苛刻的要求与灵活和有效率、低成本的制造相连接，采用数字信息快速配送产品，避开了代价高昂的分销层，将合作的提供商连接在一起，以交付订制的解决方案，将运营提升到战略水平，适应不断发生的变化”。

在价值链系统中，供应商与顾客主要是一种单向的顺序关系，而在价值网络中，这一关系被打破，转而形成一种以顾客为中心的互动模式。不仅如此，其他与价值有关的组织和人员（如中间商和分销商等）也被纳入价值网络的范畴。

价值网络具有以下特征：(1) 以顾客需求为中心。企业生产活动关注的重点是顾客的实际需求以及如何使顾客价值最大化。因此，价值网络表现出明显的顾客参与的特点。(2) 高度协作与系统化。价值网络中的企业关注网络整体共同效率的提高。因此，每项活动都交由最有能力的内部成员或外部专家来完成。不仅如此，网络成员之间还保持高度互动性，以确保整个价值网络能以最高效的方式交付产品和提供服务。(3) 快速响应与个性化定制。价值网络能够按照顾客要求以“端对端”的形式减少信息和物流的冗余层次。与此同时，信息技术提高了网络成员的沟通能力和效率，使整个价值网络能够及时对顾客需求做出反应。不仅如此，处于价值网络核心地位的顾客可以在企业的建议和帮助下，按照自己的喜好和需求设计出个性化的产品。(4) 数字化。价值网络成员通常通过数字化信息渠道进行沟通。因此，网络和信息系统建设是价值网络成员的重要任务之一。在数字技术快速发展的今天，价值网络成员纷纷发展在线电子商务。(5) 快速流动。价值网络内部信息的快速流动大大缩短了从获得订单、设计生产到交货运输所需的时间。物流速度的加快使企业资金周转更为迅速。(6) 低成本。信息技术的应用能够带来沟通成本和交易成本的下降。同时，快速流动的价值网络意味着企业能够尽可能地降低存货水平，节约相应的仓储成本。

总之，价值网络的这 6 个特征构成了一个具有竞争力的业务模式。在这种模式下，企业能够更有效地为顾客创造和传递价值。

【案例 11 –1】

社区团购——数字渠道走进现实生活

社区团购是依托于真实居民社区的互联网购物消费模式，是一种区域化、本地化、网络化的团购形式。

美团优选是美团旗下的社区电商业务，采取“预购 + 自提”的模式，进入社区电商赛道，进一步探索社区生鲜零售业态，满足差异化消费需求，推动生鲜零售线上线下加速融合。其提供的产品覆盖了大部分食品和生活用品，包括酒水乳饮、休闲零食、时令水果、粮油调味、冷冻冷藏等。用户可每天 0 点到 23 点通过美团优选微信小程序下单，次日到门店或团长处自提，最早中午前就可收到商品。在购买、收货过程中遇到问题，用户都可通过团长解决，美团优选提供 100% 售后支持。“预购 + 自提”模式可实现按需集中采购，减少商品的运输、存储时间，最大限度保障商品新鲜度且降低损耗，同时省去了最后一公里的配送成本，从而让利给消费者，使商品更具价格优势。

作为美团旗下的社区电商业务，美团优选覆盖的面积非常大，基本上是覆盖了全国的大部分省市。为了可以更好地为顾客提供物美价廉、新鲜的产品，美团推出了“农鲜直采”计划，跟多个地方政府合作。这种大批量的采购，产地直销，可以把成本压得极低。美团优选依托软件平台进行销售，然后再去配送到各个站点，这样也就不需要租赁经营场所，不需要专门去聘请营业人员，只要在附近用低价租个位置偏僻的大型仓库就可以，这大大压缩了运营成本。

资料来源：根据网络资料整理。

二、营销渠道的涵义

（一）营销渠道的定义

营销渠道（Marketing Channel），又称“分销渠道”（Distribution Channel），是企业营销策略组合中的一个重要策略。企业生产的产品或服务只有通过一定的营销渠道，才能在适当的时间、地点提供给顾客，从而满足市场需求，实现企业的营销目标。科特勒认为，营销渠道是为使产品或服务能被使用或消费而形成的一系列独立组织的集合。因此，营销渠道是产品或服务由企业（生产者）向消费者转移所经过的一系列环节和过程。在这个过程中，企业销售的产品或服务是营销渠道的起点，顾客购买产品是营销渠道的终点。在企业与最终顾客之间参与产品的销售活动，或者推动这种销售活动的一切组织和个人称为“中间商”。

（二）营销渠道的功能

营销渠道的基本功能是在将产品和服务从生产者转移到消费者的过程中，消除时间、空间和所有权上的差距。表 11－1 归纳了营销渠道的 8 种主要功能。

表 11－1 营销渠道的主要功能

主要功能	具体描述
信息	通过调研和收集营销环境中潜在和现有顾客群、竞争者及其他参与者的信息，及时地对各自的营销策略进行调整，并在渠道成员之间传递
促销	开发和传播具有说服力的沟通信息； 分销渠道的成员，无论是中间商还是代理商或辅助机构，都要开展促销活动，保证商品顺利地转移到消费者手中

续表

主要功能	具体描述
联系	寻找潜在的消费者，并与其沟通联络
匹配	根据购买者需求形成提供物，包括生产、分类、组装和包装等活动
谈判	就价格等一系列条件达成协议，以便于所有权或使用权的转移
实体分销	运输和储存货物
融资	获得和使用资金，补偿渠道工作的成本
风险承担	在分销过程中，往往会遇到周转资金不足、商品毁损或商品供求变化、自然灾害等不可抗因素，一旦出现这类问题，渠道成员要承担一定的风险

三、营销渠道的结构

对于企业而言，渠道结构有两层涵义：一是指企业某一条渠道的层次、参与者和覆盖范围；二是指企业使用的渠道类型以及各类型渠道在企业销售中所占的比重和覆盖范围。前者可以称为“渠道构成结构”，后者可以称为“渠道组合结构”。本节介绍企业的渠道构成结构，而企业的渠道构成结构可以按照长度、宽度、密度、中间商类型进行分类。

（一）渠道长度

渠道长度也称“渠道级数”，指在渠道中处于制造商和消费者或用户之间中间环节的多少。据此，渠道可以归纳为两大类：一类是直销渠道，如图 11－2 中的渠道 1“制造商—消费者”；另一类是中间商渠道或间接渠道，如图 11－2 中的渠道 2 和渠道 3。直销渠道指制造商使用自己的销售队伍直接把产品销售给顾客，具体形式有人员推销、邮寄销售、电视销售和网络直销等。中间商渠道指制造商通过中间商（如批发商、代理商和零售商）销售自己的产品，按照层级的多少来论长短。通常一条渠道中的层级越多，渠道就越长；反之，则越短。实际上，直销渠道就是零层次渠道，其中商品的所有权转移不经过任何其他中介组织。

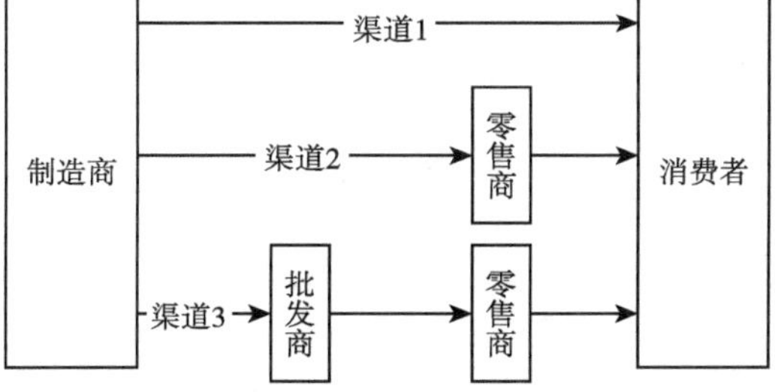

图 11－2 营销渠道长度

（二）渠道宽度和渠道密度

渠道宽度和渠道密度虽然密切相关，但是涵义不同。渠道宽度指渠道的覆盖范围，意味着渠道可以使企业产品抵达区域的多少或大小；渠道密度则指企业在某一区域内销售网点的数量，意味着企业在某一区域的销售力度。两者组合，有四种情况，如表 11－2 所示。

表 11－2　渠道的宽度和密度

宽度：覆盖范围	密度：网点数量	
	多	少
广	宽而密的渠道：渠道的覆盖面广，且每一区域内的销售网点数量多	宽而疏的渠道：渠道的覆盖面广但每一区域内的销售网点数量少
窄	窄而密的渠道：渠道的覆盖面窄，销售网点多	窄而疏的渠道：渠道的覆盖面窄，销售网点少

由此可见，一条渠道可以是宽而密的，即渠道的覆盖面广，且每一区域内的销售网点数量多；也可以是宽而疏的，即渠道的覆盖面广，但每一区域内的销售网点数量少；还可以是窄而密，即渠道的覆盖面窄，销售网点多；或者窄而疏的，即渠道的覆盖面窄，销售网点少。

如图 11－3 所示，生产制造商使用了两条渠道：一条是“生产制造商—零售商—消费者”；另一条是“生产制造商—批发商—零售商—消费者”。后一条渠道比前一条渠道多了批发商这一层级，因此后者比前者更长。若两条渠道的覆盖面积相同，但后一条渠道零售商更多，那么后一条渠道更密集；如果两条渠道中后一条渠道市场覆盖面积更大，那么后一条渠道更宽；如果两条渠道中各个零售商的覆盖面相同且后条渠道的零售商之市场覆盖面只有部分重叠，那么后一条渠道比前一条渠道更宽也更密。

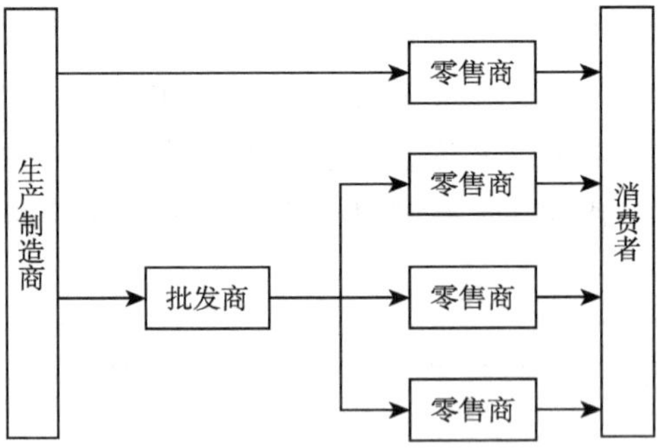

图 11－3　渠道的宽窄与疏密

一般而言，在渠道层级和渠道覆盖范围不变的情况下，一条渠道中各层级中间商的数量越多，渠道就越密；反之，则越疏。在渠道层级和渠道密度不变的情况下，一条渠道中各层级中间商的数量越多，渠道就越宽；反之，则越窄。两者共同决定着渠道的覆盖范围和销售力度。

【案例 11 -2】

“让漂亮的校服穿在每个学生的身上”

我国校服市场高度分散，市场关系错综复杂，作为中国校服行业的第一品牌，伊顿纪德一直在不断转型升级的路上。

伊顿纪德依托苏美达平台，在品牌成立的早期阶段，其瞄准线下团购业务，通过熟人介绍或者主动打电话的方式，通过“在商不言商”的推动策略，亲自和教育局领导、校长进行约谈，拉近彼此之间的信任感和亲近感，然后再迁移到伊顿纪德品牌上。

在品牌成立的中期阶段，通过建立品牌的官方网站、进行新闻媒体宣传、刊登教育杂志封底广告、参与教育会议以及校服展销会，伊顿纪德逐渐获得了更大的声量和曝光度，认识了一批来自全国各地的合作伙伴，迅速实现了业务的扩张。2010 年恰逢电子商务兴起，伊顿纪德顺势在淘宝和天猫商城开设网店，上线第一年销售额就突破了 200 万元，获得了不错的市场反响。

在品牌成立的后期阶段，为了带来更好的服务体验，伊顿纪德又陆续在几个重点地区开设线下形象店与校园之家，一方面便于进行校服展示，另一方面也便于学生和家长退换货。同时，为了打造更好的品牌声誉，提高推拉的层次，聘请南京四小凤担任品牌代言人，登录纽约时代广场大屏播放品牌广告，建立自媒体矩阵增加流量触点，赞助高层次教育会议巩固关系……不少客户正是看到伊顿纪德的宣传后主动打电话前来洽谈。

资料来源：丰超，万宁，陈慧，刘伟豪 . To B or To C：伊顿纪德的全渠道转型之路 . 中国管理案例共享中心，2022.

（三）中间商类型

除非只使用直销渠道，否则制造商在销售产品时必然有中间商的介入。中间商是指在制造商（或其他类型供应商）与消费者（或用户）之间起中介作用的商业组织。中间商的种类很多，既可能处在不同渠道层级上发挥不同的作用，也可能处在相同渠道层级上采取不同的经营方式发挥相同的作用。

中间商主要有两大类，即批发商和零售商。批发商是指从制造商购进产品，然后大批量转售给其他批发商、零售商、生产用户以及各种非营利组织的商业机构的中间商。零售商则是以经营零售业务为主，向顾客销售商品以供其生活消费的中间商。除了批发商、零售商以外，还有经销商、代理商、分销商等中间商。

经销商是指受制造商委托，签订经销合同，在一定区域内负责该制造商产品销售的批发商或零售商。代理商本身没有商品所有权，一般只帮助买卖双方进行业务沟通，促成交易，从中赚取佣金。而代理商与经销商有下列三点区别：第一，制造商一般在一个地区只使用一个代理商，但是可以同时使用多家经销商；第二，经销商一般拥有商品的所有权，而代理商常常不拥有商品的所有权或只部分拥有商品的所有权（如付50%的款提货）；第三，代理商一般替制造商代理销售全部产品，在销售价格和其他销售条件上有较大的决策权，经销商则只销售其想销售的产品，在价格和其他销售条件上受制造商的限制较大。

分销商与中间商涵义相同，都是指那些专门从事商品流通活动的机构或个人，但是在现实中一些企业将其视为经销商或代理商的代名词。从职能上看，这些中间商之间的界限并不能完全分开，一种类型的中间商常常承担着其他类型中间商的功能。比如，一些制造商常常与零售商形成委托经销或代理关系。此时，零售商也称为某品牌的经销商或代理商，一方面，继续发挥零售商的作用；另一方面，由于与制造商有了较为密切的合作关系，也发挥批发商的一些功能，如代理制造商开拓市场，为其他零售商提供商品。

▶▶知识拓展 11－1

营销渠道新发展

从传统时代到数字时代，可以将营销渠道演进的轨迹总结如下图所示。

（一）单渠道阶段

单渠道销售是指渠道宽度，它是选择一条渠道，将产品和服务从某一销售者手中转移到顾客或者消费者手中的行为。单渠道策略通常被认为是窄渠道策略，而不管这一条渠道是实体店，还是网店。例如，以往一台洗衣机的销售遵循着“工厂→一级批发→二级批发→三级批发→零售店→顾客”的单一渠道方式完成销售。

（二）多渠道阶段

多渠道是指企业采用两条及以上完整的零售渠道进行销售活动的行为，但顾客一般要在一条渠道完成全部的购买过程或活动。例如，老板烟机采取线下实体店和线上商城相结合的零售方式，部分型号的抽油烟机在线下进行销售，特定型号放在互联网商店零售，线上线下针对不同的人群特点，产品的定位、价格会有不同。

（三）跨渠道 O2O（Online to Offline）& O2M（Offline to Mobile）

跨渠道指的是多种渠道交互完成销售流程，通常每条渠道仅完成销售的部分功能。在数字时代，更加突出的是线上和线下的互动合作，线下了解产品，线上订购，然后通过线下店铺自提或者快递完成销售。随着移动互联网和智能终端的普及，更直观的体现是移动端和线上的交互。例如，京东到家整合了多家连锁水果专卖店，客户可以在任一家水果店选择想要的水果，在手机 App 上下单，最终店铺把水果送到客户家中。

（四）全渠道阶段

全渠道是指企业采取尽可能多的销售渠道类型进行组合和整合（跨渠道）销售的行为，以满足顾客购物、娱乐及社交的综合体验需求，这些渠道类型包括有形店铺（实体店铺、服务网点）和无形店铺（上门直销、直邮和目录、电话购物、电视商场、网店、手机商店），以及信息媒体（网站、呼叫中心、社交媒体、E-mail、微博、微信）等。例如，顾客在决定购买一部智能手机的时候，可能通过网络、线下门店、服务体验中心、社交媒体评价等方式了解产品，购买时可以选择官网、淘宝网店、线下购买等多种渠道，售后服务可以选择邮寄修理、线下门店等方式。

（五）商务智能整合

商务智能整合指的是在高度发达的网络信息技术背景下，企业和消费者高度沟通，数据共享，沟通成本大幅下降。在这种情况下，销售的发起点可能不只是企业，还有消费者本身。消费者可以通过各种渠道将需求信息传递给对应的企业，企业为之生产出相应的产品，或者企业通过消费者共享的数据批量定制符合特定族群需求的产品。消费者和企业的选择将是相互的，主动权也进一步向消费者倾斜。

资料来源：曹虎．数字时代的营销策略［M］．北京：机械工业出版社．2017：154－156.

第二节 营销渠道设计

营销渠道策略是指企业通过分析多种影响因素，制订出的有利于将其产品以最有效的方式传递给消费者的分销渠道计划和方案。企业要使其营销渠道发挥应有的作用，必须制定完善、合理的营销渠道策略。针对不同的情况，企业的营销渠道策略是不同的。营销渠道策略的设计取决于多种复杂的因素，目的主要是在考察自身渠道建设和竞争者渠道建设中寻找自己的不足，从而赢得市场。

【案例 11 -3】

格力的五次渠道变革

第一次渠道变革是大客户经销商的出现。1995 年初，空调行业的需求开始增长，单靠业务员个人的力量是无法满足市场扩张的要求，董明珠敏锐地察觉到了行业变化，格力开始进行渠道结构的调整，从业务员转向大客户经销商模式。为此，格力电器与全国各地大型经销商合作，以大客户经销商为基础，开发二级、三级零售商的分级销售体制。

第二次渠道变革核心是区域股份制销售公司模式。在董明珠的倡导下，1997 年，中国第一家由厂商联合组成的区域性品牌销售公司“湖北格力空调销售公司”正式诞生。以区域经销商资产为纽带，以格力品牌为旗帜，在每个区域选定几个大经销商，共同出资参股组建一家专营格力品牌的股份制销售公司。格力负责产品研发和品牌推广，市场开拓、销售、售后服务全部由销售公司来完成。每个地方的经销商就作为一家公司主体，统一定价出货给二级、三级经销商。

第三次渠道变革是专营代理和尝试连锁大卖场。格力积极与以国美、苏宁为代表的家电连锁大卖场合作。因为他们跨地域连锁经营，掌握了庞大的销售网络区域，零售终端高效而且专业。

第四次渠道变革是自建专卖店与股权捆绑。2004 年，家电连锁龙头国美开展降价促销，破坏了格力长期统一的价格体系，董明珠开始了自己的第四次渠道变革，先是自建专卖店渠道，自己组建线下卖场。格力也通过这第四次渠道变革与各级经销商实现了利益绑定，确立了强大的线下渠道优势。

最近，格力又开启了第五次渠道变革。“渠道扁平化的线上新零售模式”开始积极布局新零售渠道。自 2020 年 6 月 1 日第四次直播起，格力电器直播由线下经销商协助引流，在线上实现统一转化。线下经销商以“类地推”方式将线下流量集中，消费者通过经销商专属二维码进入直播间，待消费者线上下单后，再由格力电器将销售额分配至线下经销商，而非引流成交销售额则由线下经销商就近发货。本次渠道变革中，格力电器引导经销商积极转型，促进线上线下渠道融合，推进经销商分享新零售渠道红利。公告显示，格力电器2023年全年预计实现营业总收入2050亿—2100亿元，同比增长7.8%—10.4%。

资料来源：根据网络资料整理。

一、分析需求

（一）市场需求

1. 批量大小。购买批量大，多采用直接销售；购买批量小，除通过自设门店出售外，多采用间接销售。

2. 消费者的分布。某些商品消费地区分布比较集中，适合直接销售；反之，适合间接销售。工业品销售中，本地用户产需联系方便，因而适合直接销售。外地用户较为分散，通过间接销售较为合适。

3. 潜在消费者的数量。若消费者的潜在需求多，市场范围大，则需要中间商提供服务来满足消费者的需求，企业宜选择间接分销渠道；若消费者的潜在需求少，市场范围小，则企业可直接销售。

4. 消费者的购买习惯。有的消费者喜欢到生产企业购买商品，有的消费者喜欢到商店购买商品。所以，企业应同时采用直接销售和间接销售的方法，以满足不同消费者的需求。

（二）用户需求

1. 送抵时间。送抵时间是货物通过渠道送达顾客手中的平均消耗时间。顾客一般喜欢耗时较短的渠道。

2. 空间便利。空间便利是营销渠道为顾客购买产品所提供的方便程度。例如，许多商家附带有免费的停车场供顾客使用，而消费者在选择渠道时也会考虑到这方面因素。

3. 产品品种。产品品种是营销渠道提供的商品花色品种的宽度。一般来说，顾客喜欢较宽的花色品种，因为这使实际上满足顾客需要的机会更多。例如，宝洁公司旗下拥有海飞丝、潘婷和飘柔三大护发、洗发系列，三大品牌之下又有各种功能产品，如潘婷的卷发系列、直发系列以及护理系列等。

二、确定渠道目标和限制因素

（一）制定营销渠道目标

企业应该根据确定的目标顾客服务水平来制定渠道目标。营销渠道目标是渠道设计的基础。营销渠道是为一定细分市场服务的，因而营销渠道的目标应表现为一定的目标服务产出水平。企业的渠道目标常常受到企业性质、产品、营销中介、竞争者以及环境的影响。在竞争条件下营销渠道的有效性取决于，在其实现预订功能与服务的同时整个渠道的运营成本是否最小。因此，设定渠道目标时应考虑市场、产品、企业、中间商、环境五方面因素。此外，经济形势、法律约束等环境因素也可能会影响营销渠道目标的设计。

（二）分析限制因素

1. 市场因素。市场规模直接决定着渠道的长短和宽度。一般而言，规模越大，渠道的长度和宽度会相对更大一些。地理上分散程度越高，渠道的控制越难，费用也相应较高。消费者的主要购买方式，如中国的顾客习惯于在商店里购买商品或者直接线上购买，因此，如果制造商采用直接上门推销的方法就可能事倍功半。

2. 产品因素。产品因素对分销渠道的设计影响很大。例如，易损、易腐、有效期短的商品，技术要求高、需要对顾客进行比较复杂的售后技术服务的商品，体积大、分量重、移动不方便的商品，单价昂贵的商品，非标准化商品（如顾客定制的设备）等，应尽量采用直销或短渠道销售。反之，单价较低的商品，标准化商品，不需要对顾客进行售后服务的商品，体积小、分量轻、移动方便的商品，不容易腐败变质的商品，则可以考虑采用长渠道销售。

3. 企业因素。

（1）企业实力。企业实力是指企业的声誉、人力、财力和物力。若企业的实力较强，可选择较短的销售渠道，企业可自由选择各类中间商，甚至可以建立自己的销售系统直接销售。若企业的实力较弱，则需要选择较长的销售渠道。比如，一些不出名和资金短缺的中小企业，必须依赖中间商来销售产品。

（2）企业销售能力。若企业有足够的销售实力，或者有丰富的产品销售经验，就可以选择较短的销售渠道，少用或不用中间商。若企业自身销售实力不足，或者缺乏产品销售经验，就应选择较长的销售渠道，依靠批发商或零售商来销售产品。

（3）企业服务能力。若企业有较强的服务能力，能为最终顾客提供较多的服务，则可选择较短的销售渠道，甚至直接对顾客进行销售；反之，则选择较长的销售渠道。

（4）企业控制能力。若企业希望有效地控制销售渠道，则应选择较短的销售渠道；反之，若企业不希望控制销售渠道，则可选择较长的销售渠道。

4. 中间商因素。中间商的资源和能力以及不同中间商的优势、劣势，是在进行营销渠道设计时需要认真考虑的。中间商在执行运输、广告、储存、接洽顾客等功能以及要求信用条件、退货权利、训练人员、送货频率等方面，有不同的倾向。除这些行为上的差异外，中间商的数量、地点、规模大小等也会影响营销渠道策略的设计。一般来说，具有有利的地理位置、较广的经营范围、丰富的分销经验、良好的信誉和财务状况的中间商会受到制造商的青睐。

5. 环境因素。互联网的发展使企业可直接与异地顾客进行交易，然后通过当地的中间商送货上门，减少了在各个地区设立门市网点的数目。同时研究各个地方政策，在开展营销时要避免与政府的法规和政策相冲突，避免出现价格歧视、非法回扣等。

【案例 11-4】

行云集团：让买卖更简单

2015 年 5 月 25 日，行云集团在深圳南山软件产业基地成立。历经 8 年的成长和发展，行云集团坚守“让全球买卖变得更简单”的使命，致力于用数字化手段赋能全渠道体系，实现海外商品“引进来”，国内品牌“走出去”。行云集团深耕全球本土化运营，在澳大利亚、日本、法国、德国、俄罗斯、美国等 10 余个国家创立了控股子公司，业务范围覆盖全球 72 个国家和 1 个地区，服务人口占全球总人口的 70%，成为中国跨境电商领域的关键力量。

2017 年，新消费现象兴起，进口关税平均税率由 17.3% 降至 7.7%，众多电商巨头依托已有的品牌知名度进入跨境电商市场，成为行云集团的强劲对手。得益于以数字技术平台为支撑的“S2B2B”渠道模式，行云集团在成立初期迎来了爆发式增长。这种模式的红利还没吃完，发展却遇到了“瓶颈”，本该继续发挥增长引擎作用的渠道出现了动力不足的问题。面对新消费现象带来的机遇与挑战，行云集团继续将非标准化的供给和需求通过渠道治理进行标准化，量变引起质变，让渠道逻辑变得更通顺，确定了以“商流＋信息流＋物流＋资金流”为核心的赋能体系，用渠道治理策略促进全渠道治理体系升级。为了加强中台工具支撑能力，行云投入大量的时间、精力和资源，在现有条件下将中台算法优化到极致，构建了“商流、信息流、物流、资金流”四流合一的开放平台系统（即行云全球汇2.0）。

为了解决新消费现象的新场景渠道问题，行云根据场景特点，重塑渠道网络，建立“好店连连联盟”，搭建全渠道分销通道。对于新流量直播电商，行云集团为品牌方建立新流量内容+带货矩阵，运用数字中台技术为直播行业严选优质渠道商品，同时建立自有的IP直播间，打造直播内容的IP化，深度布局各种新流量渠道平台。对于社区团购，行云集团建立专属事业群，承担渠道整合分销职责，为品牌方提供新模式、高效率、精细化、系统化的解决方案。对于中小商家，行云集团主要协助提升整体产品的转化率和销售量，中小商家既可以选择“好店连连联盟”进行销售，也可以将自有商品上架行云货仓。

截至2023年，行云集团已经成功帮助3000多家海外品牌入驻国内106个城市、16万家门店和50万家中小零售商，并助力小米、海尔、公牛、乐森、齐心集团、佰草集、完美日记等100多家中国品牌成功出海。

资料来源：丰超，许苏南，陈慧，万宁，王魁，王维．从“引进来”到“走出去”：行云集团的渠道领袖成长之路．中国管理案例共享中心，2023.

三、确定渠道建设方案

确定了渠道目标后，就需要选择适合帮助实现这些目标的中间机构及这些机构的结合方式，这样会出现若干个备选的渠道方案。不同的渠道方案，其优劣大不相同，因此必须从中选择可行的方案。主要需确定以下因素：中间机构的类型、中间机构的数目、每个渠道成员的条件和责任。

（一）中间机构的类型

企业应根据设定的目标选择能够承担其渠道工作的不同中间机构。企业有时会由于成本或其他困难而无法利用主渠道，因而不得不寻找新的、非常规的渠道。这样做有时会出现意想不到的好结果。因为传统渠道的销售方案相对固定，有时会失去对市场的敏感，而新渠道却更好地迎合了消费者需求的变化。如“三只松鼠”在传统销售渠道竞争激烈的情况下选择了开发完成互联网平台销售渠道，定位于做“互联网顾客体验的第一品牌”，最终获得了成功。因此企业必须反复挑选出能为其实现长期利润的渠道类型。

（二）中间机构的数目

企业必须决定每个渠道层次使用多少中间商。目前有三种策略可供选择：独家分销、选择性分销和广泛分销。高级品牌的独家分销具有陈列布置、服务水平和价格等优势。选择性分销可以节省费用开支，提高营销的效率，企业可以通过优选中间商，维护企业和产品的声誉，对市场加以控制。但是制造商们却在不断地被诱导着从独家分销或选择性分销走向广泛分销，以增加市场覆盖面和销量。这确实有利于短期绩效，但却可能会降低其长期绩效。

（三）渠道成员的条件和责任

关系营销是管理营销渠道的重要组成部分。生产者必须确定渠道成员的条件和责任。主要因素有价格政策、销售条件、地区权利以及每一方所应提供的服务。

1. 价格政策。要求生产者制定价目表和折扣细目单。生产者必须努力保证这些措施公平和到位。

2. 销售条件。销售条件指付款条件和生产者的担保。多数生产者对于及时付款的分销商实施现金折扣。生产者也可以向分销商提供有关商品质量不好或价格下跌等方面的担保。有关价格下跌所作出的担保能吸引分销商购买较大数量的商品。

3. 分销商的地区权利。需要让分销商明确知道在哪些地区给予了专营权。关于渠道各方服务和责任的设定问题，因涉及今后成员合作的质量、工作的效率等方面，事关重大，必须十分谨慎地确定。

【案例 11－5】

良品铺子——家门口的小铺子

自国务院办公厅出台《关于推动实体零售创新转型的意见》以来，零售企业掀起积极创新转型的热潮，探索形成了全渠道营销、新业态融合、供应链优化三种主要模式。“把全世界的零食搬到顾客家门口，是一件可以把小生意做成大事的事。”在十五年的发展历程中，良品铺子秉持着“立足武汉，占领华中，辐射全国”的发展战略，书写了一个又一个关于零食的传奇。然而，随着线上销量和销售渠道的增多，良品铺子遇到的问题也随之增多。

比如，多渠道碎片化给消费者和企业运营带来不少困扰。线上和线下渠道的割裂导致企业仅能获得购买者消费行为片段，却无法描摹出完整的客户画像，多渠道碎片化运营下，不仅顾客需求无法得到很好的满足，造成了消费端的不便，更给良品铺子的精准营销制造了障碍。

面对这一问题，良品铺子以打通线上线下壁垒、整合资源为目的，建设全渠道信息应用平台，在良品铺子“单渠道→多渠道→全渠道→全融合”的进化过程中，渠道不再是简单的物理或空间的区别。通过相关接洽，良品铺子先后投资超过亿元，陆续牵手 IBM、SAP 以及华为等优秀公司，实施全渠道系统开发，推进公司的信息化管理，良品铺子的线上渠道从过去的依靠单一触点获取片面、模糊的客户数据，转变为通过全渠道的触点获得全面、多样化的全方位数据，打破数据壁垒，为管理决策提供全新洞察数据基础，推动企业转型创新和效率提高，实现线下门店、外卖平台、自营 App、社交平台、互联网平台等全渠道用户数据及消费数据的高效打通整合，构建完整的会员大数据中台。

资料来源：根据网络资料整理。

四、评估可能的渠道方案

每一个渠道方案都是企业产品送达最后一位顾客的可能路线。生产者所要解决的问题就是从那些看起来似乎很合理，但又相互排斥的渠道方案中选择最能满足企业长期目标的一种。因此，企业必须对各种可能的渠道方案进行评估。评估标准有 3 个，即经济性、控制性和适应性。

（一）经济性

在这 3 项标准中，经济性标准最为重要。因为企业追求的核心是利润而不是渠道的控制性与适应性。经济分析可用许多企业经常遇到的一个决策问题来说明。即企业应使用自己的推销力量还是使用生产者的销售代理商。假设某企业希望其产品在某一地区取得大批零售商的支持，现有两种方案可供选择：一是向该地区的营业处派出 10 名销售人员，除了付给他们基本工资外，还采取根据推销业绩付给佣金的奖励措施。二是利用该地区制造商的销售代理商（该代理商已和零售店建立起密切的联系），代理商可派出 30 名推销员，推销员的报酬按佣金制支付。这两种方案可导致不同的销售收入和成本。判别一个方案好坏的标准，不是其能否导致较高的销售额和较低的成本费用，而是能否取得最大利润。

（二）控制性

进行渠道评估时还要考虑到对渠道成员的控制问题，以最大限度地降低风险。使用代理商无疑会增加控制问题，因为有一个不容忽视的事实，代理商是一个独立的企业，它所关心的是自己如何取得最大利润。它可能不愿与相邻地区同一委托人的代理商合作。它可能只注重访问那些与其推销产品有关的顾客，而忽略对委托人很重要的顾客。代理商的推销员可能无心去了解与委托人产品相关的技术细节，也很难正确或认真地对待委托人的促销数据和相关资料。

（三）适应性

在评估各渠道选择方案时，还有一项需要考虑的标准，那就是生产者是否具有适应环境变化的能力，即应变力如何。每个渠道方案都会因某些固定期间的承诺而失去弹性。当某一生产者决定利用销售代理商推销产品时，可能要签订 5 年的合同。在这段时间内，即使采用其他销售方式更有效，生产者也不得随意取消销售代理商。所以，一个涉及长期承诺的渠道方案只有在经济性和控制性方面都很优越的条件下才会被考虑。

【案例 11 －6】

蓝月亮的渠道深耕

一般而言，日化洗涤用品的线下零售渠道主要由 KA（Key Account，重点客户）卖场、日杂商店等终端构成。KA 卖场是指大型连锁大卖场，如家乐福、麦德龙、沃尔玛、大润发等。KA 卖场凭借其连锁规模优势、可观的客流量及成熟的运营管理能力，一直以来都是国内普通日化用品最核心的分销渠道。

蓝月亮的成功，来自战略上的精准判断和策略上依靠大卖场的有效投入。战略上，蓝月亮准确判断并抓住了洗手液、洗衣液两次产品发展趋势；策略上，蓝月亮依托大卖场，靠着数万名驻场促销推广员，七年间将蓝月亮推到了 100 亿元。蓝月亮通过在全国各地 KA 卖场实行“人海战术”的销售策略，将“终端为王”的渠道理念演绎得淋漓尽致。为了将蓝月亮洗衣液的效果和去渍原理直观展示给消费者，蓝月亮在大润发等商超渠道中派驻了大量促销员，搭建洗衣工作台现场洗衣，同时推广蓝月亮洗衣液相比洗衣粉的优势：去污力比国家标准洗衣粉高20%、2次即可漂清，温和不伤手等。蓝月亮按照每2万元营业额配备1名促销员的标准，在各大KA卖场招募促销员远超过其他品牌。一位曾在东北地区从事过蓝月亮的临时促销员称："当其他品牌促销员还没反应过来时，蓝月亮的促销员就已经把顾客迎到自己品牌的货架区去了。"

资料来源：根据网络资料整理。

第三节　营销渠道管理

一旦企业经过仔细评估选择了最合适的渠道设计方案，就要进行有效的管理。内容主要包括两个方面：一是渠道成员管理；二是渠道冲突管理。

【案例 11－7】

货畅其流——百威是如何面对渠道管理危机的？

百威是世界知名的啤酒品牌，1876年诞生于美国，于1995年正式进入中国市场，以其卓越的品质在超高端啤酒市场占据了绝对的主导地位。百威啤酒，百年发展中一直以其纯正的口感、过硬的质量赢得全世界消费者的青睐，成为世界最畅销、销量最多的啤酒之一，长久以来被誉为是"啤酒之王"。然而，随着啤酒市场竞争的激烈，渠道终端出现危机，经销商讨债对峙，百威开始思考渠道管理的问题。

百威英博认为，长期以来，中国大多数企业的渠道管理是停留在粗放型、经验化，而要避免这种情况就必须有明确的渠道管理。

首先，要广设渠道，稳定价格。百威亚太的经销商体系特征可以概括为：数量庞大+执行力强。对于啤酒这种快消品来说，最重要的就是方便消费者的购买，使产品渗透于消费者的各类生活场景。因此对于百威中国来讲应该广设渠道，确保货畅其流。各渠道的商品价格不统一，会使经销商抓住体系漏洞，造成窜货，导致市场秩序混乱，给百威品牌造成伤害，给公司利益造成损失。其次，精准营销。除了聚焦体育赛事外，百威亦不吝啬在娱乐活动方面的广告投入，从数据上看，2021年和2022年百威亚太的销售费用分别为123.1亿元和116.9亿元，显著高于其他品牌。最后，提高营运效率，增强费用管理能力。效率一直是百威关注的重点，其制订了一系列的集团内节省成本费用的标准化计划，主要应用于酿造、供应、运输、市场营销、销售、人事、财务及资讯科技，同时节省非战略成本费用，如办公用品、中层管理开销、差旅费用、餐饮费用等。有效的渠道管理，尤其是销售渠道终端的管理必然带来产品销售额的上升以及市场占有率的提升，随之而来的是企业和渠道成员的利润上升，实现双赢或多赢。

资料来源：根据网络资料整理。

一、渠道成员管理

（一）选择渠道成员

作为生产者，希望能有合格的、足够的中间商与自己合作，但由于生产者自身的能力有显著不同，因此生产者的选择均要受各种限制。如奔驰这样的公司可以轻而易举地吸引新的经销商，或者靠在招聘条件中许诺给予独家经销、选择性分销也会引来大批申请人。而有些生产者则须付出很大努力才能找到足够合格的中间商。

选择中间商时主要的依据是从业时间、发展情况、信誉、财务能力、经营的产品组合市场覆盖面、仓储条件、发展潜力等，还要考虑中间商所经营的竞争产品情况，中间商所处的地理位置、拥有的顾客类型等。

（二）激励渠道成员

从制造商的角度看，对中间商的激励主要有以下几种。

1. 利益激励。是指增加中间商的直接利益，激励效果明显，主要有返利制度、职能付酬方案、补贴政策和放宽汇款条件等方式。

2. 参与激励和关系激励。是指制造商通过和渠道成员及时交流信息，吸引渠道成员参与渠道计划工作，并共同制订渠道发展规划，明确生产厂家和中间商在渠道发展中的责权利关系，同时进行经常性的感情交流，发展长久的紧密关系，从而起到良好的激励作用。参与激励和关系激励主要表现在以下四个方面：一是建立经常性的磋商和沟通机制或组织；二是定期的高级和中级领导层会谈；三是建设成功的渠道关系；四是开展情感性的沟通活动。

3. 发展激励。主要是指中间商参与渠道工作，进行一定的渠道投入，不仅能获得短期利益，还能促使事业长期发展。发展激励主要表现在以下三方面：一是帮助中间商成长；二是共同开发新的市场机会；三是提供成长激励的好途径。

（三）评价渠道成员

生产者除了选择和激励渠道成员外，还必须定期评估他们的绩效。评估标准主要有：

1. 销售配额完成情况。
2. 平均存货水平。
3. 送货时间。
4. 对次品与丢失品的处理情况。
5. 在促销和培养方面的合作。
6. 对消费者提供的服务等。

如果某一渠道成员的绩效过分低于既定标准，则须找出主要原因，同时还应考虑可能的补救办法。当放弃或更换中间商不会出现太坏的结果时，生产者应要求绩效欠佳的中间商在一定时期内有所改进，否则就取消合作。

（四）渠道改进

当市场条件发生变化时，如消费者购买模式发生改变、市场扩大、产品成熟、新竞争者加入、新的分销渠道出现等，则需要对渠道进行变革。分销渠道及渠道中各成员之间的关系并不是一成不变的，伴随着新的商业业态的出现和渠道成员关系及营销策略的变化，渠道系统也需要在新变化中呈现新的发展趋势。

【案例 11－8】

进"激"的五粮液

像众多企业一样，五粮液也积极参与了线上渠道的建设，这不仅为集团带来了价值，也让线下渠道成员感受到了危机，对于经销商来说，他们都害怕以后能拿到的货会减少。

股权激励能够让公司发展与核心员工自身利益深度绑定，从而激发员工工作热情。五粮液也采用了这种方式。值得关注的是，五粮液的这个员工持股计划不是直接向核心员工授予股票，而是通过资产管理计划形式实现。首先，有资格愿意出资的员工先认购这个资管计划份额，然后由资产管理去参与公司股票增发。其次，五粮液丰富了根据动销情况发放奖励的考核标准，销量考核只占六成，其余部分根据价格达标率、终端开发数量、开瓶扫码率等指标评判打分。此外，五粮液还组织了销售积分的累计活动，终端无论是进货、销售还是消费者开瓶都会产生积分，根据最终的积分发放物质奖励，还会授予荣誉称号。与此同时，考虑到经销商对线上市场侵占的担忧，五粮液成立了线上俱乐部试点，实施统一的零售价格，执行统一的促销政策，一经发现有低价扰乱市场等情况，则停止供货。商家加入后享受生日礼赠、回厂游等众多福利。

多方合力创造共赢，并让多方共享发展成果，在这一渠道管理理念的指引下，五粮液的激励措施获得了经销商的广泛支持。

资料来源：根据网络资料整理。

二、渠道冲突管理

（一）冲突类型

1. 横向分销渠道冲突。横向分销渠道冲突，也称“水平分销渠道冲突”，是指某个分销渠道中处于同一层次的分销渠道成员之间的冲突。例如，经销同一制造商产品的同级批发商或同级零售商为争夺市场而产生冲突，或同一连锁企业的不同分店之间为争夺客源而发生冲突。产生横向分销渠道冲突的原因，大多是制造商或上一级批发商对目标市场中的经销商数量或分销区域没有做出合理的规划，使下级经销商为各自的利益互相倾轧。横向分销渠道冲突常常表现为跨地区销售、压价销售和不按规定提供售后服务等。

2. 纵向分销渠道冲突。纵向分销渠道冲突，也称“垂直分销渠道冲突”，是指某个分销渠道中处于不同层次的分销渠道成员之间的冲突。如果处于分销渠道上游的中间商从自身利益出发，同时采取直销与分销两种方法，就可能与下游中间商争夺客户，从而挫伤下游中间商的积极性，自然就会引起纵向冲突。有时，制造商为了更多销售自己的产品，越过一级批发商直接向二级批发商，甚至更下一级的中间商供货，也会引起纵向分销渠道冲突。反之，如果处于下游的经销商在具备足够实力后，为在分销渠道中拥有重大权力而向上游分销渠道成员发起挑战，绕过上一级经销商向更高一级经销商进货，也会引起纵向分销渠道冲突。纵向分销渠道冲突比横向分销渠道冲突更为普遍。

3. 分销渠道间冲突。分销渠道间冲突，也称“交叉分销渠道冲突”，是指处于不同分销渠道上的两个经销商之间的冲突。分销渠道间冲突既可能是在某个制造商采用多渠道的复合分销系统时，两个或更多个分销渠道成员为占领同一市场所引起的冲突，也可能是属于不同制造商渠道的经销商之间产生的冲突。这类冲突主要发生在某一渠道经销商擅自降低价格或者某经销商自行降低毛利销售时。

（二）冲突原因

各个渠道成员均是独立的利益主体，因而分别围绕着自己的利益、判断展开行动，相互之间产生冲突极为常见。而对这些冲突的解决并不容易，首先须查清产生的原因。

渠道的冲突虽表现为多种形式，但根本原因是渠道成员的目标及利益的不一致，或者对市场形势的判断不一样。如制造商决定通过低价政策实现市场快速成长，但经销商却更愿意在高毛利和盈利率上快速见效。制造商可能对近期经济前景表示乐观并要求经销商多备存货，但经销商却对经济前景不看好。冲突的原因还在于中间商对制造商巨大的依赖性。如独立的汽车经销商，由于他们的前途受到制造商产品设计和定价决策的影响极大，因而可能提出特殊的要求等。

（三）冲突管理

冲突管理问题的关键不是消除这种冲突，而是如何更好地管理冲突。以下是几种有效管理冲突的机制。

1. 采用超级目标。渠道成员有时会以某种方式签订一个他们共同寻找基本目标的协议。该协议的内容包括生存、市场份额、高品质或顾客满意度。

2. 在两个或两个以上的渠道层次上互换人员。例如，合作，包括参加咨询委员会和董事会等，这对一个组织赢得另一个组织领导的支持是有效的。

3. 许多冲突可以通过贸易协会之间的联合来解决。例如，中国电器行业协会代表大多数电器行业的营销协会进行合作。

4. 协商。发生冲突的渠道成员，通过面对面的交流来解决冲突。

5. 仲裁。征求双方的同意，将冲突的解决交给中立的第三方，双方接受第三方的处理结果。

第四节 网络营销渠道

一、网络营销渠道的涵义

（一）网络营销渠道的定义

网络营销是指组织运用信息技术创造、传播、传递客户价值，并对客户关系进行管理的活动，目的是为组织和利益相关者创造收益。从狭义的角度看，网络营销就是将信息技术应用到传统营销活动中。从广义上说，凡是以互联网为主要手段进行的，并为达到一定营销目标的营销活动，都可称为网络营销（或网上营销）。也就是说，网络营销贯穿企业开展网上经营的整个过程，包括从信息发布、信息收集、网站建设与推广到开展以网上交易为主的电子商务阶段，网络营销一直都是一项重要内容。

（二）网络营销渠道的优势

1. 用途多元化。传统营销渠道仅是产品从生产向消费者转移的一个通道，作用单一。这种分销渠道的畅通，依赖于产品自身的品质以及广告的宣传和资金的流转情况。与传统的营销渠道仅可销售产品、提供服务相比，网络营销渠道的用途扩大，不仅可以发布信息，使消费者快速获取企业情况以及产品的种类、质量、价格等详细信息，快速付款以及查询物流情况，而且可以为企业间洽谈业务、开展商务活动提供场所，帮助客户实现技术培训和售后服务。

2. 结构简单化。在传统营销渠道中，中间商是重要的组成部分。根据中间商的有无，传统营销渠道可以分为直接渠道和间接渠道。中间商不仅能够在广泛提供产品和进入目标市场方面发挥极大效用，而且凭借其业务往来关系、经验、专业化和规模经营，通常能提供高于自营商店所能获取的利润，因而在传统营销渠道中占重要地位。然而互联网的发展和商业应用使传统营销渠道的中间商凭借地域属性获取的优势被互联网的虚拟性取代，同时互联网高效率的信息交换改变了过去传统营销渠道的诸多环节，将错综复杂的迂回关系简化为单一直接关系。互联网的发展改变了营销渠道的结构。

网络营销渠道可以分为网络直接营销渠道和网络间接营销渠道，但结构更加简单。在直接营销渠道方面，传统和网络并无大的区别，都是零级营销渠道；而对于间接营销渠道而言，网络营销中只有一级营销渠道，即只有一个信息中间商——商务中心来沟通买卖双方的信息，不存在多个批发商和零售商的情况，所以不存在多级营销渠道。如图 11 - 4 所示。

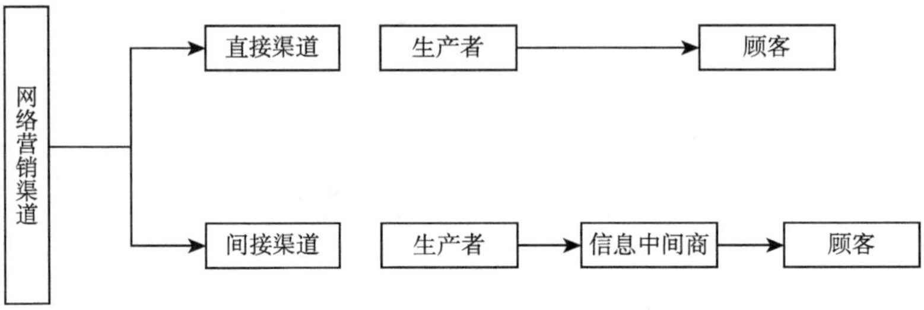

图 11 - 4 网络营销渠道体系结构

减少或消除中间环节，由迂回变为直接，是网络营销渠道的最大特点，利用好这一特点可以大大降低营销成本、提高营销效率、树立企业形象。

3. 交易成本节约化。网络营销渠道的结构比较简单，减少了流通环节，因而有效地降低了交易成本。利用网络直接营销渠道，网络销售企业可以通过互联网受理来自全球的订单，然后直接将货物寄给购买者，而仅需支付企业雇用管理员的工资与网络费用，取消了人员的差旅费和外地仓储费用。另外，网络间接销售渠道的网络商品交易中心能够通过网络强大的信息传递功能完全承担起信息中介机构、批发商、零售商的作用。这使间接销售的层次降到了最低，从而使产品流通的费用降到最低。同时网络营销渠道的体系结构也要比传统营销渠道结构简单得多，大大降低了企业的运营成本。

【案例 11 - 9】

是什么压垮了 GNC?

2020 年 6 月，美国最大的保健品集团 GNC（健安喜）申请破产保护，导致投资者哈药集团面临巨额损失。在宣布破产重组的同时，GNC 表示计划关闭全美国 5200 家连锁店中的 1200 家。GNC 强盛时期曾经在全球拥有 9000 多家实体门店，而在电商时代，这辉煌的成绩很快成为压垮大象的沉重负担。

GNC 在渠道上采取的是以实体店为主的销售方式。实体店又分为直营门店、特许经营门店（比如麦当劳）、连锁药店店中店、第三方批发大客户（比如山姆会员店等）四种形式。其中，直营门店占线下销售渠道近一半的比例，带来严重的租金压力，成为此次疫情中最受影响的因素。以直营门店渠道为主的 GNC 在电商渠道上动作较为迟缓。

2015 年，网络渠道已经成为美国第二大运动营养销售渠道（占比 17%，年均增速 15%—20%），FDMC（食品店、药店、大众店以及会员店等）渠道占比 13%，年均增速 5%—10%；以 Costco（开市客）等为代表的连锁仓储渠道占美国运动营养市场 8%，年均增速 8%—12%。虽然 GNC 等专业细分渠道在 2015 年仍然是美国最大的运动营养销售渠道（占比 51%），但年均增速已经极为缓慢（1%—4%），然而 GNC 并没有改变渠道策略。2018 年，GNC 电商业务营收占比仍然仅为 7.6%，而美国电商占零售市场的比例是 12%。正如“现代营销学之父”菲利普·科特勒常说的那句警告一样：“如果五年之内，你还用同样的方式做生意，就离关门大吉不远了！”因为市场不断变化，而你自己没有发生变化。

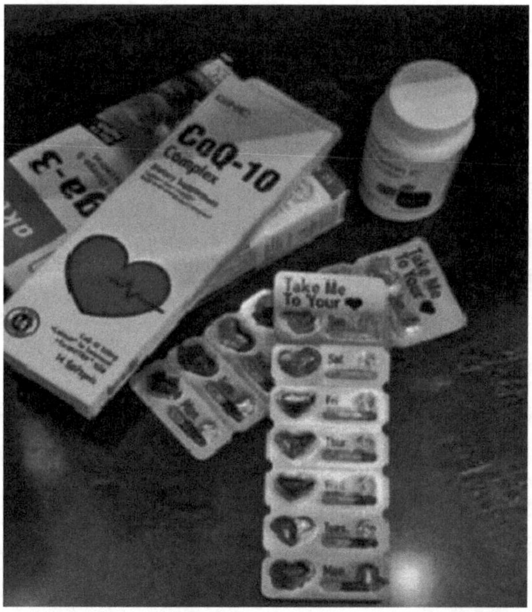

资料来源：根据网络资料整理。

（三）网络营销渠道功能

一个完善的网络营销渠道应具有沟通、订货、结算以及配送四大功能。

1. 沟通功能。随着网络技术的普及和营销观念的发展，营销渠道在生产商和最终消费者之间所起的信息搜寻、传递媒介、售后服务的作用日益被人们所认识，这部分功能包括调研、促销、联系、谈判、售后服务等。

2. 订货功能。当前订货功能的实现通常由购物车完成。购物车的作用与超市中的购物篮相似，消费者选购商品后，将其放入购物车中，系统会自动统计所购物品的名称、数量和金额，消费者在结算后，生成订单，订单数据进入企业相关数据库，为产品生产、配送提供依据。

3. 结算功能。结算功能是指通过网络收取货款的功能。消费者在购买商品后，可以通过多种方式进行方便的付款，因此企业应该有多种结算方式。目前国内常用的结算方式有网上银行、第三方支付、邮局汇款、货到付款、公司转账等。

4. 配送功能。配送功能是指将顾客在网上购买的产品发送到目的地的功能。一般来说，对于无形产品（如服务、软件及音乐等），可以直接通过互联网进行配送。而有形产品的配送，则需要仓储和运输。企业可以委托专业的物流公司完成配送业务，如 DELL 公司将美国货物的配送业务都交给联邦快递完成。企业也可以利用自己的力量建设物流配送系统，如 IBM 公司的蓝色快车就拥有自己的“e 物流”。

【案例 11 –10】

沁园“春”——沁园净水器的吹又生

创办于 1998 年的沁园，是国内饮水机专用净水器行业的开创先锋；经历了联合利华的注资与并购，沁园从“中国市场的净水专家”出发，又被赋予百年跨国企业的基因，成长为国内净水市场的代表品牌。

互联网商业如日中天，线下的生意越来越难做。很多企业疑虑电商是否会影响整个线下销售的规模，而事实上，电商渠道是对线下传统销售渠道的补充，而不是对立地抢夺资源和客户。沁园电商选择 500 家形象较好的店铺接入了阿里巴巴推出的“火凤凰”系统，当消费者搜索沁园的相关产品时，系统会自动推荐线下专卖店位置，做到线上为线下引流。此外，线下的店铺也可以将产品放到线上展示，为消费者提供更多层次的产品展示，扩大产品覆盖范围。沁园组建电商团队之初就把产品从型号、包装、风格等方面进行了线下和线上的区隔，并且一方面是用政策刺激原来单纯的销售商转变成销售加服务商；另一方面，在经销商配合不到位的区域开发专业服务商，从而不断完善线上销售渠道的建设。

在线上、线下互动融合的过程中，线下也在助力线上销售和服务。在新零售线上向线下引流的过程中，线下的成交额会影响线上的销量与排名。同时，沁园得到更加完整的用户数据和人群画像，做更精准的 CRM 营销、数字化营销。电商在运用数据银行、策略中心等工具时，也将线下的用户容纳进来，做更系统的用户分析。2023 年，沁园净水器的销量达到 54 万件，销售额为 5 亿元。6 月，沁园净水器的销售成绩达到年度高峰，当月销量约 9.8 台，销售额约 9800 万元。

资料来源：根据网络资料整理。

二、网络营销渠道的构建

（一）确定渠道建设要素

1. 从消费者的角度设计渠道。只有采用消费者比较放心、容易接受的方式来建设网络营销渠道，才有可能吸引消费者网上购物。网络营销中渠道管理的首要因素应该是时间，网上购物的时间概念不再以分钟来计算，而是以秒来计算。在网上操作，3 秒的等待就已经令人难以忍受了，所以进行网上销售的企业必须使自己的信息反馈系统快捷而准确，只有这样才能保证渠道的畅通，提高消费者的满意度。

2. 购买过程要简单明了。设计购买或订货系统时要简单明了，不要让消费者填写太多信息。在购物结束后一次性进行结算。另外，订货系统还应该提供商品搜索和分类查找的功能，方便消费者在最短的时间找到需要的商品，同时还应提供商品详情信息。

3. 尽量提供多种支付结算方式。在选择结算方式时，应考虑到目前实际发展状况，应尽量提供多种方式方便消费者选择，同时还要考虑网上结算的安全性。

4. 建立完善的物流配送体系。消费者最关心的还是商品是否能快速、准确且完好地到达手中，因此建立快速、有效的物流服务体系非常重要。

（二）网络营销渠道策略

1. 网络直接营销。网络直接营销是指生产厂家借助联机网络、计算机通信和数字交互式媒体且不通过其他中间商，将网络技术的特点和直销的优势巧妙地结合起来进行商品销售，直接实现营销目标的一系列市场行为。

网络直接营销一般适用于大宗商品交易和产业市场的 B2B 交易模式，要求企业的实力比较雄厚，而且最好能进行柔性化生产，企业的业务流程必须是以顾客为导向的。企业可以提供“一对一”和“一对多”两种沟通方式，可以适应更大范围、更多品种的交易，同时完成交易的速度更快，费用更低。如戴尔电脑奉行的是面向顾客的个性化生产原则，其直接营销模式就是网络直接营销渠道的一个典型范例。越来越多的调查表明，网络直接营销将成为未来主流的营销方式。由于网络直接营销合并了中间环节，并提供更为详细的商品信息，用户能更容易地比较商品特性及价格，从而在消费选择上居于主动地位，而且与众多销售商的联系更为便利。对于卖方而言，这种销售模式几乎不需要销售成本，而且能及时完成交易。因此，越来越多的企业开始建立自己的网站，直接面向消费者销售产品。

2. 网络间接营销。网络间接营销是指生产者通过融入互联网的中间机构把商品销售给最终用户，一般适合小批量商品和生活资料的销售。得益于网络丰富的资源和信息及时处理能力，网络服务极大地便捷了网络消费者对产品的搜索过程，然而其在产品（信息、软件产品除外）实体分销方面却难以胜任。目前出现许多基于网络的提供信息服务中介功能的新型中间商，也称“网络中间商”。

（三）选择网络分销商

在筛选网络营销中间商时，必须考虑成本（Cost）、信用（Credit）、覆盖（Coverage）、特色（Character）、连续性（Continuity），简称“5C”，如图 11－5 所示。

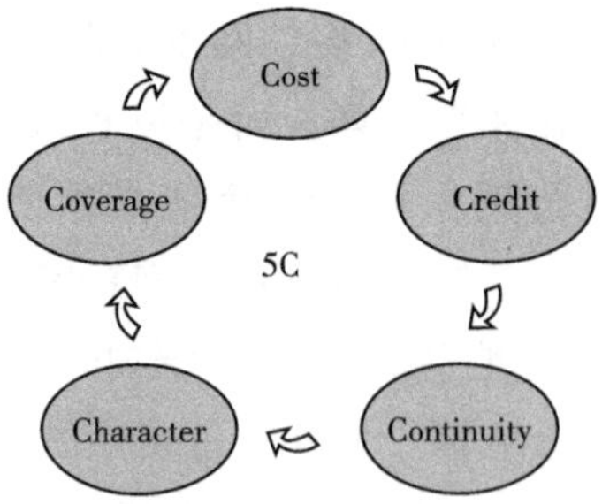

图 11－5　5C 理论

1. 成本。成本是指使用中间商信息服务的支出。这种支出可分为两类：一是在中间商网络服务站建立主页或者店铺的费用；二是维持正常运行的费用。在两类费用中，维持费用是经常的，不同的中间商之间有较大的差别。

2. 信用。信用指中间商具有的信用程度。相对于其他基本建设投资来说，建立一个网络服务站所需的投资并不大，因此，网络中间商犹如雨后春笋般地出现。目前我国还没有权威性的认证机构对这些服务商进行认证，因此在选择中间商时应注意其信用程度。

3. 覆盖。覆盖是指网络宣传所能波及的地区和人数，即网络辐射点所能影响的市场区域。对于企业来讲，站点覆盖并非越广越好，还要看市场覆盖面是否合理、有效，是否适合自己的产品与服务，是否最终能带来经济效益。

4. 特色。每个中间商都有自己的特色，因而具有不同的访问群，也就是目标客户群体。因此企业应该研究这些目标客户群体的特点、购买渠道和购买频率，做出慎重的选择。

5. 连续性。一个企业想要使网络营销持续、稳定地运行，就必须选择具有持续性的中间商，这样才能在用户或消费者心中建立品牌信誉和服务信誉。

除此之外，中间商总体规模、财力、文化素质、服务态度、工作精神等各方面因素也需要考虑。对于从事网络营销活动的企业来说，必须要熟悉、研究国内外网络营销中间商的类型、业务性质、功能、特点及其他有关情况，确保正确地选择网络营销中间商，顺利完成从生产者到消费者的整个转移过程。

三、网络营销渠道的冲突管理

传统中间商在经营过程中往往有着相对固定的营销区域，而网络渠道没有时空限制，具有成本优势，原有线下营销商的销售势必会受到冲击。针对此类冲突要制定行之有效的管理制度。

（一）线上、线下渠道冲突的形式

由于生产企业在传统渠道的基础上，增加了网络营销渠道，因此网络渠道冲突大部分属于多渠道冲突，具体有以下三种类型：

1. 企业线上直销部门与线下直销部门之间的冲突。双模式的直销渠道各有其利弊。传统直销渠道主要是直营店，直营店的缺点是其运转需要大量的人力和资金，优点在于品牌推广和品牌形象的树立方面；而网络直销的优点在于人力、物力方面的投入较少，而缺点是线上直销店需要专业的技术人员，流量成本巨大，且消费者只能通过图片及文字说明了解产品，无法实际接触试用，在网络制作上需投入大量的时间和资金。线上直销部门与线下直销部门的冲突主要出现在企业内部直营部门和电子商务部门之间。

2. 线下中间商与线上直销渠道成员之间的冲突。有些企业同时开展线上和线下两种营销渠道，不仅开设品牌专卖店，而且自建渠道销售产品。网络渠道使企业的网上旗舰店直接面对消费者，从而更好地掌握市场信息，并借助获得的信息设计出针对目标消费群的个性化产品，这就形成了对线下中间商的威胁。

传统营销渠道是靠线下分销商来销售产品的，一般在某一区域内只有一个或极少数几个分销商相互竞争，他们之间的利润分配往往是比较稳固的。但随着电子商务的发展，许多生产商希望兴建网络渠道来拓展市场，节约成本。直销网站的覆盖范围广，与消费者接触容易，使线下分销商的客户部分流失转向生产者直接购买。线下中间商开始对制造商产生不满，严重的还会对其进行投诉，两者之间的冲突问题由此而生。

3. 线下渠道与线上渠道中间商之间的冲突。迫于经营压力，传统经销商（中间商）尝试在网上开展未经企业正规品牌授权的店铺，试图以低价夺回自己的市场，这样则会引发同款商品的“价格战”。在淘宝网上以品牌名称为关键词搜索店铺，例如，“阿迪达斯”“耐克”“欧莱雅”等，均会出现成千上万家。原来的线下经销商转变成线上中间商，加剧了线上、线下中间商分销的冲突。

虽然线下专卖店也会有打折促销活动，但仍比网上的价格高。由于大多数的消费者对价格比较敏感，就会放弃去实体店购买。另外，网上购物有着线下购物无可比拟的方便，长此以往就会引起线下加盟商和代理商（中间商）的不满和抱怨，导致冲突。

【案例 11－11】

渠道冲突烽烟起——海信如何破局？

海信成立于1969年，总部位于中国山东省青岛市。经过多年的发展，海信已经拥有海信视像、海信家电、三电控股、乾照光电四家在中国上海、深圳、香港以及日本东京四地的上市公司，旗下有海信、东芝电视、容声、Gorenje、ASKO 等多个品牌。2022 年，海信继续保持稳健增长，全年营收 1849 亿元，利润总额 123 亿元，同比增长 21%。海外收入 757 亿元，自主品牌占比超过 83%。

然而在飞速发展的过程中，线上渠道的崛起，使得线上和线下渠道之间的冲突开始显露出来。一方面，家电下乡后，线下渠道经历了一段时间的停滞，对比线上高速增长，部分线下渠道商感到不满。另一方面，线上、线下价格出现了偏差，同款不同价——线上比线下便宜。久而久之，消费者便养成了线下和线上比价的习惯，一些消费者会在线下体验过产品后，再转而去线上购买。还有一些用户按照线上的价格跟专卖店讨价还价，使专卖店主有苦难言。除了线上、线下之间的冲突，不同的线上渠道之间也存在一定的冲突问题。这是因为不同的线上平台会在不同的促销节点给予不同程度的补贴，因此，对于不同平台的渠道商而言，也会存在一定的价格争议。

为了解决“同款不同价”导致的渠道冲突问题，海信对各个渠道的产品进行了区隔，推出了一部分专供产品，专供产品之间的区隔主要体现在颜色、外观、配置等方面，在选择专供产品的型号时会综合考虑各个渠道的优势和需求等因素，先由渠道商提出需求，再结合该渠道过往的销售数据最终确定专供产品的型号。

专供产品解决了线上、线下同款不同价的问题，但却不能避免线上渠道价格不统一的问题。针对这一问题，海信对各渠道进行了统一的定价管理，提前定好活动价格，各渠道商不允许私自降价，确保各平台价格基本一致。基于先进的数字化技术，海信可以监控到各个线上渠道的价格信息，对于违规降价的商家，海信会给予警告并责令整改。如果多次出现，则会取消合作。同时取消代理商、调整组织架构、开发信息化工具、向线下引流等，解决因线上、线下效率不同而带来的线上、线下渠道冲突。通过专供产品和价格管理措施，不论是线上还是线下基本不会再出现“同样的产品，不同的价格”这样的问题了。

资料来源：崔淼，李鑫，方聪聪．海信：渠道冲突烽烟再起，如何破局．中国管理案例共享中心，2022.

（二）渠道冲突的管理策略

从未来发展趋势看，线上和线下渠道深度融合，将迈入渠道精细化和专业化发展的新阶段。企业应该充分发挥两种渠道的优势，避免劣势和冲突，促进网络渠道和传统渠道进一步融合。

1. 基于市场细分的渠道选择。可以分为线上、线下模式，这个标准来源于客户对网络销售的需求，具体分为两种类型：一是传统消费者，注重线下购物体验；二是线上消费者，寻求便捷。由于存在线上和线下不同模式，可以采取差异定价，要采取合适的方式防止串价。可采取的差异策略包括：

（1）差别市场。对目标群体进行划分和分层，对不同的细分市场以不同的渠道为重，从而更好地满足传统渠道拥护者和网络渠道追随者的需求。把消费者分为价格敏感的消费者、注重品质的消费者、老年的消费者和年轻的消费者等，分析其消费习惯的差异，划分出不同的细分市场，促使企业采取更加精确化和专业化的分销模式。

（2）差别产品。针对不同需求的消费者，企业为了实现商品价值的最大化，就必须利用不同渠道的优势，销售与渠道优势相匹配的商品，尽最大可能迎合更多消费者的需求。网络渠道的优势是客流量大、成交价格相对较低；而传统实体零售渠道则能实实在在地接触商品，体验的优势明显。所以，企业应在线上渠道出售标准化程度较高的商品；线下渠道出售性价比较高、技术含量较高、功能性突出的商品，利用商品的品质和体验吸引愿意为高品质商品买单的消费者。

（3）差别定价。通过合适的差别定价方法，既能保证不同模式的盈利水平，又能控制商品的流通。利用价格手段吸引对价格敏感的需求者。

2. 加强市场管理和渠道管理。

（1）协同发展，避免敌对。要加强线上、线下渠道的协同发展，避免敌对现象。线下渠道不要把线上渠道看成是自己的敌人，而要看成是正当竞争者。线上、线下渠道都存在特定的优势和劣势，在很大程度上能互补不足。如线下销售为线上销售作保障，线下积压库存可以通过线上低价模式出售。有效整合线上和线下，使两种销售渠道能够相互契合，通过两个渠道的各自优势为品牌打广告，一系列配合好的措施将使销售和渠道均得到优化。

（2）加强目标管理。科学的目标管理可以减少员工以私利为主的心态，规划集体目标，要求渠道员工以集体利益为出发点。企业通过制定管理规划约束成员行为，并对成员的职责和利益分配加以明确。

（3）冲突管理。通过预防冲突、化解冲突和消除冲突影响三个方面来控制冲突。首先，企业要充分认识到两种渠道可能存在的诸多冲突，比如价格、物流等，并对两者的职责和功能进行科学、合理的划分。其次，当冲突发生时，要积极、主动地应对，通过调查分析原因和趋势，建立专门的应对小组，通过沟通、协调、平衡渠道利益等措施改善渠道间关系。最后，当冲突发生后，应尽快采取措施弥补，事后要对冲突发生的起因、经过、影响等进行总结反思，为以后的渠道规划和销售安排提供经验。

（4）O2O 模式。O2O（Online to Offline）模式，是指将线下的商务机会与互联网结合，让互联网成为线下交易的平台，是一种有效整合网络渠道和传统渠道的措施，即线上支付线下消费。这种模式既发挥了线上信息量大、客流量大的优势，又弥补企业线上交易的不足，发挥实体店的优势。这种新型模式对消费者和企业都十分有利：一方面能节约消费者的成本和精力，提高用户的消费体验。另一方面也可以给企业带来以下好处：一是企业可通过 O2O 平台，利用从终端收集的实时客户数据来分析其对产品的个人偏好、消费水平和消费习惯等内容，有针对性地提供销售和服务；二是将客户信息反馈到线下实体店，进一步维护企业良好的客户关系；三是顾客的需求数据可以成为生产商确定生产数量的重要依据，有效减少企业的库存量。

总之，企业营销的目的是实现企业利益最大化，无论是网络营销渠道还是传统营销渠道，都是提升企业市场成长率、扩大企业市场占有率、增加企业利润额的途径之一。要想跟上时代发展的步伐并保持传统渠道优势，渠道整合有着不可忽视的作用，必须将其提升至企业发展的战略高度来看。

【案例 11－12】

年营收超 54 亿元，花西子为何会成功？

花西子是一家以个性化美妆服务著称的品牌，通过线上、线下齐发力的 O2O 模式，不断提高用户体验，深受消费者喜爱。花西子线上平台汇集了众多美妆达人，他们分享自己的美妆心得，还可以为用户制订个性化美妆方案。花西子线下门店则提供更为专业的美妆服务，通过扫描用户的脸部数据，结合 AI 技术，为用户提供更为精准的美妆建议。

花西子通过线上线下的互动，打造出全新的用户体验，提高了品牌的美誉度和用户黏性。花西子的 O2O 模式也为品牌带来了更多的销售机会，提高了品牌的营销效果。在消费升级的大环境下，花西子的 O2O 模式更是顺应了市场趋势，为品牌的未来发展提供了更多的机遇。其 O2O 模式主要包括以下几个方面：

1. 线上商城。花西子在自己的官网上建立了线上商城，提供化妆品、护肤品、香水等产品的在线购买服务。消费者可以在官网上浏览产品信息、下单购买、在线支付等。

2. 线下门店。花西子在全国各地开设了门店，提供化妆品、护肤品、香水等产品的实体店购买服务。消费者可以在门店里试用产品、咨询专业美容顾问、享受专业美容服务等。

3. 移动应用。花西子推出了移动应用，提供在线购买、产品咨询、美容技巧分享等服务。消费者可以通过移动应用随时随地了解花西子的产品信息、购买产品、获取美容技巧等。

4. 社交媒体。花西子在微博、微信等社交媒体平台上建立了品牌官方账号，通过发布产品信息、美容技巧、品牌活动等内容，吸引消费者关注和参与互动。

资料来源：根据网络资料整理。

小结与思考练习

【本章关键词】

价值传递网络　营销渠道结构与设计　渠道长度　渠道宽度　渠道密度　营销渠道管理　网络间接营销　渠道冲突　渠道激励　渠道评估　网络营销　线上线下双融合　全渠道　O2O 模式

【本章小结】

1. 价值链系统从纵向角度考察生产企业同供应商、分销商、顾客的关系，它并非处于一个真空地带，而是与外界具有不可分割的价值联系。

2. 价值网络具有以下特征：①以顾客需求为中心；②高度协作与系统化；③快速响应与个性化定制；④数字化；⑤快速流动；⑥低成本。

3. 营销渠道，又称“分销渠道”，是企业营销策略组合中的一个重要策略，基本功能是，在将产品和服务从生产者转移到消费者的过程中，消除时间、空间和所有权上的差距。

4. 网络营销渠道是借助互联网将产品从生产者转移到消费者的中间环节，不但要为消费者提供方便选择的产品信息，而且要帮助其完成支付等交易手续。

5. 一个完善的网络营销渠道应具有沟通、订货、结算以及配送四大功能。

6. 在筛选网络营销中间商时，必须考虑成本（Cost）、信用（Credit）、覆盖（Coverage）、特色（Character）、连续性（Continuity），简称“5C”。

7. 渠道激励的内容丰富多彩，形式多种多样，但归根结底不外乎物质激励与精神激励两个方面。

8. O2O 模式，是指将线下的商务机会与互联网结合，让互联网成为线下交易的平台，是一种有效整合网络渠道和传统渠道的措施，即线上支付线下消费。

【本章思考题】

1. 为什么传统的价值链体系已经无法满足现今企业的需求？

2. 营销渠道与价值网络有什么关系？

3. 简述营销渠道设计的步骤。

4. 简述网络分销商的 5C 理论的涵义。

5. 在市场细分的层面上如何进行渠道选择？

6. 电商的发展是否可能导致各类中间商彻底消失？面对电商的发展，传统渠道经销商应当如何做？

【本章案例作业】

老当益壮，凤凰涅槃

“黄土地，黑土地，施肥就用史丹利。”这是史丹利化肥有限公司的一句广告语。该公司创造了一个新兴的产业神话，渠道网络覆盖至全国各个省域市场，实现了超越常规的跳跃式发展。但受到宏观政策调控，史丹利的市场总容量开始下降，减肥增效已成为必然趋势。史丹利传统的渠道模式为依托一级商与二级商、层层分销的长度结构渠道模式。随着公司的发展壮大，渠道内成员逐渐增加，渠道结构变得冗长，分销效率降低，公司面临渠道利润下降的风险与挑战。无论是从渠道的长度还是广度，史丹利都面临着严峻的环境。那么史丹利是如何面对这一情况的呢？

在渠道结构层面，史丹利公司对传统渠道实施了以零级渠道和一级渠道建设为主渠道的扁平化策略。在推进渠道扁平化时，史丹利首先想到的是舍弃一切中间环节，由公司直接面对消费者，将产品由生产厂家直接卖到最终消费者手中，即建设零级渠道：史丹利→最终消费者。比如，由史丹利厂家直接面对农户，通过整车或联合发货的形式将产品直接卖到用户手中。在缩短销售渠道、建设直销模式时，史丹利也没有放弃经销商，建立了与传统渠道相比更加精简的一级渠道：史丹利→经销商/零售商→最终消费者。同时，为了适应不同市场需要，其一级渠道模式在经销商环节做出区别，主要分为三类：第一，依托一级商通过直营、团购会、营销平台的形式将产品直接送到用户手中。第二，依托带头大哥将产品直接送到用户手中。第三，依托普通二级商，将产品发到二级商仓库，由二级商直接将产品送到用户手中。

在渠道长度扁平化的过程中，董事长高文班发现渠道成员在一些市场资源的分配问题上会产生分歧，从而导致冲突的发生。生产者和中间商都将消费者看作实现销售目标的重要而稀缺的资源，因此生产者和中间商常常会在客户资源分配问题上产生冲突。面对这种情况，史丹利从不同层面设计多渠道，明确渠道成员所面对的不同市场类别，从而降低冲突发生的可能。

首先，种植大户渠道建设。史丹利对比深受种植大户欢迎的化肥产品信息与其渠道策略，为客户提供高效、优质、质量可靠、高性价比的产品组合。同时史丹利以省为单位进行区域划分，每个省份配备 3 名专职农化服务人员，深入田间地头为种植大户提供作物生长全程解决方案，随车配送高端产品试用装，并附带详细的使用说明，让种植大户对高端产品进行体验试用，业务人员全程对使用情况进行跟踪。

其次，经济作物渠道建设。史丹利对市场调查后发现，现在很多农民种植各种经济作物，比如蔬菜、水果、绿植等，那么开发经作大户和终端就势在必行。史丹利将重点放在了开发会卖、专卖的经作终端以及种植大户、合作社、收储商上。经济作物空白市场由经销商直接开设直营店抢占原有终端的经作份额，同时聚焦作物匹配产品，举办经济作物营销会议，转变大田终端的思想，让他们看到效果，对经济作物产品产生信心。

最后，特殊渠道建设。史丹利公司自 2018 年起就成立了营销中心特渠部，目前，史丹利的特渠业务有政府及企事业单位招投标业务、政府及企事业单位订单采购类业务、出口业务三种类型。为防止特渠销售影响传统价格体系，对传统渠道造成冲击，史丹利在特渠销售上采用包装区隔与配比区隔的形式，保护传统渠道。史丹利在利用传统渠道业务团队收集市场招投标信息的同时，也利用招投标网站对特渠信息进行梳理。通过营销渠道的不断优化，史丹利最终实现了销量与利润的双丰收。

资料来源：陈红华，梁福伟，王晓妍，向南，司伟．史丹利化肥营销渠道优化之路．中国管理案例共享中心，2022.

讨论题

1. 史丹利在渠道优化时对渠道结构进行了哪些调整？
2. 史丹利在渠道优化底层逻辑有哪些？

【本章参考文献】

［1］（美）菲利普·科特勒，（美）凯文·凯恩·凯勒，卢泰宏．营销管理［M］．第13版．北京：中国人民大学出版社，2009：203－221.

［2］曹旭平，黄湘萌，汪浩等．市场营销学［M］．北京：人民邮电出版社，2017：365.

［3］吴泗宗．市场营销学［M］．北京：清华大学出版社，2008：7－13.

［4］李东进．消费者行为学［M］．北京：机械工业出版社，2007：20－25.

［5］杨洪涛．市场营销学：网络时代的超越竞争［M］．北京：机械工业出版社，2021：53－82.

［6］谭文曦，张敏，梁红静等．市场营销学［M］．北京：人民邮电出版社，2015：361.

［7］于亢亢，钱程．市场营销［M］．北京：中国人民大学出版社，2018：32－47.

［8］王纪忠．市场营销［M］．北京：北京大学出版社，2016：13－26.

［9］孙福东．市场营销［M］．北京：电子工业出版社，2021：14－52.

［10］王永贵，项典典．数字营销——新时代市场营销学［M］．北京：高等教育出版社，2023.

［11］魏兆连，杨文红．网络营销［M］．北京：机械工业出版社，2021：13.

［12］曹虎．数字时代的营销策略［M］．北京：机械工业出版社．2017：154－156.

［13］孟韬．市场营销：课程思政与互联网创新［M］．第2版．北京：中国人民大学出版社，2021.

［14］王炜．网络营销［M］．第2版．北京：中国人民大学出版社，2022.

［15］陶晓波，吕一林．市场营销学［M］．第7版．北京：中国人民大学出版社，2022.

［16］王俊杰，吕一林．营销渠道决策与管理［M］．第4版．北京：中国人民大学出版社，2022.

［17］李先国，杨晶．渠道管理［M］．北京：中国人民大学出版社，2021.

第十二章　整合传播沟通策略

开篇案例

大众点评请李雪琴拍广告，把品牌代言玩明白了

鲜少在传播领域露面的大众点评，在20周年之际用一支极具创意的反套路TVC（Television Commercial，品牌商业广告片），官宣大众点评必吃榜“7年7亿人次的选择”的新品牌主张。

在短片开头，李雪琴按照广告词直截了当地表明身份——大众点评必吃节推荐大使，并随着拉镜转场叹气直言：“我虽然是个大使，但是说话很不好使。”短片中的李雪琴操着一口幽默的“铁岭口音”，用拉家常式的口吻一下子就拉近和大众的距离，无形中提升了品牌亲和力。作为大众点评必吃节推荐大使，李雪琴把给消费者推荐美食作为自己的首要任务，没承想却被尴尬闭麦，说啥也不好使了。她在唠嗑中消解自己并不好使的大使身份，观众随着极有代入感的视觉画面以及诙谐语境，不知不觉便产生了偏向大众的心理位移。

大众点评利用高科技构建了一个李雪琴的多元空间，无论是电梯，还是电子大屏，抑或是菜单，甚至是人形立牌，李雪琴的形象犹如施加了魔法一般，在固定不变的背景板上动了起来。

通过不同媒介上李雪琴拉家常的对话形式，夸张地展现了其作为推荐大使却说啥都不好使的尴尬境地。虽然句句都在吐槽大使不好使，但实际上都在表达品牌的核心立场——“大众才是真正的推荐大使”。

基于“大使不好使”这一营销概念，大众点评顺势在微博上发布了紧急招募令，以5万元现金重金悬赏“必吃节好使代言人”。精心合作的推荐大使李雪琴竟输给了7亿吃货，成为“空气感”大使，那么究竟怎样才算好使的大使？这个问题，就交给大众去回答了。

尽管是“不好使”的大使，大众点评仍旧围绕李雪琴做了系列开屏广告，主题分别是史上说话最不好使大使、站得高也不一定好使·大使、史上存在感最低·大使以及失去自由且不好使·大使。

大众点评想要表达的“7亿大众，才是真正的推荐大使”传播主张，最终自然而然地在观众心里建立起来。从更深远的层面出发，该传播主张也是20岁的大众点评对品牌所具有的国民价值的一次再诠释和再传递。

像大众点评这样建立在大众根基之上的品牌，有哪个广告大使的国民度能超过7亿真实的大众呢？明星代言人的可信赖度在持续下降，消费者变得越来越务实，因而营销活动中最重要的就是突出产品价值与品牌价值，同时弱化明星效应。李雪琴身上的烟火气契合大众点评的品牌形象，但若只是按部就班地进行营销宣传，不免落了俗套，难以在消费者心中建立独特记忆点，最终陷入与其他同类品牌同质化的僵局。于是，突出矛盾性、差异性的反向营销成了破局的关键。

李雪琴的代言大使身份与大众点评打造的“大众，才是真正的专家”营销策略无疑是矛盾的，但这种矛盾又相辅相成，通过“不好使大使”突出“大众才好使”，营造出强烈的戏剧冲突感。

反向利用代言人的创意表达，使大众点评这则宣传广告有效收割了消费者好感度，也让大众点评必吃节的相关信息得到了广泛传播。

资料来源：https：//mp. weixin. qq. com/s/7EU1hdJkZ5Kk5kajAs45RA.

营销者应当知晓如何通过整合传播沟通实现企业营销目标。网络时代的整合传播沟通，正在从以前传统广告媒体直接“骚扰用户”的模式逐渐演变成让用户主动参与并愿意与他人分享的模式，焕发出更强的生命力。

第一节　整合传播沟通

一、整合传播沟通的涵义及特征

每个企业都不可避免地担当着传播者和促销者的角色。对于大多数企业来说，问题不在于是否要传播，而在于说什么、怎样说、对谁说和隔多久说。大多数销售部门为进入目标市场，在制定营销策略时，一般需要综合使用多种营销工具，如广告、公共关系、销售促进、人员推销等，这些工具的结合使用就称为“整合传播沟通”。整合传播沟通是一种通过协调使用不同的沟通工具与消费者进行沟通的方式。这些工具在协调工作方面相辅相成，帮助企业实现其战略目标。整合传播沟通能够确保企业的沟通相互一致，并能够以一种有效且具有成本效益的方式实现企业的沟通目标（见图 12 – 1）。它具有共性、互补性和整合性三个特征。

（一）共性

共性是指共同联想在不同沟通方式间被强化的程度，即不同沟通方式具有相同涵义的程度。品牌形象的一致性和凝聚力很重要，因为它们决定了消费者现有的联想和反应被回忆起来的难易程度，以及其他联想和反应与记忆中的品牌相联系的难易程度。

（二）互补性

不同沟通方式在串联使用时通常更为有效。互补性涉及强调不同沟通方式间的不同联想和联系。例如，为了实现有效定位，品牌通常需要建立多个品牌联想。不同的营销沟通方式在建立品牌联想方面会产生不同的效果。例如，赞助某个活动可能会提升消费者对品牌信任度和可信度的认知，但电视和平面广告则更适用于沟通其性能优势。

（三）整合性

在所有整合营销项目中，信息对一些消费者来说是新的，对另一些消费者来说却是熟悉的。整合性反映了营销沟通方式对两类消费者起作用的程度。营销沟通方式在两个层面上能发挥多大作用至关重要。企业的营销沟通需要与那些已经接触其他沟通方式的消费者和那些还没有接触其他沟通方式的消费者均进行有效沟通。

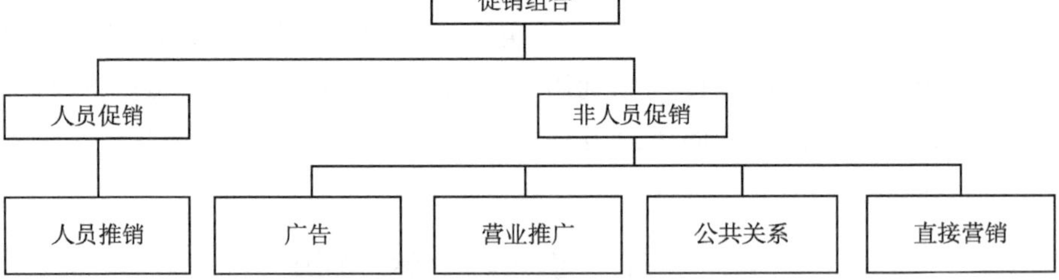

图 12 – 1　整合传播沟通组合

二、整合传播沟通方案设计步骤

（一）确定传播对象

有效的整合沟通过程要求营销沟通者必须首先确定其目标沟通对象。在整合沟通中，目标沟通对象一定是对传递来的产品及其相关信息感兴趣的人或组织，他们可能是企业产品的潜在购买者或现实使用者，也可能是购买决策过程的决定者或影响者，还可能是特殊公众或一般公众。

（二）决定传播目标

在决定购买某一产品之前，顾客大多会经过一系列的准备阶段，如认识阶段、情感阶段和行为阶段，相应地也形成了一系列的认识、情感和行为反应层次。因此，从消费者完整的购买决策过程与消费者在购买过程中所处的位置来看，确定营销沟通目标，即确定如何把沟通对象从他们目前所处的购买过程的层次推向更高的准备购买阶段或状态的层次。

（三）设计传播信息

设计营销沟通信息需要解决四个问题。

1. 确定信息内容。即企业必须了解消费者、用户或社会公众说些什么才能产生预期的认识、情感和行为反应。
2. 确定信息结构。包括提出结论、论证方式以及表达次序三个问题。
3. 确定信息格式。即选择最有效的信息符号来表达信息内容和信息结构。
4. 确定信息源。是指那些直接或间接传递销售信息的人。

（四）选择传播渠道

信息沟通渠道可分为两大类：人员信息沟通渠道和非人员信息沟通渠道。人员信息沟通渠道是指两个或两个以上的人相互之间直接进行信息沟通。非人员信息沟通渠道是指无须人与人的直接接触就可传递信息或影响的媒体。

（五）编制沟通预算

沟通预算是企业为从事沟通活动而支出的费用，关系着沟通活动的实施以及沟通活动效果的大小。企业在决定沟通预算时，普遍采用的方法主要有量入为出法、销售百分比法、竞争对等法和目标任务法。

（六）决定传播组合

公司面临着把总的促销预算分摊到广告、公共关系、销售促进、人员销售这几种促销工具上去的任务。同一行业中的公司，对如何划分它们的促销预算有着很大的不同。比如，雅芳公司把它的促销资金集中于人员推销，而露华浓公司则着重用于广告。

（七）管理和协调营销传播

管理和协调整个传播过程需要整合营销传播，即这样一种营销传播计划过程：它能识别一套评估各种传播方式战略作用的综合方案的附加值，以及将这些方式结合起来，通过对离散信息进行无缝整合，从而提供清晰、一致且最大化的影响力。

（八）评价传播效果，建立信息反馈渠道

营销沟通者把产品信息传播到目标购买者之后，整个传播过程并未结束，还必须通过市场调研，调查这些信息对目标沟通对象的影响。这种调查通常需要与目标沟通对象中的一组样本人员接触，询问他们对信息的反应、对产品的态度和购买行为的变化等。营销人员根据反馈的信息，再决定是否需要调整整体整合传播沟通策略或某个方面的营销策略。

【案例 12－1】

欧派携手国民级偶像，呈现双向沟通的完美联动

你想象中的品牌广告片是怎样的？有人说流量代言玩不动了，但欧派携手胡歌呈现了代言营销高阶玩法。

（一）让代言人角色内化为品牌性格，也让品牌角色成为代言人的价值表达

台词、画面无处不在的“植入”是多数广告片的常态，但欧派邀请胡歌拍摄的这支短片却多少让人意外，猜想中的“植入”到结束也没出现。一块平平无奇的大积木，从厨房操作台变成沙发，再变成床，最后变成衣柜，在胡歌精湛的演技下，即使全片没有台词和字幕，但不少网友都直呼是在演自己。随着片尾“做一场梦，造一个家”的主题释放出来，欧派的品牌理念也顺其自然地承接了胡歌和观众对于家的想象。而这也正好契合了欧派“整家定制”的品牌特色，正如短片中通过不断翻转积木搭建成的不同形状，构建出“家”的更多可能性。

（二）深入“粉圈”阵地，代言营销进入高阶玩法

除了短片内容本身的精彩，欧派此次代言人营销出圈的全渠道铺排也十分亮眼，站在年轻人的角度去思考问题，走到他们的场域，以他们喜欢的方式与之对话。

1. 社交媒体话题互动，创造大众认知入口。在媒介碎片化、注意力严重稀缺的当下，“明星”一词本身就意味着流量和影响力，品牌通过官宣代言人的机会，在社交平台上制造声量，让品牌进入大众视野。此次欧派与胡歌的代言，就在微博、抖音、头条、B 站等社交平台上获得了广泛关注和讨论，让“胡歌欧派品牌全球代言人”全网曝光高达 4 亿次。从这个角度看，与其说这是明星代言，更像是品牌的一次话题营销。而明星和代言营销本身，最终也将变成品牌内容的一部分，持续带来新的复利价值。

2. 线下全场域覆盖，达成同频率的情感共振。除了线上精彩互动外，欧派也把注意力聚焦在能够反复触达、渗透目标人群的全场域中。胡歌代言的大屏海报进入了电梯、商圈大屏、机场、高铁、门店等多类媒介，全国七座一二线城市户外LED旗舰大屏同步点亮，其震撼的视觉效果也让欧派此次升级代言人事件呈现指数级传播。

值得一提的是，此次代言活动还引发了人民网、每日经济新闻等官方媒体平台的关注。可以说，实力派品牌与国民级演员合作的品牌片登录央视媒体，“三大国民级”的结合无疑将欧派的品牌价值体现得淋漓尽致。当品牌放下身段，以“粉头”的身份，和“胡椒”们站在一块儿，官宣代言人并告白应援，此刻，人们能感受到他们不再只是被当成“消费者”来对待，而是能真切感受到被尊重、受鼓舞和认同。

欧派深入年轻人的生活阵地，不断强化人们在营销活动中的场景体验感，与他们交流、互动，以“朋友”的身份和年轻人玩在了一起。而在此过程中，越来越多的“粉丝”开始了解并信任品牌，粉丝对明星的喜爱，逐渐转化成对品牌的喜爱。

资料来源：https：//mp. weixin. qq. com/s/I6Dz2mY3qjEY5oC1Ssjk2A.

第二节　广告策略

一、广告的涵义及特点

广告包括由特定赞助商使用付费媒体对创意、产品、服务和品牌的任何展示和宣传。通常，广告商购买媒体时间（比如电视和网络广告）或空间（比如平面广告），以便将企业的信息传达给目标受众。广告具有以下特点：

（一）真实性

广告的生命在于真实。只有广告内容是真实的，才能获得消费者的信任，达到扩大企业产品销售的目的。如果广告内容失真，欺骗了消费者，这不仅损害了消费者的利益，同时也会使企业名声扫地，甚至会使企业受到法律的制裁。

（二）社会性

广告不仅是促进商品销售的手段，而且也是传播社会意识形态的一种重要的工具。内容健康的广告会引导人们奋发向上。因此，要求广告制作必须符合社会文化、思想道德的客观要求，要有利于社会主义精神文明，要有利于培养人们的高尚情操。

（三）针对性

针对不同产品不同目标市场要有不同的广告内容，采取不同的表现方式。由于各个消费群体都有自己的喜好、风俗习惯，所以要为适应目标顾客的不同要求来制作广告内容，采用与之相适应的形式。

（四）艺术性

广告的艺术性要求广告必须做到：首先，语言必须忠于事实，不能夸大其词，更不应弄虚作假，不使用“最大”“最佳”“最好”之类的形容词。广告语言应刻意求精，言简意赅，切忌繁杂。广告应鲜明、生动，富有个性，使人看后或听后能抓住中心，诱发需求，促进购买欲望。其次，广告画面应主题鲜明，简洁明快，色彩柔和，新颖奇特，和谐统一，健康脱俗，能使读者一目了然，促其产生购买欲望。最后，广告音乐应优美动人，协调和谐，使人感到亲切舒服，百听不厌。

二、广告媒体及其选择

广告媒体是用于向公众发布广告的传播载体，是指传播商品或劳务信息所运用的物质与技术手段。

（一）广告媒体的种类和特性

随着经济的发展和科技的进步，广告媒体日趋复杂。按媒体的物质自然属性可分为：印刷品媒体（报纸、杂志、书籍、传单等）、电子媒体（电视、广播、国际互联网等）、邮政媒体（通过邮寄方式送达消费者的产品目录、价目表、说明书等）、销售现场媒体（店头广告、实物演示、店内灯箱等）、纪念品媒体（年历、手册、小工艺品等）。按接受者感受角度分为：视觉广告媒体、听觉广告媒体、视听觉媒体。按媒体的发展演进阶段可分为：传统媒体和新兴媒体。传统的“四大广告媒体”为电视、广播、报纸、杂志。在广告行业把电视媒体和电台媒体称为“电波媒体”，把报纸和杂志媒体称为“平面媒体”。新兴媒体主要指网络媒体。近年来，网络广告媒体的话语权越来越大，呈现出欣欣向荣的发展态势。本章仅重点介绍常见的四大传统媒体、新兴的网络媒体和户外媒体。

1. 报纸。报纸是应用最广泛也是最早发布广告的媒体。它有很多优点：传播面广，覆盖率高；传播速度快、及时；信息量大，读者不受时间限制；制作方便、费用低廉，刊出日程选择自由度大。它的局限性是：时效短、印刷不够精美、表现力有限。

2. 杂志。杂志是仅次于报纸而较早出现的广告媒体。作为媒体，杂志的优点有：分类明确，读者群稳定，可以存留翻阅，反复接触机会多；信息量大，印刷精美；可利用专业刊物声望，专业性强。它的局限性是：发行周期长、时效性差，专业杂志广告接触面狭窄。

3. 广播。广播作为广告媒体，优点是传播速度快、听众广泛，内容易变更、可多次播出；制作简单、费用低廉。它的局限性是：有声无形、只刺激听觉、遗忘率高、难以记忆、不易存储、难以把握收听率等。

4. 电视。电视是广告信息传播的理想工具，它的优点是：集声、形、色于一体，形象生动，有极强的吸引力；能综合利用各种艺术形式，表现力强；覆盖面广，注目率高。它的局限性是：电视广告稍纵即逝，不适合传播复杂的广告信息且费用较高。

5. 户外媒体。户外媒体是指在露天或针对户外行动中的人传播广告信息的工具。包括销售现场广告媒体（如橱窗、灯箱、现场演示）和非销售现场广告媒体（如路牌、电脑显示牌、气球、招贴画等）。这种媒体的优点是：长期固定在一定场所，反复诉求效果好；可以做到色彩鲜艳、图文醒目、媒体费用弹性大；可根据传播对象的特点和风俗习惯设置。局限性是：宣传区域小，变更成本高。

6. 网络媒体。现代科技发展日新月异，不断涌现的技术渐渐地在改变着人们的生活方式，如互联网的普及，使购物方式、人与人的交流方式等都发生了很大的变化，而这些变化也必将影响企业的营销方式。

（1）网络广告。店铺可通过两种主要方式做广告：一是建立企业自己的网址；二是向某个网上的出版商购买一个广告空间。随着时代的发展，网络广告的优势越来越明显，主要表现在以下几个方面：①网络广告可以根据更细微的个人差别将顾客进行分类，分别传递不同的广告信息。②网络广告是互动的。网上的消费者有反馈的能力，广大消费者渴望及时得到信息。一旦某一消费者对此失去兴趣，略施小计，便会使这些对别人非常有用的信息消失得无影无踪。因此，互动式广告要求广告把要说的信息作为与受众“对话”的一部分层层传递，一旦一个人开始对起初的信息感兴趣，广告商就转向下一步骤，传递专门针对此人的信息。③网络广告利用最先进的虚拟现实界面设计来达到身临其境的感觉。网络广告所提供的虚拟现实世界，会给受众带来全新的体验。④网络广告的用户构成是广告商们愿意投资的因素。这些用户多是学生和受过良好教育的人，平均收入较高。最成功的网址有办法留住回头客，同时又不显得过于商业化。为了使自己的网址更具有吸引力，一些企业自己成了网上出版商。

（2）自媒体。自媒体一般包括手机群发、微博、微电影及播客、微信、BBS、SNS等。全民参与化、个性化、数字网络化、交互性强和传播迅速是其最为显著的特征。

【案例12－2】

发挥数字媒体优势，国货品牌Spēs新品成爆款

如今，在流量越来越贵、ROI（投资回报率）越来越低甚至为负的背景下，部分新品牌已经对数字媒体望而却步。但Spēs（诗裴丝）并没有走传统老路，而是发挥数字媒体优势重构人、货、场关系。借助抖音、小红书、微博等新媒体数字化渠道，将人找货的传统模式，转变成了“消费者需要什么”的货找人模式，在最短的时间将品牌推向年轻用户群完成种草，让新品出道一炮而红。

（一）精准洞察Z时代“超级痛点”，赋予产品爆款基因

数据显示，如今“超五成消费者表示头皮已经出现问题，超六成消费者会主动关注自己的头皮健康状态”，头屑、油头、细软塌已成为当代人头皮问题TOP3。而定位功效型头部洗护的Spēs，恰好击中了新一代消费者的核心需求。比如Spēs免洗空气感蓬松喷雾，可以快速解决年轻人着急出门又不想洗头的两难选择，只需喷两下，就能让头发更蓬松、更有型，甚至避免了一些不必要的尴尬。

（二）加码抖音兴趣电商，多维渗透助力品牌破圈

数字时代给予了新锐品牌从幕后走到台前和消费者建立互动关系的机会，因此想要快速实现从0到1的进阶，就必须在品牌创立之初与用户建立能够激发多次购买的长效沟通机制。正如Spēs在品牌正式上线后，选择在抖音兴趣电商平台上进行社交内容生态营销，让产品在年轻群体中形成规模化触达和高浓度渗透，进而让品牌实现上市即爆、破圈大卖、持续热销的三级跳。

1. 明星艺人种草视频，打造新品记忆点。Spēs新品小鸟瓶染发剂上线后，邀请艺人张予曦发布Spēs热门单品种草短视频，更有品牌代言人鞠婧祎亲自试用新品并发布蓝发造型视频。视频中，鞠婧祎的鸢尾蓝新发色星光熠熠水润动人，完美呈现了Spēs小鸟瓶染发剂颜色好看、吸睛的核心卖点；而“鞠婧祎同款鸢尾蓝发色”的话题也引发了广泛互动，截至活动结束，该话题在抖音获得超2千万次播放。巧借明星的粉丝效应，Spēs以“四两拨千斤”的策略，强势带动新品快速出圈成为爆品，在年轻用户群体中形成品牌记忆点。

2. 垂直类KOL集中传播，集中引爆品牌、提升曝光度。抖音拥有超6亿的日活量，抖音电商近两年也在不断发挥“兴趣电商”优势助力国货品牌发展。Spēs在与抖

音平台的合作中，就联动了抖音电商站内站外多方资源，多频次、多维度曝光品牌内容，不断触达、激发用户消费兴趣。

站内抖音集结了Yuki雪雪等颜值达人，是胜男吖、护肤代表鸭学长等美妆护肤类达人通过染发剂测评、染发教程、明星同款推荐的多种形式内容打透用户对新品染发剂的认知；站外微博、微信、西瓜和头条号等多个自媒体矩阵宣发增强品牌内容的曝光量，促成了品牌与不同圈层用户的“双向奔赴”，实现品销爆发。

3. 打造品牌专场直播，完成“种草—购买”的高效链路。除了公域流量的精准捕获，以兴趣搭建起目标用户与品牌产品间的沟通桥梁之外，抖音新锐发布还对Spēs的品牌私域流量池进行精细化运营。平台扶持Spēs打造品牌直播间，持续向消费者传达品牌的故事、精神、理念，从而让路人/平台粉丝直接转化留存为Spēs品牌的粉丝，更是打破了抖音电商“新锐个护家清”直播间单日销售额纪录，成为首个单场直播销售额突破百万元的新国货品牌。

资料来源：https：//mp. weixin. qq. com/s/b1Ux7bhnRh8XL0XqbWFdtA.

（二）广告媒体的选择

一般来讲，选择广告媒体要从企业或商品特点和促销目标出发，选择覆盖面广、传播速度快、直接接触目标市场、节省广告成本，能获得最佳促销效益的广告媒体。不同的广告媒体有不同特点，运用时要考虑以下几点：

1. 目标市场。广告的目的就是对目标市场的潜在顾客产生影响，从而促进购买。因而，选择广告媒体要考虑消费者易于接触并乐于接受的媒体，并且要根据目标市场范围，选择覆盖面与之相适应的媒体。例如，如果要提高在全国的知名度，则宜选择全国性的媒体。

2. 广告商品的特性。由于商品的性质、性能、用途不同，需要选择不同的广告媒体。例如，对于生活用品，可用电视、网络或进行家庭走访等形式；对于专业技术性强的机械设备等，则宜利用专业性报纸、杂志，或邮寄广告等形式，以便更直接地接触广告对象。

3. 媒体性质。主要是考虑媒体本身的流通性、时间性、覆盖面和表现力等。不同媒体传播范围有大小，接近的人有多少，市场的地理范围关系到媒体的选择。因此，行销全国的产品，应选择全国性的媒体做广告；局部地区销售的产品，企业可根据所销售产品的目标市场，选择地方性的媒体做广告宣传。报纸、杂志的发行量，广播、电视的听众、观众数量，网站点击率等，是媒体影响力的标志。媒体的影响力应到达目标市场的每一个角落，但超出目标市场则是浪费。

4. 媒体的成本。不同媒体费用不同，同一媒体在不同时间、不同位置费用也会不同，企业在选择时要根据自身的经济状况和对广告效果预期选择适宜的媒体。

5. 竞争对手的广告策略。竞争对手的广告策略往往具有很强的针对性和对抗性。为了在市场竞争中取得竞争优势，企业在选择广告媒体时必须充分了解竞争对手的广告策略，以便有针对性地确定自身广告策略，充分发挥自己的优势，克服劣势，达到最佳的广告效果。

三、广告策划的要点

（一）制定广告目标

制定广告目标就是根据促销的总体目标，依据现实需要，明确广告宣传要解决的具体问题，以指导广告促销活动的施行。广告促销的具体目标，可以使消费者了解企业的新产品，促进购买，增进销售，或提高产品与企业的知名度，以便形成品牌偏好等。

（二）确定广告主题

任何广告设计，离不开选择一定的主题进行表现，一则广告必须鲜明、突出地表现广告主题，使人们很清楚广告告知他们做什么，要求他们做什么，因而广告主题在策划中有着重要的意义和作用，它是广告表现形式的核心。

（三）完成广告创意

广告创意是依据广告策略，实现广告目的，具有艺术性质的创造性思维运动。这种思维运动通常要使广告达到完成其对企业、商品、服务宣传促销的目的。

第三节 公共关系

一、公共关系的涵义和特点

企业不仅必须与顾客、供应商和经销商建立建设性的关系，还必须与相关的公众建立关系。公共关系包括旨在利益相关者中提升或保护企业形象的各种计划。明智的企业会采取具体步骤来管理与其关键公众的良好关系。大多数企业都有一个公关部门，负责监控各种组织中公众的态度，发布信息和进行沟通，以建立良好的声誉。最好的公关部门会建议营销高管采用积极的方案，消除有问题的做法，这样从一开始就不会出现负面宣传。

作为一种促销手段，公共关系与前述其他手段相比，具有自己的特点。

1. 注重长期效应。公共关系是企业通过公关活动树立良好的社会形象，从而创造良好的社会环境。这是一个长期的过程。良好的企业形象也能为企业的经营和发展带来长期的促进效应。

2. 注重双向沟通。在公关活动中，企业一方面要把本身的信息向公众进行传播和解释，同时也要把公众的信息向企业进行传播和解释，使企业和公众在双向传播中形成和谐的关系。

3. 可信度较高。相对而言，大多数人认为公关报道比较客观，比企业的广告更加可信。

4. 具有戏剧性。经过特别策划的公关事件，容易成为公众关注的焦点，可使企业和产品戏剧化，引人入胜。

二、公共关系的作用

（一）收集信息，监测环境

信息是企业生存和发展必不可少的资源。运用各种公关手段可以采集各种信息，监测企业所处的环境。企业公关可采集到的信息有产品信息、企业形象信息、企业内部公众信息、其他方面（如国内外政治、经济、科技等）的变化信息等。

（二）咨询建议，决策参谋

公共关系的职能是利用所搜集到的各种信息进行综合分析，考察企业的决策和行为在公众中产生的效应及影响程度，预测企业决策和行为与公众可能意向之间的吻合程度，并及时、准确地向企业决策者进行咨询，提出合理、可行的建议。

（三）舆论宣传，创造气氛

企业可通过公共关系将有关信息及时、准确、有效地传送给特定的公众对象，为企业树立良好形象创造良好的舆论气氛。当公众已经开始对企业有了一定的了解之后，就可以进行强化舆论宣传。在这个阶段，公关人员需要运用各种现代化媒介手段去进行宣传推广，在不断维持、完善现有品牌形象基础之上，进一步提升企业的美誉度，为良好的公众舆论造势，强化良好的企业社会公众形象。当一个企业有了一定形象和声誉之后，就需要开始注意品牌形象的管理，除了需要努力保持和维护、完善企业现有的知名度和信誉度之外，还需要进行持续不断、潜移默化的公关宣传工作。

三、公共关系的活动方式

在不同的公关目标和情景下，企业必须选择不同的公关模式，以便有效地实现公共关系目标。一般来说，企业应该选择战略性公关方式，主要针对企业面临的不同环境和公关的不同任务，采取建设性公关、维系性公关、进攻性公关、防御性公关和矫正性公关等方式，从整体上塑造企业的公众舆论形象。

1. 建设性公关。主要适用于企业初创时期或新产品、新服务首次推出之时，主要功能是扩大知名度，树立良好的第一印象。

2. 维系性公关。适用于企业稳定发展之际，用以巩固良好企业形象的公关模式。

3. 进攻性公关。企业与环境发生摩擦冲突时所采用的一种公关模式，主要特点是主动。

4. 防御性公关。企业为防止自身公共关系失调而采取的一种公关模式，适用于企业与外部环境出现了不协调或摩擦苗头的时候，主要特点是防御与引导相结合。

5. 矫正性公关。企业遇到风险时采用的一种公关模式，适用于企业公共关系严重失调，从而企业形象严重受损的时候，主要特点是及时。

【案例 12－3】

宝马 MINI 冰淇淋事件：一场失败的危机公关

在 2023 年第二十届上海国际汽车工业展览会上，一位网友爆料上海车展的宝马 MINI 展台疑似在发放冰淇淋时区别对待中外访客。很快该事件冲上了热搜，其原因就在于@ MINI 中国在当天发了第二篇相关公关声明，声明中的内容多处“踩雷”，甚至对受众使用了反向疑问——“可不可以请大家给她们多点宽容和空间?”让网友们不仅感到疑惑，更是油然而生出一种“恨铁不成钢”的愤愤之情，纷纷表示这是一次“史诗级灾难公关”，甚至为MINI品牌方的公关稿出谋划策，产出了大量UGC评论。至此，宝马MINI的冰淇淋事件已经彻头彻尾变成了一场公关危机，对于品牌形象产生大量负面影响。

MINI此次为何陷入公关危机？

（一）区别对待，崇洋媚外

从本次事件的起因就可以得知，这是一场因为“双标”行为而激发民众不满所导致的公关危机。消费者的尊严不分国家、民族，区别对待本国人和外国人在任何国家都会被鄙视。品牌（尤其是外国品牌）在中国市场上进行营销公关需要特别注意在传递价值观、品牌理念或产品卖点的时候，牢记对中国消费者、中国文化、中国传统价值观的尊重和包容，努力制造文化共鸣和理念共鸣，这也是品牌在本地化营销的一个重要环节。如果在2023年仍出现类似于“石狮向丰田霸道车敬礼”“故意用筷子夹披萨饼”等伤害中国人情感的广告，那该品牌的用意和对中国市场的态度值得被怀疑。

（二）道歉敷衍，惊现反问

品牌的危机公关总是要从道歉开始，有的品牌能通过合适的道歉声明承认错误、摆平风波，但有的品牌却因为道歉声明而越描越黑、扩大风波——MINI就是后者。品牌没有自省能力，说到底仍然是一种高傲的品牌意识在主导此次公关事件，这种高傲之气更是体现在一种满含“自上而下”意味的反问句的遣词造句当中。当“可不可以”和“？”出现在受众的眼前时，脑海里浮现的一定不会是一个亲切的、友善的品牌形象，而是一个严肃的、说教性的品牌形象，这是消费者们最直观感受到的，也是最不能接受的一点。

（三）网友群嘲，MINI丧失话语权

正常情况下，受众面对品牌的公关反应，充当“审视者”即可，但在这次“史诗级灾难公关”中，有的网友们看不下去了，直接为MINI修改公关稿、提供公关灵感，甚至使用ChatGPT生成出了更加优秀的道歉声明发给@MINI中国。网友们的一系列操作形成了声势浩大的“嘲讽潮”，将品牌的尊严扔在一边，完全不顾及MINI的面子，以分分钟能够替代MINI公关团队的强度生成了大量UGC，在这种舆论浪潮下，当事人@MINI中国几乎丧失了在此次事件中的话语权。第二篇道歉声明发布后，品牌官方再无下文，也无任何具有实际意义的整改措施和解决方案，似乎官方已经被淹没在网友的“盛情”当中了。

在具有记忆的互联网上，一次失败的危机公关会成为留在品牌身上一辈子的伤疤。危机公关的失败，究其原因在于对消费者诉求的忽视和对消费者态度的傲慢。在这个过程中，越来越主动参与的受众扮演了重要的角色，揭开了品牌的真实面目，为更多消费者提供了更加全面、真实、客观的品牌信息。

资料来源：https：//mp. weixin. qq. com/s/QKWKxmE7GYtO0xPQhwnk7w.

第四节 销售促进

一、销售促进的涵义及特点

销售促进，又称“营业推广”，是指企业运用各种短期诱因，鼓励消费者和中间商购买、经销或代理企业产品或服务的促销活动。销售促进的对象包括企业和个人，销售促进运用语言和非语言的沟通方式，在一个较短的时期内，通过大量信息的迅速传递来激发沟通对象的购买欲望。销售促进具有以下四个特点。

（一）针对性强，促销效果明显

销售促进是一种以激励消费者购买和经销商经营积极性为主要目标的辅助性、短暂性的促销措施。销售促进的对象是与产品直接相关的消费者、经销商以及推销人员，直接的针对性能够唤起消费者的广泛注意，对想购买便宜东西的顾客和低收入阶层的顾客颇具吸引力。销售促进一般都是通过提供某些直接的优惠条件调动有关人员的积极性，刺激和引诱顾客购买，因而见效快，可以在短期内刺激目标市场需求，使之大幅度地增长。

（二）灵活多样，适应性强

根据顾客心理和营销环境等因素，销售促进可以灵活多样地采取针对性很强的促销方式，顾客适应性很强，因而具有强烈的吸引力和诱惑力，能够唤起顾客的广泛关注，立即促成购买行为，在较大范围内收到立竿见影的功效。

（三）形式多样，辅助性明显

销售促进是企业运用各种短期诱因，鼓励购买或销售企业产品或服务的促销活动。如果说广告的主要目的是使消费者对产品和服务产生兴趣，公关的作用是使消费者对企业产品或服务产生良好印象的话，销售促进则侧重于使消费者将兴趣和印象转化为行动。所以，在多数情况下，企业通常把销售促进和广告宣传、公共关系活动结合在一起运用，作为一种辅助和补充，以达到促进销售的目的。

（四）攻势过强，易引起顾客反感

销售促进活动总是伴随着各种优惠条件和强大的宣传攻势，这虽有利于企业尽快地批量推销商品，获得短期经济效益，但攻势过强，易使顾客产生逆反心理，往往会引起顾客对产品质量、价格产生怀疑，从而有损产品和企业形象。

二、销售促进的方式

（一）向消费者推广的方式

对消费者的销售促进，是为了鼓励消费者更多地使用产品，促使其大量购买。其主要方式有：

1. 赠送样品。企业免费向消费者赠送样品，促使消费者了解商品的性能与特点。样品赠送的方式可以派人上门赠送，也可以通过邮局寄送，可以在购物场所散发，也可以附在其他商品上赠送等。这一方法多用于新产品促销。

2. 有奖销售。通过给予购买者以一定奖项的办法来促进购买。奖项可以是实物，也可以是现金。常见的有幸运抽奖，顾客只要购买一定量的产品，即可得到一个抽奖机会，多买多奖。或当场抽奖，或规定日期开奖。也可以采取附赠方式，即对每位购买者附赠纪念品。

3. 现场示范。利用销售现场进行商品的操作表演，突出商品的优点，显示和证实产品的性能和质量，刺激消费者的购买欲望。这是属于动态展示，效果往往优于静态展示。现场示范特别适合新产品推广，也适用于使用起来比较复杂的商品。

4. 特价包装。在产品质量不变的前提下，使用简单、廉价的包装，而售价则有一定削减，这是很受长期使用本产品的消费者欢迎。

5. 折价券。这是可以以低于商品标价购买商品的一种凭证，也可以称为“优惠券”或“折扣券”。消费者凭此券可以获得购买商品的价格优惠。折价券可以邮寄、附在其他商品中，或在广告中附送。

（二）向中间商推广的方式

对中间商的销售促进，目的是吸引其经营本企业产品，维持较高水平的存货，抵制竞争对手的促销影响，获得其更多的合作和支持。其主要销售促进方式有以下几种：

1. 销售津贴。销售津贴也称“销售回扣”，这是最具代表性的销售促进方式。这是为了感谢中间商而给予的一种津贴，如广告津贴、展销津贴、陈列津贴、宣传津贴等。

2. 列名广告。企业在广告中列出经销商的名称和地址，告知消费者前去购买，提高经销商的知名度。

3. 赠品。包括赠送有关设备和广告赠品。前者是向中间商赠送陈列商品、销售商品、储存商品或计量商品所需要的设备，如货柜、冰柜、容器、电子秤等。后者是一些日常办公用品和日常生活用品，上面都印有企业的品牌或标志。

4. 销售竞赛。是为了推动中间商努力完成推销任务的一种促销方式，获胜者可以获得现金或实物奖励。销售竞赛应事先向所有参加者公布获奖条件、获奖内容。这一方式可以极大地提高中间商的推销热情。比如，获胜者的海外旅游奖励等已被越来越多的企业所采用。

5. 业务会议和展销会。企业一年举行几次业务会议或展销会，邀请中间商参加。在会上，一方面介绍商品知识，另一方面现场演示操作。

三、制订合理的销售促进方案

（一）诱因规模

即确定使企业成本/效益最佳的诱因规模。诱因规模太大，企业的促销成本就高；诱因规模太小，对消费者又缺少足够的吸引力。因此，营销人员必须认真考察销售和成本增加的相对比率，确定最合理的诱因规模。

（二）刺激对象的范围

企业需要对促销对象的条件作出明确规定，比如赠送礼品，是赠送给每一个购买者还是只赠送给购买量达到一定要求的顾客等。

（三）促销媒体的选择

即决定如何将促销信息传递给目标受众。比如，印制宣传单在街上派送或者放置销售终端供顾客取阅、在大众媒体上做广告、邮寄给目标顾客等。

（四）促销时机的选择

企业可以灵活地选择节假日、重大活动和事件等时机进行促销活动。

（五）确定推广期限

推广期限要恰当，不可太短或太长。根据专家的研究，比较理想的推广期限是 3 个星期左右。

（六）确定促销预算

一般有两种方式确定预算：一种是全面分析法，即营销者对各个推广方式进行选择，然后估算它们的总费用；另一种是总促销预算百分比法，这种比例经常按经验确定，如奶粉的推广预算占总预算的 30% 左右，咖啡的推广预算占总预算的 40% 左右等。

（七）测试销售促进方案

为了保证销售促进的效果，企业在正式实施推广方案之前，需要对推广方案进行测试。测试内容包括推广诱因对消费者的效力、销售工具选择是否恰当、媒体选择是否恰当、顾客反应是否足够等。发现不恰当的部分，要及时进行修正。

【案例 12 –4】

月支付 GMV 破亿元，茶百道的长效经营“新”玩法

茶百道把线上流量最大的平台——抖音作为自己的营销主阵地，借助抖音平台，打开营销新范式。2023 年 3 月 10 日，茶百道通过抖音直播单日销售 GMV（商品交易总额）突破 1 亿元，粉丝数量单日增长约 23 万个，刷新了抖音生活服务品牌专场直播 GMV 纪录。

茶百道依托于抖音生活服务平台的流量转化力和广泛的受众积累基础，选择形成“种草养成 + 经营转化”的健康运营路径，通过“线上线下活动预热 + 短视频内容营销 + 场景化达人直播”的正循环玩法链路打通。

在线下，通过在每个门店的线下渠道，进行电子屏的物料铺设，利用门店本身的地域分布和数量优势，让每一位到店消费的用户，都能通过线下扫码的形式直接进入官方直播间，进行活动关注，撬动私域流量；“电子物料”进店和抖音站外的全平台活动信息同步，也便利了活动的精准透传，为开播前期积蓄了一波声量。此外，茶百道还在抖音站内，联动达人号和企业号，剪辑宣发直播活动的高光精彩片段作为引流视频，进行 BGC（品牌生产内容）和 PGC（专业生产内容）紧凑铺排，在直播短期形成集中宣发，以此不断吸引用户进入直播间。

在线上，抓住年轻消费群体喜欢新鲜事物的特点，在直播不同时段，通过“辩论赛”“艺人演唱”把阶段场直播氛围一次次推向高潮。创新的玩法为消费者带来一种追剧和看综艺的新鲜体验，让消费者在潜移默化中，形成对直播活动的认知，以及品牌的印象深植。

茶百道相应构建了线上、线下全方位的营销网络，利用多渠道新兴品牌推广及营销策略提升品牌知名度，触达新目标客群，并提高现有客户黏性。2022 年 7—8 月，茶百道在抖音生活服务平台，开启官方区域场直播，仅“冷萃茶”单饮品，60 天内便实现销售 140 万杯的高转化；同时 78% 的新增消费者，均为“95 后”年轻人群，实现了强而有力的品牌拉新。茶百道选择在不同时间段，结合热点、时间等维度，策划直播主题，以“全国直播 + 区域直播 + 达人直播”的主要形式，阶段化推进茶百道的特色直播，透传产品和品牌动态信息，在直播中不断延续品牌的热度。

资料来源：https：//mp. weixin. qq. com/s/SZ1gGJPQB6DHLH0s6TlKNQ.

第五节　人员推销

一、人员推销的涵义及其特点

人员推销是企业运用推销人员直接向顾客推销商品或劳务的一种推销活动。在人员推销活动中，推销人员、推销对象和推销品是三个最基本的要素，前两者是推销活动的双重主体，后者是推销活动的客体。通过推销人员与推销对象之间的接触、洽谈，让推销对象购买推销品，达成交易，实现既销售商品，又满足顾客需求的目的。人员推销的特点包括以下四点。

（一）信息传递的双向性

人员推销作为一种信息传递形式，具有双向性。在人员推销过程中，一方面，推销人员通过向顾客宣传介绍推销品的有关信息，如产品的质量、功能、使用、安装、维修、技术服务、价格以及同类产品竞争者的有关情况等，来达到招徕顾客、促进产品销售的目的。另一方面，推销人员通过与顾客接触，能及时了解顾客对本企业产品或推销品的评价；通过观察和有意识地调查研究，及时反馈市场销售信息，为企业制定合理的营销策略提供依据。

（二）友谊协作的长期性

销售人员既代表着企业利益，同时也代表着顾客利益。满足顾客需要是保证销售达成的关键。在人员推销过程中，通过面对面地看货、议价与交谈，不仅有利于销售人员根据顾客态度及时发现问题，进行解释和协调，抓住有利时机促成顾客购买行为。同时，推销人员与顾客直接见面、长期接触，又可以促使买卖双方建立友谊，密切企业与顾客之间的关系，易于使顾客对企业产品产生偏爱，从而建立起长期友谊协作关系，稳定产品销售。

（三）直接洽谈的灵活性

由于推销人员在访问推销过程中可以亲眼观察到顾客对推销陈述和推销方法的反应，根据不同顾客的特点和反应，有针对性地调整自己的工作思路与方法，迎合顾客观念，诱导顾客购买；同时，还可以及时发现、答复和解决顾客提出的问题，消除顾客的疑虑和不满情绪。

（四）商品销售的感知性

对于专业性很强也很复杂的商品，如工业品等，仅靠一般的广告宣传无法促使潜在顾客购买，企业只有派出训练有素的推销员为顾客展示、操作商品，并解答其疑难问题，才能达成销售。所以，人员推销经常用于竞争激烈的场合，也适用于推销那些价格昂贵、性能复杂的商品。

当然，人员推销也有其弱点：一是支出较大，成本较高。由于每个推销人员直接接触的顾客有限，销售面窄，特别是在市场范围较大的情况下，人员推销的开支较大，这就增大了产品销售成本，一定程度上减弱了产品的竞争力。二是对推销人员的要求较高。人员推销的效果直接取决于推销人员素质的高低，并且随着科学技术的发展，新产品层出不穷，对推销人员的素质要求越来越高。要求推销人员必须熟悉新产品的特点、功能、使用、保养和维修等知识与技能。要培养和选择理想的、胜任其职的推销人员比较困难，而且耗费也很大。

二、人员推销的基本策略

（一）试探性策略

试探性策略也称为“刺激—反应”策略。这种策略是在不了解顾客的情况下，推销人员运用刺激性手段引发顾客产生购买行为的策略。推销人员事先设计好能引起顾客兴趣，能刺激顾客购买欲望的推销语言，通过渗透性交谈进行刺激，在交谈中观察顾客的反应，然后根据其反应采取相应的对策，并选用得体的语言，再对顾客进行刺激，进一步观察顾客的反应，以了解顾客的真实需要，诱发购买动机，引导产生购买行为。

（二）针对性策略

针对性策略是指推销人员在基本了解顾客某些情况的前提下，有针对性地对顾客进行宣传、介绍，以引起顾客的兴趣和好感，从而达到成交的目的。因推销人员常常在事前已根据顾客的有关情况设计好推销语言，这与医生对患者诊断后开处方类似，故又称针对性策略为“配方—成交”策略。

（三）诱导性策略

诱导性策略是指推销人员运用能激起顾客某种需求的说服方法，诱发引导顾客产生购买行为。这种策略是一种创造性推销策略，其对推销人员要求较高，要求推销人员能因势利导，诱发、唤起顾客的需求，并能不失时机地宣传介绍和推荐所推销的产品，以满足顾客对产品的需求。因此，从这个意义上来说，诱导性策略也可称“诱发—满足”策略。

三、人员推销的方式和步骤

（一）人员推销的方式

企业在组织推销活动时，必须合理地安排推销人员，使之能在适当的时间，以适当的方式，访问适当的顾客。因此，企业在确定推销人员接触顾客的方式时，应根据具体情况而定。一般有以下几种方式可供选择：

1. 一对一的推销。即一个推销员与一个顾客进行面对面单对单的洽谈。
2. 一组对一组的推销。即由推销小组（如由企业主管人员、技术人员、销售人员构成的小组）向一组顾客介绍产品。
3. 一个对一组的推销。即由一个推销人员向一组顾客介绍产品。
4. 推销会议。即通过召集会议方式向顾客进行推销。
5. 推销讲座。即由企业专门组织的有关新产品、新技术的讲座，向众多顾客作介绍，增强他们购买的信心。

（二）人员推销的步骤

1. 事前准备。人员推销工作的第一步，是做好推销前的准备。首先，推销人员要对本企业的产品特点和用途有深入的了解，不仅要清楚产品的优点，而且也要明白与同类产品相比所有的不足之处。其次，推销人员要尽可能多地了解顾客的情况，如可能的采购量，决策者是谁，采购习惯等。不了解对方底细就贸然推销，成功的概率极小。再次，推销人员还要了解竞争对手的产品特点、竞争能力和行业地位等。最后，推销人员的准备工作还包括推销人员的心理准备、确定介绍方法、选择接触方法（登门拜访、打电话等），制订推销访问计划以及准备需携带的物品等。总之，知己知彼，百战不殆。

2. 发掘客户。寻找潜在的顾客是人员推销最重要的一步。这一步的工作是研究潜在的消费者，选择极有可能成为顾客的人，即潜在顾客。这类顾客必须有需求意愿、有购买能力、有使用能力和购买的决策权、有接近的可能性等。寻找潜在顾客的方法很多，比如：通过市场调研，咨询现有顾客、供应商、银行、商会等；通过报纸、杂志、电视、网络等广告寻求；通过亲朋好友的介绍，查找公共档案、电话号码簿、工商企业名录、企业档案等获得。推销人员应把重点放在那些值得开发的顾客上，要进行排查和确认，以免浪费时间和资源。

3. 接近客户。初次见面的良好印象往往是成功推销的关键因素。推销人员要注意自己的仪表、服装、懂礼貌、有教养，做到稳重而不呆板，谦虚而不自卑，敏捷而不冒失。首先，唤起客户的注意，比如和顾客谈论其最关心的问题，唤起顾客的情趣，把顾客的注意力从其手头工作吸引到自己这儿，再吸引到自己的产品上，激发顾客的兴趣。其次，取得顾客的信任，从感情上缩小和他们的距离。通过交谈观察、把握顾客的心理，投其所好地对顾客的需求加以引导，激发其对本企业产品的兴趣。接近顾客通常采取的方法有拉关系接近、赠送样品接近、熟人介绍接近以及以调查的方式接近等，可以是一对一、一对多，也可以是磋商式、研讨式等。

▶▶知识拓展 12－1

造雨者常用的八大话题

把那些销售业绩极为突出的顶尖销售人员称为“造雨者”（Rainmaker），以彰显他们呼风唤雨般的销售能力。一般的销售人员或者那些没有经验的销售人员和顾客谈话时，70%的时间谈的是关于公司产品的，都是些很专业的话题，只有不到30%的时间在聊非专业性的话题。但那些造雨者完全相反。他们与顾客交谈时，70%的时间都在谈一些非专业性的话题，比如聊一聊家常或共同关注的东西，只有不到30%的时间在谈专业性话题。

进一步观察发现，非专业性话题的谈话让顾客更愿意和那些造雨者建立信任，建立有兴趣深入沟通的关系；而那些嘴不停，一直介绍公司和产品的销售人员却让顾客不胜其烦。

真正专业的销售人员，不会直接谈产品。他们通过和顾客聊些非专业性话题，旁敲侧击，激发了顾客的兴趣和信任，并通过这种谈话，为顾客创造了价值，因为顾客觉得跟他们沟通很有趣，愿意和他们聊。

第一个话题：国家的经济、政策趋势。这些话题要能深度地谈，至少要达到老一代北京出租车司机的水平。

第二个话题：出国留学和孩子的教育。这些话题往往是客户切身体会且非常关心的话题，要能够较深入、较专业地谈，比如：是应该考大 SAT，还是小 SAT；为什么要选择走 IB 系统；留学应该初中就出去，还是高中才出去，抑或是大学再出去；选择读生物化学，首选康奈尔还是斯坦福；要读电子工程学位的话，是否应该先读预科，再读 MIT，还是直接申请 MIT，这些路径要十分清晰。

第三个话题：移民和投资。有些企业家会因为孩子的教育而有移民和海外投资的需求。这时造雨者可以聊得具体、深入些，比如：造雨者可以深入分析现在移居新加坡是不是个明智的决策，要多长时间可以办理好，具体路径如何；现在加拿大爱德华王子岛提名移民还有没有机会；德国的优才计划需要什么样的条件；客户的股票收入和非工作收入到底能不能作为移民加拿大的资产认证。造雨者对这些领域非常了解，会尽可能为顾客提供更多的帮助。

第四个话题：体育运动。造雨者往往会深入钻研一两门体育运动。他们对这个领域中的明星、赛事、技术、趋势、场地了解得一清二楚。比如，造雨者选择了主攻高尔夫的话，就要了解所有场地的风格，要知道为什么每次泰格·伍兹打高尔夫时都有人在拿摄像机录像，录的到底是什么。作为读者的你也可以选择深度研究一下网球、篮球、足球、滑雪等。

第五个话题：婚姻、家庭与爱情。这个话题是人们永恒的话题，特别是当顾客与造雨者构建起信任后，顾客很多时候是很愿意向他们倾诉的。每个人都会面临情感挑战，人们要学会有效地处理各种各样的感情关系，弄清楚遇到不同的情况该如何处理。造雨者要为顾客提出比较明确的案例、方法和逻辑，以及明确的观点。

第六个话题：最新的电子产品和兴趣类产品。因为这些东西很好玩，是能让人们很快获得共鸣的东西，所以造雨者会有意识地储备和更新相关信息。比如：要了解 5D Mark Ⅲ和 5D Mark Ⅳ的差别；要了解单反全画幅和全画幅微单反的差别，要知道新上市的 iPhone 11 Pro 的摄像硬件和软件匹配优化特点；要知道人脸识别技术存在哪些潜在的风险；要知道现在用哪款 App 可以反映 iPhone XS Max 构建的机器学习框架应用；要知道怎样玩阴阳师和王者荣耀能排到全球 500 名。电子产品和兴趣类产品是造雨者与顾客之间永恒的有趣话题。

第七个话题：明星八卦。谈论明星八卦永远是安全的。明星八卦是一个非常容易放松的调节性话题。这个话题的信息很丰富，不要谈一些大家都能在网络上看到的东西，要深度挖掘一些不为人知的背后的故事。造雨者会投入一些资源和精力去挖掘，主攻一两个明星，只有这样，才有竞争优势。当你成为一个领域的专家，那么出了娱乐事件的话，别人都会来找你打听消息。

第八个话题：餐饮文化。中国是一个饮食大国，餐饮文化丰富多彩。如果说国外的生意大多是在咖啡桌上谈的，那我国的生意大多是在酒桌和饭桌上谈的。造酒者通常会积累相当多的关于餐饮文化、菜系、如何点菜、如何点酒、酒的历史典故等方面的知识。建议主攻两三个菜系，选一个酒系，可以是红酒、威士忌、白酒、清酒甚至啤酒。你要能讲出每种酒的饮用历史和方法，对任何小众的酒都能说出它的典故来，最好再配上两三首诗，就显得很有文化水平了。比如，当年乾隆皇帝下江南，出了上联"金木水火土"，让纪晓岚对下联，对不上就打板子。纪晓岚张嘴就来：板城烧锅酒。"板城烧锅酒"拆开来看，刚好含有"金木水火土"这五个偏旁。不仅如此，"板城烧锅酒"刚好结合了当时在酒楼喝酒的环境，入情入境，乾隆皇帝听了龙心大悦。你要是能达到这种水平，就可以让客户对你印象深刻，建立亲近感。

当然，优质的话题不止这八个，当下社会大家都很关心养生和健康，也可以作为话题之一。

这八个话题都是非常生活化的话题，但恰恰是这八个话题，能让销售人员与顾客在双方都感兴趣的方面愉快地交流。也正是通过这八个话题的交谈，销售人员才能真正知道：顾客是什么样的人？他在关心什么？我可以怎样帮助到他？但是很遗憾，很多销售人员都聊不了这八个话题，他们也许可以侃侃而谈一些高深的理论，但恰恰在谈这八个非常生活化的话题时茫然失措。

作为一个造雨者或者一个优秀的销售人员，一定要有热爱生活、愿意学习、愿意从事成长性工作的追求。

如果你想把销售做好，核心在于你要成为一个能关心别人、具有影响力、能够为别人不断创造价值的人。你与你的客户构建了值多少钱的信任和关系，你就能卖出值多少钱的产品。在销售中，永远要先构筑个人关系，即先卖自己，接着是卖公司，然后是卖产品，最后才是价格，因为到那个时候，所谓的价格都是水到渠成的，客户不会觉得突兀。

资料来源：曹虎、王赛．什么是营销［M］．北京：机械工业出版社，2020.

4. 推销介绍。在大多数情况下，推销介绍除了要向顾客讲解相关产品的特点和优势外，还包括产品的展示。在这一过程中，推销人员不但应指出产品的特点和利益，以及它们如何优于竞争者的产品，有时甚至也要指出本产品的某些不足，或可能出现的问题以及如何减免或防范等。推销人员要关注顾客的反应，在讲解的过程中要以顾客利益为前提介绍产品的性能，可请潜在顾客亲自演练、使用，以引起兴趣，激发需求，最终促成销售。

5. 应对异议。推销人员要随时准备回答潜在顾客在任何时候都可能提出的异议或问题，比如关于产品质量、价格和服务等方面。推销人员此时应该采取积极的措施去消除可能影响销售的那些反对意见，要在充分尊重顾客的前提下，进一步指出产品的其他特点，或提示企业可提供的特别服务，进行有针对性的解释和说明，以消除顾客的疑虑。

6. 达成交易。一旦解决潜在顾客异议之后，推销人员就要准备达成最重要的目标——成交，就是要使顾客同意购买自己推销的产品。在洽谈过程中，推销人员要善于看准时机，给予对方成交的机会。有些顾客不需要全面的介绍，介绍过程中如果发现对方有愿意购买的表示，应立即抓住时机，签约成交。为了促成交易，推销人员还可以进行必要的诱导，比如赠送小礼品、打折、额外的一些优惠条件等。

7. 跟踪服务。产品售出后，推销人员必须予以跟踪，以确保产品按时、按质、在良好状况下送到客户手中，并确保产品能正常地使用。良好的事后跟踪是保证顾客满意、培育忠诚顾客和树立企业形象所必不可少的环节。对一些重要的顾客，推销人员要特别注意与之建立长期合作关系，了解其满意度。帮助顾客解决问题，提供各种必要的售前、售后服务，尤其是企业与企业之间的交易，关系营销的重要性正在与日俱增。

四、推销人员队伍的管理

（一）推销人员的要求

1. 道德品质方面。要求推销人员遵纪守法、遵守商业道德、有良好的敬业精神。

2. 文化知识方面。要求推销人员了解市场营销学等方面的知识，特别是经济学、心理学相关知识更是至关重要。

3. 业务技能方面。要求推销人员熟悉本企业及产品的有关情况，熟练掌握所推销产品的有关技术指标和实际的安装、操作及使用方法，并对市场上的同类竞争产品的情况了如指掌。

4. 待人接物方面。推销人员要衣着干净、整齐，谈吐谦恭、礼貌，有良好的风度，并能掌握有关推销洽谈和接待顾客的技巧和艺术。

5. 身体素质方面。推销人员要求有良好的体质和健康的身体，能够适应各种恶劣的推销环境。

【案例 12 -5】

IBM 的销售队伍

IBM 将其销售队伍结构从产品销售队伍结构转变成了顾客销售队伍结构。在转变之前，企业的软件、硬件和服务部门的不同销售人员可能会同时去拜访同一个大顾客，最后搞得一团混乱。这些大顾客希望看到的是“同一张面孔”，他们希望只同企业一个部门的人员联络以解决所有的产品和服务问题。销售队伍重组后，每个大顾客将只需要面对一个顾客经理，由他带领的一个 IBM 团队包括产品人员、系统工程师、顾问和其他人员，他们将和顾客一起工作。该顾客经理将成为顾客所在行业的专家，他负责把握和顾客之间的商业联系。这种对顾客的密切关注被认为是近年来 IBM 业绩奇迹般回升的主要原因之一。

资料来源：根据网络资料整理。

（二）推销人员报酬的确定

推销人员的工作具有很大独立性、流动性和自主性，同其他部门工作人员的工作有很大差别，因而其报酬制度也要有别于其他部门。一般来说，推销人员的报酬采用以下几种形式：

1. 固定工资制。即无论推销人员的业绩如何，都按照固定的工资标准支付报酬。这种报酬形式使业绩与所得脱节，不易调动和发挥推销人员的积极性，目前企业采用较少。

2. 分成制。就是从销售额中提取一定比例作为推销人员的报酬。分成制能把推销人员的业务成绩和收入紧密结合起来，鼓励推销人员努力工作，不断提高销售量。采取这种方法时，可将销售人员在推销过程的各种费用均计入分成部分内，也可实行费用包干，然后按净收入分成等。

3. 混合制。多数企业为兼顾企业、个人利益，常采用基本工资加分成的报酬制度。

在实际中，企业应注意对分成标准、比例的合理确定，然后根据推销人员的具体情况选择合适的报酬方式。

（三）推销人员的考核

推销人员的工作流动性、变化性较大，对其工作的考核也较复杂。对推销人员的绩效考核通常采用多种方式、多个指标的综合考核。考核推销人员的基本方式有工作报告制度和成绩比较制度两种。工作报告制度，即通过定期的文字性工作报告，管理部门能了解推销人员业务进展状况、访问次数、拜访新客户的数量、推销额等，同时从中也可了解市场信息、顾客特点、竞争状况等，为考核推销人员、评估推销业绩等提供一些客观依据。成绩比较制度，则将推销人员的业绩进行相互比较，根据每个人的定额、以往业绩、所负责地区等对推销人员的绩效加以评价。

具体的评价指标可参考如下：

（1）推销定额完成率 = 实际销售额/推销定额 ×100%；

（2）访问次数完成率 = 实际访问次数/计划访问次数 ×100%；

（3）新顾客销售率 = 新顾客销售额/总销售额 ×100%；

（4）新顾客访问率 = 新客户访问时间/总访问时间 ×100%。

此外，企业还可通过用户反映等途径来考核推销人员，将各种指标加以综合，对推销人员的绩效做出较为客观、公正的评价。

小结与思考练习

【本章关键词】

整合传播沟通　传播对象　传播目标　传播信息　传播渠道　传播组合　户外媒体　网络媒体　网络广告　自媒体　广告策划　广告目标　广告主题　广告创意　广告　公共关系　建设性公关　维系性公关　进攻性公关　防御性公关　销售促进　营业推广　人员推销　有奖销售　现场示范　折价券　销售津贴

【本章小结】

1. 整合传播沟通是一种通过协调使用不同的沟通工具来管理沟通活动的方法，这些工具协调工作相辅相成，帮助企业实现其战略目标。整合传播沟通能够确保企业的沟通相互一致，并能够以一种有效且具有成本效益的方式实现企业的沟通目标。一般需要综合使用几种营销工具——广告、公共关系、销售促进、人员推销。

2. 广告包括由特定赞助商使用付费媒体对创意、产品、服务和品牌的任何展示和宣传。广告策划需要制定广告目标、确定广告主题和完成广告创意。

3. 公共关系包括旨在利益相关者中提升或保护企业形象的各种计划。公共关系的目标是促使公众了解企业形象，通过企业与公众的双向沟通，改善或转变公众态度。公共关系的作用是为企业收集信息、检测环境、咨询建议、决策参谋、舆论宣传等。

4. 销售促进，又称“营业推广”，是指企业运用各种短期诱因，鼓励消费者和中间商购买、经销或代理企业产品或服务的促销活动。销售促进的形式灵活多样，针对性强，促销效果明显，但如果攻势过强，易引起顾客反感。在多数情况下，企业通常是把营业推广和广告宣传、公共关系活动结合在一起运用，作为一种辅助和补充，达到促进销售的目的。

5. 人员推销是企业运用推销人员直接向顾客推销商品和劳务的一种推销活动。在人员推销活动中，推销人员、推销对象和推销品是三个最基本的要素。人员推销包括事前准备、发掘客户、接近客户、推销介绍、应对异议、达成交易、跟踪服务等几个步骤。

【本章思考题】

1. 如何理解整合营销沟通的涵义？
2. 如何选择广告媒体？
3. 企业公共关系有哪些作用？

4. 如何制订合理的销售促进方案？
5. 人员推销和非人员推销相比，其优点表现在哪些方面？
6. 任选自己熟悉的一款饮品，尝试为它的广告营销设计一个针对性的方案。

【本章案例作业】

天猫“加油白衬衫”整合营销传播活动

2020年毕业季堪称“史上最难毕业季”，该年应届高校毕业生共874万名，同比增长4.8%。值此时间节点，天猫打通线上线下渠道，运用多元营销手段，开展“加油白衬衫”整合营销传播活动，与毕业生建立起全方位情感沟通桥梁，深化了温情的年轻化品牌形象。本活动内容主要包括以下几方面：

（一）创意公益广告的线上传播

2020年7月13日，天猫官方在新浪微博平台发布公益性广告短片《加油白衬衫》，正式拉开本场营销活动的帷幕。短片以毕业典礼开场，从女主人公第一人称讲述艰难的求职经历，扩展到穿着白衬衫求职却四处碰壁的毕业大学生群像，展示这些叙事主体的心路历程，呈现毕业生和职场人的共同记忆。广告结尾展示了八位名人的“白衬衫”故事，表示他们从艰辛坎坷到辉煌成功的奋斗人生，其实也是从一件“白衬衫”开始，接着旁白以天猫品牌的立场念出广告语：“每个人的开始都是一件白衬衫，每件白衬衫都将写满未来”，激发观者拼搏奋斗的勇气和对于未来的信心。通过直戳痛点的故事、极具穿透力的文案，品牌有效触发了目标消费者的集体情绪。短片上线后网友纷纷评论转发，分享自己的毕业感慨与职场故事。

（二）线下的艺术展

为从更多渠道接近毕业生，品牌将“白衬衫”这一核心意象投射到毕业生的生活场景中，在上海徐家汇地铁站内举办了为期两周的线下白衬衫艺术展览，强化毕业生对此次活动的认知。本展览由两部分组成：一是对广告里八位名人故事中出现的白衬衫做了实物展示。二是设置了一台“白衬衫公益贩卖机”。与投入硬币换得商品的传统贩卖机运行逻辑不同，该贩卖机鼓励毕业生投入简历免费兑换一件白衬衫，具有极强的交互性与体验性。

（三）跨平台的联名传播

品牌还联合职场垂直类社会化媒体领英，领英平台开展了“加油白衬衫”的话题讨论，邀请企业总裁为大学生分享职场领域等相关话题，更引入百名资深名企职场人，为应届毕业生在线提供一对一面试、求职免费辅导和行业经验分享，用公益的形式解决用户的实际问题。

（四）电商平台的短期销售促进

平台内，天猫联合商家打造了“加油白衬衫”主题会场，运用销售促进手段引导目标用户下单购买，大学生上传毕业照和毕业证书参与即可解锁0.01元购物，买一送一等权益。

资料来源：王一丹．整合营销传播视角下的品牌营销活动探析——以天猫“加油白衬衫”活动为例［J］．北方经贸，2021（12）：39－42.

讨论题：

1. 天猫针对大学毕业生的营销传播策略，给你什么启示？
2. 结合案例谈谈，应当如何设计有效的整合传播沟通方案。

【本章参考文献】

［1］杨洪涛．市场营销——网络时代的超越竞争［M］．第3版．北京：机械工业出版社，2019.

［2］王永贵．市场营销［M］．第2版．北京：中国人民大学出版社，2022.

［3］吴泗宗．市场营销学［M］．第4版．北京：清华大学出版社，2012.

［4］吴建安．市场营销学［M］．第7版．北京：清华大学出版社，2022.

［5］彭代武．市场营销［M］．第2版．北京：高等教育出版社，2016.

［6］孟韬．互联网时代的营销创新［M］．北京：中国人民大学出版社，2018.

第十三章　数字营销

开篇案例

i茅台、美生活：贵州茅台数字营销成绩亮眼

顺应数字经济发展趋势，贵州茅台携手浪潮、网易等多家服务供应商，历经半年时间，打造出“i茅台”数字营销平台，于2022年5月19日正式上线运营。截至2023年5月6日，平台注册用户已突破4000万人，日活用户数超过500万人，上线以来取得了亮眼的成绩。2023年一季度，贵州茅台直销收入达178.07亿元，同比增长63.56%，其中，“i茅台”酒类营收达49.03亿元，仅3个月就完成了2022年营收的近42%。

（一）主动出击，拥抱数字营销

作为自营电商平台，“i茅台”改变了茅台传统的销售模式，以数字融合加直面消费者的方式推进营销体系改革，探索线上、线下融合的销售新模式，实现茅台（S端）与渠道商（B端）、消费者（C端）多层面的链接与互动。具体来说，将多款酒品聚合到线上平台，以畅享云购、享约申购、专场申购等形式售卖，再通过线下经销商支持配送和自提服务。如此，企业既可以降本增效，又能为消费者创造更好的消费体验。

目前，“i茅台”共投放九款酒类产品，价格从218元到4599元不等，构建了较为完整的酒类产品矩阵。平台还上线了新研发的茅台冰淇淋，受到广大消费者的喜爱。此外，“i茅台”把各个营销渠道的客户数据信息进行整合，形成自有、可控的客户数据等数字资产，提高C端服务能力，推进茅台向更加自主、精准的数字销售模式转型。

（二）数字赋能，提升市场服务能力

“i茅台”采用区块链公证技术和智能风控技术，致力于满足消费者对保真、便捷等方面的需求，上线后在创建商业新模式、集成应用新技术、项目管理新方法方面持续发力，不断完善各项功能，提升服务消费者的能力。基于大数据技术建立的矩阵式智能投放模型，“i茅台”链接了超过2300家线下门店，根据门店热度、区域热度、时间热度、区域经济等指标均衡投放产品，并为其提供库存、配送、结算、客服等配套运营服务和技术保障支持，显著提升门店的承载和服务能力。

（三）文化输出，讲好茅台品牌故事

“i茅台”不仅是一个销售平台，还承载着讲述茅台故事、传播茅台文化以及与消费者互动交流等功能，平台上有茅台各类产品介绍、白酒品鉴知识、传统二十四节气

等多个板块。“i茅台”还打造了“小茅”这一IP形象，相继策划上线“小茅的一天”“小茅小百科”等栏目，推出“小茅”公仔玩偶、“小茅”七曜盲盒等文创产品，加强与消费者的情感联结。

资料来源：贵州茅台.i茅台、美生活：贵州茅台数字营销平台“i茅台”上线一周年［J］.新闻战线，2023（10）：98.

21世纪以来，互联网的迅速普及与数字技术的突破性进展，推动了信息传播内容和传播媒介形式上的重大创新，诞生了许多基于新兴数字技术的媒体平台，促使数字经济时代快速到来。在这一新时代背景下，市场营销的理论与实践有了全新的发展，出现了许多新的营销观念与理论。其中，数字营销的战略价值和应用前景日益突出，已成为当前营销理论和实践探索的前沿和焦点。数字营销通过互联网、社交媒体、移动应用等数字化渠道，将企业的产品、服务、品牌形象等信息快速传递给目标消费者，有利于迅速提升企业的品牌知名度和竞争力。因此，对企业来说，数字营销是事关其发展大局的战略选择。随着数字营销理论与实践探索的深入，数字营销的实现形式如雨后春笋般涌现，如常见的社交媒体营销、内容营销和元宇宙营销等。这些营销形式虽冠以不同的名称，但它们之间并不存在非此即彼的明确界限，而是相互包含、水乳交融般的存在。数字技术发展的特点是叠加式升级，当新的数字营销形式出现时，并不意味着之前的营销形式就此消失，而会在技术创新的推动下不断改进和完善，与后来者共同存在，互相补充。

第一节 社交媒体营销

社交媒体也称“社会化媒体”，如国外的Facebook（已更名为Meta）、Twitter、MySpace与国内的微博、微信、开心网等，都是基于Web2.0技术，提供用户撰写、发布、评论和分享等社交应用，由用户创造内容的社交媒体。社交媒体的出现终结了只有社会、经济地位较高的个人或组织依托传统媒体独享发声权的历史。社交媒体的广泛应用使其迅速成为用户言论的集散地。

▶▶知识拓展 13-1

Web1.0、Web2.0、Web3.0 之间的区别

总体上来说，它们之间的区别在于：Web1.0 是“只读”的信息展示平台，Web2.0 是“互动”的内容生产网络，Web3.0 是“去中心”的个性化环境。具体来讲：

Web1.0：是以静态、单向阅读为主的模式，网站内信息可以直接和其他网站信息进行交互，能通过第三方信息平台同时对多家网站信息进行整合使用。

Web2.0：是以分享为特征的实时网络，用户在互联网上拥有自己的数据，并能在不同的网站上使用。

Web3.0：将以网络化和个性化为特征，提供更多人工智能服务，完全基于 Web，用浏览器即可实现复杂的系统程序才具有的功能。

资料来源：https：//baijiahao.baidu.com/s? id = 1738308109016967742.

赋予普通人话语权，被认为是社交媒体的最大贡献。社交媒体时代，仅仅依靠在电视、报纸等传统媒体上投放口号式广告，已经不可能再为企业带来持续的经济效益。企业话语权的强势地位受到社交媒体的重度瓦解，消费者在社交媒体语境下变得更加难以掌控，但也为企业带来了新的发展机遇。只要企业能够充分挖掘和利用社交媒体的优势，就能大大增强企业和消费者之间的黏性，从而提高消费者的品牌忠诚度。

一、社交媒体营销的涵义

网络技术的快速发展推动了社交媒体的不断演变，其触角已经渗透到人们生活的每一个角落。社交媒体拥有得天独厚的营销传播载体属性，在理论和实践中受到广泛关注。社交媒体营销从狭义上是指通过微博、微信、短视频等社交媒体开展的营销活动。广义上说，只要是满足“内容由用户主导生成的”这一基本准则并且基于 Web2.0 技术的营销活动均可称之为“社交媒体营销”。

二、社交媒体营销的主要形式

（一）微博营销

微博全称为微博客（Microblog），与博客不同，微博内容限制字数，每次只能以最多

140 个字发布信息，同时允许转发和评论，操作简单、便捷，因此微博的参与性更强。作为新媒体时代的网络社交平台，微博因其便捷性、公开性和互动性得到了中国千万网民的喜爱，发展极其迅猛，用户数与日俱增。微博与其他互联网媒体相比，具有更新速度迅猛、传播速度快、辐射面广、互动性强，信息简洁且集中、成本低廉等特点。据 2023 年第二季度末的统计，微博月活跃用户接近 6 亿户，日活跃用户达到 2.58 亿户。微博的火爆带动了一系列以微博为基础的产业形式的兴起，微博营销即是其中的表现形式之一。微博营销，简而言之，就是利用微博进行产品推广和销售的一种方式。比如，2019 年星巴克推出“小确幸”系列产品，该系列主要推销小份量的甜点和咖啡。星巴克在微博上发布内容，将小确幸系列包装成一种温馨、小清新的生活方式，用一系列精美的照片和优美的文字吸引了大批年轻人群，尤其是女性，为星巴克带来了良好的营销效果。

（二）微信营销

微信营销是社交媒体时代信息传播技术高速发展的产物，是依托微信用户群体，在微信平台上以微信用户数据为支撑的一种数字营销形式。该形式区别于传统营销，摆脱了距离的限制和要求。企业可以通过自己的微信账户与用户进行实时互动交流，并准确了解、分析和预测用户需求，为推广产品和品牌提供便利，达到精准营销的目的。区域精准营销是微信营销的重要表现手段，这种营销形式可以对用户的地理位置进行定位，以此来判断出用户对产品的需求、偏好，然后有针对性地对用户进行产品信息或优惠方案的推送。这种精准营销得益于微信客户关系管理系统的对接功能，通过客户关系管理系统对接功能，可以实现多源数据挖掘，深度开发客户，有效提高转化率。比如，招商银行利用微信的“漂流瓶”功能，开展了“爱心漂流瓶”活动。活动期间，用户使用“漂流瓶”功能，就有机会捡到招商银行的爱心漂流瓶，回复后即可为自闭症儿童提供帮助。这一案例中，招商银行通过微信的 LBS（基于位置的服务）功能，将活动精准推送给目标用户，提高了营销效果。

由于微信营销具备众多的优势和特点，因而逐渐被企业所接受，成为企业品牌营销与产品推广的新领域。此外，企业开展微信营销的方式还包括微信视频、微信小程序、微信公众号和微商城（微店）等众多形式。

（三）短视频营销

短视频是一种基于移动互联网载体，时长以秒为单位的新型视频形式。短视频主要使用智能移动终端进行拍摄、编辑和传播，具有方便、快捷、易于操作等特点，并且呈现方式丰富，融合了文字、语言、动态图像等内容，因此具有良好的直观性和临场感。短视频的时长较短，迎合了当下人们信息阅读碎片化的习惯，因此受到广大用户的青睐和积极参与。

随着智能手机的推广和移动互联网的普及，短视频逐渐由单纯的信息载体转换为数字营销手段，继而衍生出了短视频营销这一概念。它是指企业通过短视频这一传播形式，利用相关平台进行内容传播和品牌、产品宣传，以此实现提高曝光率、吸引消费者的关注，最终达到销售转化的目的。

【案例 13 -1】

办公室小野创意短视频营销

短视频的兴起成就了一批网络自媒体红人，不仅令他们拥有了高人气、高流量，同时也具有了非同一般的商业价值。借助 KOL 的短视频推广，不仅可以迅速获得品牌或者产品的曝光和传播，还能够帮助 KOL 将流量变现。

在众多的短视频红人中，办公室小野具有较高的知名度和代表性，她因为创作办公室美食创意视频而在网络走红，并因为视频创意和热度获得了众多奖项。办公室小野的短视频主题为办公室美食，借助办公室环境和道具来进行美食制作，这种令人惊叹的创意和动手能力不仅让她在头条、微博等国内知名内容平台相继爆火，更是借助 YouTube 和 Facebook 这样的海外社交内容平台吸引了大批国外的网友。

创意和美食是办公室小野短视频作品中最为吸引人的地方，利用办公室和美食制作之间的反差获得关注，通过另类的美食制作展示创意，让网友们大开眼界。饮水机煮火锅、机箱摊煎饼、熨斗烤肥牛，这些在日常生活中难以想象的事件在办公室小野的短视频中都得到了实现。

作为创意美食短视频的头部 KOL，办公室小野也具有非常高的品牌价值，拥有数千万粉丝的她同时也拥有极强的网络号召力，而要将这些粉丝和影响力变现，小野主要是通过和品牌合作推广来达到。

江铃汽车就曾经与办公室小野以及另一个短视频 KOL 七舅脑爷合作出过短视频广告。一般来说，自媒体和品牌合作打广告并通过视频来宣传主要是通过单期定制、场景植入、产品植入等方式来实现，办公室小野和七舅脑爷为江铃汽车打造的创意定制视频也是如此。此外，办公室小野将自己的办公室移植到了优酷土豆，为阿里大文娱做推广，场景植入和创意也带来了很好的宣传效果。

资料来源：https：//www. qinzhiqiang. com/archives/64424. html.

（四）直播带货

“带货”一词来源于网络流行语，是带动商品销售或流行的意思。直播带货是一种新型的社交媒体营销形式，指网红、明星、企业家、媒体人等社会公众人物利用其影响力，在社交媒体或网络直播平台带动商品销售或流行的行为。其得益于移动互联网技术的快速发展，尤其是 4G、5G 宽带网络的迅速普及为其提供的硬件环境，使人们不再受制于网速，可以流畅地观看直播视频。

直播带货与传统电商营销不同，它依托于消费者对主播的信任，通过主播在直播间发起一系列限时促销活动来刺激消费者的购买欲望，提高购买率。因为用户是出于购物或者想寻找自己喜欢的商品的目的来观看网络直播，所以更加容易接受主播的推荐。明星和知名网红等作为主播宣传引流效果更加明显，购买转化率也非常高。

与电视直播相比，网络直播能够很好地解决商家与消费者的信息沟通与反馈问题。在整个直播过程中，消费者可以将自己对产品存在的疑问或者想了解产品的某个信息直接在评论区留言，主播可以及时回答，实现与消费者的高效互动。同时，主播也可以根据消费者的问题、需求及时调整直播的内容。

与传统的电商客服文字回复相比，网络直播更加生动形象，现场交流感也更强。通过实时直播的方式，商家无法后期修图，也在一定程度上减少了实物与图片的差距，并且主播可以灵活地全方位介绍商品，包括商品的一些小细节，提高消费者对商品的真实体验。

【案例 13 -2】

东方甄选“知识+带货”的直播模式

东方甄选是新东方集团旗下的直播带货平台，于 2021 年 12 月 28 日推出，运营主体为新东方在线，主要涉足农产品直播带货领域。截至 2023 年 1 月 6 日，东方甄选抖音平台粉丝数达到 2911.6 万人，一跃成为农产品直播带货领军者。那么东方甄选直播带货模式有何优势呢?

（一）知识优势

东方甄选的主播团队主要是新东方曾经的高学历老师，文化素养较高，知识面较宽，在直播带货时更能给粉丝带来精神层面的满足。例如，主播董宇辉作为曾经的老师，有足够的学识和口才，双语自由切换，从诗词歌赋到地理人文再到人生哲理侃侃而谈。与其他直播间的吵闹气氛不同，东方甄选直播间文化气息更加浓厚。他们将知识与卖货结合起来，主播语言诙谐幽默，兼具知识性和趣味性，同时还能够引起观众的共鸣。

（二）口碑优势

新东方是知名品牌，跨界转型到农产品直播销售，也继续沿用了品牌名称的核心词“新东方”，领导班子和工作人员也继续沿用了原有新东方的人员。东方甄选在新东方品牌和俞敏洪优秀的个人形象加持下，从成立之初就有不小的知名度和美誉度。良好的口碑优势是东方甄选迅速爆火的原因之一。

（三）选品优势

东方甄选上线以来就公开其选品逻辑：只要产品质量好，就有机会被选择。近年来，农产品和生鲜市场已经趋近于饱和，而东方甄选作为电商界的初学者，面临不少竞争对手，为了减少同类竞争对手带来的压力，东方甄选选择高品质农产品作为主流产品，既响应国家乡村振兴战略，也更容易获得流量加持。

东方甄选“知识+带货”的直播模式对于农产品直播来说是一种创新。随着电商业态的不断升级，直播内容也在不断更新换代。而东方甄选实现了知识付费和主播带货的新型组合，对传统喊麦式直播风格进行了有益补充。“知识+带货”的助农形式作为农产品电商销售的一个创新模式，给农产品数字营销带来的成功经验值得借鉴推广。

资料来源：白瑞．“东方甄选”营销模式分析［J］．合作经济与科技，2023（22）：51-53.

第二节 内容营销

随着互联网社交媒体的发展和普及，内容营销的重要性越来越凸显。内容营销与社交媒体营销既有联系也有区别。简单地说，社交媒体营销更多地强调各类营销信息的传播渠道，而内容营销强调的是内容本身，即营销信息本身的价值性。两者的联系体现为内容营销所产生的内容，在社交媒体时代均依赖社交媒体进行传播。

一、内容营销的涵义

内容营销是指企业通过文字、图片、音视频等表现形式生产有价值的信息内容，然后借助各类媒体持续不断地传播给消费者，以改变消费者认知，促进其认可、接受企业的产品或品牌的营销行为。内容营销的本质是生产和传播对消费者有价值信息的过程，是以信息内容为中心的营销方式，涵盖了所有与内容创作或分享相关的营销形式，其内容生产和传播的主体既可以是企业，也可以是消费者，还可以是除企业和消费者之外的第三方。当前，内容营销已经呈现出普遍化的态势，如蜜雪冰城主题曲的走红、小米发布新Logo、“秋天的第一杯奶茶”的流行等都属于内容营销的范畴。其具有三个特点：

（一）内容具有价值性

在内容营销实践中，根据需要创作的能传递产品或品牌信息的任何作品都可称为内容。其价值性是针对消费者而言的，指营销信息能满足消费者的某种需求，这种需求具有多元化的特征。内容营销能够实现内容价值向品牌价值和产品价值的转移，通过向消费者传播包含企业产品或品牌信息，并能满足消费者某种价值需求的信息内容，可以提升消费者感知价值，进而影响其购买意愿，推动消费者采取购买行为。这一过程能否顺利进行，取决于信息内容本身能否创造顾客价值。

（二）内容种类多样化

多样化的内容可以满足消费者多元化的需求。内容营销中企业可以利用的内容主要包括以下七种类型。

1. 热点性内容。热点性内容常常来自某段时间内互联网搜索量迅速提高、人气关注度节节攀升的热门事件。合理利用热门事件能够迅速带动网站流量和人气的提升。对于何为热门事件，企业可以借助数据平台进行分析，如百度热搜、搜狗热搜榜和抖音热点榜等都是不错的热点分析工具。利用热点性内容能够在短时间内增加产品或品牌的热度，提高曝光率。

2. 时效性内容。时效性内容是指在特定的某段时间内具有高价值的内容。超过某一限定时间段，内容价值就会大幅下降甚至毫无价值。这种内容一般通过新闻报道方式发布，越来越受到内容营销者的重视。针对有价值的时效性信息，企业一定要做到及时发现，并在第一时间完成内容创作，快速传播至消费者。只有合理把握以及利用该时间段，创作丰富、有价值的主题内容，企业才能获取最大的营销效益。

3. 持续性内容。持续性内容通常含金量极高，并且内容本身不受时间变化的影响，没有时间和时段的限制。持续性内容作为内容营销中的中流砥柱，受到营销者的高度重视。持续性内容为消费者带来的价值是连续和持久性的，也是当前诸多短视频网站主打的内容之一。借助短视频的分发机制，企业可以实现长时间的持续性内容输出，从而弥补传统搜索引擎信息推送机制的不足。

4. 方案性内容。方案性内容是内容营销者针对用户在日常生活、工作和学习过程中遇到的难题而提出的系统解决方案。方案性内容通常具备很强的操作性，目前在社交媒体中有着非常广泛的应用，覆盖范围涉及社会、经济、生活的方方面面。比如，小红书就存在大量旅游攻略、烹饪技术技巧、安全驾驶技术、电脑优化方案、视频剪辑和图像处理技巧等方面的笔记，对用户的价值非常大。

5. 促销性内容。促销性内容是在特定的时间内，为产品促销活动创作的营销内容，常常出现在节假日前后，利用人们寻求更低价格的心理进行文案创作，内容中能够充分体现促销优惠活动。对企业来说，促销性内容的价值体现在可以快速提高产品流转速度，提升市场占有率等方面；对消费者来说，能够以更低的成本获取自己想要的产品，满足自己的需求。因此促销性内容是比较容易取得双赢的内容类型。目前在短视频营销、直播带货等形式的数字营销当中，促销性内容占比都比较高。

6. 知识性内容。最常见的知识性内容是知识科普和学科知识。这类内容以分享有趣的知识科普内容为目的，包括科学、历史、文化、艺术、心理学等领域的知识点和基础概念；以简明易懂的方式介绍学科基础知识，帮助用户扩展知识面。

7. 娱乐性内容。在当前的短视频内容营销中，泛娱乐化倾向非常明显。这类娱乐性内容能够博得用户的愉悦体验，以此获取用户的喜爱与关注。这类视频往往采用卡通音效、字幕、时尚配乐等元素，使内容富有情趣和幽默感，容易引起用户共鸣。搞笑娱乐类视频内容一直都是抖音最受欢迎的内容之一，诙谐段子类内容几乎适合所有用户，包含了讲笑话、冒傻气、搞笑情节剧、失误画面等。

（三）表现形式多元化

内容营销中内容在表现形式上具有多元化特征，可以综合利用文字、图片、音频、视频、互动游戏等表现形式来展示企业产品或品牌信息。通过文字、图片和视频的结合，可以让品牌信息更加直观、形象、生动。企业可以在短时间内传达更加丰富的品牌信息，进而提高品牌的知名度和关注度；通过互动游戏可以激发用户的参与热情，让用户主动参与营销信息的传播过程，进而提高传播效果。但是要注意参与互动游戏的规则不能太复杂或是门槛太高，因为太难的互动游戏会让消费者产生抵触心理和畏难情绪而导致放弃参与。

【案例 13 -3】

“种草”式内容营销悄然兴起

“种草”是一种本质为内容营销的“隐形”广告，可以理解为“安利”，即达人、品牌及平台，通过营销手段向消费者推荐产品，激发消费者购买欲望，最终达到购物成交的一种行为。“种草”最初是在美食及美妆的讨论中渐渐火爆起来的。“种草”者通过将自己感受良好的美味食物或美妆用品的使用心得在网络上分享出去，以其真实的体验叙述，可以帮助被“种草”者更好地做选择。这种安利行为，也为“种草”者吸引到不少流量、粉丝及品牌商的赞助。品牌商通过对“种草”者进行赞助，使其有针对性地分享该品牌商品，增加了该品牌商品的曝光量，也进一步促进该商品的成交。

在“种草”营销火爆发展的背景下，各大新媒体平台，如抖音、快手、小红书也纷纷吸引各“种草达人”以内容创作者入驻平台。基于“种草”强有力的推广营销，以及各大电商平台活跃用户基数庞大的特点，商家也开始在各大电商平台大力推广“种草”营销策略。商家的这种“种草”式内容营销策略，并没有局限于美食及美妆这两个“种草”起始领域，而是扩展到了萌宠、购物、旅游等新领域，使“种草”营销具有多元化的特点。以小红书为代表的电商平台以其丰富的“种草”内容，为优质品牌的传播提供了优质平台。如小红书博主爆改五菱宏光 mini EV 的分享笔记受到广大用户的追捧，该笔记有 135 万人次浏览，2.8 万人次收藏和点赞，使五菱宏光 MINI 在小红书 C 位出圈。

资料来源：李忠美．新媒体背景下“种草”式内容营销的对策研究——以小红书为例［J］．商场现代化，2022：1－3.

二、内容生产模式

在当今信息爆炸的时代，媒体的原创能力已经不足以满足消费者对多元化内容的需求。随着互联网交互技术发展和广泛应用，越来越多的消费者能够直接参与到内容生产中，进而改变了内容生产和传播的传统模式，内容生产者与内容接受者之间的角色不再一成不变。一个消费者既可能是内容生产者，也可能变成内容接受者，并且这些角色可能随时随地转变。在内容营销实践中，内容生产模式出现了以下四种类型：

（一）品牌生产内容

品牌生产内容（BGC）模式通常指品牌方通过在其官方渠道，如官网、官微、官博等发布营销内容，进行内容营销的方式。这种模式通常不需要品牌方额外付费，是品牌方用低成本建立品牌形象，并获得更高曝光率的有效途径之一，但对信息内容的质量要求较高。一般而言，优秀的 BGC 必须满足两个要求：第一，介绍有价值的好产品。所谓“有价值”，是指产品能真正解决用户面临的难题，而产品本身就是解决这一难题的系统方案。第二，成为权威专家。消费者在进行购买决策时，需要的是专业咨询和建议，而不是自卖自夸式的推销。BGC 是企业自产内容，代表了企业形象，这个形象越是专业，越有利于消费者产生信赖感和安全感。当消费者对企业有了依赖感，销售将不再是难题。因此，品牌方作为解决方案的提供者，必须深入认识消费者的真实需求，创作并发布相应的专业内容信息，阐释产品或品牌价值，树立权威形象，帮助消费者决策。

（二）专业生产内容

专业生产内容（PGC）模式一般为原创内容，是由专业人员生产并在媒体平台上发布的专业化内容。PGC 的创作主体，通常是拥有某领域的专业知识和相应资质，具有一定专家权威的关键意见领袖（KOL）。据相关统计，60% 的用户在消费中会参考 KOL 的意见。KOL 诞生于圈层，有固定的圈层粉丝，其创作新颖，深耕垂直领域，能生动、形象、有趣地展现品牌信息。企业要扩大在特定圈层的影响力或达到“扩圈”效果，与 KOL 合作通常是最好的方式。2019—2021 年苹果公司持续与 KOL 合作，重点选择符合自身品牌调性的科技数码类 KOL，比如和新生代数码博主“老师好，我叫何同学”合作，以诙谐、通俗易懂的话语聊创新、用户至上、平等享受教育和科技便利、同舟共济精神等内容，每个话题都紧扣苹果公司的价值理念，同时充满正能量，充分体现了信息内容的价值性。

（三）用户生产内容

用户生产内容（UGC）模式是由普通用户自行生成并上传至媒体平台的内容。UGC 是由非专业用户用非专业方式创造的内容。虽然质量良莠不齐，但是因为它更接近用户日常生活工作的真实场景，所以对用户来讲，UGC 可能更具真实性，更易于接近消费者。社交媒体时代，人人都可以在媒体平台上发布内容，系统或人工审核通过以后，就可以在平台中展示，让更多人看到。因此，用户生产内容有助于企业产品或品牌破圈，这也是当前内容营销的最新趋势和创新之道。企业通过邀请来自各行各业的用户参与创作，可以产出形式丰富、内容多样化的信息，并传播渗透至各自所在的圈层之中，扩大了用户在圈层中的影响力，企业的产品或品牌突破了圈层界限，收获了曝光率，可谓相辅相成。

为激发用户创作内容的热情，企业可以参照以下三种做法：一是打造用户身份标签。通过给予用户特定的身份标签，赋予其使命感。如三顿半咖啡赋予用户“领航员”身份，代表了为产品改进和内容创新作出贡献的先行者，较好地激励了用户的创作积极性。二是鼓励多主题创作。不同类型的用户具有不同的社会身份、思维方式，这决定了创作内容的主题和形式一定是千差万别的，由此带来内容创作的繁荣，可以从多方面丰富产品或品牌的营销内容。如用户为三顿半咖啡创作了咖啡玩法分享、咖啡包装创意教程等各种主题的内容，极大地丰富了企业的营销内容信息，扩大了影响范围。三是广泛利用社交媒体分享信息内容。企业可以利用各类社交媒体引导话题讨论，激发用户分享欲望，通过更为广泛的渠道传播实现破圈。如三顿半咖啡发起“返航计划”，鼓励用户去线下“返航点”回收空罐助力环保，打卡并分享至社交媒体平台，获取了更多用户的关注、点赞、转发，破圈效果明显。

（四）专业用户生产内容

社交媒体时代，上述三种内容生产模式并不是截然分开的，而是互相融合共同为企业内容营销服务。专业用户生产内容（PUGC）融合了 PGC 的深度、专业性和 UGC 的广度和多样性，是一种“专泛结合”的内容生产模式。许多创作达人和企业利用 PUGC 创作出了高质量、个性化和有影响力的内容，为提升品牌转化率作出了贡献。以网络微短剧创作达人“@御儿”为例，2018 年“@御儿”将当时大热的宫斗剧情融入自己的创作中，创作了“纳兰千金穿越”系列短剧，收获粉丝数百万。之后，随着平台入局网络微短剧领域，“@御儿”成为平台扶持对象，短时间内参与制作了包括《锦瑟年华》《妖君大人》《一胎二宝》等点播量破亿的作品。通过网络微短剧作品走红后，“@御儿”开始直播带货，实现后链路变现。

创作达人积极参与网络微短剧的初始动力，还在于平台给予的创作奖励、流量扶持与分账激励等政策。这是典型的 PUGC 模式，如抖音短视频推出的“短剧新番计划”实行多层次创作者扶持并举，不仅扶持头部资深创作者，而且低门槛扶持新人创作者。此外，微视也投入巨资扶持创作者创作网络微短剧。因此，在平台扶持与商业变现的双重驱动下，创作达人将视线瞄向网络微短剧领域，创作了大量的优秀作品，足以与以腾讯视频、爱奇艺、优酷等为代表的长视频平台打造的质量堪比传统影视剧的网络剧内容分庭抗礼。

【案例 13－4】

李宁运动鞋的 PUGC 模式示例

通过 PUGC 模式生产的内容，具有较高的专业性，可以提高用户的满意度和忠诚度，被众多达人、商家所采用，并广泛应用在短视频营销领域。以下是关于李宁运动鞋的 PUGC 模式示例。

示例 1：“赵安迪 Andy”

抖音用户“赵安迪 Andy”是一名跑步爱好者，也是优质跑步领域内容创作者，粉丝超过 54 万位。“赵安迪 Andy”视频中的主要内容为分享科学跑步、测评跑鞋和运动服饰等。2022 年 5 月 4 日，“赵安迪 Andy”发布了主题为“2022 李宁最值得入手的 8 双跑鞋”视频，讲述了李宁品牌的几大优势，这 8 双跑鞋的独特之处以及如何选择适合自己的跑鞋等内容。该视频添加了“李宁跑鞋”“李宁跑鞋矩阵”两个李宁相关话题，共收获超过 2.4 万个点赞和 5000 条以上互动，将李宁品牌理念再一次深入人心。通常，达人账号营销性轻、种草性强，人们在不知不觉中就会被引导。

示例 2：抖音账号“刘诗雯”

刘诗雯是乒乓球奥运冠军，个人抖音账号“刘诗雯”拥有 240 多万粉丝。2022 年 8 月 12 日，“刘诗雯”以粉丝关心的话题“乒乓球运动员的那些职业习惯”为切入点，发布李宁挑战主题视频“举手治劳填空挑战”，创作了相关主题推广，用场景化展示，台词中也提到品牌理念——“穿李宁，享受运动”，发现生活中运动的趣味，不过举手之劳。视频中添加话题“举手治劳填空挑战”“李宁运动经典系列”。此次挑战共收获超过 1.3 亿次播放。

一切皆有可能

资料来源：根据网络资料整理。

三、内容营销的基本步骤

内容营销包括内容生产和内容分配两大基本活动。科特勒在《营销革命 4.0》中提出了内容营销实施的八个步骤，并且要求营销人员在每一步都做好且检查之后再进入下一步。

（一）设定目标

明确的目标可以让营销人员更好地设计营销策略。内容营销的目标分为两大类：第一类是销售目标，包括销路拓展、交易达成、交叉销售、追加销售和销售咨询；第二类是品牌目标，包括品牌知名度、品牌联想、品牌忠诚度。大多数内容营销者的目标都涵盖了销售目标和品牌目标两种类型。通常，不同类型的企业设定内容营销的目标会有不同的侧重点。在北美地区，优秀的 B2C 企业，都将品牌知名度、忠诚度和参与度视为重要的目标。而 B2B 企业则将销路拓展和销售视为关键的目标。企业应根据掌握的资源和所在的环境设定内容营销的目标。

（二）受众定位

一旦确定了内容营销的目标，营销人员就需要确定品牌关注的受众，即对营销信息内容的受众进行定位。这种定位需要避免将受众定义为“我们的客户”“年轻一代”“决策者”等笼统的形象，而应该具体、明确。通过细分受众群体，创造细致、深入的内容，讲好品牌的故事。

（三）内容创意和计划

这一步的核心工作是找出内容的创意并制订可行的计划。营销人员在确定内容主题时应该考虑两件事。首先，好的内容应该贴近客户的生活，必须对受众有某种特定的意义，有助于解决其内心的渴望和需求。其次，有效的内容应该能够反映品牌的使命。同时，营销人员还应该确定表现内容主题的具体形式。内容可以是书面形式，如新闻稿、文章、通讯稿、白皮书、案例分析和书籍；也可以是虚拟形式的，如信息图形、漫画、交互式图形、PPT、游戏、视频、微电影甚至院线电影。无论采用单一形式，还是多元形式，都需要确保内容可以成功进入受众的视野。

（四）内容创作

内容创作是内容营销最重要的一步。内容质量、原创性、丰富程度在营销中都有着重要作用。它需要在时间和预算上进行持续投入，才能创造出高质量的原创性内容。如前所述，内容的创作模式有多种。有些品牌会选择自己生产内容（BGC）；有的企业会通过赞助第三方资源进行相应内容的生产（PUGC），比如，喜力的创意啤酒厂邀请客户制作并分享视频和图片，重新定义未来的生啤畅想模式；也有企业将内容创作业务外包给记者、编辑等（PGC），如某知名公关公司负责某汽车品牌的在中国新车的推广工作，会邀请媒体试驾，并由媒体将试驾感受写成新闻稿；还有些消费者产出内容（UGC），他们在社交平台上分享产品购买和使用感受，购物网站上的买家秀也属于 UGC，非常容易引发关注和讨论。

（五）内容分配

创造出高质量内容之后，就需要通过合适的分配途径让内容展现在受众面前。内容营销者有三种内容分配途径：自有媒体、付费媒体和获得媒体。自有媒体，比如企业的微信公众号、官网、小红书等自媒体账号，它们可以随时发布内容。付费媒体需要企业为分配内容而支付媒体使用费，如企业在抖音投放的广告，在百度进行竞价排名，都需要支付费用给平台。获得媒体不属于企业，也不需要企业付费，而是由别人转发或分享形成传播。如小红书上用户自发分享的笔记、微信用户自发的朋友圈分享内容，都是成长于互联网的获得媒体。

（六）内容推广

想要有效实现各类媒体的内容分配，关键在于内容的推广。受众的条件各不相同，而如果内容到了目标群体的意见领袖手中，则会得到迅速传播。意见领袖往往是社区中受到尊敬、拥有数量可观粉丝群的人物。他们自己通常就是内容的生产者，并通过长时间提供优质内容积累了自己的影响力，是社区里公认的专家。内容营销者需要快速找出这些人，并与这些意见领袖形成共赢关系，保证意见领袖把这些内容视为提升其影响力的手段。

（七）内容营销评估

内容营销成功与否的评估是内容分配后的重要环节，它包括对战略和策略执行的评估。战略上看，应该考察是否实现了第一步中的销售目标和品牌目标。策略上看，还要评估内容的营销指标。内容的评估有五种营销指标：能见度指标、相关度指标、搜索度指标、行动力指标和分享性指标。

能见度指标研究的是内容接收和知晓的情况，较为常见的有曝光度（内容浏览的次数）、特定观看（真正阅读的次数）、品牌回忆（回想起品牌名称的概率）。

相关度指标衡量的是品牌吸引客户的能力，其包括人均访问页数（人们在内容网站上阅读的页数）、跳出率（看了一页就走的人数比）、停留时间（每次访问的时长）等。

搜索度指标通常研究是否易于在使用搜索引擎中发现内容。其中重要的指标包括搜索引擎位置（内容在关键词搜索后出现的位置）和搜索引擎参考率（搜索引擎带来的网站访问）。

行动力指标是最重要的一项指标，它衡量的是内容引发客户购买行动的能力。其指标通常有点击率（点击和浏览人数的比率）、问询到行动转化率（完成注册和购买等特定行动的客户比率）。

分享性指标包括分享率（分享和浏览人数的比率）和互动率（按转发、收藏、回复和提及等分享性行动的数量衡量）。此外，内容分配的分享情况，也反映客户对内容的拥护情况。

（八）内容营销优化

内容营销评估的过程和结果，可以为内容营销的优化、更新和淘汰提供数据支撑。与传统营销相比，内容营销具有可问责性。一篇内容营销的好坏从运营数据就可以直接看出，数据表现涵盖内容营销的各个环节，非常直观。例如，相同的产品，用不同的 KOL 推广，就可以在数据上对比几位 KOL 的影响力，从而选择具有最大影响力的 KOL 持续合作。然而，需要注意的是，内容营销的效果呈现通常具有滞后性，因此要保证内容营销有一定的持续性。

上述八个步骤，前三步属于准备阶段，着重关注营销目标和受众面临问题的解决方案，中间三步则为实施阶段，分别从营销信息内容的组织、投放和推广方面推进，最后两步属于完成阶段的有效评估和优化，可通过各发布平台的相关指标进行综合分析，在总结经验的基础上，进行内容营销的优化和调整。

第三节　元宇宙营销

“元宇宙”一词诞生于 1992 年的科幻小说《雪崩》。书中描绘了一个虚拟现实世界，人们在这个世界中借助虚拟替身创造事物、生活。元宇宙的英文是“metaverse”，是由“Meta”和“verse”构成的合成词，字面意思就是“超越现实宇宙的另外一个宇宙”。可以把元宇宙理解为一个平行于现实世界运行的人造虚拟空间，是由 AR、VR、3D 等技术支持的虚拟现实的网络世界。2021 年被称为“元宇宙元年”。这一年扎克伯格将 Facebook 更名为 Meta，意味着公司开启了元宇宙时代，这也是促使元宇宙概念进入网友视野中的重要事件。元宇宙，这一源自科幻小说的概念，如今已经成为全球科技界和商界热议的话题。其中，元宇宙营销顺理成章也成为了各大品牌的新宠。

一、元宇宙的内涵

元宇宙的概念一经提出就在科技界受到了广泛讨论，同时也开始对企业经营管理尤其是营销活动产生了影响。许多知名品牌都看好元宇宙的商业潜力，将之视为商机，纷纷开始布局元宇宙。如 2022 年 6 月，百事推出了以百事可乐、百事可乐无糖、七喜、美年达四款经典热销产品为原型设计的虚拟偶像团体百事家族，并举办了线上 Live House 活动。此外，百事还搭建了一个元宇宙社区空间，将音乐、时尚、科技等众多元素囊括其中。消费者在这个元宇宙空间中，可以随时随地、沉浸式地体验虚拟社区生活，比如通过虚拟分身演绎线上 DJ、滑板高手等不同身份，还可以同虚拟偶像进行交互。虚拟空间越来越多地成为企业开展营销活动，与消费者交互的新场所。为了更好地讨论元宇宙营销，要从元宇宙的基本概念着手。

当前，方兴未艾的元宇宙正处于早期探索阶段，在学术和实践中都属于新生事物，关于其概念的定义众说纷纭，并没有形成统一的标准定义，也无法对其终极形态进行描述。一般认为，元宇宙是指基于移动互联网、虚拟现实技术（VR）、增强现实技术（AR）、混合现实技术（MR）、区块链技术和人工智能（AI）等，具有链接感知和共享特征的 3D 虚拟空间，是对现实世界进行映射，并能与现实世界进行交互的虚拟世界。在这个超越现实的虚拟空间中，数据、数字商品、内容以及 IP 都可以通行。元宇宙并非独立概念，它与现实世界有紧密连接和互补的关系，能够为虚拟世界的虚拟生活创造可能性。

二、元宇宙营销的涵义及特点

元宇宙营销，是指围绕元宇宙及衍生技术开展的，旨在通过使用一定的营销方法和策略，促成购买、消费、宣传等行为产生，并使个人或企业获益的过程。按其作用范围的大小，元宇宙营销有狭义和广义之分。狭义的元宇宙营销是指，人以数字身份“生存”于虚拟世界中，在虚拟时空中搭建具体营销活动场景，影响范围限定在虚拟世界内部，与现实世界无关。广义的元宇宙营销是指，融合“虚拟”与“现实”的营销场景，既包括虚拟技术作用于现实世界，也包含现实世界营销元素向元宇宙虚拟空间的迁移，实施营销策略创造价值的过程。当下火爆的数字虚拟人赛道、实物转化为数字商品的视觉体验，以及种类繁多的 NFT（非同质化通证）投资热潮均是广义范畴中元宇宙营销的具体体现。其具有以下特点：

（一）营销体验虚拟化

元宇宙营销基于物联网、电子游戏、交互、区块链、人工智能等一系列底层技术，将现实世界的事物数字化，以虚拟的形态呈现，人也以虚拟的数字形态存在于虚拟空间之中。企业从“视觉”和“听觉”入手，改造主观体验的感受，消费者通过购买虚拟的商品或服务，获得超越时空的快感和精神上的极大满足。例如，消费者可去虚拟商场购物、去虚拟教室接受教育、去虚拟场所办公等；还可以克服物理时空的限制，获得在现实世界无法轻易实现的文旅体验经历，如进入虚拟博物馆参观、游览世界各地自然和人文景观，甚至是遨游太空等。

【案例 13－5】

元宇宙第一岛：鼓浪屿

鼓浪屿的元宇宙营销非常典型，它是由厦门市人民政府携手中国移动咪咕公司，率先落地的元宇宙第一岛，其拥有得天独厚的世界文化遗产资源和IP价值，创新打造出具有差异性、多元化的文旅元宇宙示范空间。它通过构建元宇宙空间，复刻鼓浪屿线下场景，深度挖掘作为世界文化遗产的鼓浪屿的历史文化沉淀、闽南独有的人文体验场景，比如深受年轻人喜爱的龙头路商业街、八卦楼、四落大厝、日光岩、三一堂等特色场景，让游客在“鼓浪屿元宇宙”里足不出户就能身临其境般游览景区。在这个虚拟空间里，游客可以进行云游览、云购物、云社交，通过自由创建的数字分身，光顾入驻元宇宙的鼓浪屿商户，跨越虚拟与现实的边界。游客只需以非常优惠的价格购买一个NFT就能参与其中，这个NFT不仅能用于收藏，还有实实在在的赋能。在科技硬实力和文化软实力的共同作用下，“鼓浪屿元宇宙”已成为文旅元宇宙的样板工程。

资料来源：立夏．文旅元宇宙，开启沉浸式体验［J］．销售与市场（管理版），2023（4）：90－91.

（二）营销方式交互性

元宇宙利用 VR、AR、MR 等技术，借助物理设备，强化沉浸式体验，增强营销的交互性。比如，在网络购物中，企业提供服装、鞋帽虚拟试穿服务，使消费者直观感受试穿效果，提高线上购物的体验度和满意度。

【案例 13－6】

天猫元宇宙购物

2022 年 10 月 27 日，手机天猫 App 上线了“元宇宙购物”全新体验，带来线上场景化消费解决方案。升级版的手机天猫 App 更新了 3D 沉浸场景购物、AR 试穿试戴、3D 产品展示、数字藏品、艺术看展、户外漫游等功能，并打造出“未来城”虚拟商业街。

在消费场景里，天猫又为用户打造了多种体验场景。如用户进入露营营地，可以查看户外帐篷、折叠桌椅等；用户进入房间，可以查看化妆台陈列的各种品类化妆品等。通过点击虚拟商品，除了有商品的详细介绍外，用户还可以用手拖动产品大小，360°查看商品材质细节。

据悉，2022 年“双 11”期间有包括雅诗兰黛、SK－Ⅱ在内的 20 多家品牌与手机天猫 App 达成合作，让自家产品加入元宇宙大促销。手机天猫还打算启动 Meta 100 计划，帮助 100 家企业走进元宇宙。

资料来源：销售与市场编辑部．不会玩元宇宙？来看看它们是怎么做的［J］．销售与市场（管理版），2023（3）：68－70.

（三）营销策略精准化

元宇宙中虚拟个体的表情、眼神、动作和行为习惯均来自现实个体的投射，每人均有不同之处，这些虚拟数据均可被记录并保存下来，作为消费者行为分析的一手商业资料，帮助企业制订更精准化的营销策略，向市场提供个性化和定制化的商品和服务。

（四）营销物品唯一性

区块链技术的应用，实现虚拟物品数字化表达的唯一性，使元宇宙中的商品变得独一无二。同时具备"稀缺性"和"不可复制性"的特征，也使NFT概念营销在众多领域炙手可热。

（五）传播媒介普泛性

传统营销信息以"广告"为载体，将广播、报纸、电视、互联网作为主要传播途径。以"三微一端"（微信、微博、微视频以及客户端）和短视频为代表的社交媒体信息传播，呈现出明显的"去中心化"趋势，这已具备了元宇宙信息传播方式的某些特性。畅想元宇宙世界，营销信息的传播方式将发生根本性的变革，虚拟世界中的一切物品都可作为信息传播的介质，商业广告的呈现形式可依据受众的不同，调整成为个性化的处理方案。在元宇宙中，更多是基于兴趣、爱好、价值、诉求、内容、距离、群体等的社交因素，建立彼此间的关系联结，进一步凸显以"用户"为中心的营销思维。

三、元宇宙营销的实现路径

元宇宙是通过现实世界的映射而得到的虚拟世界，它与现实世界存在一种对应关系。因此，只要具备相应的技术条件，现实世界中品牌营销的方法和路径，同样适用于元宇宙的虚拟场景。从当前各大品牌的探索与实践来看，元宇宙营销主要有以下几种实现路径。

（一）虚拟数字人

虚拟数字人是现实世界中的自然人在元宇宙中的化身，是利用计算机图形学、图形图像渲染、动作捕捉、深度学习和语音合成等计算机技术和手段创造的3D人类模型，具有外貌、语言、表情、肢体动作等多重人类特征，同时也具备人类的理解能力，能与人类进行实时交互。当前，虚拟数字人在网络购物、直播、教育、文娱等众多领域得到了广泛应用。

根据应用场景不同，虚拟数字人大致可以分为三类：一是虚拟网红、虚拟偶像、虚拟主播等传媒类，如LING翎、时尚博主AYAYI、美妆达人柳夜熙等；二是虚拟员工、虚拟学生等具备专业知识类别的功能类，如清华大学虚拟学生华智冰、数字航天员小诤、华为云的虚拟员工云笙等；三是未来的数字分身。随着技术的不断迭代与更新，用户能够利用元宇宙创造自己的数字分身，每个人都将拥有自己的数字分身。

企业如何将虚拟数字人应用于营销活动之中，成为元宇宙营销的关键。中国传媒大学沈浩教授提出，“虚拟数字人正逐步演进成为新物种、新媒介，是人类进入元宇宙的重要载体和媒介的延伸”。企业可以针对不同的目标人群量身定制虚拟数字人，既可以自创，也可以选择与品牌个性相同的虚拟数字人合作，使其成为企业的虚拟代言人。

目前众多中外著名品牌，都打造了自己的虚拟代言人。国外著名的虚拟代言人如美国的 Lil Miquel，日本的 IMMA 等。国内的“柳夜熙”目前已经拥有上千万粉丝。而“南梦夏”则凭借清新气质、亲和温婉的形象，融合传统和现代的审美风格，受到消费者欢迎。AYAYI、洛天依等虚拟人也都积攒了超高人气，成为一个或数个品牌合作的对象。目前，天梭、CK、屈臣氏、SK－Ⅱ、花西子、雀巢咖啡、哈尔滨啤酒、雅阁等各行各业的品牌也纷纷推出或选择数字虚拟人为其代言。

虚拟数字人，除了为品牌代言外，还参与电商直播、演出站台、签名合影等活动。此外，一些品牌基于自身定位、用户画像、产品属性等维度开始定制孵化属于品牌自己的数字人 IP，尝试独立 IP 运营。虚拟代言人的应用，不仅能够全面展示品牌理念和价值，而且具有成本低、风险低、可控性强、长期性资产等诸多真人代言所不具备的优势，品牌也不会受到真实人的法律和道德风险的影响。

【案例 13－7】

虚拟数字人天妤在抖音的上佳表现

由天娱数科元梦工作室打造的抖音账号“天妤 TianYu”于 2022 年 4 月 22 日正式上线，上线 7 个月共发布了 32 条短视频作品，每条视频点赞数均超过 20 万人次，其中单条视频最高点赞数为 163 万人次。上线仅半年时间，虚拟数字人天妤的抖音粉丝便超过 300 万人，全网视频播放量超 3 亿人次，相关话题播放量近 8 亿人次，海外 TikTok 账号粉丝突破 11 万人，海外总播放量突破 120 万人次。区别于如今大多数追求时尚潮流的虚拟数字人 IP 以及二次元可爱风格的虚拟偶像，天妤精准地抓住了“国风”热潮，将中国传统文化和虚拟科技相结合，打造出了属于自己的国风国潮赛道。

在上线不到 90 天时，天妤就成功入驻头部虚拟数字人行列。令人惊叹的吸粉速度使天妤成功被评为 2022 年商业价值潜力 TOP50 的虚拟数字人，与“柳夜熙、希加加、颜之初”同被誉为抖音四大虚拟数字人 IP。“天妤 TianYu”在如今已趋向饱和的抖音中脱颖而出并获得成功，这不是偶然现象，而是多方面因素共同作用的结果，离不开其精细化的 IP 形象制作、剧情化的内容创作和多样化的内容推广。

资料来源：崔雪婷．浅析元宇宙视域下虚拟数字人在短视频中的应用——以抖音“天好 TianYu”账号为例［J］．数字技术与应用，2023，41（5）：41－44.

（二）虚拟体验空间

虚拟体验空间又称“虚拟环境”或“虚拟灵境”，是应用 VR 等技术打造的虚拟场景空间，相当于现实世界的体验店或专卖店。而与实体店不同的是，虚拟体验空间能够打破时空限制，融视觉、听觉、触觉、运动于一体，用户置身其中，可以获得沉浸式、互动式、低成本、低延时、高效率的品牌体验和社交功能。目前虚拟体验空间主要有虚拟展厅和虚拟商店等两种形式，承担品牌推广、新产品展示、新产品销售培训等功能，在各类展馆、商场、酒店、KTV、酒吧、夜店、游乐场等领域均得到了广泛应用。

目前，许多知名企业都高度重视元宇宙在品牌传播中的独特优势，纷纷打造了企业自己的虚拟体验空间。例如，美国运动休闲品牌 Vans 在 Roblox 上推出了一个以滑板为主题的虚拟游乐园 Vans World；意大利奢侈品牌 GUCCI 与 Roblox 合作，在意大利佛罗伦萨推出了虚拟展览 Gucci Garden；耐克与品牌体验公司 Hovercraft 合作，在纽约创建了创新之家（NYC House of Innovation），为用户提供了数字地图和活动清单。

【案例 13－8】

首钢一号高炉·元宇宙乐园

首钢一号高炉·元宇宙乐园以高炉原有的工业建筑为基础，结合 VR、AR、全息影像等创新科技，打造包含虚拟现实博物馆、科技秀、沉浸式剧场、未来光影互动餐厅及全息光影互动酒吧等多项新业态的场景，提供沉浸式体验首钢和科幻潮流的完美结合，探索元宇宙入口。

首钢一号高炉·元宇宙乐园是华北最大的虚拟现实体验中心，是全球第一个VR、AR技术和工业遗址结合的国际文化科技乐园。它打造了“游客—系统—现实”三者互动的沉浸式数字平台。“元宇宙+文旅”让这片短暂沉寂过的厂区焕发新的活力与生机，打破了景区的时空限制，在虚拟空间中盘活现有景点，为现实叠加虚拟空间，让虚实共生共荣。

资料来源：销售与市场编辑部．不会玩元宇宙？来看看它们是怎么做的［J］．销售与市场（管理版），2023（3）：68－70.

（三）数字藏品

数字藏品是使用区块链技术进行唯一标识的数字化特定作品、艺术品和商品，包括但不限于数字画作、图片、音乐、视频、3D模型等形式，是区块链技术和艺术融合的一种产物。数字藏品具有以下三个特点：

1. 数字藏品唯一性。通过区块链技术保证其唯一性、真实性、永久性，可以有效保护创作者以及持有者的权益。

2. 数字内容资产化。在传统数字形态的作品中，用户无法真正拥有这个作品的所有权。但基于区块链的数字藏品，可以真正意义上让数据形态的作品实现权属清晰、数量透明、转让留痕，实现数字内容“资产化”。

3. 赋能创作者经济。在区块链技术出现之前，数字艺术品可以随便被拷贝和使用，难以确认版权所属，创作者也很难获得版权收入。但通过区块链可以对数字藏品进行通证化并进行加密签名，创作者就可以从作品的不断交易中获得版税收益。

发行数字藏品，对于企业来说，具有多方面的优势：一是实现了品牌资产数字化。品牌方以区块链技术结合品牌内涵打造成具有唯一性和收藏价值的数字藏品，将品牌价值转化为数字资产。二是有利于品牌传播。数字藏品的设计全面体现了品牌内涵、价值和风格，可以建立品牌与消费者之间全新的联系，增进品牌认同，提升品牌影响力。三是增强用户黏性。品牌方连接数字藏品的发行，通过匹配消费者喜好，实现更加精细化和定制化的品牌推广。通过向用户提供专属礼品、卡券、会员权益，不仅可以与实物产品进行联动，形成推广矩阵及品牌溢价，实现品牌资产变现，而且还可以实现社群推广，增进用户参与和互动，与用户建立长期的关系，为品牌创造长期价值。

【案例 13－9】

老君山发布数字藏品：文创纪念票

2022 年 5 月 1 日，洛阳老君山首款数字文创纪念票《老子骑牛·天界五宫》正式发布。此举借助元宇宙的概念，对老君山文化实现数字化再造，助力传统山水景区布局文旅新赛道。据悉，洛阳老君山数字文创纪念票采用蚂蚁链区块链技术，增强创意产品的文化承载力、展现力和传播力，每个藏品都有专属的序列号，是独一无二的数字纪念品，通过“数字化＋艺术性”的创新创意，将美好永留存。

该数字文创纪念票以老君山风景区庙宇建筑群为主体，涵盖伏牛山主峰、云海、金顶、青牛、老子、白鸟朱丹等经典元素，以老子骑青牛的神话故事为设计灵感，将背景色调突出紫气东来，寓意着吉祥美好，更具艺术性、独特性地呈现“云顶天宫、人间仙境”。

此款数字文创纪念票，用于游客永久留念，仅供收藏使用，不可替代老君山风景区门票。购买老君山数字文创纪念票，还可领取老君山网红项目优惠券，包含飞拉达攀岩、步步惊心、高空魔毯、高空飞翔等。对于老君山而言，数字藏品将为景区进入“文旅＋数字经济”产业赛道提供资源。老君山将持续推出独具特色的文创产品，以文促旅，以旅彰文，推动景区高质量发展。

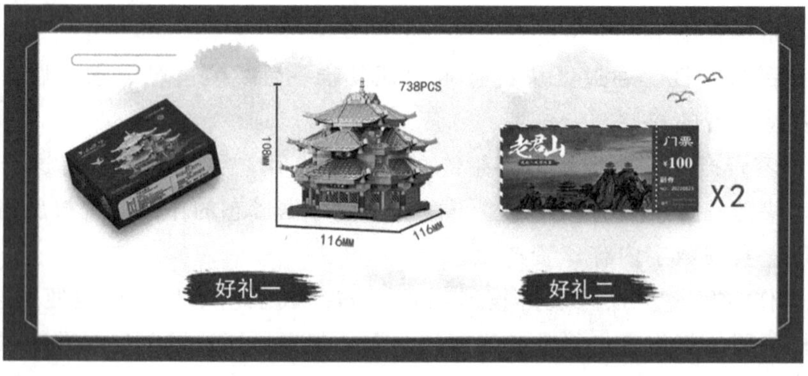

资料来源：立夏．文旅元宇宙，开启沉浸式体验［J］．销售与市场（管理版），2023（4）：90－91.

（四）虚拟广告传播

广告传播是品牌传播的主要手段，是提升品牌知名度、信任度、忠诚度和影响力的主要方式。元宇宙为广告创造了无限新的可能。目前常见的元宇宙广告有以下七种形式：

1. 元宇宙户外广告。元宇宙有大量建筑、商店、住宅等“数字资产”，这为户外广告提供了条件。如 Ocean Outdoor（海洋户外公司）就曾以超 10 万美元的价格拍卖了三块 NFT 广告屏幕。

2. 游戏植入。即把现实世界的广告植入元宇宙游戏项目中。如 Grand Theft Auto 游戏中植入了长时间的品牌推广内容。品牌可以进入游戏场景，成为游戏产业的重要组成部分。可以利用情节、人物、场景等游戏元素来推广实体和虚拟产品。

3. 产品植入。即在元宇宙虚拟空间植入适合受众体验的产品。例如，巴黎世家在 Fortnite 推出了虚拟时尚服饰产品，Gucci 在 Roblox 中出售价格为 6 美元的 Dionysus 虚拟包。

4. 体验植入。玩家可以用真实货币购买虚拟场景中的品牌产品，如 Gucci 联合 Roblox 打造了一个 Gucci 体验馆，玩家可以沉浸式体验并购买限量版的 Gucci 数字产品。

5. 事件植入。如明星与品牌合作举办虚拟音乐会等节庆活动，以推广品牌。

6. 打造自己的元宇宙。如果说其他平台做品牌推广还受到一定制约的话，有的企业就干脆打造自己的元宇宙场景，便于实现个性化的品牌推广目标。

7. 可以利用数字藏品传播、推广品牌。例如，2022 年百事可乐推出限量发行的四款 NFT 数字藏品，以百事可乐与舌尖接触的奇妙反应为灵感，由数字艺术家 Shane Fu 打造。消费者购买百事可乐无糖产品，揭盖即有机会获得限量数字藏品。

在元宇宙投放广告的优点是明显的。如广告可以突破时空限制传播，广告的制作质量更加精美，广告内容更具有沉浸性、交互性和体验性，目标受众更明确，受众反馈更快、更有效，而元宇宙的开放性意味着广告受众人数存在无限放大的可能性。

元宇宙的诞生与发展，给企业市场营销带来了更多的发展空间。上述元宇宙营销的实现路径只是就目前技术条件和社会环境下较为常见的形式，它只是元宇宙营销的沧海一粟。虽然人类社会距离元宇宙所刻画的复杂生态系统还很遥远，但是随着数字信息技术的发展，特别是 5G、物联网、大数据、人工智能等新技术的快速迭代演进，同时在 VR、AR、MR 等物理设备的集成化、智能化、轻便化“瓶颈”获得突破，再加上大量的内容生产者和足够活跃的线上用户参与其中，元宇宙营销也会持续不断地升级、创新。

小结与思考练习

【本章关键词】

数字营销　微博营销　微信营销　短视频营销　直播带货　内容营销　品牌生产内容

（BGC） 专业生产内容（PGC） 用户生产内容（UGC） 专业用户生产内容（PUGC） 元宇宙营销 虚拟数字人 虚拟体验空间 数字藏品 虚拟广告传播

【本章小结】

1. 社交媒体营销的主要形式：微博营销、微信营销、短视频营销、直播带货。

2. 内容营销的特点：内容具有价值性、内容种类多样化、表现形式多元化。

3. 内容生产模式：品牌生产内容（BGC）、专业生产内容（PGC）、用户生产内容（UGC）、专业用户生产内容（PUGC）。

4. 内容营销的基本步骤：设定目标、受众定位、内容创意和计划、内容创作、内容分配、内容推广、内容营销评估、内容营销优化。

5. 元宇宙营销的特点：营销体验虚拟化、营销方式交互性、营销策略精准化、营销物品唯一性、传播媒介普泛性。

6. 元宇宙营销的实现路径：虚拟数字人、虚拟体验空间、数字藏品、虚拟广告传播。

【本章思考题】

1. 社交媒体营销与内容营销有哪些联系和区别？

2. 与其他社交媒体营销方式相比，直播带货有哪些特点？

3. 如何激发用户创作内容的热情？

4. 如何实施内容营销？实施过程中有哪些注意事项？

5. 如何评价元宇宙营销的发展前景？

【本章案例作业】

知乎“种树”下的内容营销

知乎作为全国最大的社交性互动平台，凭借低创作门槛和内容创作的点赞、评论、分享等社交激励而不断发展壮大，高质量及深度内容让它吸引了一大批用户。

（一）别样的“种树”理念

2021年12月17日，知乎发布《知乎的森林》宣传视频，“别处种草，知乎种树”的内容营销理念被正式提出。截至目前，“别处种草，知乎种树”的微博话题已获得2.3亿阅读量和9.3万次讨论量。知乎将内容创作者、品牌商家在知乎的成长比喻为“种树”，区别于传统种草模式。“种树”理念的提出是知乎利用自身作为“问答社区”的定位，希望沉淀知识属性，基于专业、真诚的知识问答，更好地服务于品牌内容营销，创造种草的新生态与新理念。作为问答型社区，全新“种树”概念的提出本来就是为了与沦为宣传的种草相区别。此外，知乎作为全国最大的问答型社会互动平台，本身就是一个品牌，立足于品牌种草，将会有更大的权威性和影响力。

（二）“种树”的特点

作为一种全新的种草形式，“种树”将内容营销与宣传相区别，来创造一种长期效应。首先，知乎“种树”会营造特定的生活及消费场景，开启话题。其次，开始扩展和深耕内容，通过知识内容科普、横向测评推荐、分享使用经验、引发生活情感共鸣等多维度的优质内容种树，回答受众问题，展开讨论。最后，只需保持长期经营与维持话题及栏目的活跃度，并系统化、结构化地呈现品牌内容。“种树”选取的是注重品质、深耕专业领域的匠心品牌，采用的是一种品牌营销的方式。“种树”作为知乎“商业性内容解决方案”的一项尝试无疑是有代表性的，它通过知乎的内容平台的特点将陷入绝境的种草优化，在种草的基础上成功提出“商业化解决方案”的定位，为用户提供系统性解决方案，从而与传统种草相区别。虽然是种草的形式，但是在一定程度上它是站在用户或者消费者的角度，这种商业化是具有一定的优势的。

（三）“种树”的反馈与效果

“种树”提出后纷纷得到品牌商家的响应与大众的热议。曾“三评种草笔记”的人民网也发表了看法，认为“种树”更系统、更专业、更可靠，是在营造一种健康的生态社区。但并不是所有品牌都适合知乎“种树”，只有那些以提升产品质量为主，具有匠心精神的品牌才适宜；否则，在一问一答中就成为虚假营销了。

资料来源：余秀秀．内容营销的新尝试与新生态——以知乎“种树”为例［J］．新媒体研究，2022（22）：63－66.

讨论题：

1. 请结合案例谈谈你对内容营销涵义的理解。
2. 请结合案例对比分析“种草”与“种树”的优缺点。
3. 运用本章所学知识，尝试为知乎策划 PUGC 模式。

【本章参考文献】

[1] 王永贵，张二伟，张思祺. 数字营销研究的整合框架和未来展望——基于 TCCM 框架和 ADO 框架的研究［J］. 商业经济与管理，2023（7）：5－27.

[2] 杨珩. 直播带货的营销模式及发展策略研究——以淘宝直播为例［J］. 中国市场，2020（19）：127－129.

[3]（美）菲利普·科特勒. 营销革命 4.0——从传统到数字［M］. 北京：机械工业出版社，2022.

[4] 李曦方. “元宇宙营销”的价值、困境与路径研究——基于人、社交、互动视角办公自动化［J］. 2022，27（15）：62－64.

[5] 杨晁采. 元宇宙在品牌传播中的应用价值、路径与难点研究［J］. 东南传播，2023（1）：149－152.